国家社会科学基金重点项目

国际大都市图书馆服务体系研究

王世伟等 著

国家图书馆出版社

图书在版编目(CIP)数据

国际大都市图书馆服务体系研究/王世伟等著. --北京:国家图书馆出版社,2018.11
ISBN 978 - 7 -5013 - 6423 - 7

Ⅰ.①国… Ⅱ.①王… Ⅲ.①图书馆服务—研究 Ⅳ.①G252

中国版本图书馆 CIP 数据核字(2018)第 083741 号

书 名	国际大都市图书馆服务体系研究
著 者	王世伟等 著
责任编辑	王炳乾
封面设计	程言工作室

出 版	国家图书馆出版社(100034 北京市西城区文津街 7 号)
	(原书目文献出版社 北京图书馆出版社)
发 行	010 - 66114536 66126153 66151313 66175620
	66121706(传真) 66126156(门市部)
E-mail	nlcpress@ nlc. cn(邮购)
Website	www. nlcpress. com ——→投稿中心
经 销	新华书店
印 装	北京鲁汇荣彩印刷有限公司
版 次	2018 年 11 月第 1 版 2018 年 11 月第 1 次印刷

开 本	787×1092(毫米) 1/16
印 张	15.25
字 数	400千字

书 号	ISBN 978 - 7 -5013 - 6423 - 7
定 价	80.00元

序

"国际大都市图书馆服务体系研究"是 2011 年 6 月立项的国家社会科学基金重点项目(11ATQ001),这是继 2005 年立项的国家社会科学基金重点项目"世界级城市图书馆指标体系研究"(05ATQ001,2008 年结项)之后国际大都市图书馆研究的又一个国家重点课题。以上两个课题前后互联、前后相续,各自形成了"指标体系"和"服务体系"的研究侧重点。

在本课题立项以来的研究过程中,参加课题研究的全体成员认真严谨,互助协作,有序推进,攻坚克难,勇于创新,从历史发展、体系架构、文献典藏、人力资源、政策制度、趋势特点、模式形态、中国特色、技术环境、未来发展等多个维度,对国际大都市图书馆服务体系进行了横向和纵向的初步研究和探讨,首先形成了由全球 24 个案例调研成果组成的阶段性成果《国际大都市图书馆服务体系述略》(由上海人民出版社于 2013 年 10 月出版),在此基础上形成了包括 11 个分报告和部分研究成果英文翻译的课题最终成果研究报告。

一、关于课题的框架设计

"国际大都市图书馆服务体系研究"主要是以国际图联大都市图书馆委员会常设组成员所在的有代表性国际大都市图书馆作为主要研究对象,课题前期研究的 24 个案例城市图书馆分布在亚洲、欧洲、非洲、大洋洲和北美洲的 20 个国家和地区的 24 个城市,包括亚洲的上海、台北、香港、首尔、新加坡;欧洲的奥斯陆、斯德哥尔摩、哥本哈根、柏林、布拉格、萨格勒布、伦敦、海牙、巴黎、巴塞罗那;非洲的亚历山大、内罗毕;大洋洲的布里斯班、墨尔本;北美洲的多伦多、蒙特利尔、芝加哥、西雅图、纽约。以上这些课题前期研究案例的调研内容主要包括三大部分:一是历史与现状(图书馆服务体系的产生与发展,图书馆服务体系的层级架构);二是个案与分析(图书馆的服务资源,包括硬件资源、人力资源、文献资源和经费保障;图书馆的服务效能,包括近年来的服务数据统计,投入产出效能分析;图书馆的服务政策,包括服务规章、服务标准、服务时间;图书馆的物流体系,包括物流体系的产生和发展等);三是技术与互动(技术引擎对服务体系的重组再造、图书馆服务体系与城市的互动)。通过对 24 个城市图书馆服务体系的多维度剖析,试图构勒出国际大都市图书馆服务体系的总体概貌与丰富多彩的个性特征。

二、关于课题的研究内容

在 24 个案例调研的基础上,本课题形成了对国际大都市图书馆服务体系综合研究和专题比较研究的课题最终成果的研究报告,除引言外共分 11 个子报告(即本书的 11 章):

分报告之一　国际大都市图书馆服务体系层级架构的不同模式;
分报告之二　国际大都市图书馆服务体系中的文献收藏与服务;
分报告之三　国际大都市图书馆服务体系中的人力资源建设;
分报告之四　国际大都市图书馆服务服务体系中的服务政策;
分报告之五　国际大都市图书馆服务体系融合发展趋势;
分报告之六　国际大都市图书馆服务体系新理念新态势;

分报告之七　中国特色大都市图书馆服务体系;

分报告之八　中国大都市图书馆服务体系的未来发展

分报告之九　智慧图书馆的发展趋势

分报告之十　人工智能与图书馆的服务重塑

分报告之十一　信息文明与图书馆发展趋势研究

另有部分成果的英文翻译稿:

1. A Study of the Different Patterns of the International Metropolitan Library Service Systems

2. A Study of the Human Resources Development in International Metropolitan Libraries

3. A Study of the Trends of Functional Integration in the Development of Service Spaces of International Metropolitan Libraries

4. A Study of the Trends of Functional Integration in the Development of Service Spaces of International Metropolitan Libraries

以上研究从主题研究和比较研究切入,从宏观和中观的角度就国际大都市图书馆服务体系进行了不同侧面的深入探讨,试图就这一命题在前人的基础上进行更为广泛深入的探讨。诚如前国际图联大都市图书馆委员会主席施伊特伦(Liv Seateren)为《世界著名城市图书馆述略》(上海科学技术文献出版社,2006年5月)一书作的序文中所指出的:"城市图书馆在图书馆领域是一个重要的且具有影响力的机构……我们的领域很少有专业研究文献,虽然这种文献是非常重要的。"

三、关于课题的文献调研

文献调研是课题研究的基础。本课题自2011年6月课题立项伊始,在召开的第一次开题会就重点研究了文献调研以及课题进展计划等。课题第一阶段文献调研包括20个国家24个城市图书馆案例的层级架构、服务政策、服务资源、服务效能、物流体系、服务体系与城市和社会发展的互动等文献;特别强调要注重文献调研的三大原则,即第一手资料原则、权威资料原则和最新资料原则;同时要求在前期调研和研究分析的过程中,各类调研要扎实,要广泛地收集图书资料、网上数据、年报和宣传资料(灰色文献)等,注重参阅国际图联中的大都市图书馆委员会的网上资料,并在课题组中互相交流、知识共享。课题组先后收集到了诸多正式出版的著作、论文;非正式出版的宣传资料、统计图表和数据、年度报告;全球各大城市图书馆的照片资料等,还主动与全球各大都市图书馆联系获得了许多珍贵的照片资料及出版刊载的授权。台湾汉学研究中心顾敏、曾淑贤,新加坡国家图书馆等提供了诸多第一手统计数据、年报和图像资料,上海图书馆等也提供了最新的业务统计数据和全球各城市图书馆的相关资料,这些丰富的文献调研和第一手的权威资料为本课题的前期阶段研究成果和最终研究报告的撰写奠定了扎实的文献基础。

四、关于课题成果的修改完善

本课题在研究的进程中,注重成果的专家咨询和修改完善。在课题阶段性成果和最终成果初步完成之际,课题组进行了较大范围的专家咨询,分别聘请了8位图书馆研究领域的权威专家对成果进行了预审。各位专家对本课题给予了较高的评价,认为《国际大都市图书馆服务体系研究》是一项完成得很好的研究成果,超出了课题的预期;是我国图书馆学界迄今为止这一领域最重要的代表性著作,对课题组严肃认真的治学态度和课题实施的严格管理予以了充分的肯定。根据各位预审专家的评审意见,特别是结项报告时评审专家所提出的各项修改意见,课题组组长王世伟和课题组成员张涛、课题组秘书殷皓洁等对研究报告进行了各项修改、增补、删略和完善,王世伟对不少内容进行了重写,并增加了关于智慧图书馆、融合图书馆、人工智能、信息文明与图书馆发展趋势的最新研究成果,这就是现在呈现在读者面前的引言和 11 篇分报告(章)。其中引言、第一章、第二章、第五至十一章由王世伟执笔,第三章由冯洁音执笔,第四章由周玉红执笔,部分成果的英文翻译主要由冯洁音负责完成。

2017 年 5 月 18 日,课题组收到了全国哲学社会科学规划办公室发来的课题结项证书(批准号:11ATQ001,证书号:20170780)。

在课题最终成果正式出版之际,我要感谢课题组的全体成员,他们是来自上海图书馆的冯洁音、金晓明、周玉红、蔡莉、金家琴、石宏如,来自上海社会科学院信息研究所的张涛、王兴全,来自上海交通大学图书馆的陆宏弟。也要感谢课题组秘书殷皓洁,以及曾经参加课题起始阶段研究的郑晓乐、张红霞,参加阶段性成果撰写的陶永恺、郭芸洁、张建媛,帮助最终成果翻译的陈旭炎。还要感谢为课题研究和出版提供指导帮助的业界广大专家,全国哲学社会科学规划办公室,上海哲学社会科学规划办公室,上海社会科学院科研处邵建、李波、范博,国家图书馆出版社金丽萍、唐澈。我要特别感谢中国社会科学院学部委员黄长著、国家图书馆副馆长陈力、首都图书馆原馆长倪晓建、澳门大学图书馆馆长吴建中、国家图书馆研究院院长汪东波、中国社会科学院图书馆副馆长蒋颖、中国人民大学教授周晓英、浙江图书馆馆长褚树青,他们对课题研究提供了很好的指导意见;也要特别感谢上海哲学科学规划办公室主任李安方,他在课题最终结项修改的过程中给予了及时的指导和帮助。需要说明的是,国际大都市图书馆的实践精彩纷呈,并且在不断创新发展,课题成果成于众手,研究中肯定还存在诸多不足,敬祈业界方家和广大读者批评指正。

王世伟
"国际大都市图书馆服务体系研究"课题组组长
2018 年 1 月 7 日

目　录

引　言

按照国际图联大都市图书馆委员会对国际大都市图书馆的界定,它主要是指人口在 40 万以上的城市图书馆。本课题研究所指的大都市图书馆以这一界定为准。当然,这一界定较为宽泛,特别是在全球城市化的进程中,人口过千万的超大型城市、人口在 500—1000 万的特大型城市以及人口在 100 万以上的大城市不断增加,而这些城市中的国家图书馆和公共图书馆在全球、所在国家和所在城市中的图书馆服务体系中发挥着重要的引领、集群的作用,增强并激发了国际大都市图书馆的创新活力。"国际大都市图书馆服务体系研究"主要是以国际图联大都市图书馆委员会常设组成员所在的有代表性的国际大都市图书馆作为主要研究对象(研究对象中的莫斯科、东京以及南美的一些城市尚未进入常设组成员的行列),并参考了国际图联大都市图书馆委员会所做的年度统计所涉及的全球各城市图书馆,同时统筹兼顾了长期被忽略的非洲等地区,以期所选案例在地理的代表性上实现更大空间的平衡。课题前期研究的 24 个案例的城市图书馆分布于亚洲、欧洲、非洲、大洋洲和北美洲的 20 个国家和地区的 24 个城市,在 24 个案例调研的基础上,本课题形成了对国际大都市图书馆服务体系综合研究、专题比较研究、部分成果英文翻译的课题最终成果研究报告。

一、课题研究现状及研究意义

(一)对于国际大都市图书馆研究具有重要的理论价值

大都市图书馆在图书馆领域是一个重要且具有影响力的图书馆系统,在一个国家和一个城市的图书馆事业发展中往往起着引领统筹的作用。国际图联专门成立有大都市图书馆委员会(IFLA Metropolitan Libraries Section),现有机构成员 51 个,对全球 43 个大都市图书馆有年度统计数据,但缺乏数据的深度分析比较研究,成员机构每年两次年度会议上的学术报告大都局限在个案介绍上;研究国际大都市图书馆的服务体系,对于全球城市化进程中的大都市图书馆的研究是一个深入和拓展。本课题在前期 24 个案例调研的基础上,形成了国际大都市图书馆服务体系研究的 11 个方面的内容,包括:国际大都市图书馆服务体系层级架构的不同模式、文献收藏与服务、人力资源建设、服务政策、融合发展趋势、新理念新形态、中国特色大都市图书馆服务体系、中国大都市图书馆服务体系的未来发展、智慧图书馆的发展趋势、人工智能与图书馆服务重塑、信息文明与图书馆发展趋势等,并将部分研究成果进行了英文翻译,成为迄今为止较为全面新颖的国际大都市图书馆服务体系的研究成果,对丰富图书馆学的理论研究起到了添砖加瓦的作用。

(二)对于比较图书馆学研究具有重要的创新价值

1971 年出版的《图书馆学与情报学百科全书》(*Encyclopedia of Library and Information Science*),其中由多萝西·柯林斯(Dorothy Collings)撰写的条目中对"比较图书馆学"做了为学术界普遍认同的解释:"对不同环境中(通常是不同国度中)的图书馆发展、实践或问题的系统分析,这种分析是与存在于那些环境之中的历史的、地理的、政治的、经济的、社会的、文化的及其他决定性背景因素相联系的。从本质上说,它是探讨图书馆发展的原因和作用、了解图书馆问题的一个重要途径。"这一阐述,也在一定意义上说明了本课题对于比较图书馆学研究的价值所在。全球城市图书馆的服务体系有过一些个案的研究报告和研究文章,如:时任台北市图书馆馆长的曾淑贤在 2003 年撰写了《公共图书馆在终身学习社会中的经营策略与服务效能》;邱冠华、于良芝、许晓霞所著《覆盖全社会的公共图书馆服务体系:模式、技术支撑与方案》(北京图书馆出版社,2008 年)曾对中国的上海、天津、嘉兴、广州、深圳、东莞、佛山等城市的图书馆服务体系进行过案例分析;深圳市也曾组成课题组,形成了《图书馆之城建设指标体系研究》(国家图书馆出版社,2010),对北京、上海、香港、杭州、苏州和东莞等城市进行了案例研究;上海图书馆也曾主编了《覆盖城乡的公共图书馆服务体系——上海市中心图书馆建设十周年》(上海社会科学院出版社,2010 年),对 2000 年发端的上海市中心图书馆的十年发展进行了总结,等等。但国际大都市图书馆服务体系的总体研究、系统研究和比较研究还是一块有待深度开垦的图书馆学研究领域。研究国际大都市图书馆的服务体系,对于比较图书馆学理论的研究是一个新的拓展。在经济、政治和文化发展深度全球化的环境下,运用全球视野对世界范围内的大都市图书馆服务体系进行较为全面深入的研究和比较分析,是中国图书馆理论研究工作者的使命所在。

(三)对于中国构建公共文化服务体系具有重要的实践价值

国际大都市图书馆正在呈现出文化服务的多样性、文化积淀的丰厚性、数字资源的丰富性、服务时空的无限性、馆员队伍的专业性、管理服务的法制性、馆际架构的一体性、机构文化的前瞻性、研究交流的国际性、读者知晓的广泛性十大特征;正在体现出城市记忆、城市教室、市民广场、文化中心和信息共享空间的五大文化功能和特征。2005 年 10 月,党的第十六届五中全会通过的《中共中央关于制定国民经济和社会发展第十一个五年规划的建议》成为较早提出"公共文化服务体系"的中央级正式文件。此后的《国家"十一五"时期文化发展规划纲要》(2006 年 9 月)、中央政治局召开会议专门研究加强公共文化服务体系建设问题(2007 年 6 月)、党的十七大报告(2007 年 10 月)、中央政治局举行集体学习会(2010 年 7 月)、党的第十七届五中全会通过《关于制定国民经济和社会发展第十二个五年规划的建议(草案)》(2010 年 10 月)、党的十八大报告(2012 年 11 月)、党的十九大报告(2017 年 10 月)、《中华人民共和国公共图书馆法》(2017 年 11 月 4 日第十二届全国人民代表大会常务委员会第三十次会议通过,2018 年 1 月 1 日起施行)等,先后对加快和完善公共文化服务体系建设提出了具体要求。研究国际大都市图书馆的服务体系并揭示其发展的特点和内中的规律,对于中国正在加快构建并完善覆盖全社会的公共文化服务体系具有重要的借鉴意义和实践价值。

(四)对于中国图书馆学成果走向世界具有重要的全球学术传播价值

本课题前后相续的国家重点课题"国际大都市图书馆指标体系研究"(05ATQ001)曾于2009 年 1 月出版了《国际大都市图书馆指标体系研究》中英文对照的最终成果,本课题"国际大都市图书馆服务体系研究"部分阶段性成果和最终成果,包括国际大都市图书馆服务体系层级架构的不同模式、国际大都市图书馆服务体系中的人力资源建设、国际大都市图书馆服务体系的空间融合、构建面向未来的国际大都市图书馆互联网等均翻译成英文,成为最终成果的一部分,试图使中国图书馆学的研究成果在走向世界并在国际图书馆界的进程中起到积极的作用。

二、课题研究的基本思路和研究方法

本课题采用文献实地调研、个案分析研究、综合比较研究等方法。

(一)文献实地调研

考虑到国际大都市图书馆服务体系的文献较为分散并具有多种载体,文献中有年报、国际图联大都市图书馆委员会等各专业委员会的文件、机构图册和宣传文献等内部资料,有英语、汉语、法语、德语、俄语、西班牙语等不同种类语言的文献,需要通过不同途径并运用不同的语言技能进行广泛的收集。文献调研在全面性的基础上遵嘱第一手资料、最新资料、权威资料三大原则,借以体现课题研究的可靠性、新颖性和权威性。本课题在文献调研和实地考察方面具有一些优势:即课题组成员对 24 个案例中的多个城市图书馆有过长期的跟踪研究,并曾去过 24 个案例城市中的 23 个,有的去过多次;在课题研究过程中,课题组成员到访了境外 5 个案例城市和 2 个非案例城市,进一步深入进行实地调研并获取有关最新统计数据档案和照片资料,还进行了一些人物访谈。通过文献购买、网络搜索、现场采集、机构支持、好友帮助、人物访谈等各种途径和方式,课题组先后收集到了诸多正式出版的著作、论文,非正式出版的宣传资料、统计图表和数据、年度报告,全球各大城市图书馆的照片资料等,还主动与全球各大都市图书馆联系获得了许多珍贵的照片资料及出版刊载的授权。同时课题组成员还收集了许多第一手的英文资料、俄文资料、法文资料、德文资料以及中文资料。

(二)个案分析研究

对全球 24 个案例的个案分析研究的内容主要包括三大部分:一是历史与现状(图书馆服务体系的产生与发展,图书馆服务体系的层级架构);二是个案与分析(图书馆的服务资源,包括硬件资源、人力资源、文献资源和经费保障;图书馆的服务效能,包括近年来的服务数据统计,投入产出效能分析;图书馆的服务政策,包括服务规章、服务标准、服务时间;图书馆的物流体系,包括物流体系的产生和发展等);三是技术与互动(技术引擎对服务体系的重组再造、图书馆服务体系与城市的互动)。通过对 24 个城市图书馆服务体系的多维度剖析,为后期综合比较的体系研究提供研究基础,并试图借以勾勒出全球城市图书馆服务体系的总体概貌与丰富多彩的个性特征。

(三)综合比较研究

在综合比较研究中,本课题围绕服务体系的研究主题,分别从服务体系的层级框架、服务体系的资源(文献资源与人力资源)、服务体系的政策制度、服务体系发展的趋势和形态模式,并重点结合中国特色大都市图书馆服务体系及未来的发展进行了多维度的横向和纵向的研究和比较分析,并采用国别综合分析比较研究法、洲际综合分析比较研究法、主题综合分析比较研究法,将研究引向深入;还运用影响研究、平行研究和跨学科的研究方法,将研究的视野拓展至图书馆与城市、科技以及社会发展的各个领域,探寻大都市图书馆服务体系与城市、科技和社会发展之间的内在逻辑和发展的规律性。

本课题的研究具有相当的难度。首先,本课题量大面广,涉及全球各大洲的 24 个城市,每个城市的图书馆服务体系均有各自的特点,尽管有多年的跟踪研究和积累,但有不少新的发展,也有一些荒地需要开垦。其次,国际大都市图书馆服务体系的综合比较研究是一个全新的命题,涉及世界不同文化以及政治、经济、社会差异之间的比较,要求具有广阔的视野和知识面、具有创新的思维和严谨的学风。再次,进行本课题的研究需要掌握包括英语、法语、德语、俄语和西班牙语等不同语种的阅读和翻译技能。经过 2011—2014 年三年的研究以及 2017 年对课题最终研究报告的修改、增删和完善,形成了最终的研究报告。

第一章　国际大都市图书馆服务体系
层级架构的不同模式①

国际大都市图书馆服务体系层级架构不同模式的比较研究以课题前期调研并进行个案分析研究的全球 24 个大都市图书馆服务体系的案例作为主要研究对象,分析国际大都市图书馆服务体系层级架构的不同模式及其特点,这些不同模式产生的政治历史、社会文化、法律地理等要素的人文背景,并研究这些案例对中国特色公共图书馆未来发展的有益启示。

一、服务体系层级架构的模式分类及其特点

在数百年的历史发展中,全球各国各都市的图书馆服务体系形成了多种服务体系的层级架构模式,充分体现了世界文化的多样性和丰富性。这些服务体系层级架构的模式大致可分为总分馆型、多系统型、多层次型、多功能型、多元化型、单独体型等类型,但互相之间也或有交叉的现象。

（一）总分馆型

总分馆型是指在大都市图书馆的体系中形成了总分馆制,并实行人财物的一体化管理;或在读者服务中形成了紧密型的合作共享联盟。这种图书馆服务体系的层级架构模式在国际大都市图书馆中是一种普遍的模式。在美国的大都市图书馆中,芝加哥和西雅图就是较为典型的例子;中国上海尽管采用了总分馆制,但在体制机制上有所不同。

1. 芝加哥城市图书馆服务体系

芝加哥城市图书馆服务体系包括了 79 个馆舍,其中有 1 个总馆、2 个地区馆和 76 个分馆,直接服务人口约 285 万,覆盖面积 590 平方公里。总分馆有不同的功能,其中总馆收藏研究资料,并设有流通图书馆和儿童图书馆;2 个地区馆收藏研究资料、地方文献和流通资料;各分馆为平级架构,主要向普通公众提供文学作品和基础科研资料,并致力于社区文化教育发展和交流。分馆由总馆领导,统一人力资源管理和信息资源采购,运营资金由芝加哥市政府提供。美国华盛顿州的西雅图公共图书馆服务体系共有 27 个馆舍,包括 1 个总馆和 26 个分馆,直接服务人口约 62 万,覆盖面积 217 平方公里。与芝加哥图书馆服务体系相一致,分馆由总馆领导,统一人力资源管理和信息资源采购,由西雅图市政府提供经费保障。

2. 上海城市图书馆服务体系

上海城市图书馆服务体系受到市、区(县)、街道(镇)行政区划和人财物等体制的限制,原来各层级图书馆未能实现紧密型的合作共享联盟。2000 年 12 月,上海开始了特大型城市

---

① 本章内容的引用数据资料多引自课题的前期研究成果《国际大都市图书馆服务体系述略》(上海人民出版社,2013 年 10 月),为节省篇幅,不一一注明引用出处。

中心图书馆服务体系的建设,在新起点上形成了一卡通用的市、区(县)、街道(镇)三级公共图书馆服务体系的全覆盖。至 2012 年底,共计有一卡通中心图书馆总分馆 262 所(点),包括市级馆 2 所(上海图书馆、上海少年儿童图书馆);科学院图书馆 1 所(中科院上海生命科学图书馆);区(县)级分馆 29 所(点);街道(镇)图书馆 230 所(点);另有遍布全市的由上海图书馆和各区县图书馆以及上海东方信息苑等合作共建的全国文化共享工程支中心和基层服务点 1930 个,通过数字资源共享、定期流动服务等方式将图书馆服务送入军营、中学、机关、商厦、社区、农民工居住区、监狱、科学考察船等。需要说明的,上海行政地理区划不断演变,带来了公共图书馆统计数据的变化;同时以上的统计数字尚未包括日新月异的上海城市图书馆向社会和城乡拓展延伸的服务网点,如上海嘉定区不断有"我嘉书房"服务点向社区的延伸,也有"百姓书社"融入市民的身边。上海的总分馆服务体系尚没有完全突破人财物一体化管理的体制障碍,但已形成了总分馆紧密型的合作共享模式机制,在读者办证、通借通还、书刊管理、馆藏加工、计算机管理、人力资源建设、网上文献提供等方面形成了服务共同体的管理和服务制度。

(二)多系统型

多系统型指在一个都市中形成了多个系统的图书馆服务层级架构,但在某一系统中仍采用总分馆型,故多系统型也可看作是总分馆型模式的变例。美国纽约是多系统型的典型例子,澳大利亚的墨尔本市也是同样的例子。

1. 纽约

纽约市是世界级城市之一,共分有五个区:布朗克斯区、布鲁克林区、曼哈顿区、皇后区和斯塔滕岛。在城市历史文化的发展进程中,纽约形成了纽约公共图书馆(New York Public Library)、布鲁克林公共图书馆(Brooklyn Public Library)和皇后区公共图书馆(Queens Borough Public Library)三个公共图书馆系统,均由纽约市政府提供主要资助。当纽约公共图书馆与纽约市政府合作,在曼哈顿、布朗克斯和斯塔滕岛设立了 39 家分馆之时,布鲁克林和皇后区尚不属于纽约市,有自己独立的图书馆系统,这样就使纽约市的三个公共图书馆系统的状态保留至今。这三个系统构成覆盖全市的公共图书馆网络,为纽约 820 万人口提供完善的图书信息服务,并向全世界所有人开放。以纽约公共图书馆为例,这一图书馆服务体系共有 91 个馆舍,包括 4 所研究图书馆和 87 所分馆,分布在曼哈顿、布朗克斯和斯塔滕岛。4 所研究图书馆均位于曼哈顿,分别为总馆(主要收藏人文和社会科学资料)、表演艺术图书馆、黑人文化研究图书馆、科学工业和商业图书馆。研究图书馆下有 87 所分馆,其中曼哈顿有40 所分馆,布朗克斯有 35 所分馆,斯塔滕岛有 12 所分馆,这些分馆为平级架构,由两所分馆中心馆领导,统一人力资源管理和信息资源采购,由纽约市政府提供主要运营资金。

2. 墨尔本

澳大利亚的墨尔本在地理上有广狭之分,广义的墨尔本市被称为大墨尔本区,由墨尔本城(中心城区)和其他 30 个市组成,总面积达到 7694 平方公里,人口 647 万,在大墨尔本区中各城市实行自治,由各议会行使自治权;狭义的墨尔本市,指的是墨尔本中心城区,面积约37.6 平方公里,2010 年统计人口近 10 万人,由墨尔本城议会行使管理权。无论是大墨尔本区还是狭义的墨尔本市,图书馆服务体系都呈现多系统的模式。墨尔本市所在的维多利亚州现共有 45 个公共图书馆服务系统,覆盖了 79 个自治市,全州的图书服务体系分为两个类型;30 个由各市独立运行的图书馆服务系统,主要位于大墨尔本都会区;另依 1989 年地方政府法案建立了 15 个地区图书馆联盟,由两个或两个以上的市议会签署协议,联合提供图书馆服务。在狭义的墨尔本市,图书馆服务体系共有 5 所分馆,分散在墨尔本城市的中心与周边地带,为本地区居民服务;同时维多利亚州立图书馆、雅典娜图书馆等公共图书馆也位于墨尔本市区,它们并不隶属于墨尔本城议会,但也接待市民来馆阅览,与墨尔本的 5 所分馆共同构成了多系统的城市图书馆的服务模式。

(三)多层次型

多层次型是指在一个都市中形成了定位各异的多层次的图书馆服务层级架构。英国伦敦、中国香港等都是这样的案例。

1. 伦敦

英国伦敦的都市图书馆服务体系形成了国家图书馆和城市各区图书馆总分馆多层次的服务模式。根据 1972 年颁布的《英国图书馆法》,1973 年正式成立了由大英博物馆、国立中央图书馆、国立科学技术外借图书馆以及英国国家书目局等六大机构合并构成的英国国家图书馆——大英图书馆。之后,印度事务处图书馆与英国皇家文书局、国立有声资料馆也先后成为大英图书馆的一部分,为大英图书馆注入了新的发展活力。1998 年,大英图书馆新馆舍竣工,大英图书馆系统开始全面运行。与大英图书馆的综合性与高层次服务不同,伦敦市另有成熟发达的公共图书馆服务网络。在大伦敦地区(包含英国首都伦敦与其周围的卫星城镇所组成的都会区),在 1579 平方公里的范围内分布着 390 多个公共图书馆。这些公共图书馆组成"大众网络",由伦敦图书馆发展局主持运作。在 32 个行政区中,每区都设有 1 个中心图书馆和十几个社区图书馆,与大英图书馆形成了参差错落、定位各异的都市图书馆服务体系架构。在伦敦图书馆管理局的协调下,这些图书馆组成的公共图书馆服务网络合作紧密,总馆与分馆之间实行人财物的统一管理,统筹规划,分工协作,资源共享。

2. 香港

香港公共图书馆服务体系按图书馆的大小规模和服务性质可以分为五个层次,即中央图书馆、主要图书馆、分区图书馆、小型图书馆和流动图书馆。在香港的各层次图书馆中,香港中央图书馆是由香港特区政府康乐及文化事务署管理下的香港公共图书馆系统的总馆,也可称为香港都市图书馆服务体系的"旗舰",设有中央参考图书馆、香港文学资料室、地图图书馆、语言学习室、青少年图书馆和玩具图书馆,辟有展览馆、演讲厅、活动室、音乐练习室和研讨室等文化设施。主要图书馆的服务性质与分区图书馆类似,但规模较大,并提供分区图书馆所不具备的参考文献服务。分区图书馆提供常规的公共图书馆服务,满足各区居民的一般需要。小型图书馆是在分区图书馆以外特别设立的图书馆。根据香港城市发展规划,当一个人口稠密的地区附近没有分区图书馆,并且短期内没有计划设立,会考虑设立小型图书馆,以满足市民的文化需求。流动图书馆则作为固定图书馆的补充,主要是为人口密集但附近没有固定图书馆的地区或人口少、偏远地区提供定点服务的汽车图书馆。

(四)多功能型

多功能型指在一个都市中形成了多种功能集于一体的都市图书馆服务体系,加拿大蒙特利尔、丹麦的哥本哈根等都是这样的案例。

1. 蒙特利尔

加拿大蒙特利尔公共图书馆系统是北美最大的法语公共图书馆系统。作为联合国教科文组织命名的"世界图书之都",蒙特利尔于2004年6月实现了加拿大国家图书馆和加拿大国家档案馆的合并;与此同时,按照"2003—2007年城市协议书",原蒙特利尔中心图书馆并入魁北克国家图书馆,其馆藏作为魁北克省共有的信息资源对全省居民开放。这样,魁北克国家图书档案馆①成为加拿大两个国家图书馆之一,同时也是蒙特利尔大图书馆所在地,承担起了国家图书馆和档案馆、蒙特利尔市图书馆的功能,这在国际大都市图书馆中并不多见。

2. 哥本哈根

丹麦哥本哈根的都市图书馆服务体系主要可以分为皇家图书馆和市政图书馆。其中皇家图书馆也称为丹麦国家图书馆与哥本哈根大学图书馆。在历史上,丹麦皇家图书馆曾定位为学术性的国家图书馆,并向公众开放,也曾与哥本哈根大学图书馆合并形成了三处馆舍:如位于菲奥尔斯塔德的图书馆以社会科学为主,位于阿迈厄的校园图书馆以人文科学为主,位于斯劳兹赫尔姆的主馆则以综合性为主。这样,丹麦皇家图书馆不仅成为北欧地区最大的图书馆,也兼具了国家图书馆和大学图书馆的双重职能。而哥本哈根的市政图书馆则包括了1所主图书馆、19所分馆和2所专业图书馆,分布于城市的各个区域。与哥本哈根都市图书馆服务体系相类似,在现有的挪威国家图书馆建立前,奥斯陆大学图书馆曾长期兼任着挪威国家图书馆的角色。

(五)多元化型

多元化型指在一个城市中形成了多样化、多元化结构的都市图书馆服务层级架构模式,法国巴黎、韩国首尔等都是这样的案例。

1. 巴黎

法国巴黎地区都市图书馆服务体系由三大类型的图书馆构成:巴黎市立借阅图书馆和专业图书馆、法国文化部直属的大型综合性图书馆、外国机构开办的图书馆。由于巴黎的国家首都的独特地位,城市中有四家国立大型综合性图书馆,直属法国文化部管辖,包括法国国家图书馆密特朗馆、蓬皮杜中心图书馆、法国文献局文献中心、巴黎科学与工业城图书馆。其中法国国家图书馆密特朗馆虽然属于单体类图书馆,但更是一个庞大的有机综合体,形成一主四分的格局,有4所分馆,分别位于巴黎市区和法国南部城市,形成了各有侧重、互为补充的馆藏。法国国家图书馆还在巴黎市区以外设有2处馆藏保护技术中心。这体现出作为首都的巴黎都市图书馆服务体系中图书馆层级架构的丰富性和多样化。截至2012年1月,巴黎拥有78所市立的图书馆、多媒体馆和文献中心,其中有外借图书馆、专业图书馆、中心储备书库图书馆以及市立图书馆美术馆等。这些图书馆组成了法国境内最大的市立公共图书馆网络。各公共图书馆还可以分为百科型和专业型,其中百科型主要从事外借服务,而专业馆则大多历史积淀深厚,无论是建筑和馆藏,都浓缩了丰富的历史文化信息,如巴黎市历史图书馆、巴黎市政厅图书馆都被列入了文化遗产。此外,巴黎还有多家由各种外国团体和机构开设的图书馆,彰显着这个城市作为世界文化之都的地位。

---

① 2006年1月31日,魁北克国家图书馆和魁北克国家档案馆合并为魁北克国家图书档案馆。

2. 首尔

韩国首尔市的都市图书馆服务体系也呈现出多元化的特色。在国立图书馆中,国立中央图书馆隶属韩国文化观光部,具有国家图书馆和公共图书馆双重职能;国会图书馆对国家立法机构具有行政辅助的功能;大法院图书馆既属于国立图书馆又属于专业图书馆。在首尔市公共图书馆服务体系中,按照运营主体不同可分为以下三类:一是由市、郡、区地方自治团体运营的公立公共图书馆;二是由市、道教育厅运营的公立公共图书馆;三是由地方私立团体、法人或个人运营的私立公共图书馆。据 2011 年韩国官方统计数据显示,首尔市共计有 123 所公共图书馆。除此之外,首尔市内还分布着 13 所残疾人图书馆,562 所小型图书馆和 279 所专业图书馆。

(六)单独体型

单独体型指在都市中的大型单体图书馆成为一个独立的多功能综合服务体。埃及亚历山大图书馆是这一模式的代表。

埃及亚历山大图书馆新馆落成于 2002 年,主建筑共有 11 层,总高 33 米,总建筑面积达 8.5 万平方米,它成为一个巨型独体的都市图书馆服务架构,集阅览、展览、展示、教育、科研于一体,除拥有几百万的馆藏图书外,还包括 1 家主体图书馆和 6 家专门图书馆、4 家博物馆、1 家天文馆、1 家亚历山大考古博物馆、8 家学术研究中心、15 个永久性展览、4 个艺术画廊、1 个会议中心、1 个对话论坛等,形成一个多功能的文化综合体。此外,该图书馆综合体还拥有两个系统:一个是被称为"文化影院"的九屏幕投影交互系统,另一个是虚拟身临其境科技应用系统。亚历山大图书馆建筑空间包括了诸多功能:其中图书馆空间可细分为主体图书馆、青少年图书馆、儿童图书馆、盲人图书馆等,各自均包含阅览空间与藏书空间;天文馆与博物馆空间可细分为天文馆、科学博物馆、文字博物馆、亚历山大考古博物馆等;学术研究空间向用户提供了国际性学习与研究的场所;公共服务空间可细分为亚历山大会议中心、多功能空间与展示室、办公室、餐厅、书店等。这一单独体型的巨型都市图书馆成为埃及的世界之窗和世界的埃及之窗,国际文化学习和对话的活力中心。

从以上国际大都市图书馆服务体系层级架构的总分馆型等六大模式的分析研究中人们可以发现,国际大都市图书馆服务体系的层级架构有多种层级架构模式,但总分馆型是其中的主流,并往往融入了其他各类型。这些服务体系层级架构的多模式发展有着其历史文化的发展逻辑,需要进行深入的分析探讨,以便认知其中的发展规律。

二、服务体系层级架构模式分类的人文背景

国际大都市图书馆服务体系层级架构模式作为大都市文化的重要组织部分,其起源发展、功能定位、分合演变都不同程度地受到所在国家和城市的政治历史、社会文化、法律地理等诸多因素的影响,从而呈现了模式各异、丰富多彩的服务体系,折射出世界各城市独特的人文环境,为国际图书馆事业提供了多样化的成功实践和发展案例。

(一) 政治历史的影响

1. 柏林

德国的柏林市,既是德国首都,也是德国十六个联邦州中仅有的三个城市州,正是由于柏林城市这样的行政地位,给城市图书馆服务体系带来了影响。隶属于柏林州中心图书馆基金会的柏林州中心图书馆,是由柏林市图书馆、美国纪念图书馆、柏林州政府图书馆组成的服务共同体。柏林共有 12 个区,各个区均有 1 所含有区名的城市公共图书馆,柏林州中心图书馆则负责将柏林各公共图书馆组织成为一个联合体,为这些区馆提供不同形式的服务。在柏林的都市图书馆服务体系中,柏林国立普鲁士文化遗产图书馆占有重要的地位,但这一图书馆在第二次世界大战后随着东西德的分裂而一分为二,东德政府在前普鲁士国家图书馆菩提树下大街原址设立了德意志国家图书馆;西德政府则于西柏林设立了国立普鲁士文化遗产图书馆。两德统一后的 1990 年 8 月,两德政府共同签订统一条约,规定了战后遭受割裂的前普鲁士国家收藏文物应于柏林复合,其中包括了以上所述两所图书馆与柏林博物馆。依据该条约,原东德的德意志国家图书馆自 1990 年 10 月起更名为"普鲁士文化遗产基金会德意志国家图书馆",与原西德的国立普鲁士文化遗产图书馆融为一体。这一柏林最大的综合性学术图书馆也承担起了公共图书馆的职能,面向所有 16 岁以上人士开放。

2. 巴塞罗那

西班牙巴塞罗那的都市图书馆服务体系中,除从属于巴塞罗那省和巴塞罗那市政府、由巴塞罗那图书馆联盟统一管理的公共图书馆外,有的图书馆因政治历史原因,其归属就较为特别,如加泰罗尼亚自治区政府直辖的加泰罗尼亚国家图书馆和加泰罗尼亚议会图书馆、属于罗马公教加泰罗尼亚大主教区的巴塞罗那教会公共图书馆等。因为加泰罗尼亚是西班牙境内一个有着独特政治、历史和文化的地区。加泰罗尼亚自治区拥有独立的议会和政府,加泰罗尼亚国家图书馆虽地处巴塞罗那,但并不隶属巴塞罗那图书馆联盟管理,而是直属于加泰罗尼亚自治区政府,是该政府文化部下的一个自治机构,承担着收集、保存和传播关于加泰罗尼亚的文化遗产和文献资源的任务,也拥有依法接收加泰罗尼亚地区出版社上缴的法定呈缴本的权力。这一独特的地位使加泰罗尼亚国家图书馆具有了国家图书馆地位和作用,与都市图书馆服务体系中的其他图书馆区别了开来。其余的如加泰罗尼亚议会图书馆和巴塞罗那教会公共图书馆,也因为其特殊的归属权而不列入通常的公共图书馆系统。

3. 台北

中国的台北市由于政治历史和行政区划的原因,都市图书馆服务体系形成了以汉学研究中心为总馆,汉学研究中心台北分馆为分馆、台北市立图书馆及分馆为全市空间布局服务点的服务体系雏形。台北市立图书馆则另有总分馆体系。据课题成员 2012 年 7 月在台北的实地调查,台北市立图书馆每个分馆都有其特色服务,在全市 12 个区中,共计有总馆隶属的分馆 47 家,另有 11 家民众阅览室,共 58 个社区服务点,遍布于台北市各社区。

(二) 社会文化的影响

美国芝加哥市曾于 1871 年发生大火,损失惨重,从而引起了全世界的关注,成为芝加哥都市图书馆服务体系迅速发展的一个契机。当时伦敦人伯吉斯(A. H. Burgess)提议英国捐赠一个图书馆给芝加哥,以表达同情之心和纪念永恒的友谊。他的计划得到了广泛响应,芝加哥由此获得了 8000 册的第一批赠书,芝加哥市民也因此要求建立免费公共图书馆,改变了此前芝加哥所有图书馆均为私人所有并收取会费的现象。芝加哥都市图书馆服务体系的发展繁荣也得益于城市社会服务网络的互联互通。为了向更多市民提供服务,图书馆又陆续增加了一些图书传递分布站点,读者可以向图书馆索取图书,由马车送到他们家附近的站点。这些站点通常坐落在商店里,由店员代为管理,店主会得到一些报酬。在都市图书馆服务体系的发展中,图书阅览室也陆续出现在许多社区公园的更衣室或商店中。到了 1900年,服务传递站点借出的图书占了芝加哥图书馆全部流通量的三分之二。"将图书馆服务带给每位想读书的芝加哥人能够步行所至之处"成为芝加哥都市图书馆建设的理念。

(三)法律、地理的影响

1. 布里斯班

澳大利亚的布里斯班早在 20 世纪 20 年代便成为统一的大都会区。从 20 世纪 30 年代开始,澳大利亚各州相继颁布了各自的图书馆法。1943 年,昆士兰州议会通过了《图书馆法案》,在该法案的规范下,建立了昆士兰图书馆理事会来管理昆士兰州立公共图书馆,并协调和促进改善全州的公共图书馆设施。这一法案影响了布里斯班的图书馆服务体系,即位于布里斯班的昆士兰州立图书馆便成为相对独立的州立图书馆体系,转归州政府管理,并在职能上与市一级的公共图书馆相区别。州立图书馆发展成为以参考和研究为主要职能的图书馆,除了面向全州的公众提供信息服务外,还承担了面向全州公共图书馆的管理职能;而布里斯班议会图书馆系统则更多地为本市居民提供日常生活中的知识、休闲服务,并在 20 世纪 70 年代前期发展至 20 所分馆,成为当时全澳洲最大规模的都市图书馆服务体系。布里斯班市图书馆服务体系的发展也受到了评估审查制度的重要影响。20 世纪 90 年代初,布里斯班公共图书馆服务体系进行了一次评估审查,评估报告提交市议会经披露后,在布里斯班市引起震动,改善公共图书馆系统成为城市上下的普遍期待。在布里斯班市市长的亲自推动下,全市的图书馆服务体系进行了调整,都市图书馆服务体系建设迎来了发展的黄金时期。至 2003 年,布里斯班形成了拥有 32 个总分馆的服务架构,包括大型馆 7 所、中型馆 13所、小型馆 12 所。至 2007 年,年接待到馆读者上升至 610 万人次,全市有将近一半的人口成为图书馆的用户,读者满意率达到 93%。

2. 布拉格

捷克布拉格城市图书馆服务体系起始于 1922 年初,当时布拉格市与其他 38 个市镇合并建立了"大布拉格"。随着这一行政地理格局的产生,市议会批准建立统一的、集中的"布拉格市立图书馆"——包括中央图书馆和其他 40 所分馆的图书馆网络,实现了目录系统的统一和文献的集中采购。随着其他分馆的逐步建成开放,1938 年,该网络共有 50 个站点同时运行。进入 21 世纪,布拉格市立图书馆网络逐步趋向自动化,现包括 1 所中央图书馆,43所分馆和 2 辆图书巴士,成为欧洲较为典型的城市图书馆总分馆模式的案例。

三、中国特色公共图书馆服务体系层级架构的未来发展

通过对国际大都市图书馆 24 个案例的调研考察和分析研究,结合中国特色公共图书馆

发展道路的积极探索,我们可以从全球的视野中获得诸多启迪。中国特色公共图书馆服务体系层级架构未来如何发展?我们认为应当采取三大创新战略和发展路线图,这就是体制机制的一体化发展、区域统筹的均等化发展、顺势而为的智能化发展。

(一)体制机制的一体化发展

综观国际大都市图书馆服务体系的发展,可以看到一个普遍的发展规律,这就是"总馆+分馆"体系,分馆由总馆领导,统一行政管理和经费预算,统一人力资源建设和资源采购,统一物流配送和服务制度,并实现各类资源的共建共享。无论是美国的西雅图市图书馆还是加拿大的多伦多市图书馆,无论是欧洲克罗地亚萨格勒布市图书馆还是亚洲的新加坡图书馆,国际大都市图书馆服务体系有很多不同的实践探索,但总分馆型是诸多模式的灵魂和主线。在全球数百年的公共图书馆发展历程中,世界各大城市不约而同地聚焦于总分馆的发展模式,因为这种模式具有互联、高效、便捷、均等、共享的特点。这种体制机制的一体化发展模式应当成为中国特色公共图书馆发展的主要参考范式。

2000年9月,上海自上而下提出了建设特大型城市中心图书馆的发展愿景,开启了中国特色总分馆建设的实践探索先河,并将总分馆共同体从公共图书馆系统延伸至高校图书馆系统和科学院图书馆系统。2003年3月,文化部在上海召开"部分省市城市图书馆资源共建共享工作座谈会",肯定并推广这种创新模式。2007年8月,中共中央办公厅、国务院办公厅发出的《关于加强公共文化服务体系建设的若干意见》中总结了总分馆一卡通的创新服务方式,明确指出:"鼓励具备条件的城市图书馆采用通借通还等现代服务方式,推动公共文化服务向社区和农村延伸。"与此同时,深圳市先后制定了《深圳市建设"图书馆之城"(2003—2005)三年实施方案》《深圳市建设"图书馆之城"2006—2010五年规划》,并于2010年形成了《图书馆之城建设指标体系研究》的课题研究成果[①]。首都北京、广东的东莞和佛山、浙江的杭州和嘉兴、江苏的苏州、福建的厦门、山东的青岛、吉林的长春等城市都先后实行了总分馆制并创造了因地制宜、因城制宜的有益经验。中国的总分馆制经过十多年的发展,现在站在了一个新的起点上,需要进一步实施创新驱动战略,即借鉴国际大都市图书馆的普遍经验,实现真正意义上的人财物统一管理的城乡一体化的总分馆体制和机制,跨出中国特色公共图书馆体制机制一体化发展的坚实步伐。实际上,在中国一些沿海城市,不少已具备这样的创新驱动的条件,关键是需要有自上而下的文化自信的勇气和文化自觉的智慧。一些人口超过千万的超大城市或500万—1000万人口的特大城市可以采取分步走的路线图[②],即第一步先实行各区县及下属的街道、镇公共图书馆的人财物的统筹,条件成熟时迈出第二步,即实现市、区(县)、街道(镇)三级公共图书馆的人财物统筹。这是建立覆盖城乡的公共图书馆服务体系、提高公共图书馆服务效能和效益、形成公共图书馆可持续发展的重要改革举措。与此相应的是,应当借鉴全球都市图书馆服务体系管理的经验,把在公共图书馆系统建立理事会体制不断引向深入,让公共图书馆理事会成为不图虚名、真正发挥应有作用的管理机构。

---

① 《图书馆之城建设指标体系研究》课题组.图书馆之城建设指标体系研究[M].北京:国家图书馆出版社,2010:283.

② 王仁贵,张晓诚.新型城镇化规划五大指向[J].瞭望新闻周刊,2013(38):41.

(二)区域统筹的均等化发展

区域统筹的均等化发展是全球都市图书馆发展的一个重要特点。英国文化部近年曾制订计划,至2013年在全英国建立起功能齐全的现代化社区图书馆网点,市民在任何时候都能从街头或网络上获取自己所需的文献。加拿大多伦多公共图书馆系统现有100所分馆,其中包括研究和参考图书馆、地区图书馆和社区图书馆。研究和参考图书馆只供馆内查阅,不提供流通;地区图书馆是规模中等的区级中心图书馆,均匀地分布在多伦多市各个大区中;社区图书馆是规模最小、分布最广的公共图书馆。加拿大的蒙特利尔公共图书馆也是如此,截止到2012年底,市政厅下辖的蒙特利尔公共图书馆网络包括全岛67个图书馆,其中包括44个位于蒙特利尔城区的公共图书馆,12个位于蒙特利尔岛其他行政区的分支机构,还有9个由私人资助的公共图书馆。都市公共图书馆系统在全市19个行政区得到了均衡的布点。在亚洲的新加坡,截至2013年初,城市图书馆服务体系已形成了由1所国家图书馆、3所区域图书馆、21所公共图书馆(包括社区图书馆和儿童图书馆)组成的服务网络,使新加坡市民可以就近便捷地利用身边的公共图书馆。

尽管中国公共图书馆事业在近年来得到了长足的进步,不少省市图书馆大型建筑先后落成,但与世界发达国家图书馆相比,与国际图联和联合国教科文组织制定的指南标准相衡量,与广大公众日益增长的文化需求相比较,还有很大的差距。据中国国家图书馆研究院提供的最新统计数据,我国公共图书馆的服务半径为32公里,馆均服务人口超过44万人。近年来中国图书馆事业发展中已十分注重统筹地区协调发展,采取了东西部联动等举措,但长期的欠账使中国东西部公共图书馆的"贫富"依旧悬殊,在经费保障、人力资源、馆舍面积等方面落差依然很大。空间布点不均、经费预算和人力资源保障过低等成为当代中国公共图书馆事业全面协调发展中的瓶颈问题。2012年5月开始实施的《公共图书馆服务规范》在人才资源的配置中采用了较大的弹性空间,规定每服务10 000—25 000人应配备1名工作人员,也从一个侧面反映了现阶段中国公共图书馆事业在地区上的差异①。

公共图书馆的发展应当体现公益性、基本性、均等性和便利性。其中均等性是体现公益性、基本性和便利性的重要政策。在中国公共图书馆事业取得令人可喜的成就的背景下,应当把区域统筹的均等化发展战略放到更加重要的位置来加以谋划。这种均等化的发展,既包括了宏观的东、中、西部地区的均等化发展,也包括中观的城市群和经济区的均等化发展,还包括省域、市域、县域之内的均等化发展。即便是相对发达的东部地区,同样存在一些相对滞后的市、区(县)和街道(镇)图书馆,需要运用区域均等化的发展战略予以统筹兼顾和填补空白,弥补并克服短板。公共图书馆的发展,既要在东部地区进行率先发展和锦上添花,更要在中西部地区协调发展和雪中送炭。在住房问题上,国家为解决困难户推出了保障房、廉租房等举措;在公共图书馆事业发展上,从国家和各省市层面,也应当推出"保障馆"政策,让一些年度只有数万元经费、工作人员稀缺的图书馆在经费预算和人力资源上有一个底线的保障,逐步缩小东西部图书馆事业发展的差距。

---

①　中华人民共和国国家质量监督检验检疫总局中国国家标准化管理委员会.公共图书馆服务规范 GB/T 28220—2011[S].北京:中国标准出版社,2012:4.

(三)顺势而为的智能化发展

全球的都市图书馆正在实现全面智能化的发展。互联网和移动互联网与大都市图书馆的结合形成了大都市图书馆的数字化和网络化形态,将建筑物理服务空间、社会拓展空间和网络虚拟空间融为一体,将智能技术和移动互联网技术渗透到传统的图书馆服务领域,体现出新环境下图书馆服务空间的互联、高效和便捷的特征。

全球都市图书馆的智能化发展主要体现在以下三个方面:一是科技革命和产业变革催生大都市图书馆文化互联网新兴服务业态。诚如社会学家格尔纳(E. Gellner)说:"过去的科学是在世界之中,现在的世界是在科学之中。"①大都市图书馆注入了移动互联网、物联网、云计算、大数据、人工智能等信息技术的要素之后,具有了科学文明公共空间的特征。随着文化与科技的深度融合,催生了大都市图书馆新兴服务业态的产生和服务格局的优化,带动了大都市图书馆服务能力、服务效益和服务品质的提升,形成了自助选择服务、立体互动服务、个性推送服务、创意空间服务等新型图书馆服务业态。二是智能互联正在驱动大都市图书馆转型升级,即实现智慧图书馆的互联、高效和便捷的发展愿景,成为数字图书馆的升级版——智能互联的图书馆。这一升级版的图书馆最大特征就是由以往数字图书馆虚拟特征转变为智慧图书馆的互联特征:即突破了过去数字图书馆网络终端空间的限制,实现了泛在化的网络化,为成千上万的读者提供了泛在互动交流的可能;突破了过去数字图书馆知识交流过程中基于静态信息的限制,实现了即时现实的交流和互动;突破了过去数字图书馆数据库和网络终端中的可视化的限制,实现了现时实况式和参与互动型的人和物的可视化新形态②。三是智慧融合助推大都市图书馆文化互联网服务共同体的形成与发展。世界城市的发展,已由城市集中型的发展阶段进化至多中心的大都市区群和城乡统筹一体发展的阶段。大都市图书馆资源共享、协作联合的文化互通联网服务共同体正是城市发展在文化上的体现。文化互联网给各国的大都市图书馆带来了全新的服务形态。信息碎片化呼唤信息的整合集群,各自独立的大都市图书馆在广泛互联的信息环境下也将形成文化互联网的服务共同体。大都市图书馆的文化互联网具有相当程度的临界质量,即这一大都市图书馆与那一大都市图书馆,这一国家的大都市图书馆与另一个国家的大都市图书馆形成了可实现充分互动的良好环境③。同时,移动互联网自2010年起步之后,迎来了与传统行业进行跨界融合的发展新趋势,体现了移动互联网在量的积累的基础上正在形成新的移动流量变现能力的服务新模式。这种服务共同体突破了图书馆行业自身的界限,把服务共同体的触角伸向了其他的行业。随着全球城市群的发展和网络互联的不断进步,世界上的大都市图书馆正在走向互联互通的智慧融合的服务共同体。

即将出现的新一轮科技革命和产业变革正在蓄势待发,物联网、云计算、大数据、穿戴技术、智能制造、移动技术等正在交叉融合、群体跃进,变革突破的能量正在不断积累,与公共图书馆事业在新形势下创新转型形成历史性的交汇。把握科技革命和产业变革带来的智慧

---

① 金耀基.人文教育在现代大学中的位序[G]//陆挺,徐宏.人文通识讲演录——人文教育卷.北京:文化艺术出版社,2007:6.

② 张宇.从互联网到物联网:虚拟社会向感知社会的嬗变[J].新华文摘,2013(8):18.

③ 马特尔.主流——谁将打赢全球文化战争[M].刘成富,房美,等,译.北京:商务印书馆,2012:385.

图书馆发展新机遇,将之作为图书馆事业未来发展的全局,因势而谋,顺势而为,让科技创新成为提高公共图书馆服务效能的战略支撑,在原来数字图书馆建设和资源共建共享的基础上构建起全面智能化的图书馆互联网。图书馆的全面智能化将为大都市图书馆的可持续发展带来蓬勃的生命力和崭新的活力,但在发展中应当因地制宜、因城制宜、因馆制宜,在图书馆的顺势而为的智能化进程中,实现中国特色公共图书馆发展的升级版。

第二章　国际大都市图书馆服务体系中的
文献收藏与服务

在国际大都市图书馆服务体系中,文献资源是服务体系的重要基础和重要保障,在服务体系中发挥着十分重要的功能,这种功能,可以从超越世俗的文献典藏理念、各具特色的文献主题收藏布局、基于馆藏特色的读者服务等维度来加以观察。

一、超越世俗的文献典藏理念

国际大都市图书馆一般都具有丰富的馆藏,有的已有数百年的发展历史。这些丰富的且极具特色的各类馆藏是在超越世俗的文献典藏理念下逐步积累起来的。其中较为典型的有纽约公共图书馆和上海图书馆。

(一)纽约公共图书馆

纽约公共图书馆收藏了令人目眩的稀世珍宝,如第一部带到新大陆的《圣经》,托马斯·杰斐逊的《独立宣言》手稿,乔治·华盛顿离职演说的草稿等。在纽约公共图书馆,其视野宽广而独具慧眼的文献典藏理念是其成功的前提。

1. 超越世俗的眼光

纽约公共图书馆的丰富馆藏是基于历任馆长和采访馆员的独到眼光进行不断的采访和收集发展而来的。在文献采访中,他们超越了世俗和强势文化的眼光,并不随波逐流,而是尝试着有目的地去收集那些忌讳但显然具有重要价值的,而时人并不看重的文献,他们不断地捕捉历史所展现的壮观背景,并对日常生活的方方面面充满好奇心。

2. 不断拓宽关于馆藏珍品的定义

如一些手稿的评点、日记、廉价的小说和惊险小说等,另外,诸如 1899 年沙皇加冕典礼的宴会菜单,1835 年旅客坐蒸汽船的船票账单,名门望族的家谱,西班牙内战时期国际旅成员的安全通行证,爵士乐时代的乐谱,等等,以上这些都被列入了馆藏珍品行列。

3. 注重每一件馆藏珍品的服务价值

纽约公共图书馆具有如下的服务理念,即就馆藏而言,每一件珍贵的文献都可能给读者和研究者以智慧的激扬、知识灵感的闪现或启发。图书馆将成为一个非常自由的研究机构,为了现在服务的读者以及尚未来到这一世界上的将来的读者,图书馆必须保存好反映过去历史的稀世珍品,以便将人类文明的历史不断地传承下去。

4. 图书馆的使命就是维护馆藏文献的完好无损

人类知识的不予保存便意味着失去。纽约公共图书馆每年花费巨额的资金用来进行文献的保护和文献的重新采访。这是一项十分艰巨的任务,甚至当那些需要保护的文献在等待进行缩微的时候,其破损的进程仍在继续。对于原本状况很好的图书和手稿来说,需要时刻重视文献破损这一最严重的问题;而这一问题所带来的苦恼和折磨,不仅是由图书馆来承载,而且人类文明自身也需要共同承载。

5. 小册子作为孤本无可替代

在曼哈顿纽约公共图书馆中,收藏了数以百万计的小册子、宽面大书、海报、节目单、剪贴簿、明信片以及一些著名的应时读物(ephemera,应时读物来自于希腊语,意为短命的),这些文献当年在它们出现的同时,通常就被遗忘并为人所抛弃了,但在今天,却能够证明是极具价值的研究资料。在美国参加第二次世界大战之后不久担任纽约公共图书馆馆长的亨利·米勒·林登伯格(Harry Miller Lydenberg)当年就曾认识到小册子文献的重要性。当第二次世界大战战局显示出德国轰炸机有可能进攻纽约时,工作人员草拟了一份他们认为馆藏中最有价值的文献的清单,经过认真仔细的斟酌,林登伯格做出了决定,认为应该首先撤走所有的小册子,言下之意就是一些珍藏的复印本已分布于世界各地,而众多的小册子则都是孤本并且是无可替代的。

(二)上海图书馆

上海图书馆的文献收藏在国际大都市图书馆中无论就收藏的数量还是收藏的类型,都是值得称道的。上海图书馆服务体系的产生与发展起始于 19 世纪中期,在 20 世纪的文献收藏中,其老馆长顾廷龙先生(1904—1998)的采访思想与实践在其中起了重要的作用。

1. 注重文献善本的采访

1939 年 8 月,顾廷龙先生在《创办合众图书馆意见书》中提出采访文献应区分善本与普通本,并对善本进行了具体分类,指出:"惟善本名目甚泛,难得标准,兹拟订范围如下:一珍本,包括古本(明以前刻本);精刻本;流传不广之本。二秘本,包括批校本、抄本。三孤本,稿本。"①

2. 注重零片碎页的保存

1955 年,顾廷龙先生参加了从浙江遂安县收购废纸中抢救文献的工作,其中许多家谱成为后来上海图书馆从事家谱研究的基础,而其中抢救出的明版《三峡通志》更成为传世孤本。1956 年 1 月,顾廷龙先生曾就此事专门写了《我在废纸中抢救历史文献的一点体会》的文章,对如何抢救历史文献提出了切合实际的远见卓识。不仅如此,顾廷龙先生还由救书为题,阐述了他的文献征集理念,并提出了图书馆文献征集的十二大类型,包括革命文献、档案、地方志、家谱、社团记载、个人记载、古代医书、账簿、迷信书、民间文艺、古典艺术、图片等②。不仅如此,顾廷龙还特别强调"片纸只字"的保存。这些文献收集的理念与实践,超越了传统的文献典藏理念,与纽约公共图书馆的文献典藏理念有异曲同工之妙。

上海图书馆的历任馆长都继承了顾廷龙先生文献典藏理念与实践,如上海图书馆 1996 年淮海中路新馆落成前后,就开始了家谱的抢救、征集与整理工作,在国际大都市图书馆中形成了家谱的馆藏特色。又如,2000 年 4 月,上海图书馆在上海市政府的支持关心下,整体

---

① 顾廷龙.创办合众图书馆意见书[M]//顾廷龙.顾廷龙文集.上海:上海科学技术文献出版社,2002:607.

② 顾廷龙.我在废纸中抢救历史文献的一点体会[M]//顾廷龙.顾廷龙文集.上海科学技术文献出版社,2002:639-640.

入藏了翁同龢六世藏书80种、542册,其中有宋刻本11种①。2010年11月,瑞典藏书家罗闻达的"罗氏藏书"正式入藏上海图书馆,这批珍贵藏书收录了1477年到1877年,西方初识中国的400年间出版的1551种西文汉学古籍珍品,其中一些藏书属世界孤本,极具收藏价值和学术价值②。

二、各具特色的文献主题布局

在世界图书馆的发展历史上,欧洲中世纪的修道院图书馆以收藏神学文献为主,成为世界上较早的主题图书馆。19世纪至20世纪初,随着科学研究的进一步细化和发展,读者对知识信息的需求更趋专门,各类专业和专门图书馆得到了较大的发展。1909年美国成立了专门图书馆协会,1924年英国也相应成立了专门图书和情报机构协会。1976年,国际图联将原设立的专门图书馆组升格为专门图书馆部,其中包括了行政图书馆、艺术图书馆、生物医学图书馆、地理地图图书馆、科学技术图书馆、社会科学图书馆等6个组。在国际大都市图书馆的服务体系中,巴黎、台北、上海等都市正在形成各具特色的文献主题生态布局,为大都市图书馆服务体系提供了城市文化空间的主题特色馆藏布局,也为读者提供了丰富多彩的专门文献服务。

(一)巴黎市立图书馆的专业图书馆

分布在巴黎城市各处的法国巴黎市立图书馆系统的外借馆中不乏具有馆藏侧重和历史特色的图书馆,还有一些诸如市博物馆系统或市环境健康系统等市府其他系统的专业图书馆等。得益于巴黎作为法国首都的地位,其中有众多由国立或国际性的文化科研机构组织和宗教机构开设的专业性图书馆。在巴黎都市图书馆服务体系中,形成了众多的主题特色馆藏,其专业图书馆的数量和质量,在国际大都市图书馆服务体系中名列前茅。

部分巴黎市立专业图书馆一览表

馆名	缩写	馆藏学科和主题	市属系统
Bibliothèque historique de la Ville de Paris[巴黎市历史图书馆]	BHVP	巴黎市地方史	图书馆系统
Bibliothèque de l'Hôtel de Ville[巴黎市政厅图书馆]	BHdV	行政与公共管理	
Bibliothèque Forney[Forney图书馆]	BF	装饰艺术及艺术业	
Bibliothèque de l'Heure Joyeuse[欢乐时光图书馆]	BHJ	儿童文学	
Bibliothèque Marguerite Durand[Marguerite Durand图书馆]	BMD	妇女史和女权史	

① 王世伟. 常熟翁氏世藏书及其文献学术价值[N]. 文汇读书周报,2000 – 04 – 29(5 – 6).
② "罗氏藏书"入藏上海图书馆[N]. 新华每日电讯,2010 – 11 – 27(2).

续表

馆名	缩写	馆藏学科和主题	市属系统
Centre de documentation sur les métiers du livre[图书业资料中心]	CDML	图书业、出版业	
Bibliothèque des littérature policières[侦探文学图书馆]	Bilipo	侦探文学	
Médiathèque musicale de Paris[巴黎音乐多媒体馆]	MMP	音乐多媒体资料	
Bibliothèque du Tourisme et des Voyages[旅游和旅行图书馆]	BTV	旅游和旅行	
Bibliothèque du cinéma-François Truffaut[François Truffaut电影图书馆]	BCFT	电影艺术	
Bibliothèque de la Maison de Balzac[巴尔扎克图书馆]	—	关于巴尔扎克及其时代的文献	博物馆系统
Bibliothèque Chaligny(bibliothèque sociale)[Chaligny图书馆(社会图书馆)]	—	社会问题和大众健康	环保健康系统
Bibliothèque Paris Nature[自然巴黎图书馆]	—	城市生态、绿化	
Bibliothèque de la Maison du Jardinage[园艺之家图书馆]	—	园艺	

　　巴黎还有多家由各种外国团体和机构开设的图书馆,彰显着这个城市作为世界文化之都的地位。32 所被列入巴黎官网的图书馆,均面向公众开放,这些图书馆或有国外政府背景,或已经颇具影响。其中"西班牙图书馆"(Bibliothèque Octavio Paz de l'Instituto Cervantes de Paris)2012 年以馆庆 60 周年推出电子书借阅服务而引人关注,该馆 1952 年开设,首批馆藏为该年度在巴黎举办西班牙语图书展时供展示的图书,馆舍曾经一度成为西班牙巴斯克流亡政府在法国的使馆和避难所。1991 年,以推广西班牙语言和西班牙语文化为宗旨的西班牙非营利性官方机构塞万提斯学院在该馆成立,并正式接管图书馆。2005 年,该馆重新以荣获 1981 年塞万提斯文学奖和 1990 年诺贝尔文学奖的墨西哥作家奥克塔维奥·帕斯(Octavio Paz)的名字命名。"西班牙图书馆"为巴黎和各国西语文化学者提供着丰富的精神食粮。2012 年的新服务特别提供亚马逊 Kindle 阅读器的外借,阅读器内第一批下载的内容有 150 部西班牙和拉美经典文学名著,还装有 7 部权威西语词典,这在巴黎众多公共图书馆和全世界 77 所塞万提斯学院中均属创举。另外的 31 所图书馆中与"西班牙图书馆"性质类似的占大多数,它们各自提供着世界不同地区、不同民族、不同语言的文化服务,从美洲到非洲,从阿拉伯文化到俄罗斯文化,从日语、韩语到斯堪的纳维亚语①。

---

　　① 石宏如. 巴黎公共图书馆服务体系研究[M]//王世伟. 国际大都市图书馆服务体系述略. 上海:上海人民出版社,2013:305 - 309.

（二）台北市立图书馆的"一馆一特色"

在台北市立图书馆服务体系中，已形成有一馆一特色的文献主题布局。据本课题组负责人 2012 年 7 月的实地调研，这一主题文献布局分布于全市 12 个区中，共计有总馆隶属的分馆 47 所，另有 11 个民众阅览室，共 58 个图书馆特色服务点，形成了都市图书馆服务体系中文献特色馆藏与服务的科学布局。

台北市立图书馆分馆及民众阅览室一览表

馆名	特色	所属区
北投分馆	生态保育	北投区
稻香分馆	农艺	北投区
石牌分馆	表演艺术	北投区
清江分馆	体育	北投区
吉利分馆	动物	北投区
永明民众阅览室	—	北投区
秀山民众阅览室	—	北投区
葫芦堵分馆	生活保健	士林区
天母分馆	欧洲文化	士林区
士林分馆	财经	士林区
内湖分馆	社会福利	内湖区
东湖分馆	建筑	内湖区
西湖分馆	音乐	内湖区
内湖智慧图书馆	—	内湖区
延平分馆	乡土资料	大同区
大同分馆	听障资料	大同区
建成分馆	—	大同区
兰州民众阅览室	—	大同区
中山分馆	企业管理	中山区
长安分馆	劳工问题	中山区
大直分馆	大众传播	中山区
恒安民众阅览室	—	中山区
松山分馆	摄影	松山区
民生分馆	亲职教育	松山区
三民分馆	美术	松山区
中仑分馆	漫画	松山区
启明分馆	视障资料	松山区
松山机场智慧图书馆	—	松山区

续表

馆名	特色	所属区
龙山分馆	—	万华区
东园分馆	天文气象	万华区
西园分馆	中国医药	万华区
万华分馆	台北史迹	万华区
柳乡民众阅览室	—	万华区
王贯英纪念馆	旅游	中正区
城中分馆	家教	中正区
西门智慧图书馆	—	中正区
太阳图书馆暨节能展示馆	—	中正区
总馆	综合	大安区
道藩分馆	文学	大安区
大安分馆	礼俗	大安区
延吉民众阅览室	—	大安区
成功民众阅览室	—	大安区
龙安民众阅览室	—	大安区
永春分馆	传记	信义区
三兴分馆	商品行销	信义区
六合分馆	饮食文化	信义区
南港分馆	原住民文化	南港区
旧庄分馆	科普	南港区
龙华民众阅览室	—	南港区
景美分馆	教育	文山区
木栅分馆	法律	文山区
永建分馆	考试诠叙	文山区
万兴分馆	大陆资料	文山区
文山分馆	茶艺	文山区
力行分馆	台湾文学	文山区
景新分馆	教育出版品	文山区
安康民众阅览室	—	文山区
万芳民众阅览室	—	文山区

　　显然,以上这样的都市图书馆文献主题空间布局,为广大市民读者提供了超值的文献服务,也为大都市图书馆服务体系中的文献资源建设与空间布局提供了积极探索的有益尝试。

(三)上海市中心图书馆的主题图书馆建设

主题图书馆是通过特定领域(某一领域或数个领域)专藏和服务来满足人们对专类知识和信息的需求的图书馆。1847 年 3 月,法国天主教修会传教士南格禄(Gotteland)在上海徐家汇创办了徐家汇藏书楼(Bibilotheca Zi-Ka-Wei),以天主教修会传教士进入中国时所携带的图书为基础,以后形成了旧西文的馆藏特色,并于 1956 年 11 月正式并入上海图书馆作为分馆。这是 19 世纪中期在中国对外开放过程中形成的由外国人创办的主题图书馆。1939 年 7 月 18 日,顾廷龙先生从北京来到上海的第二天,即草拟了创办合众图书馆的意见书,其中就谈到了专门的主题图书馆的建设:"为保存固有文化而办之图书馆,当以专门为范围,集中力量,成效易著。且叶揆初先生首捐之书及蒋抑卮先生拟捐之书,多属人文科学,故可即从此为基础,而建设一专门国家之图书馆,凡新出国学之图书附属之……在上海区域之中,普通者有东方图书馆,专于近代史料者有鸿英图书馆,专于自然科学者有明复图书馆,专于经济问题者有海关图书馆,至于中学程度所需要参考者有市立图书馆,他地亦有普通图书馆在焉,本馆自当别树一帜。"①这里已经提到了 20 世纪上半叶上海都市图书馆专业文献及服务布局,同时也提到了专门图书馆(主题图书馆)的建设。上海市中心图书馆作为上海都市图书馆服务体系的组织架构,曾长期致力于主题图书馆的建设与布局。为加强上海都市图书馆服务体系的顶层设计与总体布局,进一步提升上海都市图书馆服务体系的品质和能级,2009 年 2 月,上海图书馆召开了上海市中心图书馆主题馆工作推进会,会上交流了主题馆建设的经验,签订了主题馆与社会各界共建的协议②。在全市初步形成了生命科学、近代市政工业、电影文献、儒家经典、视觉艺术、国际文化、名人手稿、非物质文化遗产、金融、上海地方文献等特色文献的全市布局。上海市中心图书馆主题图书馆的建设与布局,体现了都市图书馆服务体系中在普及基础上的提高,在提高引领下的普及,体现了都市图书馆服务体系形态的创新。

三、基于特藏的读者服务推广

国际大都市图书馆服务体系中各具特色的文献主题生态布局,为大都市图书馆服务体系中的读者服务提供了坚实的基础,也为大都市图书馆服务的持续创新和服务推广提供了颇具特色的文献保障。上海图书馆基于特藏的年度特藏精品展为人们提供了成功的经验。

1996 年上海图书馆位于淮海中路的新馆舍落成,专门成立了会展服务中心。其中的展览依托丰富的馆藏,又吸纳了来自国内外的各类文化科技的精品资源,包括诸多主题内容,如读书乐、馆藏精粹、乡土艺术、西部畅想、墨香画韵、光影瞬间、人物春秋、走进世博等。自 2005 年起,上海图书馆每年根据特色馆藏持续地举办年度精品展。

---

① 顾廷龙.创办合众图书馆意见书[M]//顾廷龙文集.上海:上海科学技术文献出版社,2002:604.
② 王世伟.上海市中心图书馆的十年发展与未来愿景[J].图书馆杂志,2011(1):50-51.

上海图书馆年度精品展一览表（2005—2016）

时间（年）	精品展主题	特色馆藏
2005	翰墨珍拓——馆藏善本碑帖	碑帖特藏
2006	雅鉴真赏——馆藏明清名家手稿	明清手稿
2007	真影留真——馆藏历史原照	历史照片
2008	珍档秘史——馆藏盛宣怀档案	盛宣怀档案
2009	寻根稽谱——馆藏家谱精品	谱牒文献
2010	琅函鸿宝——馆藏宋本	古籍善本
2011	妙笔华章——馆藏中国文化名人手稿	中国文化名人手稿
2012	典册琳琅——建馆60周年文献特展	各类馆藏特色
2013	一纸飞鸿——馆藏尺牍精品	明清尺牍
2014	心曲传真——馆藏稿本日记	稿抄校本
2015	生前身后——馆藏人物文献	各类特藏中的人物资料
2016	琼林济美——翁氏藏书与文献精品	常熟翁氏藏书
2017	菊香书林——上海图书馆馆藏张元济文献精品展	张氏文献

　　上海图书馆在举办的以上这些年度精品展的同时，也编辑整理出版了相应的图录，借以提升馆员的研究和服务能力。同时，上海图书馆还在历史文献服务区以及目录大厅，开展了连续性的"善本古籍天天展"以及相关主题展，让广大读者每天都能感受到珍本古籍的文化熏陶。如2017年6月举办了"'汲古慧今'——上海市古籍保护工作十年成果展"，联合上海市的7家全国古籍重点保护单位和9家上海市古籍重点保护单位进行协同展出。同时，上海图书馆的馆藏精品展还走出上海，走出国门，分别到全国各省市以及纽约、鹿特丹等国外都市图书馆进行巡展，体现出大都市图书馆服务体系在服务上的全球视野和资源共享的理念。

第三章　国际大都市图书馆服务体系中的人力资源建设

同所有图书馆信息机构一样,人力资源是大都市图书馆服务体系建设的核心内容之一,包括图书馆员的职责与核心能力要求、图书馆学情报学教育、专业培训与专业认证、图书馆员业绩评估考核等多个方面。

一、图书馆员的职责与核心能力

(一)基本职责

图书馆员是重要的专业服务人员(professionals)。国际图联在 2001 年出版的《公共图书馆服务发展指南》中指出,专业图书馆员的职责根据所在岗位,可以包括以下主要内容:

- 规划和制定公众服务措施并参与提供服务;
- 分析读者的资源与信息需求,获取和提供信息;
- 解答信息和参考咨询问题,协助用户使用图书馆资源和信息;
- 制定采购政策和管理馆藏发展,分编图书馆资料;
- 管理图书信息系统,跟踪图书信息服务,包括相关技术的发展;
- 宣传图书馆的服务,评估图书馆的服务措施和制度,负责经费预算①。

美国劳工部劳工统计局每年出版一卷《职业展望手册》,分析美国各种职业的发展趋势以及对所需人才的资格要求,描述各行业在工作场所、工作条件、人员培训和教育要求以及薪酬等方面的变化,为人们的就业准备和选择提供参考。该手册如此描述"图书馆员"这项职业:"图书馆员使用最新的信息技术来进行文献研究和资料分类,帮助图书馆用户查找信息。""大部分图书馆员职位集中在图书馆工作的三个方面:用户服务、技术服务和管理服务。"用户服务涉及与读者直接交流的工作,包括流通阅览、参考咨询和读者培训以及馆际互借等服务;技术服务涉及图书馆用户服务的后台专业支持,包括采编和计算机网络信息系统建设维护等;管理服务涉及图书馆管理和工作策划,包括员工管理、预算、公关和营销等②。

除了专业图书馆员,图书馆还聘用图书馆助理和专业技术人员。图书馆助理的职责包括日常图书流通和业务工作,如上架、巡架、图书资料加工、数据输入、文件整理、秘书工作以及回答读者一般问询等。专业技术人员从事特定的工作,如计算机系统管理、行政管理、财会、培训和对外宣传等。专业技术人员具有各自岗位所需的不同专业背景,而不一定要有图

---

① The Public Library Service:the IFLA/UNESCO Guidelines for Development [EB/OL]. [2013 - 10 - 16]. http://www.ifla.org/publications/ifla-publications-series-97.

② Occupational Outlook Handbook,2010 Edition [EB/OL]. [2013 - 10 - 16]. http://www.bls.gov/oco/ocos068.htm.

书馆学专长①。

(二)核心能力

国际图联在《公共图书馆服务发展指南》中要求公共图书馆馆员具有较高的技能与素质,包括人际交流技巧、社会意识、团队工作和领导能力,以及实践能力和组织工作能力等。公共图书馆员工最基本的素质和技能要求包括以下主要内容:

- 与人们友好交流,理解用户需求;
- 与社区个人和团体合作,了解和理解文化多样性;
- 了解图书馆的馆藏资源,知道如何利用这些资源;
- 理解和赞同公共服务原则,能够与其他人合作,共同提供图书馆优质服务;
- 具有组织技能,能够灵活识别和适应变化,愿意接受新鲜事物和观念;
- 了解信息和通信技术。

美国图书馆协会(以下简称 ALA)2009 年颁发的《图书馆员核心能力》要求所有拥有图书馆学情报学硕士学位的人员必须掌握和运用以下基本知识:图书馆专业基础知识、信息资源、知识和信息整理、技术知识和技巧、参考咨询和用户服务、学术研究、继续教育和终身学习以及行政管理。同时要求实际从业人员必须拥有具体岗位要求的其他知识②。

2013 年,英国图书馆与情报专家学会(the Chartered Institute of Library and Information Professionals,CILIP,原英国图书馆协会)颁布了新的"图书馆员基础专业知识和技巧"(Professional Knowledge and Skills Base,PKSB),要求图书馆员必须熟练掌握和具备以下各方面知识与能力:知识和信息的组织、管理与使用,研究技巧,书目管理,藏书管理和发展,信息素养,领导和宣传能力,策略、规划和管理能力,读者服务能力,服务设计和营销能力,信息技术等。PKSB 可以用来衡量整个图书信息专业领域的专业能力和技巧,规划个人职业发展,图书馆也可用 PKSB 来发现本机构在知识和技巧方面的不足之处③。

二、图书馆员的学科教育、资格和认证

(一)学科教育与认证

国际图联要求专业图书馆员应当在图书馆学情报学学院修完本科或研究生的图书馆学情报学课程。为了保证图书馆学情报学事业的发展与时俱进,专业图书馆员还必须以正规或非正规的方式不断提高自身的专业水平。各个国家或地区对图书馆员的认证要求标准略有不同。

---

① The Public Library Service:the IFLA/UNESCO Guidelines for Development[EB/OL].[2013 - 10 - 16].http://www.ifla.org/publications/ifla-publications-series-97.

② ALA's Core Competences of Librarianship[EB/OL].[2013 - 10 - 16].http://www.ala.org/education-careers/files/careers/corecomp/corecompetences/finalcorecompstat09.pdf.

③ Professional Knowledge and Skills Base[EB/OL].[2013 - 10 - 16].http://www.cilip.org.uk/sites/default/files/documents/Your%20Professional%20K nowledge%20and%20Skills%20Base%20brochure.pdf.

1. 北美

ALA 早在 1970 年就颁发了《图书馆学情报学教育和人事政策说明》,并在 2003 年加以修订,对图书馆职位进行了类别划分和详细描述①,但该说明仅仅是推荐性意见,目前美国并没有全国统一的图书馆员认证和职称体系,部分州有馆员认证或类似制度,但很少认真实行。唯一真正被全国图书馆认可的是经 ALA 认证的图书馆学情报学学院颁发的硕士学位,拥有这样的硕士学位,被某图书馆聘用,即成为专业图书馆员。图书馆学情报学专业学科认证完全由 ALA 负责,受到整个图书馆界的认可。图书馆学情报学学科教育是图书馆专业信息服务发展的重要前提,这是北美图书馆界的共识。至 2013 年,美国、加拿大和波多黎各共有 58 个经 ALA 认证的图书馆学情报学专业硕士学科点(ALA-accredited master's programs)②。ALA 于 2008 年发布的《图书馆学情报学硕士专业学科点认证标准》对以下几个方面进行考评:(1)使命、目的和目标;(2)课程设置;(3)教学人员;(4)学生;(5)管理和资金支持;(6)物质资源和设备③。

美国伊利诺伊大学图书馆学情报学研究生院近年来在全美图书馆学情报学学院中一直名列前茅④,该学院主要负责研究生教学,培养图书馆学情报学硕士生。研究生入学需拥有正规大学学士学位(任何专业),这符合图书馆信息资源涉及不同学科,因此需要图书馆员拥有其他专业学科知识的要求。学生可以根据自己的兴趣爱好以及对今后在图书馆就业岗位的考虑,自由选择课程搭配,例如侧重学习咨询和信息服务、设计和评估信息系统、儿童和青少年服务、社区信息系统、数据管理、特殊收藏管理等。

研究生必修课程之一是信息整理与获取课程,涉及信息系统的创建、信息服务机构的运作以及不同用户团体的信息服务需求。必修课程之二是图书馆、信息和社会,探索涉及用户和资金提供者团体的图书馆学情报学专业的主要问题,分析反映这些领域的专业议题的具体情况,并集中探讨其相互关系。

加拿大图书馆学情报学教育模式与美国基本一致,全国共有 7 所图书馆学情报学学院(系),提供图书馆学情报学硕士课程,另外还有不少大学教育学系设置了图书馆学情报学本科学位,培养中小学图书馆员或图书馆工作人员。

2. 英国

英国共有 14 个经英国图书馆与情报专家学会(the Chartered Institute of Library and Information Professionals CILIP,原英国图书馆协会)认证(CILIP Certification)的图书信息学院,使用 PKSB 作为认证标准⑤。PKSB 认证在全世界得到认可,并与其他国家或地区的专业认证资格相互承认,包括北美地区、英联邦国家、欧盟等。英国另外还有一种由政府授权的教育

---

① ALA Library and Information Studies Education and Human Resource Utilization—A Statement of Policy [EB/OL]. [2013 – 10 – 16]. http://ala.org/ala/aboutala/offices/hrdr/educprofdev/lepu.pdf.

② ALA-accreditedprograms[EB/OL]. [2013 – 10 – 16]. http://www.ala.org/accreditedprograms/directory.

③ ALA's Core Competences of Librarianship[EB/OL]. [2013 – 10 – 16]. http://www.ala.org/education-careers/files/careers/corecomp/corecompetences/finalcorecompstat09.pdf.

④ The Graduate School of Library and Information Science, University of Illinois at Urbana-Champaign[EB/OL]. [2013 – 10 – 16]. http://www.lis.illinois.edu/.

⑤ Professional Knowledge and Skills Base[EB/OL]. [2013 – 10 – 16]. http://www.cilip.org.uk/sites/default/files/documents/Your%20Professional%20Knowledge%20and%20Skills%20Base%20brochure.pdf.

认证机构认证的职业资格(Vocational Qualification)。

威尔斯阿伯斯威大学信息学系硕士学位由 CILIP 认证。该大学信息学系拥有 40 多年专业教学经验,图书馆学情报学硕士学位课程致力于使学生能够"识别、组织整理、检索和提供各类信息,包括纸质、电子和多媒体信息"①。研究生入学条件是拥有本科学位和 6 周图书信息机构工作经验(包括实际就业、志愿或实习等),修完全部课程并通过考试可获得毕业证书,撰写硕士论文并通过答辩可获得硕士学位。课程涉及图书信息学的主要概念和发展、信息自由、多元文化、信息技术发展,以及图书信息服务和管理(包括编目和参考咨询)、网络出版与新技术等。学生就读期间还必须深入图书馆实践,以保证最终获得最先进的理论知识、实践经验和人际交流技巧等。

3. 德国

德国不少大学设有图书馆学情报学系,例如慕尼黑大学、洪堡大学等。洪堡大学开展图书馆学情报学本科和研究生教学,其本科学位必须与其他本科学位同时获取(双学位),保证毕业生同时拥有另一门学科知识。研究生教学则侧重培养图书馆学情报学研究人员②。有些图书馆学情报学学院甚至会根据具体图书馆的要求来制定课程安排,进行职业培训,并举办资格认证考试③。

4. 中国

中国现有 20 多所大学(包括北京大学、武汉大学和南开大学等)设有图书、情报和档案管理专业④,图书馆、情报与档案管理为教育部批准的一级学科,提供本科专业教育,有些大学还提供硕士和博士研究生学位课程⑤。图书馆学情报学学科教育目的在于培养应用型、复合型图书馆高级专门人才,使其具备系统的图书馆学基础理论知识,拥有熟练地运用现代化技术手段收集、整理和开发利用文献信息的能力,能在图书情报机构和各类企事业单位的信息部门从事信息服务及管理工作。

5. 其他国家和地区

过去新加坡本地大学不设图书馆学情报学专业,大学生入馆之后多由图书馆出资送到国外大学进修图书馆学情报学课程。近年来,新加坡国家图书馆管理局与南洋理工大学合作,开办了图书馆学硕士课程,现在大多数馆员在本地就能完成专业培训。韩国图书馆员(司书)培养体系分为获资格证的课程和研修两种。前者又分为正规教育课程和短期教育课程。正规课程是培养司书人力资源的核心,包括图书馆学情报学本科、硕士和博士课程以及教育研究生院的硕士课程。此外,还有大学附设的司书教育院开设的短期教学课程。

---

① Department of Information Studies, University of Wales at Aberystwyth[EB/OL]. [2013 – 10 – 16]. http://www. aber. ac. uk/en/dis/.

② Bibliotheks-und Informationswissenschaft, Humboldt-Universität zu Berlin[EB/OL]. [2013 – 10 – 16]. http://www. hu-berlin. de/studium/beratung/sgb/bibinf.

③ Bavarian Library Academy[EB/OL]. [2013 – 10 – 16]. http://www. bsb-muenchen. de/Bavarian-Library-Academy. 2959 + M57d0acf4f16. 0. html.

④ 中国大学信息查询系统[EB/OL]. [2013 – 10 – 26]. http://app. edu. ifeng. com/college.

⑤ 王知津,等. 我国图书情报学教育三十年(1978—2008)回顾与展望[J]图书与情报,2010(1):23 – 33.

(二)图书馆员资格

1. 北美

美国大部分图书馆员职位的资格要求是求职者必须拥有图书馆学情报学硕士学位。公共图书馆的馆员聘用和职务晋升注重实际工作经验和能力,对学术研究能力一般没有具体要求,条件较为宽松。

根据 ALA 网站上刊登的公共图书馆招聘启事[①],可以了解公共图书馆的图书馆员招聘和晋升情况。公共图书馆招聘初级馆员一般只要求拥有图书馆学情报学硕士学位,没有工作年限和专业经验要求,但会对空缺岗位进行详细描述,对馆员的能力提出具体规定。应聘人员可以根据自己在图书馆学情报学学院接受的专业培训,考虑该岗位是否与自己的知识背景和能力相符。

纽约公共图书馆总馆各部门负责人称为“manager”,分馆负责人称为馆长(director),也有不少称为“manager”。职位空缺必须事先公示。招聘广告对应聘人员资格、责任等均有非常详细的描述。例如新建造的航海港分馆(The Mariner's Harbor Library)位于斯塔腾岛,服务人口3万,招聘高级馆员,要求能提供参考咨询服务,指导读者使用图书馆设备和各种载体的资源,回答到馆、电话和网上提问,能为图书采购提供推荐书目、协助剔旧工作、紧跟图书信息最新动向,必须拥有 ALA 认证的 MIS 硕士学位,具备读者服务技巧、交流技巧、团队精神、公共服务经验,最好拥有与儿童和青少年交流的能力、西班牙语能力。最有趣的是强调要能搬动15磅的物体。

加拿大图书馆对馆员的基本要求也是拥有美国图书馆学会认可的图书馆学专业硕士学位,馆员称作专业人员,属于高级员工,而只拥有学士学位的雇员通常称为图书馆技术人员,只能辅助图书馆员工作。

2. 英国

英国图书馆员准入资格比北美更为灵活:有志于图书馆事业的人可以通过不同渠道进入该领域,但许多专业人员拥有实际工作经验和 CILIP 认证资格。经 CILIP 认证的图书信息学院硕士毕业生有资格直接成为“认证图书馆员”(Chartered Librarians),其他专业本科生毕业可进入图书馆实习一年,进修研究生课程,再申请认证。英国还提供另一种获得 CILIP 认证图书馆员资格的途径,即先工作,后获得认证。申请者必须:

- 获得图书馆对其工作经验和能力的认可;
- 表现出拥有专业知识和技巧;
- 证明有能力在工作中使用专业知识。

向 CILIP 提出申请时,需提交工作经验证明、今后职业发展规划、专业知识和技巧(专业培训证书等)。

3. 德国

德国各公共图书馆对专业图书馆员准入资格有不同的要求。巴伐利亚州立图书馆(位于慕尼黑)招聘初级馆员没有严格的资格要求,但中高级图书馆员必须在巴伐利亚图书馆学

---

① ALA Joblist[EB/OL].[2013 - 10 - 16]. http://joblist. ala. org/.

情报学学院和另一家指定的大学图书馆学情报学系接受理论和实践培训,并通过考试①。也有些图书馆提供大学生毕业后职业培训途径(librarian traineeship),本科毕业生经过这种培训后就具有一定程度的图书馆员专业资格。例如巴伐利亚州立图书馆副馆长就接受过上述高级图书馆员职业培训;州立图书馆馆长罗尔夫·格里贝尔(Dr. Rolf Griebel)在大学主修历史、德语和社会学,毕业获得教师证书,再读历史学博士,最后在大学图书馆接受图书馆员培训,在图书馆学情报学学院深造,拥有丰富的图书馆工作经验,最后成为馆长。

4. 中国

中国图书馆学会从 2001 年起就开展了图书馆员职业资格认证的研究工作②,2002 年 8 月,学会向文化部提交了《关于中国图书馆学会申请图书馆员职业资格认证的报告》。2003 年 3 月,又起草了《图书资料馆员》《古籍馆员》和《文献修复师》三个图书馆职业标准③。2004 年 7 月,国家劳动和社会保障部与文化部联合颁布了《图书资料馆员》《古籍馆员》和《文献修复师》3 个国家职业标准。2012 年 5 月开始实施的《公共图书馆规范》(以下简称规范)指出,图书馆"专业技术人员"是具有图书馆学或图书情报专业专科及以上学历的图书馆工作人员,其他专业学科人员需接受不少于 320 学时的课程培训并成绩合格,才能成为公共图书馆专业技术人员④。

但是在当前的实际操作中,图书馆并不重视员工的图书馆专业学科背景,没有采取必要的措施来使图书馆学专业毕业生与图书馆就业直接挂钩,大多数公共图书馆在招聘新员工时,对图书馆学科专业背景没有要求,任何专业的大学毕业生均可应聘图书馆岗位,工作 1 年以后成为助理图书馆员,5 年以后可通过图书馆专业考试或职称评审,获得图书馆员职称。图书馆员是否具备专业资格与是否接受过图书馆学情报学专业学科教育没有直接关系。

香港对专业图书馆员实行公务员管理制度,规定此类工作人员必须持有本科学历、熟悉图书情报学或其他专业学科。

5. 其他国家和地区

澳大利亚图书馆遵循澳大利亚图书馆与信息协会(ALIA)对图书馆员的资格要求,有严格的人员聘任规则。图书馆也鼓励在职员工继续专业深造,制订职业发展规划。《昆士兰公共图书馆标准指南·工作人员标准》强调,图书馆员的主要任务是满足用户需求,要求能够熟练掌握新技术和新设备,与读者正常沟通。

韩国司书身份为公务员,培养司书主要通过四年制大学或两年制专科大学的正规图书馆学情报学教育,也有通过大学附设的司书教育院为期一年的教育课程。大学本科毕业后可获二级正司书资格,这是培养司书的主要途径。获图书馆学情报学的硕士学位或博士学位者,可分别获二级正司书资格、一级正司书资格。对于非图书馆学情报学专业毕业的硕博士生,通过对图书馆学情报学的深化学习,可分别获二级正司书资格、一级正司书资格。

① Bavarian State Library Professional Training and Further Education[EB/OL]. [2013 – 10 – 16]. http://www. bsb-muenchen. de/Professional-Training-and-Further-Education. 260 + M57d0acf4f16. 0. html.

② 中国图书馆学会图书馆员职业资格认证工作[EB/OL]. [2013 – 10 – 26]. http://www. lsc. org. cn/c/cn/news/2006-04/03/news_264. html.

③ 徐长生. 我国图书馆员职业资格认证制度问题研究综述[J]. 图书情报工作,2009,53(3):87 – 90, 102.

④ 王世伟,张涛.《公共图书馆服务规范》应用指南[M]. 北京:国家图书馆出版社,2013:98.

(三)在职培训

国际图联《公共图书馆服务发展指南》认为:在职培训工作是公共图书馆非常重要的活动之一。图书馆必须详细制订并实施全员培训计划。专业技术人员和辅助员工也必须接受培训,了解公共图书馆的功能与目标以及运作环境。大型公共图书馆应当设置培训管理人员岗位,以便规划和实施培训项目。《公共图书馆服务发展指南》还要求专门指定预算的一部分用于培训,以确保培训经费充足。

1. 美国

纽约公共图书馆提供广泛的培训课程和职业发展机会,除了图书馆学情报学专业知识外,还传授人际交往技巧,领导和管理才能。高级管理人员、资深图书馆员和其他专业学者经常举办讲座,使员工与时俱进,跟上图书馆学情报学事业的发展步伐。另外还有网上远程培训课程。

芝加哥图书馆的战略发展规划要求所有员工每年均需参与员工发展培训计划,培训内容涉及公共服务、图书馆政策、图书馆事业、计算机技巧和信息检索等。芝加哥公共图书馆的培训计划针对不同分馆的服务特色和社区需求有不同的模式,这种灵活多样化的模式使得图书馆能及时填补因员工退休、离职等造成的空缺,更好地为读者服务,保证图书馆高效正常运行。

2. 德国

德国公共图书馆十分重视在职培训,在职人员的专业培训有脱产、业余和自学三种方式。图书馆员可以脱产参加直接与专业工作有关的培训,培训费用有时由图书馆负责。德国每年举办约 800 个图书馆员培训班,内容丰富多彩。近年来,由于与图书馆学相关的网站越来越多,远程自学的图书馆工作人员也越来越多。汉堡应用科学大学在"图书馆竞争力网"的帮助下,还创办了图书信息学专业门户网站"Wissen-bringt-weiter"(知识帮助您走得更远),为图书馆员广泛提供在线培训课程①。

3. 中国

为提高人力资源建设水平,上海图书馆自 2003 年起制定了《继续教育手册》,对职工继续教育情况进行登记、管理和考核,其中 2003 年职工继续教育人均学时为 93.92,2008 年人均学时为 107.18。上海图书馆还多次举办国际会议,广泛要求海内外图书馆界同行到馆交流经验,并让图书馆员以会议志愿者的方式参加会议筹备、会场翻译、人员接待等工作,提高图书馆员的专业素质和人际交往能力。

台湾汉学研究中心也注重对馆员的培训,并承担起辅导台湾各类图书馆发展的职责,如为馆员继续学习设立"编目园地""参考服务园地"以及学士学位班、暑期研习班、主题研讨会等。2008 年 12 月,汉学研究中心与台湾政治大学合办了"图书馆主管硕士学位班",培养图书馆高级管理人才。2007 年,汉学研究中心还设立海外图书资讯界专业人员交流计划,邀请海外图书馆员来汉学研究中心进行短期学习交流与实践。汉学研究中心也注重营造学术研究氛围,提升馆员的学术研究水平,特别设置了图书馆"学术发展研究小组"。台湾地区的

---

① Jürgen Seefeldt, Ludger Syré. Portale zu Vergangenheit und Zukunft-Bibliotheken in Deutschland[M]. Hildesheim:Georg Olms Verlag,2011:77.

科学委员会也对汉学研究中心的研究计划予以支持,对汉学研究中心提供了"专题研究计划""延揽人才计划"的补助项目。

香港公共图书馆对所有的工作人员都要进行定期培训、考核,以提高其业务素质和思想素质,培养主动、热情、敬业、服务专业、高效率的工作队伍。

4. 其他国家和地区

大英图书馆为员工提供全方位的内部和外部培训课程,对有进修意向的员工提供进修假期并赞助学习费用。图书馆还向在校学生提供实习岗位。

法国国家图书馆把员工的成长与机构的可持续发展紧密联系起来,为员工提高素养和公平竞争、职位晋升创造有利条件。图书馆 2006 年度的培训花费达 1 018 876 欧元。2011 年度有 71% 的员工参加培训,培训时长 9838 天,人均 3.6 天。2009 年有 456 名员工参加了数字化和网络服务专业知识的课程。

澳大利亚图书馆联合维多利亚科技大学(Victoria University)和博士山学院(Box Hill Institute)等教育机构,为工作人员提供参加技术与继续教育(TAFE)课程的机会。布里斯班图书馆为所有工作人员提供参加在职培训课程和研讨会的机会以及同事之间的交流空间。培训课程针对大都市居民多元文化的现状,培养能为不同语言、年龄和文化背景的读者提供服务的图书馆员。图书馆对这些培训提供必要的时间与财力支持。

三、人力资源结构

(一)最高领导层

许多国家大都市公共图书馆的最高领导机构是理事会(Board of Trustees)或董事会(Board of Directors),视图书馆规模大小,理事会成员数量不等。理事会主席和成员通常由市政府任命,来源于本市各行各业,无薪酬。图书馆馆长通常也是理事之一。理事会下设数个委员会,负责监督制定公共政策、管理和计划以及管理部门设置与资金协调。理事会的主要职责是重大决策和监督行政管理,并不涉足图书馆的实际运作,绝大部分理事会成员也不是图书馆学情报学专业人员。有些图书馆还有由馆外学者组成的顾问委员会。部分国家情况如下。

1. 荷兰

荷兰皇家图书馆董事会 4 名董事由荷兰科学文化及教育部部长任命,是荷兰皇家图书馆的最高管理者,负责制定图书馆的总体发展框架。

2. 英国

大英图书馆由英国图书馆理事会负责管理,隶属于英国文化、媒体和体育部。理事会为独立公共法人,理事会成员包括主席一人;副主席兼馆长一人负责主持日常工作;理事若干名,分别代表英国女王、大学图书馆、大英博物院受托管理人以及与图书馆有关的专家,他们必须具备图书馆业务、财经、行政管理等与图书馆管理相关的专长。理事会举行月会,制定图书馆发展政策并监督其执行管理;并于每个年度结束时向文化、传媒与体育部提出年度报告,由其转呈议会。

3. 肯尼亚

肯尼亚国家图书馆服务委员会(Kenya National Library Service Board)是全国公共图书馆

管理的行政机构,是肯尼亚政府的法定团体。委员会共有 19 名成员,包括肯尼亚各省代表以及内罗毕大学、肯尼亚图书馆协会、内罗毕市议会的代表,教育部、国家遗产和文化部、财政部、国家规划和发展部的代表等。主席由非官方背景的成员担任,任期三年。国家图书馆馆长依照职权兼任委员会的秘书长,全面负责技术、行政、财政事务。

4.韩国

韩国国立中央图书馆(The National Library of Korea,NLK)隶属韩国文化体育观光部,具有国家图书馆和公共图书馆双重职能。总统府下设图书馆信息政策委员会委员,该委员会是总统的咨询机构;图书馆信息政策委员会由 30 人组成,委员长由总统推荐,副委员长由文化观光部部长担任。为了支持图书馆信息政策委员会的运营,文化体育观光部下设图书馆政策企划团,确立并调整图书馆政策的基本方向和综合发展计划,改善管理制度,培养、支援地区图书馆等。

部分城市情况如下:

1.纽约

纽约公共图书馆是美国最大的公共图书馆,理事会由 60 多位理事组成,均为纽约市各阶层代表。西雅图公共图书馆规模较小,理事会仅有 5 位市民成员。芝加哥图书馆最高领导机构称为董事会,由 9 位成员构成。

2.多伦多

加拿大多伦多公共图书馆理事由 13 名委员组成,是图书馆的决策和咨询机构,设主席和副主席职各一名。理事会委员由市议会依据图书馆法案和相关标准任命,其中 5 名成员必须由包括市长在内的市议员担任,另外 8 名委员通常是对图书馆事业有热情,具有图书馆或其他公益事业学历、从业背景的普通市民担任。

3.香港

香港公共图书馆咨询委员会由民政事务局局长委任,其咨询范畴包括制定图书馆设施和服务的发展策略和措施,咨询委员会的任期为两年,成员包括专业人士、学者、社区人士及政府代表。

4.亚历山大

埃及亚历山大图书馆理事会组成与众不同,各国大都市图书馆理事会主席和成员通常为本市知名人士,而亚历山大图书馆本身建筑经费大部分来源于联合国教科文组织,现在运营资金也有很大一部分来源于国际组织和国际基金会,因此理事会成员也来自全世界,由埃及和国际知名人士组成,总数在 30 人之间。首届理事会成员由埃及总统任命,任期两年,此后每年更换三分之一。

(二)行政管理人员

大都市图书馆高级行政管理层主要领导为馆长,通常由市政府和图书馆理事会任命,馆长下设数位副馆长和主要业务部门负责人,分管对外交流、营销、战略规划、资本规划和建设、技术服务、公共服务、数字信息技术、公共活动和终身学习、财务和物业、员工管理、企业服务与合作交流等工作。馆长必须知识面丰富,具有管理能力。

不少图书馆要求馆长必须是图书馆学情报学专业出身,但像纽约公共图书馆和亚历山大图书馆这种超大型国际化图书馆因服务面涉及广泛,馆长人选更看重名望和社交能力,尤其是筹款能力。

1. 纽约公共图书馆

纽约公共图书馆总裁和首席执行官（President and CEO）安东尼·马克斯博士（Anthony W. Marx）于 2011 年 7 月就任，是普林斯顿大学政治学博士，原为纽约安姆赫斯特学院院长，最擅长募捐资金。

2. 亚历山大图书馆

埃及亚历山大图书馆馆长由理事会任命，任期 5 年。馆长必须具有国际背景，现任馆长伊斯迈尔·萨瓦格丁博士（Dr. Ismail Serageldin）拥有哈佛大学博士学位，曾在世界银行供职多年（1972—2000），擅长教育、经济管理和人力资源管理，精通阿拉伯语、法语和英语。

3. 西雅图城市图书馆

美国绝大多数公共图书馆馆长人选要求是图书馆学情报学专业人员，西雅图城市图书馆馆长马塞勒斯·特纳（Marcellus Turner）拥有田纳西大学图书馆学情报学硕士学位，有多年图书馆任职经验。

4. 芝加哥图书馆

芝加哥图书馆现任行政长官（Commissioner）布莱恩·巴农（Brian Bannon）拥有图书馆学情报学硕士学位，擅长数字化策略、信息技术、网络服务。

5. 巴伐利亚州立图书馆

德国巴伐利亚州立图书馆馆长格里贝尔（Rolf Griebel）拥有历史学博士，在图书馆学情报学学院接受过图书馆学情报学教育培训，有多年图书馆管理工作经验。

6. 大英图书馆

大英图书馆原馆长为林恩·布莱德利（Lynne Brindley），曾任馆长 12 年，拥有相当深厚的图书馆学情报学专业学科背景和图书馆工作经验。现任馆长（Chief Executive）罗伊·基廷（Roly Keating）2012 年 9 月就任，毕业于牛津大学，主修古典学，曾在 BBC 担任各种管理工作，包括 BBC 档案资料馆负责人。现领导 5 个部门，分别为馆藏部、对外服务、运营部、财务部、数字服务部[①]。

7. 台北市立图书馆

台北市立图书馆馆长曾淑贤自 1998 年开始就任，拥有台湾大学图书资讯学研究所博士学位，同时还在辅仁大学图书信息学系、台湾师范大学图书资讯学研究所兼任副教授。

8. 上海图书馆

原上海图书馆馆长吴建中精通英语和日语，先后在华东师大图书情报系和英国威尔斯阿伯斯威大学信息学系获得硕士和博士学位，有多年的图书馆专业和管理工作经验；另有两位副馆长也拥有华东师范大学图书情报专业硕士学位和多年图书馆工作经验。

（三）专业服务人员

国际图联《公共图书馆服务发展指南》认为公共图书馆每 2500 名服务对象应配备一名全日制员工，三分之一的员工应是专业馆员，其他为专业技术人员和图书馆助理。在较大的图书馆，不同职位之间有明确分工，在小图书馆则可能一人身兼数职。

---

① The British Publish Library[EB/OL].[2013－10－16].http://www.bl.uk/.

美国苏工部《职业展望手册》显示,美国目前共有 11.7 万多个图书馆,聘用 15.6 万多名专业图书馆员(librarian),其中公共图书馆员约占 28%。另外还有近 23.2 万名技术人员(technician)和兼职助工(library assistant)。部分国家和地区情况如下:

1. 美国

美国图书馆员就业增长前景低于大多数行业,未来 10 年为 7%。但是技术人员和助工的就业增长前景为 10%,达到平均水平[①]。纽约公共图书馆和芝加哥公共图书馆这样的大馆员工数量均超过 2000 人,同时还招募许多志愿者,而西雅图公共图书馆相对规模较小,雇员人数在 600 人左右。图书馆实行多样化人力资源政策,致力于创造和维护人力资源,使丰富多样化的人员为图书馆事业做出贡献。人力资源部门遵循的原则是平等就业和平等职场待遇,支持和尊重合格的多样化雇员,并定期对多样化政策的实施进行评估。

2. 德国

有些国家的公共图书馆员身份为公务员。例如德国多数大都市公共图书馆中,员工分 4 种级别,从高到低依次为 1 级:学术馆员;2 级:大专或本科馆员以及大专或本科信息管理员;3 级:文献信息服务技术员或助理馆员;4 级:半熟练的从事基础工作的图书管理员[②]。德国专业图书馆员分公务员和职员两类。在所有公共服务机构中,公务员有 4 种不同级别。图书馆工作人员的级别与学历、职业培训和工作性质有关,薪酬也依照这 4 个级别确定。

3. 英国

大英图书馆共有员工 2339 人,其中管理及专业级人员 950 人。

4. 韩国

韩国公立图书馆的工作人员由司书职、行政职和其他职位的人员构成。2010 年国立中央图书馆正式职员 228 名,其中司书职员 120 名,约占全体职员的 51%。

5. 新加坡

新加坡国家图书馆专业馆员共分 8 级:1 至 2 级为馆长;3 至 4 级为副馆长;5 级为馆长助理,分管有关部门,相当于馆内的中层干部;6 级、7 级为高级馆员;新入职的大学毕业生为 8 级馆员;其他为辅助人员。

6. 中国

中国《公共图书馆服务规范》规定,每 1 万至 2.5 万人应配备 1 名图书馆工作人员[③],但中西部省份的图书馆服务人口与图书馆工作人员之比有较大的不平衡,如天津市每万人均拥有图书馆员为 0.9 人,上海为 0.87 人,而四川省、河北省每万人均拥有图书馆员均为 0.25 人,反映了公共图书馆事业在地区上存在差异。《公共图书馆服务规范》还强调,"公共图书馆应配备数量适宜的专业人员,具有相关学科背景的专业技术人员应占在编人员的 75% 以上"[④]。至 2016 年 12 月,上海图书馆职工数为 753 人,其中业务人员总数 697 人;博士和硕

① Occupational Outlook Handbook,2010 Edition[EB/OL].[2013 - 10 - 16].http://www.bls.gov/oco/ocos068.htm.

② Jürgen Seefeldt,Ludger Syré. Portale zu Vergangenheit und Zukunft-Bibliotheken in Deutschland[M]. Hildesheim:Georg Olms Verlag,2011:69 - 71.

③ 中华人民共和国国家质量监督检验检疫总局,中国国家标准化管理委员会.公共图书馆服务规范 GB/T28220—2011[M].北京:中国标准出版社,2012:4.

④ 王世伟,张涛.《公共图书馆服务规范》应用指南[M].北京.国家图书馆出版社,2013:98.

士研究生 159 人;大学本科及以上学历 591 人,占职工总数的 78.4%,大专及以上 701 人,占职工总数的 93%;研究馆员和副研究馆员等高级职称人数 141 人,占馆所业务人员总数的 20.2%;馆员等中级职称人员 319 人,占业务人员总数的 45.7%。上海图书馆大部分员工拥有大专以上学历,馆员以上图情专业人员占六成以上。

2012 年,香港公共图书馆从业人员约 1460 名,按现服务人口约每 4910 名服务对象配置一名工作人员。香港公共图书馆从业人员主要分为公务员和全职非公务员合约雇员两类。公务员主要为高级馆长、助理馆长等从事高级管理工作的人员,他们都是受过训练、有实际工作经验的图书馆专业人员。负责香港公共图书馆管理及核心业务工作的人员共有 335 名,约占员工总数的 20%,图书馆馆长职位与其他职位图书馆员的比例约为 1:3。

台湾汉学研究中心在职人员中取得司书资格证书的职员 202 名,约占全体在职人员的 32%。

7. 澳大利亚

2008 年修订的澳大利亚《昆士兰公共图书馆标准指南·工作人员标准》规定,平均每 3000 居民人口应配备 1 名专业图书馆员,每 1 万人配备 1 名技术人员。布里斯班市立图书馆系统共有员工 280 余人,其中三分之一以上为图书信息专业技术人员,平均每万人拥有的图书馆员数量接近 3 人,其他技术人员约 1 人。

2011 年,澳大利亚墨尔本图书馆服务体系的 35 位馆员中有 32 人拥有大学学历,通过图情专业培训者有 28 人。

8. 加拿大

加拿大蒙特利尔公共图书馆系统现有 703 名工作人员,其中图书馆员 140 名,约占全体工作人员 20%。魁北克国家图书档案馆 2011 年共有 400 名正式工作人员,其中图书馆员 97 名,约占全体工作人员的 24%。

9. 克罗地亚

据 2011 年统计数据,克罗地亚萨格勒布市图书馆拥有工作人员 558 名,大学以上学历的员工比例为 51%。具有图书馆相关专业证书或资格的员工比例相当高,为 78%。

根据以上各馆数据来看,图书信息专业人员所占员工比例均在 20% 以上,但也有些国家的公共图书馆中专业人员所占比例很小,例如 2011 年,布拉格市立图书馆共有员工 513 人,32% 的员工有大学学历,只有 3.9% 的员工具有专业证书,58.3% 的员工仅接受过中学教育。

另一个情况比较特殊的是亚历山大图书馆,因其承担的职责与普通公共图书馆略有不同,起到了城市文化标志的作用,因此 2400 多位员工中,直接从事图书和信息服务的专业人员仅有 550 名,而其他行政和文化事务管理人员则有 1850 人之多。

四、人力资源投入:薪酬与福利

(一)薪酬

各国大都市图书馆人力资源投入占经费比例均比较高,有不少超过 50%。

1. 美国

这些年美国图书馆行业不景气,就业岗位减少,但雇员薪金仍有增加,根据 2010 年《手册》统计,图书馆员平均年薪为 54 500 美元(2006 年为 4.9 万美元),每小时平均工资 26 美元。通常行政管理人员(部门负责人和馆长等)薪酬略高。另外,图书馆助理平均年薪为 26 330 美元。其中纽约公共图书馆 2008—2011 年人力资源支出均占总经费 80% 以上,员工平均年薪达到 8 万美元左右,馆长本人年薪更是高达 100 万美元[1]。西雅图公共图书馆人力资源投入 2009 年和 2011 年分别占总经费 76% 和 78% 以上,因图书馆规模较小,馆长年薪远不能同纽约公共图书馆相比,为 15 万美元[2]。芝加哥公共图书馆新进图书馆员薪酬在 46 500 美元左右,原则上每一年可晋升一级,每级薪酬差别约为 5000 美元。该图书馆人力资源投入占经费比例远不如纽约和西雅图公共图书馆高,最近几年均为 50% 左右,2011 年员工平均年薪为 5.6 万美元左右。

2. 澳大利亚

澳大利亚布里斯班市图书馆人力资源支出逐年上涨,占支出比例相当高,一直保持在总支出的 50% 左右。

3. 加拿大

近年加拿大墨尔本图书馆用于员工工资与培训方面的支出占总支出的一半左右,远远高于其他各项支出。蒙特利尔公共图书馆在人力资源方面同加拿大其他公共图书馆一样投入比例相当高,2011 年人力资源费用约占政府拨款的 91%。

4. 法国

法国国家图书馆 2011 年员工成本预算占总预算的 50.94%,高于 2006 年的 47%。

5. 埃及

埃及亚历山大图书馆人力资源支出占亚历山大图书馆年支出总额的一半以上,2011 财政年甚至达到 64.7%。

6. 肯尼亚

肯尼亚国家图书馆每年公共图书馆拨款的半数以上都用于人员的薪金支出和培训费用,在 2007—2009 年度,这个比例达到 60% 以上。

7. 中国

上海图书馆人员经费从 2008 年占总经费的 18.4% 上升至 2009 年的 19.9%,但以后几年持续下降,2010 年为 18.3%,2011 年 17.3%,2012 年 15.6%。但是这个数字未计入上海图书馆事业收入和其他收入,这些事业收入和其他收入多用于工资福利支出、商品和服务及其他资本性支出,以及对个人和家庭的补助支出等。台湾汉学研究中心人力资源经费在总经费中占 40% 左右。

相对而言,亚洲国家和地区的公共图书馆人力资源占总经费比例较低,2010 年韩国国立中央图书馆人力资源占总经费 27.4%。2010 年新加坡国家图书馆人力资源投入占 33.17%,相比 2008 年的 35.16% 有所下降。

---

① 2012 New York Public Library Financial Statement[EB/OL].[2013 - 10 - 26]. http://www.nypl.org/sites/default/files/nypl_financials_2012.pdf.

② Colorado man wins Seattle's top library job. Seattle Times[EB/OL].[2013 - 10 - 26]. http://seattletimes.com/html/localnews/2015016073_librarian11m.html.

（二）福利

1. 美国

除了高年薪之外，美国许多图书馆还提供优厚的医疗和养老保险等福利条件。纽约公共图书馆每位员工至少有 3 至 4 周带薪休假，假期随着工作年限增加而增加。图书馆还提供员工子女和父母经济和法律援助，另外还提供交通费和停车便利、员工全家文化体育活动减免票，计算机和电子产品等。图书馆还专门设立奖项，奖励工作表现突出的员工。

2. 英国

大英图书馆注重采取多种措施确保员工的身心健康，包括提供医疗和养老保险，健身课程补贴，员工及其配偶子女可免费获得金融、法律、心理方面的援助。员工拥有自由的工作时间，在不影响正常服务的条件下，员工可以压缩工作时间、兼职或分担工作任务，同时享受正常的工资福利待遇。此外还提供交通补贴和停车便利、旅游景点折扣等。

3. 澳大利亚

澳大利亚布里斯班公共图书馆馆员可以享受到每年不断递增的薪酬、优厚的养老保险、灵活的工作时间、假期、参加研究学习和拓展活动的机会等。

4. 中国

上海图书馆也对员工个人提供各种福利，包括交通补贴、停车便利、午餐补贴、带薪休假和重大疾病医疗补助等。

五、结语

大都市图书馆服务体系中的人力资源是图书馆完善发展的重要条件，通过以上综述，我们可以了解到，各国大都市图书馆都非常重视人力资源建设，在财政上对人力资源投入均比较大，尤以欧美国家为甚。有不少国际大都市图书馆对专业图书馆员要求拥有图书馆学情报学专业学科教育背景，英、美等国图书信息学院需经过图书馆协会统一认证，拥有基本相同的学科教育资格，因而培养出来的学生也拥有相似的专业知识背景。其他欧美国家通常也对图书馆员有严格的专业培训要求。进入不同专业岗位之后，图书馆员的职业发展则视图书馆的性质和工作要求而有所不同。虽然各国对大都市公共图书馆员的准入要求不同，但是，无论如何，熟悉图书馆学情报学专业理念，拥有良好的公共服务素质，掌握实际工作所需的专业能力和知识，这是对每一个图书馆专业人员的基本要求，也是图书馆事业稳步发展的保证。除了严格的专业要求之外，各国大都市图书馆也非常看重在职教育和培训，以保证图书馆专业人员能与时俱进，跟上图书馆学情报学事业发展的步伐，使图书馆提供的服务能满足用户的需求，为大都市的文化、经济和其他各方面的建设发展做出贡献。

第四章　国际大都市图书馆服务体系中的服务政策

国际大都市图书馆服务政策是图书馆日常运营中的重要组成部分,几乎所有的大都市图书馆都建立有一套系统但同时却又不失个性且具操作性的服务政策体系。

国际大都市图书馆的服务政策名称多样,有的名为"政策",有的名为"标准""条例""规范",还有的名为"规例"等。

国际大都市图书馆的服务政策除了名称各异外,其执行力也不一样。大多数的服务政策只是图书馆自己的内部规定,但也有的服务政策被上升到法律文件层面,这使其权威性得到显著提升。如为保证公共图书馆的服务,香港政府制定了条文详尽的《图书馆规例》,尽管叫"规例",却作为法律文件颁布。该规例事无巨细地规范管理公共图书馆的使用情况,而读者也可向任何一所香港公共图书馆要求索阅《图书馆规例》全文。

国际大都市图书馆服务政策涉及内容一般包括两大方面,一是对外服务政策,即图书馆针对读者的日常运营与服务等方面的政策,如服务对象、办证要求、开放时间、具体服务内容(书刊等的流通时间要求、每人每次借阅册次、续借次数、馆际互借、逾期罚款以及损坏遗失赔偿等)、服务方式、读者行为规范等;二是内部的服务政策,主要针对图书馆内部管理,包括工作人员规范、服务时效性要求、建筑标准、馆藏政策、后勤管理等。本章的研究内容主要以前者为主。

纵观国际大都市图书馆服务政策,我们还发现,这些服务政策并非一成不变,随着时代的变化,随着读者需求的不断提升,国际大都市图书馆的服务政策也在与时俱进。

一、国际大都市图书馆的服务宗旨与服务对象

(一)服务宗旨

国际大都市图书馆服务政策中一个最为重要的内容是明确该馆的服务宗旨或服务目标,"信息""资讯""文化""自由""中心"等往往是其关键词。如挪威国家图书馆提出 5 项主要目标:

- 建成欧洲最现代化和最激动人心的图书馆之一;
- 为政策的实施和发展提供助力;
- 建成挪威的数字图书馆中心;
- 让更多人了解挪威文化;
- 建成一个具有强大适应力的组织。

又如克罗地亚萨格勒布图书馆则提出其服务目标包括:

- 本地的基础服务;
- 因地制宜地提供信息服务,缩小信息贫富差距;
- 终身学习,意味着一个提供网络访问和各类教育活动的公共图书馆;

- 文化和语言发展,承担着在文化遗产、文学、读写能力方面的责任;
- 为所有公民提供自由和平等获得高质量信息的权利。

再如香港公共图书馆提出"竭诚提供优质公共图书馆服务,以配合香港发展为世界级大都会",并指出,香港公共图书馆目标是以下列方式为市民提供服务:

- 作为资讯中心,为公众人士免费提供设施,并使公众能轻易获取有关各学科及其最新发展的资料;
- 作为持续教育的工具,让市民利用图书馆资源去自学进修;
- 作为推广香港文学活动和文学研究的中心,促进市民对文学创作和研究的兴趣,鼓励和推广文学写作,发展和保存香港文学,以及促进文化交流;
- 作为休闲去处,让市民外借馆藏回家享用,善用余暇;
- 作为社区文化中心,举办均衡及以图书馆资源为本的活动,为不同年龄的读者提供资讯、娱乐和消遣及为日常生活增添姿彩。

(二)服务对象

为谁服务是国际大都市图书馆服务政策中一项重要内容。一般而言,国际大都市图书馆服务对象几乎包括所有人,含个人和相关机构法人。所有人的概念是指无论国籍(市籍)、年龄、性别,均能享受图书馆服务。而且,几乎所有的大都市图书馆均专门制定有针对特殊人群的服务政策,如针对残障人士、儿童青少年、大都市外来人员等。

国际大都市图书馆尽管都表示对所有人开放,但针对不同的服务对象,其办证要求、服务内容、收费与否、收费多少等均有不同规定,因此同一家图书馆往往会有几种甚至十几种不同的读者证。这种服务对象的不同政策主要体现在以下几个方面:

1. 根据读者是否为本地居民加以区别对待

一般而言,各大都市图书馆针对非本市居民的借书服务所收取的年费(注册费、押金等)往往是本地居民读者的数倍,而其能从图书馆借阅的图书或其他馆藏的册数则相对较少。如新加坡国家图书馆服务于所有年龄段的新加坡公民和永久居民,但前者免年费,后者虽免年费,但需收取一次性注册费 10.5 新元;美国西雅图公共图书馆为华盛顿州居民免费办证,但非本州居民办证,则需付 85 美元一年或 25 美元 3 个月的费用;肯尼亚内罗毕图书馆,既面向本国个人读者和机构读者也面向外国个人读者,但针对外国个人读者收取的注册费和年费均远远高于本国读者;美国纽约公共图书馆则规定:非纽约市居民可入馆阅览,也可办理临时证在研究图书馆索取书库藏书,但不能外借。

2. 将读者依据年龄加以区别

从我们此次研究的 24 家大都市图书馆的服务政策来看,年龄的划分有很多种,有的以14 周岁,有的以 16 周岁,还有的以 18 周岁为界来加以划分。如上海图书馆读者办证限于"满 14 周岁、持有有效证件的中国公民,以及持有有效护照的外籍人士",但也提供专为少年儿童的服务;挪威国家图书馆规定,只有居住在挪威的人才能外借图书,而申请国家图书馆借书证的人必须年满 18 岁且拥有挪威的个人身份证;大英图书馆通常不为 18 岁以下人士办理阅览证;法国国家图书馆实行成人区和儿童区分区服务,其中儿童区面向儿童,规定儿童须由持有读者证的成人陪伴,且 1 名成人最多带 3 名儿童,儿童免费。

3.针对残障人士的服务

一般来说,各大都市图书馆针对残障人士,从设施、导引标识到入馆,均制定有详细的个性化服务政策。其中尤以为盲人服务最为完善。

二、国际大都市图书馆的服务内容

国际大都市图书馆为读者提供的具体服务内容范围广泛,基本可归为以下几类:

核心服务:主要包括借阅服务、参考咨询、文献提供及部分馆际互借服务等。

特殊服务:包括会展、读者培训等。

增值服务:包括专题咨询、部分文献提供、场地出租等。

借阅服务:是各大都市图书馆提供的核心服务内容之一。以外借为例,读者可以借什么、借多少、借多久、如何还、是否可预约、是否可续借及续借次数、馆际互借等,各大都市图书馆的服务政策中对此均有明确规定。

纵观国际大都市图书馆,可供读者借阅的馆藏多种多样,既包括传统的书籍、期刊、CD、VCD,又有乐谱、雕塑、摄影作品或版画、油画等,还有手持阅读器,甚至有笔记本电脑可供在馆内借用。但不管是台式还是笔记本电脑,一般均规定使用时间不得超过 2 小时。如芝加哥图书馆,除有专用电脑供读者查找书目和数据库外,读者还可网上预约免费使用其他电脑,也可在服务台借用笔记本电脑在馆内使用,但每人每天只可使用两次,且每次一小时。此外,芝加哥图书馆还为读者提供 15 分钟速用电脑,以方便读者收发邮件。

持有有效证件的读者一次性可外借多少册件馆藏在国际大都市图书馆也是迥然不同。在我们此次研究的 24 家国际大都市图书馆中,一次外借量最少的要数肯尼亚内罗毕图书馆,只有 2 本书,期刊概不外借;一次外借量最多的是柏林州中心图书馆,读者凭一张有效借书证最多可借 60 件图书类文献,可借 DVD、录像带 60 件,可借彩印美术作品 5 件,可分别借雕塑、摄影作品或版画、油画 5 或 10 件。2012 年,墨尔本图书馆调整了其读者借阅权限,每人每次借阅数由原来的 30 件提高到 50 件。

各个大都市图书馆及各类馆藏的借期也不一样。如布拉格市立图书馆各类图书、期刊、乐谱、CD、DVD 等借期分别在 1 至 4 周不等,但艺术复制品等可借 26 周。

在我们此次研究的 24 个大都市图书馆中,外借馆藏一般均可预约或续借,有个别图书馆续借的上限甚至高达 10 次,续借的前提条件是该馆藏没有被其他读者预约。

我们此次研究的各大都市图书馆均在不同程度上实现了全市通借通还,大大方便了读者。此外,有很多馆提供馆际互借服务,但读者需支付相应的费用。

除了图书馆的核心服务之外,特殊服务和增值服务往往是各大都市图书馆的服务亮点。包括复印、打印、教育培训、场地出租、展览、参观、零售(咖啡店、书店、礼品店等)等。布里斯班图书馆还有帮读者进行免费的文字处理与上网的服务,而墨尔本图书馆则有帮读者收发国内外传真的服务。

以美国的几家图书馆为例。芝加哥图书馆和西雅图公共图书馆均能免费为读者提供博物馆门票。芝加哥图书馆出借儿童用博物馆入门证,每次一家人可借出一周,供一家四口使用(要求其中有两位必须是儿童);而西雅图公共图书馆的读者可提前 30 天在网上预约,凭一张读者证一周可打印一张博物馆门票,然后在 30 天内凭门票和图书馆证免费参观一家博物馆一次。此外,西雅图公共图书馆还为读者提供信息发布的便利,图书馆在不少公共区域设有公告栏,让读者发布信息,但需经过部门领导或分馆馆长同意。通常可发布非营利组织活动信息等,但不得发布选举等与政治相关的信息。纽约公共图书馆则有为读者免费扫描 50 页电子文档并发至个人信箱的服务,因为其研究图书馆藏书基本闭架,也不外借。纽约公共图书馆还为读者提供有偿代查和文献提供服务:报刊文章、专利、会议录、政府文件、报告和图书章节均可复印、扫描或缩微,还可全书扫描公共版权图书。不过,代检索资料通常收费也很高昂。

场地出租也是美国和加拿大几家图书馆的增值服务之一,芝加哥图书馆、西雅图公共图书馆和纽约公共图书馆均有这类服务,用于出租的往往是图书馆的会议室、礼堂、剧场、展厅等,但服务政策中均对租用对象、租用用途、收费标准等有严格规定。如西雅图公共图书馆就规定,分馆会议室在开馆期间仅供非商业性活动使用且免费,总馆场地收费则针对不同的租用对象、是开馆还是闭馆期间使用、是否商业目的而加以区别对待。

三、国际大都市图书馆的收费政策

国际大都市图书馆为读者提供的服务既包括核心的借阅服务,也包括各具特色、包罗万象的特殊服务和增值服务。如今人们基本取得的一个共识是公共图书馆的基本服务免费,但针对包括专题咨询和场地出租等在内的增值服务,国际大都市图书馆的普遍做法是收费。此外,各大图书馆涉及收费的还有一些项目,如办证、补办证、年费、押金、预约、逾期罚款、损坏赔偿、馆际互借等。

(一)办证、补办证、年费及押金

国际大都市图书馆相对普遍的做法是,针对所有读者,阅览一般均免证或可免费办阅览证,但如果读者需外借,则必须办证,这种读者证一般针对本地或本国个人读者,免年费,但一般不免押金;读者补办旧证或额外办理新证则一般要收费;针对外国或外地读者则适当收取一定的注册费、年费或押金。

(二)馆藏预约与馆际互借

国际大都市图书馆中不少图书馆均为读者提供馆藏预约和馆际互借服务,但一般均收取一定的费用。如香港公共图书馆、新加坡国家图书馆、布里斯班图书馆,每册(件)馆藏预约费分别为 2.5 港币、1.55 新元、0.8 澳元,但墨尔本图书馆可免费预约。挪威国家图书馆、蒙特利尔公共图书馆、布里斯班图书馆、墨尔本图书馆和西雅图公共图书馆均为读者提供馆际互借服务。蒙特利尔图书馆针对同为魁北克国家图书档案会员馆的馆际互借免费,但对加拿大其他图书馆或国外图书馆,则要收取 12 加元,如需加急,则再加收 10 加元。挪威国家图书馆针对北欧地区内的馆际互借免费,但从非北欧地区借来的且只能现场阅读的书籍借阅费为 200 瑞典克朗。布里斯班图书馆和西雅图公共图书馆馆际互借的费用按册(件)计算,分别为 0.75 澳元、5 美元。

(三)损坏遗失赔偿

国际大都市图书馆均对读者损坏或遗失外借馆藏要求赔偿,赔偿的标准基本是以同版新书定价或其成本价外加一定金额或一定比例的加工费或手续费的形式收取,如上海图书馆的做法是要求同版新书定价外加 10 元加工费的赔偿,新加坡国家图书馆则要求成本外加每件 7.15 新元的赔偿,亚历山大图书馆收取的加工费则是其成本价的 30%。多伦多公共图书馆规定损坏遗失则照价赔偿,但该馆又人性化地增加了一项规定:6 个月内失而复得可以要求退款。

(四)罚款

逾期罚款几乎是国际大都市图书馆的一致做法,通常罚款标准为每天每册(件)0.1 至 1.5 元当地货币。我们的研究还发现,即使是同一个国家,其不同的大都市图书馆逾期罚款的标准一般也不同。如布里斯班图书馆和墨尔本图书馆,分别为 0.35 和 0.25 澳元,而美国芝加哥图书馆和纽约公共图书馆则分别为 0.2 和 0.25 美元。

(五)专题咨询

国际大都市图书馆中能够提供高质量的专题咨询服务的不多,其中尤以纽约公共图书馆的专题咨询服务最具代表性。纽约公共图书馆提供有偿代查和文献提供服务,报刊文章、专利、会议录、政府文件、报告和图书章节可复印、扫描或缩微,可全书扫描公共版权图书。但收费高昂,仅代检索资料,通常收费标准就是每小时 40—200 美元。大英图书馆和上海图书馆也开展有相关业务。

(六)场地出租

场地出租是美国和加拿大的一些图书馆的收费服务项目,他们一般将图书馆的会议室、礼堂、剧场、展厅等出租。用于非商业性活动收费较低,反之收费较高。

部分大都市图书馆收费政策一览表

图书馆	收费政策
中国 上海图书馆	办证免费,阅览免年费,收取押金。逾期罚款 0.2 元(册/天)。书附盘遗失或损坏 5 元/盘。遗失图书:要求同版新书定价外加 10 元图书信息加工费赔偿。中文期刊遗失或损坏:平均每册 10 元赔偿
中国香港的 公共图书馆	针对逾期有罚款,针对预约收费。收取押金,押金金额视欲外借的册数而定,且押金限 11 年内可退。 逾期归还的外借图书馆文献和文献附件,每一项均须缴付罚款。成人图书馆每项文献或文献附件的逾期罚款为每天 1.5 元,青少年及儿童图书馆则为 0.5 元,不足一天也作一天计算。 每位登记读者最多可以预约 6 项图书馆文献,每项文献的预约费用为 2.5 元;读者如成功预约某项文献,则不论领取与否,均须缴付预约费用

续表

图书馆	收费政策
新加坡国家图书馆	办读者证收费情况:1.新加坡永久居民虽免年费,但收取一次性注册费10.5新元。2.7—14岁的在校学生(新加坡公民和永久居民),可用学校智能卡充当读者证,除此之外如果另办一张读者证,则需付费1新元。15岁及以上的申请人可用自己的身份证或其他各类证件(含学校智能卡、个人现金卡、新加坡驾照等)充当读者证,除此之外若另办读者证,20岁以下需付费1新元;21岁及以上则需付费5新元。3.外籍读者办证除收取注册费10.5新元外,还需缴纳年费42.8新元。 从普通读者变为特惠读者:所有普通读者均可注册为特惠读者,但需缴纳42新元的年费。若一次性缴纳2—3年的年费,则可享优惠:2年78新元,3年112新元。特惠读者的年费一概不退。特惠读者可借阅16件文献。 预约收费和逾期毁损罚款:

项目类别	收费标准
预约书刊或视听资料	1.55新元/件
书刊逾期罚款	每件:0.15新元/天
视听资料逾期罚款	每件:0.50新元/天
丢失或损坏图书资料	丢失或损坏的文献的成本费; 丢失或损坏文献的管理费:7.15新元/件
丢失或损坏录像带或CD-ROM的外壳	1.05新元/件
遗失读者证补办新证 (适用于新加坡公民、永久居民和外国人)	20岁以下:1新元 21岁及以上:5新元

图书馆	收费政策
挪威国家图书馆	馆际互借收费情况:北欧地区内的馆际互借是免费的,从非北欧地区借阅的只能现场阅读的书籍借阅费为200瑞典克朗。北欧地区的文献复印件,第1至20页收取50瑞典克朗,每增加一个页面收取3瑞典克朗。北欧地区以外的文献复印件第1至20页收取100瑞典克朗,每增加一个页面收取5瑞典克朗
德国柏林州中心图书馆	阅览证免费;借书证,针对不同人年费2—25欧元不等,也可月付费2.5欧元;补发证,收费2—15欧元不等。 图书异地归还按件收费:读者如在柏林州中心图书馆归还从其他成员馆借阅的文献,每件文献需收取0.75欧元的运输成本,反之亦然。 逾期罚款:按天按件计收罚款,儿童和学生每天每件0.10欧元,其他读者每天每件0.25欧元
法国国家图书馆	在费用方面对学生和残障人士都有相应的优惠减免规定。学习区、阅览区和展览区共同的免费对象有:失业者;社会救助对象,残障人士和陪同人员等。针对不同区域(学习区、研究区、展览区)设有有效期分别为1天、3天、15天的读者证,也有为期1年的读者证,有1次展览票的读者证,也有2次展览套票的读者证,分别收取5—60欧元的费用。 读者证遗失、故障或被盗:凡遇读者证遗失,补卡费2欧元;但如遇读者证故障或可提供被盗证明,则可免费补办

续表

图书馆	收费政策
埃及亚历山大图书馆	办证:除盲人图书馆可免费办证外,其他办证均收费,读者证有多种,针对不同人群有月卡、年卡,收费10—330埃及镑。还有针对儿童和青少年的暑期卡,只要15埃及镑,但有限期仅为3个月,且不能外借。读者证遗失或被盗,重办需缴费10埃及镑。 图书受损或遗失:图书如受损或遗失,读者需赔偿图书原价外加30%的加工费。 逾期罚款每天每本0.25埃及镑。 参观图书馆也收费:针对不同人群分单次门票和组合门票,分别收费1—45埃及镑

逾期罚款为每本书每天5先令。

服务对象	注册费(先令)	年费(先令)
本国成人(16岁及以上)	300	100
本国未成年人(15岁及以下)	20	20
非肯尼亚国民或其他临时会员	5000	2500
机构会员	3000	3000
非外借人员	300	300

（图书馆：肯尼亚内罗毕图书馆）

墨尔本图书馆收费项目　　　　　　　　单位:澳元

项目	金额
过期罚款(每件/册,每天)	0.25
读者证遗失	3.30
预订费	免费
跨馆借阅	通常为13.20
损坏/遗失重置赔偿费(除对象价格外)	手续费10.00
黑白A4复印	单面0.20,双面0.40
黑白A3复印	单面0.40,双面0.80
澳大利亚境内传真(只在东墨尔本和北墨尔本图书馆提供)	2.50+0.50×张数
国际传真(仅东墨尔本和北墨尔本图书馆)	6.00+4.00×张数
收取传真(仅东墨尔本和北墨尔本图书馆)	0.25/张

（图书馆：澳大利亚墨尔本图书馆）

图书馆	收费政策
美国纽约公共图书馆	逾期费为图书每天每种25美分,多媒体资料每天每种3美元。如果读者欠费超过50美元且长久不归还,图书馆会转交第三方欠费催缴机构处理。 纽约公共图书馆提供有偿代查和文献提供服务,报刊文章、专利、会议录、政府文件、报告和图书章节可复印、扫描或缩微,可全书扫描公共版权图书。代检索资料通常收费标准为40—200美元一小时。 场地出租:图书馆出租会展场地,供机构或个人使用,收费标准根据用途而定

四、国际大都市图书馆的服务方式

国际大都市图书馆基本均开展有线上线下的服务,除读者到馆服务外,读者基本均可网上享受相关服务。

很多图书馆还有一些自助设施,如自助阅览室、自助借书亭、自助还书机等,这些自助的设施基本 24 小时全天候开放。

此外,还有不少图书馆采用电话、传真、邮件等形式开展续借、咨询、还书提醒等服务。

流动图书馆也是图书馆历史相对久远的一种服务方式,在美、加等国的图书馆比较通行。如果说网上图书馆和图书馆自助设施弥补了图书馆在开放时间上的不足的话,那么流动图书馆则弥补了图书馆服务空间的不足,让图书馆的服务"无所不在"。

西雅图公共图书馆的流动图书馆服务始于 1931 年,至今已有 80 多年的历史。开始时仅有一辆小卡车,车上放着书架,在小学和孤儿院之间流动服务,侧重儿童图书服务,但仅一年就因为资金缺乏而停止。1947 年,该馆买了新车,重新开始提供流动服务。2006 年,西雅图公共图书馆实施幼儿园阅读计划,强调支持早期识读教育,同时更注重社区上门服务。流动图书馆每月一次送书上门,服务对象有医院、幼儿园、小学、福利院、养老院、残疾人和长期卧床病人等。读者也可电话要求流动送书服务。目前流动图书馆任务繁重,大部分服务涉及家庭送书活动。

1966 年 8 月 16 日,蒙特利尔第一个流动图书馆(Bibliobus)开始运营。经过几十年的坚持,到现在已有第三辆流通服务车。流动图书馆穿梭于全市各个社区,服务时间为每天下午 2:30 至 6:00。但读者从流动图书馆借的图书资料只限于归还至流动图书馆。当然,读者从其他图书馆借的资料也不能还到流动图书馆。

五、国际大都市图书馆的开放时间

开放时间也是国际大都市图书馆服务政策的一个重要考量。在我们此次研究的 24 家国际大都市图书馆中,以平均每周开放时间进行比较,亚洲的一些图书馆几乎是所有馆中最长的,除个别外几乎都超过 80 小时。欧洲和北美洲的图书馆开放时间相对较短,平均每周开放 50—78 小时。瑞典国家图书馆和丹麦皇家图书馆的开放时间则分夏令时和冬令时。冬令时一般每天比夏令时多开放一小时。

在开放时间方面,澳大利亚的两家图书馆最为规范。澳大利亚昆士兰州公共图书馆服务标准中的《业务服务标准》不但根据服务人口设置了不同级别图书馆的每周开放时间,更换算成年度数据明确列示。这样就在保证年度总服务时间的前提下,便于各馆依据具体情况调整服务时间。其系统下 33 所图书馆的具体开放时间并不统一。周日与周一大多数图书馆闭馆。不少图书馆一周甚至有 3 天闭馆。通常 9:00 或 10:00 开门,17:00 至 20:00 闭馆。周六各馆虽也开放,但服务时间均较平常缩短。图书馆每周服务时间大致维持在 30—60 个小时左右。周服务时间较长的图书馆有两所,分别为 62 与 61 小时,而周服务时间最短的图书馆仅有 25 小时。

　　墨尔本图书馆则根据不同的定位,各馆开放时间各不相同。其中城市图书馆作为主要的外借机构,借阅时间相对较长,开放时间为每周 70 小时,每天开放,但周五至周日每天开放的时间相比平时有不同缩短。

部分大都市图书馆开放时间一览表

图书馆	每周开放时间
中国上海图书馆	每天开放,各阅览室开放时间有差异,但基本在 8:30—20:30 左右
中国香港公共图书馆	每周开放 74 小时
新加坡国家图书馆	国家图书馆及其分馆的一般开放时间为:周一至周日,10:00—21:00
挪威国家图书馆	周一至周六开馆,周日闭馆。主要阅览室开放时间为周一至周五 9:00—19:00,周六 9:00—14:00
瑞典国家图书馆	分夏令时和冬季时间,夏令时每周开放 48 小时,周六短暂开放,周日不开放,且 7 月闭馆;冬令时每周开放 53 小时,周一至周五每天比夏令时多开放一小时,周六短暂开放,周日不开放
丹麦皇家图书馆	常规服务每周一至周六 8:00—21:00,周日不开放。夏令时为 7—8 月,每日比平时早关门 2 小时
德国柏林州中心图书馆	周一至周五每天 10:00—21:00,周六 10:00—19:00,周日不开放
埃及亚历山大图书馆	每周开放 42 小时,周五闭馆
肯尼亚内罗毕图书馆	周一至周五 8:00—18:30,周六为 8:30—17:00;周日及法定节假日闭馆
加拿大多伦多公共图书馆	每周一至周四全天开放,9:30—20:30;周五全天开放,9:00—17:30;周六全天开放,9:00—17:00;周日开放半天,13:30—17:00。多伦多市每个社区都有公共图书馆,各分馆的开放时间各有不同
美国芝加哥图书馆	每周开放 48 小时。除总馆星期日 13:00—17:00 开门外,其他馆舍星期日和节假日一律闭馆
美国西雅图公共图书馆	总馆每天开放,一般为 10:00—20:00,周日为 12:00—18:00。分馆开放时间通常为 10:00—20:00,13:00—20:00,10:00—18:00;有些馆舍周日开放,时间为 13:00—17:00。受到资金缩减的限制,有 15 家分馆每周开放 5 天,每天 7 小时。每年全系统闭馆一周,包括关闭图书馆网站。所有馆舍节假日闭馆
美国纽约公共图书馆	除总馆周日下午 13:00—17:00 开门外,其他馆周日和节假日均全部闭馆。总馆以及工业、科学和商业图书馆开馆时间为 10:00—18:00 或 10:00—20:00,但其中不同部门有不同开放时间

六、国际大都市图书馆对于读者行为的规范要求

国际大都市图书馆的服务政策中无一例外均有涉及对读者入馆后的行为规范的相关规定。其具体内容主要包括：是否可以带包以及包的尺寸大小，是否可以带宠物，是否可以带食品饮料，手机使用，"喧哗"问题，公共洗手间的用途等。有些规定甚至细至图书馆内的桌椅上可以坐几个人及对读者的坐姿要求等。

（一）挪威国家图书馆

规定进入图书馆，读者所携带的任何大于 A5 尺寸的外套、提包、手提电脑以及湿衣服、雨伞都必须放在图书馆一楼的公共寄物处。图书馆在主要入口处设置了带锁的橱柜，需投币 10 瑞典克朗。图书馆也不允许读者带食物和饮料进入阅览室。

（二）法国国家图书馆

专门制定有《法国国家图书馆的公共开放区域遵守条例》《法国国家图书馆内使用信息设备的规定》《法国国家图书馆广场区域遵守条例》，这三个条例内容详尽，规定细致，目的、范围明确，主要针对保障公众权益、维护场所秩序、保护他人安全等方面规范读者的言行举止。

（三）埃及亚历山大图书馆

其主阅览大厅分设在其主体图书馆公共区域的 7 个楼层，能同时容纳 2000 名读者。这里有明确的使用规则与规范：
- 善待图书馆内一切资源；
- 开架图书资料不要自行归架，需放入专门的推车内；
- 任何一张学习桌上不允许超过 4 人坐，同一张座椅上不允许超过 1 人；
- 读者需寄包，私人物品不得带入公共区域和主阅览大厅；
- 图书馆严禁饮食、睡觉、吸烟或使用其他烟草品；
- 图书馆内严禁奔跑；
- 严禁喧哗；
- 图书馆阅览大厅内不得使用移动电话，违者罚款 10 埃及镑，有需要者可使用特定区域的公用电话；
- 读者不得进入咨询台后或进入指定办公区；
- 严禁损坏、盗窃图书馆资源；
- 严禁在图书馆内骚扰、辱骂、威胁、打斗或非善意靠近其他人员；
- 图书馆内严禁各类以获取个人收益为目的的商业活动或任何收费的服务；
- 严禁使用公共洗手间洗浴和/或洗衣或将其他公共区域用于整理个人仪容；
- 图书馆内不得带入宠物。

(四)美国芝加哥图书馆

其读者守则告诫读者不得从事以下行为:

- 赤膊、赤脚,或带宠物、携大包进图书馆;
- 打骂、骚扰读者和图书馆员;
- 买卖推销物品,散发宣传品;吃喝、睡觉、抽烟;
- 不看管小孩;
- 大声吵闹说话;
- 洗衣服、洗澡刮脸;
- 因个人卫生问题影响到其他读者等;
- 违反规定者会被要求离开,情节严重者会被移交警方处理。

七、国际大都市图书馆的服务标准

为保障图书馆的服务质量,国际大都市图书馆还制定有服务标准来规范其各项服务,同时也对图书馆工作人员提出更高的要求。

(一)大英图书馆

对服务响应时间有标准化的具体要求。大英图书馆主要的目标是以高效、诚信、谦恭的方式为用户提供满意的服务。为规范服务,提高服务效率,图书馆对书面咨询和文献传递服务的响应时间进行具体规定。如文献传递服务的响应分标准服务和紧急服务两种,标准服务为 5 个工作日,紧急服务 2 小时内响应。如果图书馆不能在规定的时间之内响应,用户可以投诉。

(二)法国国家图书馆

作为法国文化部下属的主要运营机构,为更好地完成其文化推广、研究和保存的重要使命,法国国家图书馆与文化部订有详细的绩效合同。合同经图书馆董事会审核通过后提交文化部签署。合同文本中涉及服务的绩效目标都可被视作法国国家图书馆的服务标准。服务标准也随着合同的更新而不断变化,与时俱进。最新一期的合同是《2009—2011 年绩效合同》,2011 年 6 月这份合同获批延至 2013 年。如合同中读者满意度指标,2009 年至 2013 年,分别为 70%、80%、85%、90%、92%,2011 年实际达到 95%;2011 年对呈缴本的图书的编目平均时限的规定指标是 5 周,在业务力量配备充足的条件下该年度实际达到 4.4 周。

八、国际大都市图书馆的服务创新

为适应时代的变化,也为提升图书馆的吸引力,国际大都市图书馆还实施了不少服务创新以进一步提升读者的图书馆使用体验。

（一）短期借阅

针对一些热门馆藏,即便复本再多,也有读者反映难以借阅。在这方面,澳大利亚布里斯班图书馆和墨尔本图书馆的"短期借阅"加"不许续借"较好地缓解了这一服务中存在的问题。针对流通频率较高的资料,布里斯班图书馆另开展短期借阅服务,将借期由正常的4周缩短为1周,不续借,且规定该书必须在借出馆归还。墨尔本图书馆的外借馆藏借期一般为3周,但相对热门的馆藏借期被缩短为1周,最热门的DVD借期甚至只有1天。而且,一般馆藏可续借两次,但热门的除外。

（二）"特别借期"

保证读者长期外借。也有读者要求延长借期的时候,美国西雅图公共图书馆的做法是:读者在特殊情况下,如需长时间外借图书,可请求图书馆员准许特别借期。

（三）特定时段延长借期

克罗地亚萨格勒布图书馆每年为所有的读者设定固定的两个月提供延长借期:每年的6月15日至8月15日,该馆将图书的外借期限由21天延长为60天,CD及影音磁带外借期则由7天延至14天。

（四）逾期罚款变慈善

澳大利亚布里斯班图书馆尽管制定有逾期惩罚政策,但图书馆为缓解读者抵触情绪,还会定期实施相应的补救措施。最新的尝试是要求读者在归还过期图书的同时,捐一罐食品给图书馆,然后图书馆再将这些食品统一交送到一家赈济慈善组织——昆士兰食物银行,以帮助那些需要的人。这一做法不但能使图书馆收回过期图书,而且与冷冰冰的罚款相比,读者显然更乐于接受这种方式,更重要的是这一做法使第三方获益,取得显著的公益效果。

（五）逾期罚款上有封顶

加拿大多伦多公共图书馆的逾期罚款封顶为16—20加元;芝加哥图书馆的逾期费为每册每日20美分,但规定每本书最高逾期费为10美元,该馆为鼓励读者归还长借不还的图书,近期还出台了为期两个月的"大赦"方案,即读者只要把长借不还的书还了就可免罚金。相比而言,西雅图公共图书馆和纽约公共图书馆的做法就严厉多了:西雅图公共图书馆的服务政策规定,读者长期欠费超过25美元,图书馆将移交欠费催缴机构处理,后者有权将读者此行为报告全美信用机构,而且催缴欠费还要加收12美元的手续费。纽约公共图书馆的逾期罚款为图书每天每册25美分,多媒体资料每天每种3美元。但同时该馆规定,如果读者欠费超过50美元且长久不还,图书馆将转交第三方欠费催缴机构处理。

（六）馆藏漫游

捷克布拉格市立图书馆则在图书物流上做足了功夫,让原本通借通还的馆藏索性去"漫游"。该馆自2009年起开通了"异地通还"功能,即读者可以将所借图书还到任何一个分馆。但大多数读者仍选择将图书归还至借出分馆,使用"异地通还"这一功能的读者仅占1/3。

被"异地通还"的图书约占所有被归还图书量的18%左右。2010年统计数据显示,当年经过"异地通还"传输系统的共有388 650册图书。布拉格市立图书馆认为这种服务方式对于物流条件的要求比较高。为使服务更有效,布拉格市立图书馆从2010年开始尝试以"漫游"的方式解决这一问题,即一本图书归还到哪个分馆就留在该分馆,不再返回它被借出的那家图书馆。

九、结 语

国际大都市图书馆服务政策涉及范围非常广泛,既包括图书馆针对外来读者的日常运营等各方面的政策,如服务宗旨、服务对象、办证要求、开放时间、具体服务内容、增值服务及读者行为规范等,也包括对内的政策要求,主要涉及图书馆内部管理,包括工作人员规范、服务时效性要求、建筑标准、馆藏政策、后勤管理等。通过对全球24家大都市图书馆的服务政策研究,我们发现:

第一,国际大都市图书馆几乎为所有人提供基本免费的服务,不论其国籍、年龄、性别,但也体现了不同大都市图书馆服务政策的细微差异。

第二,图书馆为读者服务的馆藏载体和类型越来越多样化,既包括传统的书籍、期刊、CD、VCD,又有乐谱、雕塑、摄影作品或版画、油画等,还有手持阅读器,甚至有笔记本电脑可供在馆内借用。

第三,图书馆不同馆藏借期也不一样。一般借期以"周"来计算,短至1周,长达26周。如果没有其他读者续借,有些图书馆的馆藏甚至可达10次续借。

第四,除借阅等核心服务外,有些大都市图书馆还开展有特殊服务和增值服务,包括专题咨询、场地出租、部分文献提供等。有些图书馆还注重就近帮助读者进行免费的文字处理、上网、收发传真等服务,发挥了图书馆作为社区信息中心的功能。

第五,在图书馆基本服务免费的同时,许多图书馆针对收费项目制定了严格的规定。如办证费、押金、逾期费、馆藏损坏或遗失赔偿、场地出租、专题咨询等。

第六,国际大都市图书馆基本均开展有线上线下的服务,除读者到馆服务外,读者基本可在网上享受相关服务。

第七,以平均每周开放时间进行比较,亚洲的一些图书馆几乎是开放时间最长的,基本达到或超过80小时,而欧洲和北美洲的同行们的开放时间是50—78小时,有些北欧国家的图书馆则分夏令时和冬季时间开放。

第八,国际大都市图书馆对读者入馆后的行为规范均做出了严格而具体的规定,如带包、带宠物、带食品饮料、馆内使用手机、文明使用公共洗手间等。严重违反相关规定的可能会被要求离开,个别情节严重者甚至会被移交警方。

第九,图书馆除了规范读者行为,对自己的员工服务效率等也制定有服务标准加以规范。

第十,图书馆也是一个充满创新的地方。针对畅销馆藏的"短期借阅"和针对特殊需要的"特别延长借期"让馆藏借阅时间可短可长,一切以读者为本;而把逾期罚款变成以食物相抵的做法则让慈善悄然走进图书馆。

　　国际大都市图书馆作为城市的信息中心、知识中心以及休闲去处,是传统服务与创新服务的带头人,以反映各大都市的多元文化与文化活力为己任,不断满足各类读者不断增长的信息需求和文化需求。国际大都市图书馆的服务政策作为图书馆工作人员如何提供优质服务的准则,对图书馆的服务工作起着重要作用。服务政策规范着图书馆工作人员应该以什么样的服务态度、什么样的服务理念为读者和用户提供什么样的优质服务。国际大都市图书馆服务政策既具有权威性又具有明确性。

　　国际大都市图书馆的服务政策中无处不在地体现着对社会普遍开放、平等服务、以人为本的原则,免费服务、一视同仁、方便快捷、个性、主动、温馨、线上线下相结合,是全球大都市图书服务政策的集中体现。其中免费服务、平等开放也是永恒的主题,有一个发展的过程,需要全球图书馆人持续不断的努力。

第五章　国际大都市图书馆服务体系融合发展趋势

20世纪末和21世纪初正在展开的科技革命和产业变革的发展大潮一浪接着一浪,新一代信息技术正在向人们工作和生活的各个领域广泛渗透,智能元素更为密集地来到人们的身边,一个全联接的万物互联和万物智能的世界正展现在人们的面前。万物互联意味着价值的创造已经转向联接能力,即转向从各类数据联接中创造智能的能力。这种互联将通过人、流程、数据以及事物的汇聚融合——万物互联而实现。万物互联的时代,为人们提供了更宽广的网络,更高效的连接,更及时的交互,更深度的计算,更便捷的操作,更智慧的管理,更个性的服务,并力图建立更绿色化和可持续的发展环境。"互联网+"向全领域、全行业和全时空的渗透、延伸、拓展,这一过程所形成的互联的数据,使基于网络化、数字化和智能化的海量、动态和多样的大数据正在建构起一个崭新的数据互联的世界新形态;这种新形态具有"四无"特点,即"无时不联网、无处不上网、无物不在线、无人不数据"。这一发展的进程深刻、持续地改变着全球的经济、政治、社会、文化和生态,同样也在深刻地改变着国际大都市图书馆服务体系,其所体现出来的融合发展趋势,对国际大都市图书馆服务体系的创新发展具有重要的启示意义。

一、融合发展的国内外趋势与特征

随着经济全球化的发展,创新要素加速流动,创新资源全球配置,创新合作成为各国面临的共同需求。信息流、人才流、技术流、资金流、物流等的在全球范围内的加速流动,使世界范围内的创新活动互相交叉融合,形成了合作性与整体性特征。2016年3月1日,英国《金融时报》网站发表了专栏作家约翰·凯名为《准备迎接第二个特殊世纪的黎明》的文章:认为1870—1970年人类实现了"有线连接"的"特殊世纪",而如今人类即将迎来"无线连接"的"特殊世纪",即全球正在从连线世界趋向无线世界①。科技革命所呈现的新一代信息技术为人们带来了连接为基、数据为魂、智能为王的发展新环境。一个大规模产生、挖掘、应用和共享数据的大数据时代已经到来。

(一)超融合理念与架构

科技革命与产业变革催生了计算存储融合理念的产生,并形成了相应的超融合架构。这种超融合解决方案将传统的计算、存储、网络等融为一体,将云计算应用所需的硬件与软件打包封装在一个系统中,形成了更为快捷、更低成本、更为包容等优势,用户只需开箱就可获得整套解决方案。有数据统计显示,与传统IT架构相比,超融合架构的部署时间缩减了75%。其运维成本也比传统IT架构降低了60%之多。在系统灵活性和可扩展性方面,超融合架构的资源池可通过节点的增加,实现无限的横向扩展,因而在业务上线、业务扩展、系统

---

① John Kay. A second special century is dawning[EB/OL]. [2016 – 05 – 19]. http://www. ft. com/intl/comment/columnists/john-kay.

迁移等方面也有着得天独厚的优势。2016 年 1 月,众多超融合产业链领衔企业、机构共同发起的超融合产业联盟在北京正式宣告成立,成为当代融合发展的一个缩影①。中国工程院院士、浪潮集团执行总裁王恩东在 2016 年 5 月 18 日召开的第八届中国云计算大会上发表了《融合架构引领云计算数据中心》的主题演讲,认为云计算、大数据和深度学习的相互促进、相互融合、共同发展,使得科学计算与商业计算再次走到一起,催生了智慧计算这种新的计算类型,这实际上是计算技术发展分而后合的一种选择。对于融合架构的发展,王恩东认为应该大力发展高速互联技术、新型存储与内存计算、可重构技术和软件定义 4 个方面的关键技术,最终实现硬件重构与软件定义的完全融合②。

(二)融合发展成为全球聚焦的重点

2014 年以来的全球重大经济政治活动中,融合发展成为聚焦的主题。

全球的重大经济政治活动聚焦融合发展的主题(2014—2016)

会议(论坛)	时间	主题	备注
2015 世界经济论坛	2015 – 01	全球新局势	重点关注社会融合等挑战
2016 世界经济论坛	2016 – 01	掌控第四次工业革命	第四次工业革命的特点就是多种技术相互融合,物理世界、数字世界和生物世界间的界限变得越来越模糊
20 国集团首脑第 11 次峰会(G20)	2016 – 09	构建创新、活力、联动、包容的世界经济	旨在建立新型的全球性合作机制,构建平等、合作、共赢的新型国际关系和全球命运共同体
亚太经合组织领导人非正式会议(APEC)22 次会议	2014 – 11	亚太互联互通	互联互通包括基础设施上的连接,也包括"软件"部分,如制度的协调等
亚太经合组织领导人非正式会议(APEC)23 次会议	2015 – 11	打造包容性经济,建设更美好世界:亚太大家庭愿景	会议宣言第七部分为"全面系统地推进融合的大家庭建设"
2015 金砖国家领导人会晤	2015 – 07	金砖国家伙伴关系——全球发展的强有力因素	推动金砖国家继续向着建设"一体化大市场、多层次大流通、陆海空大联通、文化大交流"的目标迈进
博鳌亚洲论坛 2015 年会	2015 – 03	亚洲新未来:迈向命运共同体	论坛主旨演讲提出"通过迈向亚洲命运共同体,推动建设人类命运共同体"
博鳌亚洲论坛 2016 年会	2016 – 03	亚洲新未来:新活力与新愿景	论坛开幕演讲提出"共同深化融合发展"

---

① 超融合产业联盟的正式成立,是否标志着中国超融合元年的开启?[EB/OL].[2016 – 04 – 28]. http://funnytechnology.baijia.baidu.com/article/294634.

② 浪潮王恩东:摩尔定律或失效,智慧计算需要融合架构[EB/OL].[2016 – 05 – 22]. http://toutiao.com/i6285980265118433794/.

(三)融合发展成为中国"十三五"时期发展的新理念与新战略

2015年10月召开的十八届五中全会提出了新发展理念,其中的创新、协调、绿色、开放、共享的理念,都体现了融合发展的治国理政新理念、新思想和新战略。2015年3月13日,中共中央、国务院发布了《关于深化体制机制改革加快实施创新驱动发展战略的若干意见》,要求实现科技创新、制度创新、开放创新的有机统一和协同发展,并专门提出了"推动形成深度融合的开放创新局面"的新要求①。

融合发展也成为近年来政府工作报告和国务院常务会议讨论的重要议题。2015年3月,政府工作报告首次提出"互联网+"概念,旨在通过互联网带动传统产业发展。2016年5月4日,国务院总理李克强主持召开国务院常务会议,部署推动制造业与互联网深度融合,加快"中国制造"转型升级。2015年至2016年上半年,国务院密集出台了诸多融合发展的政策文件(见下表)。

国务院发布的有关融合发展的政策文件(2015—2016)

时间	政策文件名	文件号	备注
2015 - 01 - 06	关于促进云计算创新发展培育信息产业新业态的意见	国发〔2015〕5号	发布时间为文件成文日期
2015 - 05 - 08	《中国制造2025》的通知	国发〔2015〕28号	发布时间为文件成文日期
2015 - 07 - 01	关于积极推进"互联网+"行动的指导意见	国发〔2015〕40号	发布时间为文件成文日期
2015 - 08 - 25	国务院办公厅关于印发三网融合推广方案的通知	国办发〔2015〕65号	发布时间为文件成文日期
2015 - 08 - 31	国务院关于印发促进大数据发展行动纲要的通知	国发〔2015〕50号	发布时间为文件成文日期
2015 - 09 - 18	国务院办公厅关于推进线上线下互动加快商贸流通创新发展转型升级的意见	国办发〔2015〕72号	发布时间为文件成文日期
2015 - 10 - 31	国务院办公厅关于促进农村电子商务加快发展的指导意见	国办发〔2015〕78号	发布时间为文件成文日期
2016 - 04 - 15	国务院办公厅关于深入实施"互联网+流通"行动计划的意见	国办发〔2016〕24号	发布时间为文件成文日期
2016 - 05 - 13	国务院《关于深化制造业与互联网融合发展的指导意见》	国发〔2016〕28号	发布时间为文件成文日期。意见要求到2018年,重点行业骨干企业互联网"双创"平台普及率达到80%;到2025年实现制造业与互联网融合"双创"体系基本完善
2016 - 10 - 12	国家工信部发布《信息化和工业化融合发展规划(2016—2020年)》	工信部规〔2016〕333号	发布时间为文件成文日期

---

① 中共中央国务院关于深化体制机制改革加快实施创新驱动发展战略的若干意见(中发〔2015〕8号)[EB/OL].[2016-05-16]. http://www.gov.cn/gongbao/content/2015/content_2843767.

(四)数字议程和人工智能正在深度融入国内外的工业发展

2016 年 4 月底在德国举办的汉诺威工业博览会,其主题即为"融合的工业——发现解决方案"。德国总理默克尔在博览会开幕式上表示,工业成为德国经济的引擎,世界正处于将"数字议程"融入工业生产的特殊时期。机械、汽车等行业产生大量数据,数据经过处理产生附加值,并催生智能系统,给工业发展带来了全新机遇[①]。2016 年 4 月 8 日,由中国电子学会承办的 2016 亚洲智能机器人论坛暨亚洲智能机器人联盟成立大会的主题为"创新融合,智能未来";同一天举办的第四届中国电子信息博览会的主题为"创新、融合、智能"。融合已成为当代中国产业发展的重要特征之一[②]。

二、融合发展的多形态特征

(一)融合发展多形态特征的多维度观察

国内外融合发展的趋势呈现出多种形态的发展特征,为人们展示了多姿多彩的融合生态群落。从融合发展的方式和形态分析,有复合交叉式融合、连接嵌入式融合、渗透交互式融合、水乳交融式融合、一体整合式融合等。从融合发展的性质和内容分析,有技术主导性融合,如大数据战略、"智能+"、硬件和软件的融合等;有文化主导性融合,如"文化+";有经济主导性融合,如"工业 4.0""旅游+";有多项功能的融合,如上海浦东金领之都园区新近设置了几十盏 LED 路灯,这些路灯杆可搭载智能安防、移动基站、充电桩等系统,集灯控管理、显示屏管理、充电桩管理、广播管理等多功能于一体,被认为是一盏灯,也是一张网,同时也是一朵云[③]。

此外也有综合性融合,如创新、协调、绿色、开放、共享的新发展理念,网络强国战略等。融合发展已从粗放叠加趋向精深交互。如中国浙江省运用信息技术着力推动"文化+互联网",利用世界互联网大会永久落户浙江的契机,建设起乌镇、仓前、云栖等互联网文化产业集聚区,文化与互联网的深度融合,推动浙江成为互联网文化企业的集聚高地,成为文化创新发展新引擎。

(二)融合发展主体对象的多形态特征

从融合发展的主体和对象分析,有行业融合、领域融合、学科融合、人机融合、跨域融合、城市融合、五大空间融合、政产学研用融合等。

1. 行业融合

工业化与信息化的深度融合成为中国当代行业融合发展的典型案例,即以信息化促进工业化,以工业化带动信息化,形成了产品、服务、企业、产业等的不同主体的多层次融合。

---

①　冯雪珺. 工业 4.0 创造中德合作新机遇[N]. 人民日报,2016 - 04 - 27(3).

②　怀进鹏出席第四届中国电子信息博览[EB/OL]. [2016 - 04 - 14]. http://www.miit.gov.cn/newweb/n1146290/n1146397/c4709160/content.html.

③　刘斌,刘锟. 是一盏灯,也是一张网一朵云[N]. 解放日报,2016 - 05 - 13(1).

随着物联网和服务网渗透到所有关键领域,在工业化和信息化的深度融合过程中,将形成"网络物理融合式生产系统"。传统行业与新兴行业实现交叉与互动的媒体融合是行业融合的一个侧面。媒体融合通过不同形态的新旧媒体相互汇聚、交融,使多种媒体日益趋向一体化。这一进程既包括多种媒体形态在实体和技术层面的融合,也包括不同形态内容的融合、媒体市场的融合、媒体价值的融合,以及媒体与通信、文化、出版等相关行业的融合,从而形成了开放、合作、多元的媒体工作流程新格局[1]。2015年12月25日,习近平主席在视察解放军报社时强调指出:要研究把握现代新闻传播规律和新兴媒体发展规律,强化互联网思维和一体化发展理念,推动各种媒介资源、生产要素有效整合,推动信息内容、技术应用、平台终端、人才队伍共享融通[2]。为媒体全方位的深度融合提明了方向。

2. 领域融合

军民融合是领域融合的重要方面。2016年初发布的《中央军委关于深化国防和军队改革的意见》中专门设置了军民融合发展的条文,意见要求着眼形成全要素、多领域、高效益的军民融合深度发展格局,构建统一领导、军地协调、顺畅高效的组织管理体系,国家主导、需求牵引、市场运作相统一的工作运行体系,系统完备、衔接配套、有效激励的政策制度体系。分类推进相关领域改革,健全军民融合发展法规制度和创新发展机制[3]。

3. 学科融合

多学科交叉和多领域突破成为从20世纪末至21世纪初以来新一轮科技创新发展的特征之一,其中信息技术正在对人类社会发生全领域、全行业、全方位的渗透与影响,形成对方方面面的叠加,便原本相对独立的学科和领域形成复杂多样的现象,跨学科、多领域、边缘创新成为信息社会发展的新特点。如中国考古学会成立有13个专业委员会,除旧石器、新石器、夏商、两周等7个考古专业委员会外,近两年新成立了动物、植物、人类骨骼、新兴技术、文化遗产保护和公共考古等6个专业委员会,体现出考古学多学科融合的发展新趋势。科技部部长万钢在论述中国"十三五"创新驱动发展战略时曾对现阶段全球学科融合的发展特点进行了论述:从国际看,新一轮科技革命和产业变革加速推进。学科多点突破、交叉融合趋势日益明显,物质结构、宇宙演化、生命起源、意识本质等科学领域正在或有望取得重大突破,信息网络、人工智能、生物、新材料、新能源等领域展现出群体跃进态势[4]。

4. 人机融合

机器人被誉为制造业皇冠顶端的明珠,随着智能机器人的发展,人类智能与机器智能正在实现深度融合,有学者认为人类社会正在进入"智人时代"[5]。麻省理工学院人工智能实验室的负责人罗德尼·布鲁克斯预测:"到2100年前,我们的日常生活中将充满智能机器

---

① 丁波涛,王世伟.信息社会引论[M].上海:上海社会科学院出版社,2016:274-275.

② 习近平视察解放军报社[EB/OL].[2016-05-19].http://news.xinhuanet.com/2015-12/26/c_1117588434.htm.

③ 中央军委关于深化国防和军队改革的意见[EB/OL].[2016-05-19].http://news.mod.gov.cn/headlines/2016-01/01/content_4634899.html.

④ 刘诗瑶.实施创新驱动发展战略 强化科技创新引领作用(展望"十三五")[N].人民日报,2016-04-26(10).

⑤ 王汉华,刘兴亮,张小平.智能爆炸:开启智人新时代[M].北京:机械工业出版社,2015.

人,而且人类无法将自己同它们区分开来,我们也将是机器人,同机器人互相联系。"①在2016 年 5 月举行的全球移动互联网大会上,首次出现了人形机器人手机,该机器人定位为"可以通过对话回应使用者想法的新型电话",成为人机融合的趣味型全新形态。

5. 跨域融合

德国的"工业 4.0"的灵魂就是"融合"与"集成",瑞士 ABB 集团将"工业 4.0"称为"物、人和服务的互联网",正是体现了信息化与工业化的深度融合。在 2016 年 4 月德国汉诺威工业博览会开幕式当天,中德工业城市联盟正式宣布成立,将联合以中国佛山、株洲与德国乌珀塔尔、亚琛等为代表的两国工业城市,促进彼此有效对接,充分发挥"德国制造"与"中国制造"的优势②。清华大学依托新一代信息技术推出的慕课远程教育,形成了跨域合作的新模式,使不同国籍的数十万人成为同学,他们不仅可以在家选修清华大学课程,也可同时接受欧美一流大学的授课。以上这些正是跨域融合的例子。

6. 城市融合

在科技革命和产业变革环境下,许多区域的城市正在以城市群和都市圈的形态实现更紧密型的城市融合。2016 年 3 月发布的《中华人民共和国国民经济和社会发展第十三个五年规划纲要》中的第九篇就是"推动区域协调发展",要求以区域发展总体战略为基础,以"一带一路"建设、京津冀协同发展、长江经济带发展为引领,形成沿海、沿江、沿线经济带为主的纵向横向经济轴带,塑造要素有序自由流动、主体功能约束有效、基本公共服务均等、资源环境可承载的区域协调发展新格局③。这些要求正是城市融合发展的新理念。2016 年 5月 11 日召开的国务院常务会议通过了《长江三角洲城市群发展规划》,会议提出培育更高水平的经济增长极,要创造联动发展新模式,发挥上海中心城市作用,推进南京、杭州、合肥、苏锡常、宁波等都市圈同城化发展,构建以铁路、高速公路和长江黄金水道为主通道的综合交通体系,促进信息、能源、水利等基础设施互联互通。到 2030 年,全面建成具有全球影响力的世界级城市群④。为中国当代城市融合发展描绘了新愿景。

7. 五大空间融合

如果说陆海空三大空间是人类活动相对传统的三大疆域,太空成为继之而起的第四疆域的话,那么网络空间正在成为人类活动的第五疆域。全球陆、海、空、天、网五大空间融合竞争新格局正在形成。如在海军的发展战略上,美国提出了"全域进入"的新理念和新战略,2015 年 3 月 13 日,美国海军联合发布了名为《前沿、接触、准备:21 世纪海上力量合作战略》的新版海上战略。这是美军时隔近 8 年后首次对其 2007 年版海上战略进行修订。新版海上战略首次提出了"全域进入"新概念,明确将其列为美国海上力量必备的新的 5 项基本能力之首。这一新理念的提出就是要确保美军在海、陆、空、天、网络空间和电磁频谱 6 个领域

---

① 颠覆世界的十大未来科技[EB/OL].[2016 - 05 - 12]. http://www. northnews. cn/2016/0512/2168647. shtml.

② 饶博,沈忠浩. 工业 4.0 是革命还是进化[N]. 新华每日电讯,2016 - 04 - 29(8).

③ 中华人民共和国国民经济和社会发展第十三个五年规划纲要[EB/OL].[2016 - 05 - 19]. http://news. xinhuanet. com/2016-03/17/c_1118366322. html.

④ 通过长三角城市群发展规划[EB/OL].[2016 - 05 - 19]. http://news. gmw. cn/newspaper/2016-05/12/content_112393431. html.

空间的行动自由[①]。这一军事上的融合案例折射出五大空间融合发展的综合性特点。

五大空间中的网络空间的信息化已超越了其单一空间的边界,正在以"网络空间+"的全覆盖路径向多领域、多空间、多范围渗透拓展,全球正在形成网络空间与陆、海、空、天、四大空间渗透融合发展的新形态,正在形成网络空间与经济、政治、社会、文化、军事、外交以及非传统安全的反恐等渗透融合发展的新形态。自20世纪下半叶以来,网络空间的信息化与空间科技领域不断加深融合,从人类发射第一颗人造地球卫星发端,这种融合的趋势不断向广度和深度发展。人类运用网络空间的信息化技术,开始通过卫星等太空载体为人类的交通出行、新闻传递、气象预报等为人类社会提供服务,开始将传统的政治、军事和外交等传统安全的博弈延伸至网络空间和太空等非传统安全领域。

8."政、产、学、研、用"融合

在创新驱动发展战略的推动下,科技成果转化成为全球转型发展中特别注重实施的政策路径,从而推动了"政、产、学、研、用"的进一步融合发展。2016年4月中国广东省的两个案例就是这一发展的反映:一是广州市人民政府与思科系统国际有限公司在穗签署合作框架协议,宣布思科中国创新中心总部落户广州。项目将搭建万物互联云平台,建设高标准智慧产业体系,打造国内首个以智能制造云产业为核心、集"产、学、研、商、居"于一体、年产值超1000亿元人民币的思科(广州)智慧城[②]。二是腾讯公司与深圳市人力资源和社会保障局签署战略合作协议。根据协议,双方将围绕人才、社保、医保等政务民生领域进行深入合作,共同探索"互联网+城市服务"的创新业务模式[③]。

9.融合文化

中国古代传统价值观中的融合文化为我们认识当代的融合发展提供了重要依据,也为我们推进融合发展提供了文化智慧。信息的融合在中国古代已经产生,汉字"册"的字形就是古代信息融合的形象反映。中国古代的文献信息传递初始状态是呈碎片化的形态,一块块甲骨、一片片木牍、一根根竹简,后来人们发明了将碎片化的文献融合串联起来的新形式,将一根根竹简用丝绳上下编连在一起,于是"册"字应运而生。融合发展也体现出中国传统价值观中的"合"文化。"合",东汉许慎《说文解字》卷五"合"篆下释为"合口也",上为三合之形,下为口,与"古"字的"十口相传为古"的造字结构相类,古文字学家解释"合"为"三口相同为合",也有解释"合"为器物相合、以口对答、岁时会合、共同祭祀等含义,但不管"合"具体解释为何种字义,其共同、会合、联系、对应的含义则是确定的。无论是会合互联还是融合升华,都与"合"文化契合相应,所谓观乎人文以化成天下,中国古代融合文化的力量是巨大的。上海纽约大学常务副校长暨美方校长杰弗里·雷蒙在《人民日报》撰文指出:如何培养创新人才呢?几十年来,心理学家、神经学家、企业管理学者等的大量研究,把创新和创造力解释为发散思维、大脑可塑性和高度专注等。有趣的是,这些研究结果和中国传统的价值

---

① 张军社.美海上新战略突显对华两面性[EB/OL].[2016 - 05 - 21]. http://news. xinhuanet. com/ world/2015-03/16/c_127584185. html.

② 思科中国创新中心总部落户广州 彰显城市竞争力吸引力[EB/OL].[2016 - 05 - 21]. http:// www. gd. gov. cn/govpub/zwdt/dfzw/201604/t20160429_228204. html.

③ 余建斌.深圳与腾讯共探"互联网+城市服务"[EB/OL].[2016 - 05 - 21]. http://it. people. com. cn/n1/2016/0424/c1009-28300150. html.

观如勤奋、融和、谦虚以及忠诚互惠等十分吻合①。这从另一个侧面让我们看到了中国传统融合文化的智慧力量。"融合文化"一词,最初由美国学者詹金斯在其 2006 年所著《融合文化:新媒体和旧媒体的冲突地带》一书中提出②。詹金斯认为,媒介融合就是一个新旧媒介碰撞、草根媒介和公司媒介交流、媒介生产者的权力与媒介消费者的权力互动③。这里所提出的碰撞、交流和互动的理念对下面讨论的融合图书馆有诸多启示。

三、融合发展大势对中国大都市图书馆服务体系的启示

(一)融合发展理念与中国大都市图书馆服务体系的创新发展

融合发展的趋势体现了当代经济社会发展的综合性、整体性、系统性、协调性、一体性、共同性、合作性、服务性和共享性,这对中国大都市图书馆服务体系的发展具有重要的启示意义。中国大都市图书馆服务体系应当顺应融合发展的趋势,积极拥抱新一代信息技术,秉持融合发展的新理念和新战略来带动大都市图书馆实践的新飞跃,实现大都市图书馆服务体系的整体跃升,把握融合发展的主动权。诚如前面所述,大都市图书馆服务体系的形态机理正在发生前所未有的变化,服务力的重心也在悄然发生位移。大都市图书馆的服务应当从以往的个人电脑、移动互联进一步提升至智能互联,这是信息技术发展的三个不同的时期。大都市图书馆服务与管理需要与时俱进,做出适应融合发展大势的技术调整、流程再造和服务创新。

融合发展为大都市图书馆服务的创新发展带来了无比宽广的想象力,为汇聚世界先进的技术潮流提供了机会,发展的康庄大道会越走越宽。在物理空间和网络空间融合的巨大发展空间,我们可以进一步深化大都市图书馆服务体系的整体性、协调性和共享性;在基于中国特色文化的基础上,进一步融合全球多样性的文化,在更开放的交流互鉴中实现更广泛和更多样的文化共享。如在图情教育领域,可以利用网络的巨大发展空间,形成国内外图情教育的联盟,创建互联网图书情报学院。在资源共享方面,可以在原来发展的基础上,进一步将县域、省域、国域的多层级都市图书馆服务体系的文化资源在智能互联的新技术环境下实现跨域的开放与分享。同时,中国大都市图书馆在跨域融合的进程中,在密切跟踪对手的同时,也应当结合中国的实际,以道路自信和文化自信来实现从跟随引进到超越引领的新发展。

融合发展应当结合中国的实际,融合发展并不意味图情事业中原有的低科技的完全退出,可以实施高中低技术相结合的发展路径。中国广大西部和边远地区的城镇图书馆是中国大都市图书馆服务体系发展短板。实践证明,边远地区同样可以享受很高的带宽,这样就为图情工作的科技扶贫创造了机遇,提供了文化精准扶贫的切入口,应当成为中国特色大都市图书馆服务体系融合发展的着力点所在。

① 雷蒙.培养创新人才能成就创新经济[N].人民日报,2016 - 04 - 11(22).

② Henry Jenkins. Convergence Culture:Where Old and New Media Collide[M]. New York:New York University Press,2006.

③ 王月.融合文化理论:理解媒介文化的新范式[G]//王世伟,李安方.国外社会科学前沿(2015).上海:上海人民出版社,2016:443.

(二)从数字图书馆趋向融合图书馆

1. 德国康斯坦丁大学的创新实践

2015年5月,本课题负责人在参加于瑞士苏黎世举行的国际图联大都市图书馆年中会期间,有机会首次实地体验了"融合图书馆"(blended library),即位于德国南部与瑞士接壤的德国康斯坦丁大学图书馆(Library of the University of Konstanz Germany)。该馆的创新理念和实践探索向人们展示出未来万物互联时代高度智能化通体转型的图书馆服务的新模式和新形态。融合互动被认为将成为图书馆明天的互动范式。在融合图书馆的设计领域中,用户个体间会相互作用,不同的用户可以通过智能信息令牌的触摸和移动进行混合交互。融合互动的视觉协同将成为融合图书馆的重要路径。笔者在《融合图书馆初探》一文中认为,康斯坦丁大学的融合图书馆具有融合化、互动化、可视化、泛在化和智能化五大特点①。

2. 中国数字图书馆现阶段存在的三大差距

20世纪90年代后半期开启的中国数字图书馆建设为新技术的融合应用提供创新发展的新空间,图书馆数十年的系统网络基础设施建设和不断演进为新技术的融合应用奠定了协调共享发展的新基础,图书馆长期以来所进行的综合与专题数据库网的建设为新技术的融合服务汇聚了丰富的数据资源,图书馆长期以来所进行的数字图书馆创新实践为运用新技术加强融合管理和服务的图书馆员的能力提升提供了新平台。

本课题组负责人曾在《融合图书馆初探》一文中认为,中国现阶段的数字图书馆建设与德国康斯坦丁大学的融合图书馆的差距主要表现在以下三个方面:

一是中国数字图书馆建设尚停留在局部变革的层面,如文献的数字化、手机图书馆、微博、微信和微信公众号服务等;而德国康斯坦丁大学的融合图书馆是通体革命,是人机互动对全服务链的全时空域的渗透,已迈入了万物皆入口的新模式和新形态的新高度,从而全面重塑了数字时代图书馆的服务。

二是中国数字图书馆建设中的物理空间与虚拟空间不少尚停留在复合叠加的状态,而德国康斯坦丁大学的融合图书馆建设实现了虚拟现实的水乳交融般的真正融合。

三是中国数字图书馆在数字化、网络化以及泛在化方面着力较多,在智能化和可视化方面尚有较大距离;在文献方面着力较多,在建筑、设施和物流的智能化方面着力较少。据统计,人类大脑通过视觉获得的信息占总信息量的80%以上。而大脑中有接近1000亿个神经元,它们绝大多数只做一件事情,那就是处理我们的视觉信息②。这充分证明了可视化应成为图情融合发展的着力点。中国图书馆事业的创新发展应当借鉴融合图书馆发展的创新理念和实践并结合中国图书馆的实际与时俱进,让科技文明的智慧之火点燃图情事业创新转型的曙光。

(三)以融合发展的理念创新大都市图书馆服务

1. 融合发展与图书馆服务

日新月异的新一代的智能终端在具备了以往的数字化、网络化、智能化的基础上,正在

① 王世伟. 融合图书馆初探[J]. 图书与情报,2016(1):54-58.
② 王汉华,刘兴亮,张小平. 智能爆炸:开启智人新时代[M]. 北京:机械工业出版社,2015:83.

形成互联化、泛在化、可视化、互动化、服务化、轻型化、个性化等新特点,给图书馆的阅读推广和各类服务提供了创造与拓展的空间。从光盘数据库到电子阅读器,从平板电脑到智能手机,新技术在不断改变着阅读方式和信息获取路径,其结果是在全联接的环境下,可能带来更高的知识获取效率、更低的信息搜索成本、更精准的个性化图书馆服务、更融合便捷的互动模式,把智能思维拓展至图书馆服务和管理的方方面面,以推动形成智慧图书馆的高级形态。

2. 书本阅读与数字阅读的融合

与书本阅读相比较,数字阅读正在成为更为流行的阅读方式。2016 年 5 月,北京师范大学新闻传播学院发布的《中国网民数字阅读状况调查报告(2016)》显示,人们的阅读习惯和阅读行为正在发生深刻改变,七成以上网民每天手机阅读 1—3 小时,其中"微信公众号推送和朋友圈分享"占比过半,高达 51.8% ;有 62.7% 的受访网民认为数字阅读迟早会取代纸质阅读;37.3% 的受访网民认为数字阅读永远不可能取代纸质阅读。此外,年龄越小越倾向于认为数字阅读会取代纸质阅读。20 岁以下的受访网民认为数字阅读迟早会取代纸质阅读的高达 82.9%[1]。在 2016 年世界图书与版权日(世界读书日)之际,《光明日报》刊登了耿银平的文章《"开机有益"也可成为阅读时尚》,使书本阅读的开卷有益与数字阅读的开机有益融合在一起,反映出原本受到较多批评的数字阅读已越来越得到更多的肯定[2]。这正是书本阅读与数字阅读相互融合包容的体现。在阅读推广中,中国大都市图书馆积极实践新旧媒体阅读的融合。如位于广州的广东省立中山图书馆和各级公共图书馆举办"指尖 e 阅读"和微读经典在线诗文朗读大赛等数字阅读推广活动,推广"互联网 + 图书馆"新形态阅读方式,通过宣传引导使用移动图书馆客户端、微信公众服务号、官方微博等全媒体阅读平台,进行图书馆云系列的指尖阅读新体验。广东还在省内每个留守儿童基地设置"数字阅读角",提供数字化阅读的硬件设备,定制适合少年儿童阅读的内容包,为志愿者和支教老师免费提供数字化的儿童分级阅读辅导教材,帮助留守儿童提高数字化阅读能力。以上这些实践,正是中国大都市图书馆服务体系在新技术环境下融合发展的例子[3]。

3. 动态弹性服务

"工业 4.0"对生产企业提出的要求之一是动态弹性生产,要求在生产线不停产的情况下,根据各个订单的不同要求随时调整参数,生产出具有差异性的产品。这一生产新模式的意义在于告诉人们如何将"工业 4.0"的具体要求与自己的产品结合起来。大都市图书馆在新的信息技术环境下,也可以应用动态弹性服务的理念,在图书馆一线与二线相协同的基础上,将前台与后端融为一体,为读者用户度身定制"我的图书馆"的个性化服务。如果说以前读者是到图书馆阅读咨询,而融合图书馆的环境下读者希望能随时随地实现阅读和咨询。只要读者希望知识信息的获取,图书馆就将出现在读者身边。信息技术的发展已打通了线上与线下的分隔,实现图书馆业务流程全服务链的融合,在可视化全屏浏览的环境下快速实

① 七成以上中国网民每天手机阅读 1—3 小时[EB/OL].[2016 – 05 – 21]. http://res. cssn. cn/dybg/dyba_wh/201605/t20160516_3009891. shtml.

② 耿银平."开机有益"也可成为阅读时尚[N]. 光明日报,2016 – 04 – 23(6).

③ 广东倡导新媒体阅读[EB/OL].[2016 – 05 – 21]. http://news. gmw. cn/2016-04/22/content_19802912. html.

现信息咨询与知识获取,实现虚拟与现实的服务模式的闭环,这将激发出图书馆服务创新的新驱动力并体现出融合发展的服务力。同时,社交网络使图书馆服务平台或图书馆员与读者之间的关系从一次借阅向多次互动转变,融合图书馆服务将在高效、高频的实时互动中进行。

4. 使用"千人千面"技术

在产业互联网时代,消费者和企业趋向信息对称,以用户为主导、个性定制为特点的智能生产新模式开始出现。所谓"千人千面"技术,指的是阿里巴巴正在实施的一项个性化技术,指通过大数据、云计算和人工智能,帮助生产商和经销商向不同地区、不同消费习惯的消费者生产和提供不同的产品,构建一个"赋能"生产者和销售者的生态圈。据预测,"千人千面"技术将使商品销售额提高30%,智能产品销售额提高80%[①]。这对大都市图书馆服务工作而言是一个很好的启示:通过信息技术的融合平台,也可以尝试为读者和用户推广"千人千面"的内容服务,将以前单一服务功能的采访、外借、阅览、检索、咨询等,均转变为连接人与服务的智能节点。

5. 面向"全龄时代"的大都市图书馆服务

在科技革命背景下的图书出版产业变革中,出现了面向"全龄时代"的发展特征,即有的图书出版物已不分年龄,将面对所有读者。"全龄时代"对大都市图书馆如何进行细化分众服务、如何在图书馆服务创新中融合服务和模糊服务提出了新要求。融入新科技的众多卡通读物、卡通电影,原来的受众是少年儿童,但现在成人受众不断增加。如美国迪士尼影业出品的卡通电影《疯狂动物城》,观看者中成年人超过了少年儿童。各层级大都市图书馆中原有的成人服务、少儿服务的内容和模式,可以结合"全龄时代"和融合模糊发展的特点,做出相应的调整,以适应科技与文化融合发展中的出版物新特点。

6. 图书馆建筑的智能融合

在荷兰阿姆斯特丹,有一栋被称为"边缘"(The Edge)的15层高的智能办公大楼,租用大楼的公司专门设计了一款让员工与大楼"互联"的手机应用程序,实现了智能办公系统中人与建筑间的"互动"。如当员工驾车抵达大楼时,摄像机会快速识别员工的车牌号码,车库大门将自动打开,并能帮助找到一个合适的空停车位。当员工走进办公室时,手机上的应用程序会替你找到一张合适的办公桌,因为整栋楼宇中没有固定的座位,办公地点取决于员工本人的日程安排,并根据每个人的喜好提供个性化服务。如员工在午休时间去健身房锻炼,也可同时为这栋建筑贡献"电力"。如果某天某一部门全体员工外出,大楼内的某一区域会被关闭,从而减少供暖、制冷、灯光、清洁等方面的成本。灯管中的感应器将记录一天下来各区域的员工使用率,这样可以更高效地进行楼宇清洁打扫[②]。这一案例对大都市图书馆的启示是在智能楼宇中的追踪行为、采集数据、分析互动、个性化服务等智能办公景象同样可以为图书馆大楼所借鉴,从而实现图书馆建筑的智能转型和绿色发展。

7. 馆员与读者的融合

在融合图书馆中,图书馆的业务计划和活动策划可以形成全新模式,即图书馆的服务活

---

① 互联网巨头竞推"生态圈"[N].解放日报,2016 – 05 – 13(5).

② 智能办公不再是幻想[EB/OL].[2016 – 05 – 21]. http://wenhui. news365. com. cn/html/2016-05/14/content_420391. html.

动从一个创意开始,让读者从一开始就参与到图书馆的诸多活动中来,让更多的读者参与设计、互动、主导、体验,实现读者从目标服务对象到服务主体与客体的融合,形成图书馆服务的全新形态,在互动中不断丰富完善活动内容,在活动过程和结束后进一步采集读者的体验和改进意见。这种从服务前、服务中到服务后的互动,将改变读者被服务的传统模式,形成图书馆服务的社会创新模式,更有效地利用社会创新资源,使图书馆可以通过智能互联与让读者用户从不同角度多样化地参与,从而并实现更多的创新的可能性,实现服务主体复合和服务效果叠加,以创建大都市图书馆融合服务的品牌。

8. 图书馆中的机器人服务

在技术融合的技术支持下,大都市图书馆管理与服务中可以有条件地融入机器人服务。图书馆的总台咨询、读者培训、外借服务、预约送书、展览讲解、文献搬运、书库取书、清洁打扫等岗位均可考虑采用人形机器人或仿人机器人以及清洁机器人。儿童图书馆可以采用机器人陪伴小读者玩耍。机器人可以不知疲倦地工作,并且不会有抱怨,也不会为其他事情分心[①]。这在一定程度上将克服原来图书馆中简单重复劳动所带来的职业倦怠并规避以往一线的服务投诉。

综而论之,科技革命和产业变革的融合发展趋势为大都市图书馆服务体系的创新带来诸多启示。我们应当超越科技和产业的层面,从道路自信、理论自信、制度自信和文化自信的高度,以创新、协调、绿色、开放、共享的新发展理念为指导,深刻认识当代经济社会融合发展的趋势和文化的内在发展规律,开启大都市图书馆服务的智能融合模式,更好地适应并满足广大读者的新需求和新期待。

---

① 约瑟夫·巴-科恩,大卫·汉森.机器人革命——即将到来的机器人时代[M].潘俊,译.北京:机械工业出版社,2015:204.

第六章　国际大都市图书馆服务体系新理念新态势

进入 21 世纪第二个十年以来,国际大都市图书馆服务体系正面临着发展变化的新环境。日新月异的信息技术的发展、可持续发展理念在图书馆的深入与实践、发展中国家特别是中国城市图书馆令人称奇的创新发展,使国际大都市图书馆的服务在新理念的指导和引领下正对以往的大都市图书馆管理与服务范式提出挑战,并在创新的发展进程中孕育出现了诸多新模式、新形态和新服务,大都市图书馆服务体系进入了新旧模式形态的换档期,需要我们进行总结、研究与深入思考,以创新转型与持续发展构筑大都市图书馆服务的升级版。

一、新环境

(一)科技革命与信息技术的发展

信息技术、生物技术、新能源技术、新材料技术等交叉融合正在引发新一轮科技革命和产业变革,特别是以大数据、云计算、物联网、移动互联网、智慧城市、智能制造(包括机器人、3D 打印和可穿戴设备等)等为主要载体的新一代信息技术正在持续发挥其渗透力和扩散力,催生着网络空间时代的到来。2014 年 7 月,在上海图书馆举办的第七届国际图书馆论坛上,国际图联主席西尼卡·西皮莱在题为《乘风破浪还是随波逐流——如何在信息狂潮下把握方向》的主旨报告中指出:在这个瞬息万变的数字和印刷环境中,我们致力于地球村居民获取信息和文化遗产资源的能力。图书馆如何在新的信息环境下演变以保持其不被边缘化,也许是当今图书馆面临的最紧迫的问题①。尽管西尼卡·西皮莱主席就信息技术发展对图书馆的巨大影响的这一研判此前在国内外的诸多学者中已多次提及,但这次出于国际图联主席之口且语气之重,更令业界内外深度关注。信息数据流的狂潮使大都市图书馆原有的业务流程与服务格局的边界被打破,技术、管理与服务的创新资源的整合更加灵巧,由新技术带来的服务更新和服务转化更加迅速,服务方式和路径载体更新换代不断加快。

互联网的发展和用户的剧增推动了网络时代的到来。据国际电信联盟 2014 年上半年发布预测数据:至 2014 年底,全球互联网用户数量将达到 30 亿,其中三分之二来自发展中国家。全球移动宽带用户数量也将达到 23 亿,普及率将达 32%,预计 55% 的用户来自发展中国家②。2014 年 7 月发布的《中国移动互联网发展报告(2014)》蓝皮书提供的数据表明,我国移动互联网用户总数已升至 8.38 亿户,在移动电话用户中的渗透率达 67.8%;手机网民规模达 5 亿,占总网民数的八成多,手机上网使用率达 83.4%,首次超过电脑,成为第一大

---

① 西尼卡·西皮莱.乘风破浪还是随波逐流——如何在信息狂潮中把握方向[J].图情观察快递,2014(11):1-2.

② 人民网研究院.互联网前沿追踪[N].人民日报,2014-06-26(20).

上网终端。这些数据表明我国移动互联网发展已进入全民时代①。无论是全球的 30 亿人接入互联网还是中国手机成为上网第一大终端，这些网络社会的数据还会不断增长变化，但正在形成由数量到质量的转换，即网络空间已发展成为与现实空间等量齐观的人类生存空间，这两大空间既互为矛盾颉颃又互相融合转换；而在不远的将来，人们在网络空间的工作与生活时间将会超过现实空间，意味着网络空间将成为人类社会生存空间的主要形态。互联网、移动互联网已逐渐成为全球性基础设施。网络空间的服务与管理对于大都市图书馆而言，已不是可有可无的非主流业务，而应成为不可或缺的业务主体。信息技术的飞速发展和广大读者学习方式和获取信息的路径载体的变化已经并将继续对大都市图书馆的服务转型提出挑战，无论是发展战略、馆藏资源、业务格局，还是建筑设计、人员结构、服务载体，都将面临不断的重新洗牌。

（二）绿色发展战略和生态文明建设

国际经合组织（OECD）曾于 2011 年 5 月发布了《迈向绿色增长》的报告，认为绿色增长是指在确保自然资源能够继续为人类福祉提供各种资源和环境服务的同时，促进经济增长和发展②。首都图书馆曾在 2011 年与中国图书馆学会和德国文化中心歌德学院联合举办了题为"图书馆的可持续性——德国绿色图书馆建设"的讲座，颇具前瞻性的眼光。世界银行和国务院发展研究中心联合课题组于 2013 年 3 月发表的题为《2030 年的中国：建设现代、和谐、有创造力的社会》的主报告中，有专章讨论了"抓住绿色发展的机遇"问题③。2012 年 11 月举行的党的十八大报告中，将中国特色社会主义事业的总体布局由以往的三位一体（经济建设、政治建设、文化建设）和四位一体（经济建设、政治建设、文化建设、社会建设）进一步发展并明确提出了五位一体的总布局（经济建设、政治建设、文化建设、社会建设、生态文明建设），同时提出了大力推进生态文明建设的发展战略，指出要着力推进绿色发展、循环发展、低碳发展，形成节约资源和保护环境的空间格局、产业结构、生产方式、生活方式，为全球生态安全做出贡献④。大都市图书馆与国土空间、资源节约、城市生态环境、市民绿色素养等均有诸多联系，大都市图书馆作为城市文化发展的重要载体不能游离于绿色发展和生态文明建设之外，理应承担起应有的使命和义务，在这方面，大都市图书馆的发展还刚刚起步，尚有许多事情要做。

（三）文化多样化的持续推进

文化多样化与世界多极化、经济全球化、社会信息化、国际关系民主化一起，成为当今世界正在发生深刻复杂变化的最主要特征之一。2014 年 3 月，国家主席习近平在联合国教科文组织总部发表的演讲中对文化多样化问题进行了生动而深入的阐述："文明是多彩的，人

① 李鹤，杨玲. 全民移动互联时代来临[N]. 人民日报，2014 - 06 - 12(14).
② 科学技术部国际合作司，中国科学技术信息研究所. 促进创新绿色增长[EB/OL]. [2014 - 07 - 28]. http://www. istic. ac. cn/ReportDetail. aspx? ArticleID = 94292).
③ 世界银行和国务院发展研究中心联合课题组. 2030 年的中国：建设现代、和谐、有创造力的社会[M]. 北京：中国财政经济出版社，2013:44 - 51.
④ 本书编写组. 十八大报告辅导读本[M]. 北京：人民出版社，2012:13 - 40.

类文明因多样才有交流互鉴的价值。阳光有七种颜色,世界也是多彩的。一个国家和民族的文明是一个国家和民族的集体记忆。人类在漫长的历史长河中,创造和发展了多姿多彩的文明。从茹毛饮血到田园农耕,从工业革命到信息社会,构成了波澜壮阔的文明图谱,书写了激荡人心的文明华章。一花独放不是春,百花齐放春满园。如果世界上只有一种花朵,就算这种花朵再美,那也是单调的。不论是中华文明,还是世界上存在的其他文明,都是人类文明创造的成果。"习近平主席还提出了文明是平等的、文明是包容的观点①。文明因交流而多彩,文明因互鉴而丰富。大都市图书馆承担着人类文明永久保存延续的使命担当,也肩负着人类文明传播共享互鉴的功能职责,在文化多样化持续推进的环境下,可以创造性地继承并开拓各类基于文化多样化的服务,而世界多极化、经济全球化、社会信息化、国际关系民主化的发展环境为大都市图书馆在文化多样化的发展中有所作为提供了更为有利的发展环境和拓展空间。

二、新理念

大都市图书馆的发展新理念,往往显现并来源于与文化相联系的社会科学、信息技术、城市发展以及相关的政治经济发展环境,也融入新馆建筑的设计之中。进入 21 世纪以来,在数字化、网络化和智能化的浪潮下,国际大都市图书馆依然一个个拔地而起,成为这些城市的文化象征。埃及亚历山大图书馆(2000)、特立尼达和多巴哥国家图书馆(2001)、日本国立国会图书馆关西分馆和国际儿童图书馆(2002)、美国西雅图图书馆(2004)、新加坡国家图书馆新馆(2005),以及中国深圳图书馆(2006)、重庆图书馆(2007)、南京图书馆(2007)、国家图书馆二期(2008)、杭州图书馆(2008)、上海浦东新区图书馆(2010)、天津图书馆二期(2011)、河北省图书馆新馆(2011)、首都图书馆二期(2012)、山西省图书馆新馆(2013)、广州图书馆新馆(2013)、湖北省图书馆新馆(2013)、辽宁省图书馆二期(2014)②,给人们带来了一个又一个令人赞叹的大都市图书馆实体建筑,尚有许多新馆在建和计划建设中。这些新建筑的功能设计体现出了一些全新的特点,向人们展示了大都市图书馆发展的新理念、新模式、新形态以及随之而来的新服务,形成了新一轮的图书馆创新设计与转型升级。与此同时,2013 年 11 月,党的十八届三中全会提出了推进文化体制机制的创新、构建现代公共文化服务体系的改革要求,对中国特色大都市图书馆建设而言,无疑是一个全新的理念。

(一) 第三空间

美国社会学家奥登伯格(Ray Oldenburg)在 1989 年出版的《绝好的地方》(*The Great Good Place*)一书中,认为家庭居住空间为第一空间,职场为第二空间,而城市的酒吧、咖啡店、博物馆、图书馆、公园等不受功利关系限制的公共空间为第三空间。这是一个城市最能

---

① 习近平. 在联合国教科文组织总部的演讲[EB/OL]. [2014 - 07 - 22]. http://news. sohu. com/20140328/n397345604. shtml.

② 括号中表示各图书馆的建成时间。

体现多样性和活力的地方。2009 年 8 月,吴建中较早地将国际图联"作为第三空间的图书馆"的理念导入中国的图书馆界,引起业界的广泛关注①。2012 年 5 月,国家图书馆研究院组织编写的《公共图书馆概论》一书中,褚树青将"作为第三文化空间的图书馆"作为公共图书馆发展战略的思考之一②。方家忠则结合广州图书馆新馆建设,用第三空间的理念进行了新馆建筑特征的分析研究,将新理念与新实践结合起来③。

在第三空间理念的指导下,中国诸多图书馆新馆形成了作为场所的空间设计形态,有的形成了适合数量不等供读者自由讨论的既开放又独立的空间,有的形成了老年读者和少年儿童的阅读交流场所,有的提供了读者群交流思考和头脑风暴的空间隔断,有的借鉴世界大都市图书馆的设计为读者专门提供影像放映的幕布房,也有的结合讲座和展览的发展,将展览与讲座的内容与文献阅览空间灵活地组合起来,还有的图书馆结合读者的个性化、多样化和自组织的需要,形成了"微交流"的空间形态,配备可移动的展板、书架、桌椅和电子屏幕等设备设施,开展了小型化的真人书、展览、沙龙等活动。同时,许多新馆内设置了餐厅、咖啡吧、提供电影放映和演出的多功能厅、高保真音响视听室、中小型的书店、文具和纪念品商店等,为大都市图书馆作为第三空间创设了丰富多彩的空间形态和服务模式。芬兰赫尔辛基火车站旁的 Library10 是 2005 年建立的新型图书馆。它位于市民云集的市中心区域,为市民提供了丰富的音乐资源和多样化组合的计算机工作站,成为第三空间的成功案例。美国西雅图图书馆采用不同色彩进行图书馆大区域空间识别的创意新颖别致,该馆还将"第二起居室"的理念与定位(living room)用醒目的大字印在不锈钢材料的大型区域隔断面上,让人过目不忘。美国得克萨斯州贝萨尔郡出现了首家数字无书图书馆的设计,而墨西哥国家图书馆则让电子阅读延伸至图书馆建筑之外的绿化园林之中,形成了贴近自然的智能空间。

(二)体验互动

体验图书馆是图书馆管理与服务的一种理念与追求④。在新的环境下,体验图书馆已被注入新的内涵,需要进行新的认知。体验互动的理念是与第三空间理念相互联系的新理念。第三空间具有中立性、平等性、交流性、包容性、舒适性、活力感、归属感,读者在这里可以感受肃然起敬的环境氛围和精神美妙的体验心路,也可以实现平等包容的各类新科技的亲身体验。大都市图书馆不仅提供了现实空间中的讲座、展览、演出、研讨、竞赛、共同阅读、文献修复、自助服务、志愿服务等的体验互动,也提供了网络空间的数字冲浪、微信接力、粉丝点评、远程咨询、个性推送、视频欣赏、图像传递、网络直播、多屏融合等的体验互动。

在科技革命和产业变革的新环境下,文化科技体验更具有社会教育的功能。不少大都市图书馆富有新意地导入了机器人、3D 打印、创客空间、有限印刷、大屏触控、智能书架,设计了别具一格的智能互联的流动汽车图书馆,提供了各类新颖的电子阅读载体,通过创客空间、大数据展示、消除数字鸿沟的培训等,使读者在大开眼界的同时,也在体验互动中提升了

①　吴建中. 为市民打造第三空间[EB/OL]. [2014 – 07 – 24]. http://www. libnet. sh. cn/tsgxh/list/list. aspx? id = 6990.

②　汪东波. 公共图书馆概论[M]. 北京:国家图书馆出版社,2012:363 – 373.

③　方家忠. 广州图书馆新馆开放服务后若干启示[J]. 图书馆杂志,2014(2):4 – 9.

④　王世伟. 体验图书馆刍议[J]. 新世纪图书馆,2006(5):14 – 16.

文化素养和科技素养。在信息技术如此迅猛发展的背景下,消除信息数字鸿沟与消除文盲一样迫切。让各个阶层的市民都有机会学习、体验、运用、熟悉现代科技在实际生活中的应用,这是大都市图书馆在消除信息数字鸿沟中本应担当的社会责任。

体验互动在读者没有进入图书馆建筑时已经开始。法国国家图书馆、亚历山大图书馆、西雅图图书馆、中国国家图书馆二期、深圳图书馆、广州图书馆、上海青浦区图书馆和嘉定区图书馆等,都让读者在远望新馆建筑时有一种文化的感动,这种文化的感动正是一种深入内心的无声的体验和教育。

体验互动给广大读者带来的是一种独特自由的阅读思考的氛围、宁静典雅的学习创新的气场、亲身感悟的现场具象的体验。体验互动理念指导下的图书馆新服务也使现实空间与网络空间实现了交互融合,吸引着无数读者。这在一定程度上解释了在数字化、网络化和智能化的环境下,像香港中央图书馆、杭州图书馆、广州图书馆、浦东新区图书馆新馆落成之后仍几乎天天"人满为患"的缘由。

(三)市民图书馆

全球的城市化进程和经济全球化的发展推动着世界城市人口的流动。联合国经济和社会事务部 2014 年 7 月更新的《世界城镇化展望》报告的数据显示,到 2050 年,全球城镇人口将再增加 25 亿,而且绝大部分增加的城镇人口将集中在亚洲和非洲,未来城市人口增加最多的是印度、中国和尼日利亚[①]。2014 年 7 月,中国国务院印发《关于进一步推进户籍制度改革的意见》,提出到 2020 年,努力实现 1 亿左右农业转移人口和其他常住人口在城镇落户[②]。城市人口的大幅度增加将给全球特别是亚洲和非洲的大都市图书馆的服务带来新挑战,需要运用市民图书馆的新理念予以指导。城市人口统计可以有多个层次的概念,如户籍人口、常住人口、流动人口、市区人口、郊区人口、服务人口、旅游人口等。从大都市图书馆的服务而言,也应从以上多个层次加以谋划:既要为户籍人口的市民服务,也要为常住人口的市民服务;既要满足市中心区域市民的文化需求,也同样要满足郊区市民的文化需求;既要为流动人口中的市民服务,也要为旅游人口中包括境外的读者服务;既要为所在城市的市民服务,也要通过网络空间等通道为域外的读者提供服务。因此,大都市图书馆的服务与管理应当统筹兼顾,服务人口也应该有新的统计范围和统计方法。

面向未来的图书馆首先应该是人的图书馆,如同大学要拆除围墙一样,图书馆建筑也要拆除门槛,图书馆网络空间同样要破除信息鸿沟,易于与市民亲近,易于吸引各类市民群体进入现实空间和网络空间的图书馆并便捷地加以利用,使大都市图书馆在市民图书馆理念的指导下形成吸引和汇聚市民的文化高地。市民图书馆的新理念要求图书馆将人本理念融入建筑设计和业务流程的各个服务与管理细节,让市民真正成为图书馆的"根本"。近年来深圳图书馆新建了全市捐赠换书中心,在市民中倡导营造"捐赠交换"理念,正是市民图书馆理念的体现。市民图书馆理念体现了大都市图书馆公益性、基本性、均等性和便利性服务的功能定位,是人本理念在大都市图书馆服务中的具体化,也彰显了"和谐、自由、平等、公正"

---

① 张伟.世界城镇人口 2050 年将达 64 亿[EB/OL].[2014 - 07 - 20]. http://www.cssn.cn/dybg/201407/t20140718_1259149.shtml.

② 新华社.户籍制度改革全面实施[N].人民日报,2014 - 07 - 31(1).

的社会主义核心价值观。

(四)智慧图书馆

智慧图书馆的新理念率先出现在 21 世纪初期的欧美大学图书馆、公共图书馆和博物馆中。自 2005 年以来,中国图书馆界也开始从智能图书馆的研究深化至智慧图书馆的研究,并在实践中进行了积极的探索。智慧图书馆具有三大特点:一是互联的图书馆,具体细分为全面感知、立体互联和共享协同的图书馆;二是高效的图书馆,具体细分为节能低碳、灵敏便捷和整合集群的图书馆;三是便利的图书馆,具体细分为无线泛在、就近一体和个性互动的图书馆①。智慧图书馆作为未来图书馆发展新模式的顶层设计和全局解决方案,将成为图书馆未来发展的战略决策思考和实践路径选择,也将在现代公共文化服务体系的标准化、均等化的发展进程中发挥其信息化和可持续发展的独特的重要作用。随着网络空间时代和万物互联世界的到来,人们对于智慧图书馆的新理念将会有更深切的感悟并创造出更多的实践案例。

(五)现代公共文化服务体系

党的十八届三中全会提出了"完善和发展中国特色社会主义制度,推进国家治理体系和治理能力现代化"的全面深化改革的总目标,在文化方面提出了"构建现代公共文化服务体系"的改革要求。这是中国大都市图书馆服务体系未来若干年发展的新理念和新目标。现代公共文化服务体系主要体现在以下五个方面,即标准化、均等化、法制化、社会化、智慧化。其中标准化和均等化是十八届三中全会构建现代公共文化服务体系中提出的具体要求,即"促进基本公共文化服务标准化、均等化";法制化是国家治理体系和治理能力现代化的集中体现,也是公共图书馆事业健康发展和可持续发展的制度安排和重要保障;社会化体现了社会主义核心价值体系"民主"价值观在公共图书馆管理上的诉求,也是发展具有广泛参与式的现代文化治理的有效方式;智慧化是顺应现代大都市图书馆事业迈向深度信息化并面向未来、面向世界、面向现代化的必然要求。

三、新模式

(一)读者自助模式

在一个技术高度发达、用户信息素质日渐提高的时代,很多图书馆的传统业务和服务内容都可以交给计算机和相应的设备来完成,将图书馆员从烦琐的事务性工作中解脱出来。如果说,20 世纪末,读者自助模式在大都市图书馆还是个别的例子和试点的模式的话,那么进入 21 世纪的第二个十年,读者自助服务模式已呈普遍模式,读者对自助服务的需求也越来越强烈。在各个新落成的大都市图书馆新馆中,自助借还设施已成为必配的基本设施,不少图书馆都开设了较大区域的多媒体自助阅览区;而读者自助的范围也从原来的书刊借阅、书目查询、文献复制、订座服务拓展至饮水服务、楼层服务查询、报纸大屏阅览、书刊自助消

---

① 王世伟.论智慧图书馆的三大特点[J].中国图书馆学报,2012(6):22-28.

毒、讲座手机预订、音乐欣赏选择、影视节目观看、24 小时自助服务等。被动等候的参考咨询转向主动即时的一体化解决方案的服务平台。一些新建的大都市图书馆的空间布局与设计充分考虑了自助服务的需求,为用户提供更多的自助设备、自助系统和自助服务,能由读者自己完成的事情就坚决地交给读者自己去做,图书馆需要做的是加强提示、指导和必要的咨询服务。读者自助模式不仅节省了图书馆的大量空间,而且使馆员有更多时间做其他专业性更强的工作,并提高馆员与读者交流的机会。图书馆原有的参考咨询台、借阅台、办证台等服务桌面的减少将有利于增进读者与图书馆员的面对面的交流,读者主动咨询的自助服务意识的增强将使图书馆员在与用户的交流中进一步提升图书馆的服务价值。

20 世纪 90 年代出生的读者是在互联网和多屏触控的环境中长大的,他们具有更强的自我意识、更张扬、更叛逆、更加不遵循传统、更容易接受新事物等方面的性格特点。能用手机解决的就不开电脑,成为这一代人的信息行为特征。现代青年读者群和中老年读者群的行为习惯应成为大都市图书馆管理与服务需要超前思考的问题,而读者自助模式就是其中的选项之一。

(二)分众细化模式

大都市图书馆服务中形成了分众服务更为细化的服务模式,推动了大都市图书馆的读者服务更细化、更深化、更多样、更便捷、更精致、更舒适,这也是大都市图书馆为市民提供基本的均等化服务和分众的差异化服务相结合的题中应有之义。如有的图书馆根据社会老龄化的趋势,增设了老年人阅览区,为老年读者提供独立的人际交流空间;有的图书馆根据少年儿童的学习特点,将少儿服务区进一步按年龄细化(如0—4 岁的婴儿读书区等),并利用软体区隔以保证儿童玩耍区域的安全;有的馆顺应了少儿文化教育和信息素养教育的需求,专设了少儿体验区;有的馆为残疾读者提供了设置在平街层的视障阅览室以及残疾停车位、无障碍通道、无障碍洗手间;有的图书馆将服务空间分为研究型读者和大众型读者并提供相应的各类服务;在一些移民数量众多城市的大都市图书馆,还为各国移民提供了语言细分的文献服务区……无论是新馆空间设计或是旧馆空间改造,都按照分众细化服务的模式,摆脱了公共设施的僵硬静态的面孔,为不同群体的读者着想并提供了更温馨和更个性化的服务。

(三)绿色发展模式

绿色发展模式是在大都市图书馆的发展中更加注重绿色环保和节能减排、注重自然与建筑和人保持和谐统一的发展范式。图书馆的建筑选址、水资源的维护、能源使用的效率、环保材料的选用、室内空气的质量、垃圾的分类处理、减少废弃物的产生等,都是绿色发展模式应当考虑的范畴。在一些大都市新馆中,采用了"被动式"的光电建筑应用形式,如绿色屋顶等的设计方案来减少能源的使用,通过利用自然光来节能,通过风能、太阳能来调节室内温度,通过雨水收集利用来节水等。这就改变了以往图书馆采用的通过电能的"主动式"的温度调节系统的模式,并运用了自然水资源的循环利用来减少对社会现存水资源的需求,并将图书馆名之为"绿屋"。为了让自然和建筑与人更和谐统一,新加坡国家图书馆新馆、西雅图市图书馆、苏州图书馆、浦东新区图书馆等设计了室内外的园林形态,将园林设计和园林本身引入图书馆的建筑之内或建筑之外的一些建筑小品,成为图书馆新建筑的亮点。由于新馆建筑空间巨大,为保持安静,有的图书馆在新馆建筑大空间的顶部采用吸音材料以降低分贝。但也有图书馆由于没能进行这样的科学预测,在大空间噪音控制方面留下了遗憾。在绿色发展模式方面,开展至今已 14 年的比利时布鲁塞尔一年一度的"绿色阅读"活动颇具特色,这是这一城市的一些街区图书馆联合推出的一项社会公益活动。每年暑假伊始,图书馆志愿者将各区图书馆资源化整为零,把书送到公园绿地,让人们在大自然中"绿色阅读"。2014 年,布鲁塞尔的 18 个街区的图书馆在全市 34 个公园参与了这一活动。"绿色阅读"给人们,尤其是青少年提供了最佳的阅读机会,也为假期增加了情趣①。从图书馆绿色发展模式出发,一些保存有大量各类历史文献的大都市图书馆应注重防止可能产生的有害气体对图书馆员造成的污染与危害,在智能技术不断进步的环境下,可以考虑设计图书馆机器人从事历史文献特藏书库中长时间的取书、还书工作。

(四)分面布局模式

大都市图书馆的服务布局以往多采用分层布局,如以文献类型分层,以服务对象分层等。近年来落成的广州图书馆则更多地采用了分面布局模式,以多分面为主,以多分层为辅。分面布局更多的是基于学科、主题、服务目标群体等的逻辑分析。广州图书馆新馆将分面布局服务分为基本服务、对象服务、主题服务、交流服务四大部分,其中加大了分面组织的比重,以主题馆、对象馆为载体进行分面服务的空间建构。如新馆以本土文化、多元文化、都市文化为要素搭建文化服务框架,分别设立了广州人文馆、家谱查询中心、《广州大典》与广州历史文化研究基地、广州非物质文化遗产常设展览,展示与传播广州本土文化;又设立有多元文化馆、语言学习馆,开展多元文化推广项目与语言培训项目,丰富多元文化;还设立有休闲生活馆、创意设计馆、多媒体鉴赏区、广州国际纪录片节展示服务中心,倡导现代都市文化。广州图书馆分面布局模式的积极探索为大都市图书馆服务的创新发展带来了有益的启示。在欧美、澳洲及我国港台地区的许多公共图书馆内,都建有音乐、美术、动画、地图、历史、文化遗产等专业主题图书馆,不仅配有相关的专业文献资料,还提供视听及软件设备,台北市图书馆更是形成了一馆一特色发展模式。这种"馆中馆"或主题图书馆将成为大都市图书馆服务体系创新的有效探索,也是大都市图书馆业已形成的一种发展模式,而分面布局模式的出现无疑更加丰富了这一发展模式。

(五)统一物流模式

统一物流模式是大都市图书馆总分馆服务体系运作的一种普遍模式,这种模式在美国、新加坡以及中国的港台地区的发展已较为成熟,在中国内地的城市图书馆尚起步不久。自2000 年起,上海市中心图书馆在实践中借鉴了国内外的统一物流模式,并于 2007 年 11 月与上海邮政公司举行了上海市中心图书馆文献物流社会化签约仪式,从物流基础设施、运输配送技术、物流信息技术、物流运作成本、服务水平质量等方面进行了分析论证,为确保中心图书馆总分馆和基础层服务点之间服务共同体的可持续发展跨出了有益探索的一步,也形成了具有中国特色的统一物流模式。为配合城市街区 24 小时自助图书馆的服务发展,深圳图书馆也建立起了覆盖全市各自助服务点的统一物流的配送模式,并实现了信息化和社会化

---

①　刘军. 绿色阅读好[N]. 光明日报,2014 - 07 - 24(8).

的管理。但与世界其他国家和地区的统一物流模式相比,中国一些大都市图书馆的统一物流模式的智能化、集约化、便捷化的程度还不高;同时由于中国大都市图书馆人财物的分层管理,统一物流模式在统一化的程度方面还需要通过体制机制的创新予以进一步强化。

(六)云端计算模式

随着大数据和云计算的全面兴起和快速普及,新一代网络技术正面临全面融合和快速迭代,大数据与云计算时代已经来临。英国学者维克托·迈尔·舍恩伯格和库克耶所著《大数据时代》(浙江人民出版社,2013 年 1 月)就以大数据作为一个新时代的标志向人们展示了大数据对于生活、工作与思维所带来的大变革。大数据与云计算的应用开始在包括大都市图书馆在内的各个行业领域展开。涂子沛所著《大数据——正在到来的数据革命,以及它如何改变政府、商业与我们的生活》(广西师范大学出版社,2012 年 7 月),这一书名向我们展示了大数据时代的魅力和巨大的影响力。大数据需要通过云环境来加以应用与发展。云计算具有跨界整合、按需服务、自助互动、即时响应、可扩展性等技术特征,为大数据的收集、存储、处理、分析、管理和服务提供了新载体和新方法,被认为是海量信息服务的最佳模式,为大都市图书馆服务创新带来了新机遇。在大数据和云环境下,移动互联给大都市图书馆带来了一切皆数据、一切皆服务、一切皆读者的新思维。近年来,新加坡国家图书馆部署了一套灵活而性能强大的大数据架构,通过云端计算的模式,处理从战略、战术到操作层面的各类不同分析需求,通过一整套的仪表盘来监测和分析覆盖整个生命周期的大都市图书馆关键业务流程,包括馆藏新文献的选择、采购与处理,文献流通中的外借、续借和预约,地理空间的位置、区划、人口等混搭的各类数据,以获取与以往不同的图书馆服务与管理中需要回答的各类问题,并提供高性价比的解决方案①。上海图书馆也通过主动拥抱大数据,形成了云端计算模式。该馆在巨量读者信息云端整合的基础上,发布了《上海图书馆流通分析报告》,《文汇报》记者以《"阅读大数据"如何转为"金手指"》为题在头版头条进行了报道,从报告的海量数据中发现了话剧类图书成为借阅热点的出版信息,指出由于零售市场回馈信息有一定的滞后性,很多出版社和实体书店并不能同步掌握当前的阅读趋势,而从超过 4000 万册图书中获得的"上图流通分析"等报告,可能为出版业、书店业和图书相关产业提供更多的参考,让"阅读大数据"真正转化为出版业"金手指"②。这无疑是上海图书馆进行云端计算模式的意外收获。可以预见在若干年后,大都市图书馆的云端计算模式会成为服务与管理的新常态,这需要提前谋划布局,实现大都市图书馆超巨量数据复杂系统的云端智慧管理,让数据插上智慧的翅膀,让特大城市中的大都市图书馆从数据大馆通过云端计算模式逐步迈向数据强馆。

---

① 上海图书馆.转型时期的图书馆:新空间—新服务—新体验[M].上海:上海科学技术文献出版社,2014:130.

② 吴越."阅读大数据"如何转为"金手指"[N].文汇报,2014 – 06 – 08(1).

四、新形态

（一）创意设计形态

大都市图书馆的魅力既外化于形，也内化于空间布局与设计之美。随着一大批大都市图书馆建筑的先后落成，其建筑设施的硬设计和内部艺术的软设计以及空间布局与功能之美为人们带来了创意设计的新形态。

创意设计形态的一大特征是服务空间与信息化的融合，许多图书馆将信息化形态定位为一种基本环境，融合在各种空间之中。无线上网的自由空间、智能互联的泛在阅览、宽带设施的信息基础、24 小时的自助借阅、智能载体的现场体验、数字媒体的融合平台、参考咨询的时空接力、大屏触控的信息幕墙、服务数据的实时显示、安全环境的智能监控……这些创意设计令图书馆的服务与管理形态耳目一新，可谓图书馆信息化的升级版。

创意设计形态也表现在一些设计的细节之处，如天津图书馆二期的中央空调与常规的楼面顶部排风口的设计不同，而是别具新意地采用了地面的空调出气口，不仅克服了可能的噪音，其隐蔽性的设计也增加了建筑的美感。各个新馆家具设计和导引标识，都显得舒展、典雅、宁静、个性，为读者创造了一个心向往之的阅读环境。

图书馆的新馆空间设计与旧馆空间改造为图书馆创意设计提供了机遇。中国国家图书馆二期工程的阅读广场空间设计，河北省图书馆新馆内山水石上流和地方文化幕墙的设计，首都图书馆二期中北京四合院的地方文献区域设计，上海浦东新区图书馆的阶梯式阅读广场，布拉格市图书馆的巨型书柱，挪威国家图书馆的数以百计的智慧之眼壁墙，西雅图社区图书馆的客厅壁炉家庭式阅读空间设计，等等，为大都市图书馆的学习交流带来了丰富多彩的新空间。上海图书馆则借鉴国际大都市图书馆"创客空间"的积极尝试，对原有的图书馆空间进行了再设计，形成了国内首个"创·新空间"，成为上海文化创意产业信息中心，吸引了诸多创意工作者和爱好者前来体验①。位于上海杨浦区黑山路上的旧上海市图书馆于1935 年建成，作为当时的大上海计划的一部分，由曾任中国建筑师学会会长的董大酉先生设计，充分体现了中国特色的建筑风格。如今，这一文化建筑将依据董大酉当年的手稿"修旧如旧"。这一大都市图书馆的建筑修复工程的创意设计也体现了中国特色大都市图书馆建设中的文化追求②。

（二）灵活布局形态

图书馆是一个生长着的有机体，在信息技术日新月异的当下更是如此，而功能多样化和服务个性化也推动了大都市图书馆灵活布局新形态的形成，并成为新馆建设和旧馆改造的普遍形态。

为适应灵活布局的形态，图书馆设计体现出更为精致化和精细化的趋势。如在每一个阅览空间、服务空间、资源存放空间，精心设计了每一件（套）桌椅、书柜等设备设施，体现其

①　吴建中. 城市图书馆的挑战、创新与未来［N］. 解放日报,2014 - 03 - 08(7).
②　钱蓓. 八旬图书馆将依手稿"重生"［N］. 文汇报,2014 - 06 - 27(5).

应有的个性和灵性,为读者带来全新的体验和吸引力。有的图书馆既提供了固定的书架,也提供了可移动式的书架以及安放在桌椅旁的小型书架。一些家具既可以集中整合以用于大型的读者活动,也可以拆分使用以满足小型读者活动。不同种类的座椅以不同的方式排放,既体现了美观与舒适的要求,也满足了读者不同的个性需求。如"个人阅读区"的小包间提供了小型圆桌和折椅,"自由讨论区"则提供若干个固定并可旋转座椅。各类家具不同材质、不同形状、大小不一的设计与摆放,服务内容的灵活多样和动态丰富,体现了图书馆为读者提供有品位的阅读环境的服务追求。到馆读者往往都希望在馆内的任何时刻都能拥有适合自己需要的学习空间与便捷且具特色的设备与设施;而千篇一律、呆板生硬的设备、设施不会给人带来精神上的愉悦,也有碍于激发人们的创造力。

灵活多样的展览、定期或临时的音乐角也是灵活布局的一种形态。西班牙马德里区域图书馆中既有简单的大型展板式的展览,也有移动式支架的多块面展板;荷兰鹿特丹图书馆则有空中悬挂式展览,法国国家图书馆有相对固定的走廊式展览,上海图书馆历史文献区则形成了相对固定的展橱式展览。许多大都市图书馆的展览的展架往往多可随时移动,内容也可以定期更换。挪威国家图书馆于每周五下午在阅览大厅一角布置音乐欣赏区,定期举办音乐欣赏活动。

灵活布局还体现在一些特定区域的使用上。在挪威国家图书馆,设计了登梯而上的顶端阅览空间;在上海的嘉定区图书馆、青浦区图书馆和浙江海盐图书馆新馆,在建筑外的屋檐下放置了阅览桌椅。这些阅览区域的宽阔的空间和广阔的视野可以减缓读者的疲劳,安静的氛围也有助于他们更好地思考。

灵活布局为读者带来了可选择的多样化的学习交流空间,这里既有阅览广场式群体读书空间,也有适合独自学习半隐蔽的安静学习空间,既有研究型的正式阅读空间,也有大小不同的自由交流空间,还有公共休闲空间(咖啡吧、小型书店、礼品店等)。这种灵活多样的空间布局,为读者提供了更多的可选择性,适应并满足了其不同的需求。

(三)移动互联形态

移动互联形态是传统图书馆与现代信息科技特别是云计算、搜索引擎、数据挖掘、社交网络等互联网技术相结合的产物,它通过移动信息终端使数字化多媒体的文献与馆员和读者互连互通,实现了图书馆桌面有限服务向移动无缝服务的转型,搭建了不断组合并充满可能的通道平台,形成了大都市图书馆服务的新业态。移动互联形态较好地弥补了传统图书馆服务在服务空间和服务效能方面的不足,拓展了传统图书馆服务时空和服务内容的边界,大幅降低了读者的时间成本和图书馆机构的运营成本,并能更有效地解决传统图书馆形态的低效率和覆盖盲区问题。移动互联形态使文献信息的服务更具可获得性、及时性和便利性,改变了传统图书馆的办证台、借阅台、咨询台的服务形态,激活了广大市民的潜在的文化需求,促使传统图书馆业务与信息化的深度融合。移动互联形态也推动了大都市图书馆现存的业务流程、管理模式和服务格局的变革,提高了面向读者服务的广度和深度,使各类文献的搜索、借阅、传递等复杂流程大大简化并具可操作性,服务对象也更趋大众化,体现了现代图书馆公共文化服务体系均等化的普惠性。可以预见在不久的将来,移动终端的点击量、阅读数量、咨询数量将不断超越实体图书馆的到馆人次和借阅量。

　　移动互联形态的泛在化、平等化和互动性使图书馆馆员与读者之间的边界正在变得模糊，读者可以通过移动互联的平台参与图书馆的采访、讲座、展览、管理以及参考咨询，在一定程度上开启了图书馆服务与管理的全员创新的新格局。

（四）"图书馆＋"形态

　　大都市图书馆是一个十分神奇的文化机构，其服务和协同的触角可以拓展延伸至大都市以及都市城域以外的方方面面，在原有的图书馆服务业务形态基础上形成了"图书馆＋"的服务新形态。在马来西亚的吉隆坡，2009 年创办的戏剧图书馆与"心向太阳剧坊"融为一体，并形成了黑箱剧场、戏剧咖啡座、摄影馆和展卖国内外戏剧作品的精品馆，开展了电影赏析会、戏剧观摩赛、艺术电影之旅、摄影分享会、戏剧生活营、戏剧表演班等丰富多彩的读者活动，形成了"图书馆＋"的大都市图书馆价值观①。法国巴黎的大都市图书馆服务体系中有 32 家由外国团体和机构开设的图书馆，其中的西班牙图书馆近年来为读者提供了亚马逊阅读器外借，内载有数以百计的西语文字名著和词典②。法国国家图书馆内的独立展馆展出雨果等作家的手稿，吸引了众多读者驻足欣赏。中国国家图书馆在国内外的文化交流过程中，不断丰富作为国家图书馆的"图书馆＋"发展形态，如通过"中国之窗"赠书项目、驻外中国文化中心图书馆建设项目、与中国国家各部委机构的分馆共建项目等，使国家图书馆的服务载体不断拓展并延伸。上海图书馆的"图书馆＋"有多样化的形态，如与上海市妇联合办的"妇女之窗"，与世博会机构合办的"世博信息阅览室"；上海市中心图书馆长宁分馆则与中国国务院新闻办合作创建了面向境外读者的"中国之窗—上海阅览中心"；而遍布世界各城市的 80 多家"上海之窗"更是成为"图书馆＋"的成功案例。借鉴法国国家图书馆、美国纽约公共图书馆、埃及亚历山大图书馆等开展的独立博物馆的"图书馆＋"的服务形态，中国国家图书馆所属的国家典籍博物馆于 2014 年 8 月开馆试运行，集中展陈和建筑面积 1 万余平方米，首展"国家图书馆馆藏精品大展"由金石拓片、敦煌遗书、善本古籍、舆图、名家手稿、西文善本、样式雷图档、中国少数民族文字古籍和中国古代典籍简史 9 个展览组成，展品 800 余件，成为中国国家图书馆历史上最大规模集中展示的馆藏文献珍品③。而此前于 1996 年开馆陈列的上海图书馆"中国文化名人手稿馆"也具有独立博物馆的性质。柏林州中心图书馆借画如借书的服务项目也可以看作是"图书馆＋"的服务形态之一，该馆的艺术品借阅区共有 1600 件油画、版画、摄影和雕塑等当代原创艺术作品供读者选择，其推出的"借画如借书"的口号颇受欢迎④。实际上，大都市图书馆不仅可以推出借画如借书服务，还可以创新拓展为借照如借书服务，将有些历史原照复制后借给读者。可见，"图书馆＋"是一个提供无限想象力的服务理念和服务形态。

---

①　上海图书馆.转型时期的图书馆：新空间—新服务—新体验[M].上海：上海科学技术文献出版社，2014：55 – 71.

②　王世伟，等.国际大都市图书馆服务体系述略[M].上海：上海人民出版社，2013：308.

③　杜羽.国家典籍博物馆 8 月开馆[N].光明日报，2014 – 07 – 16(9).

④　王世伟，等.国际大都市图书馆服务体系述略[M].上海：上海人民出版社，2013：234.

五、几点思考

(一)发展新环境对大都市图书馆服务体系正形成倒逼机制

从大都市图书馆的人力资源建设而言,新环境、新模式、新形态和新服务正在对图书馆形成颠覆性挑战。图书馆中低技术含量的工作正在逐步消失,工作人员推着书车的标志性形象正在成为过去式。如果说图书馆行业的工具过去是铅笔、卡片、目录柜、咨询单、打字机,现在则更替为电脑、屏幕、手机、数据库、社交网络、搜索引擎、电子阅读器。以屏幕而言,就有建筑外墙或读者大厅的巨屏、电子阅报的大屏、上网电脑的中屏、个人手机的小屏、信息发布的长屏以及即将流行的可穿戴设备(如智能手表等)的微屏,并正在实现多屏融合与多屏互动,使图书馆的服务进入触摸时代。大都市图书馆发展的新环境呼唤掌握信息技术和综合解决问题能力的智慧馆员,而图书馆业务部门的主管也将承担智慧协调员的角色,大都市图书馆馆员的人才结构也要在保管、研究和传统服务的基础上增加创意推广人才和网络科技人才,以形成多样化人才的新结构。大都市图书馆原有岗位描述将为新创建的岗位描述所取代。人力资源的这种挑战不仅在图书馆,而且在全社会展开。美国求职网站(career-cas)2014年新公布了十大"濒临灭绝"的职业,其中多半与实体纸张在日常生活中渐渐"失宠"有关,如邮递员、抄表员、报社记者、导游、印刷工人、税务检验员和税务员等[①]。大都市图书馆也同样面临类似的问题。随着数字与网络咨询的普及、多网与多屏的互动融合、自助服务的推广、智能机器人的出现,一些传统的问询、图书借还、文献复印、读者证查验等项工作将会逐步成为过去式。深圳市城市街区24小时自助图书馆出现后,图书馆员面对面服务的功能已经部分消失;而随着智慧图书馆书书相联、库库相联、网网相联的内容互联时代的来临和进一步发展,这一以印刷型文献为服务主体的大都市图书馆技术和服务模式也面临成为过去式的挑战。这说明新环境下图书馆管理与服务的创新生命周期已经缩短,网络时代的更新迭代的变革节奏正在加快,对大都市图书馆的服务与管理形成了倒逼机制。

(二)基于内容互联的文化共享服务将成为发展新趋势

大都市图书馆的互相联系在很早就出现了,如欧美早期的会员制服务模式等。但自从互联网出现之后,这种互联发生了质的变化。1994年被认为是中国接入互联网的起始,经过20年的发展,互联网早期的静态的初始的互联、全球电脑和计算的互联,已发展至全球宽带环境下的移动的互联、跨时空的泛在互联,并将在未来的发展中进一步提升为基于宽带和视频的互联、深度的全媒体的内容互联。走向未来的内容互联的智慧图书馆将面临巨量信息流动的挑战以及相应的网络传输带宽瓶颈,也将形成网络空间安全的挑战、城乡与地区信息设施和信息素养差距的挑战。同时,这一发展趋势将重塑大都市图书馆的文化基因,充满了创新的空间。大都市图书馆应当采用主动信息化发展战略,用互联网思维改造传统内容服务,在内容为王的基础上向网络为王转变,并致力于体现对全体读者即每一位市民"人人有

① 2014年十大濒临灭绝的职业[EB/OL].[2014 - 08 - 01]. http://www. forbeschina. com/review/at-las/005548_1. shtml.

用"的泛在个性化服务,形成全媒体泛在式的内容互联服务模式。

　　人无远虑,必有近忧。大都市图书馆应当从基于内容互联的文化共享的发展趋势出发,预先布局内容互联的信息基础设施和服务平台,使图书馆的各个空间均可提供有线和无线上网,以告别传统的集中式的电子阅览室的服务形态。挪威国家图书馆 2009 年 5 月启动的"数字书架"项目就是通过分阶段推进方式,将历年的图书全文进行数字化转换并在互联网上发布供读者使用,这正是基于互联网的内容互联的服务新趋势①。基于内容互联的讲座图书馆被誉之为图书馆的慕课(MOOCs),这在文化共享工程的推进中已经形成了初步的经验。大都市图书馆不应该错过参与慕课未来的发展机会,可以顺势而为,协助创建和实现慕课服务类型,积极发展网络教育。一方面,可以利用高校的资源丰富讲座图书馆的内容,另一方面可以将讲座图书馆的服务延伸至高校,使成千上万的大学生成为大都市图书馆在线教育的服务对象。内容互联的发展使图书馆可以通过大型显示器的可视化为读者和馆员实现创建一个真正的创意协作空间的梦想,从而将大都市图书馆的基础设施建设和内容建设有机地结合起来。所有这些,都将为构建内容互联的现代大都市图书馆网络空间体系添砖加瓦,以体现大都市图书馆未来发展的图书馆自觉和文化自觉。

(三)中国特色大都市图书馆发展道路正在形成

　　在国际大都市图书馆的发展中,中国特色的大都市图书馆发展经过改革开放和新时期的不断完善的顶层设计和实践探索,通过中国大都市图书馆层出不穷的成功案例,形成了具有中国特色的中国实践、中国经验、中国创意和中国的解决方案。无论是公益性、基本性、均等性和便利性的发展定位,还是覆盖全社会的现代大都市图书馆公共文化服务体系,无论是各层级的发展规划,还是城乡一体化的发展政策,无论是东西地区互动协同,还是全国统筹的工程推进,无论是科文融合的创新转型,还是注重标准的依法治馆,无论融入城市的互动发展,还是融入世界的共同体成长,中国大都市图书馆正在书写国际大都市图书馆发展史上的精彩篇章,并将改变国际大都市图书馆以欧美为中心的传统格局,形成国际大都市图书馆多极化的发展新态势②③。我们应该以文化自觉和文化自信,站在实现中国梦和两个百年(2021、2049)愿景的高度谋划中国特色大都市图书馆发展道路的新构想和新愿景(此点将在分报告之七详细论述)。

(四)文化安全将成为未来发展重要原则

　　中国大都市图书馆的建设关系到民族精神、国家文化安全、国家和城市的文化软实力和综合竞争力。在文化多样化持续推进的进程中,中国发展大都市图书馆应当树立起文化安全的意识,只有这样才能珍视和发扬中华民族的文化,并在与国际交流中破除文化安全可能受到的威胁、侵害和误导。

　　文化安全是国家总体安全的重要组成部分。习近平总书记在 2014 年 4 月主持召开的

---

　　①　韩新月,肖珂诗.图书馆应用著作权集体管理组织授权模式研究——挪威"数字书架"项目旰我国图书馆的启示[J].图书馆杂志,2014(6):34.

　　②　王世伟.中国特色公共图书馆发展道路初探(上)[J].图书馆杂志,2013(5):4 – 9.

　　③　王世伟.中国特色公共图书馆发展道路初探(下)[J].图书馆杂志,2013(6):4 – 10.

中央国家安全委员会第一次会议上强调,要准确把握国家安全形势变化新特点新趋势,坚持总体国家安全观,走出一条中国特色国家安全道路①。这就要求我们在大都市图书馆服务与管理之中,将文化安全纳入总体思路之中,在贯彻落实总体国家安全观中,将大都市图书馆事业所涉及的文化安全纳入非传统安全之中,将文化安全与政治安全、国土安全、军事安全、经济安全、社会安全、科技安全、信息安全、生态安全、资源安全、核安全等一起,构建一体化的全新国家安全体系。在国家总体安全观的指导下,在文化安全的原则下,将大都市图书馆的发展问题与文化安全问题有机结合起来,在馆藏文献的整理中、在信息基础设施建设中、在对外交往与合作中、在人才培养的政策中,在语言选择的使用中,将文化安全的重要原则融入其中,在积极发展文化服务内容和文化走出去中进一步提高文化安全的意识,进一步夯实文化安全的基础,进一步加强文化安全的保障。对于智能眼镜、智能手环、智能手表、智能服饰等可穿戴设备流行发展趋势所带来的个人隐私边界重新定义和信息数据保护的问题,我们也应未雨绸缪,在新环境下依法做好读者个人信息安全保护的研究与准备工作。

---

① 习近平主持中央国安委首次会议强调:建集中统一高效权威国安体制[N].人民日报海外版,2014 – 04 – 16(1).

第七章　中国特色大都市图书馆服务体系

中国特色大都市图书馆服务体系研究是基于党的十八大精神所提出的都市图书馆研究的重要命题。党的十八召开后,习近平总书记在 2012 年 11 月 17 日中央政治局第一次集体学习时做了《紧紧围绕坚持和发展中国特色社会主义学习宣传贯彻党的十八大精神》的讲话,讲话中指出:"坚持和发展中国特色社会主义是贯穿党的十八大报告的一条主线。我们要紧紧抓住这条主线,把坚持和发展中国特色社会主义作为学习贯彻党的十八大精神的聚焦点、着力点、落脚点,只有这样,才能把党的十八大精神学得更加深入、领会得更加透彻、贯彻得更加自觉。"①

中国特色大都市图书馆服务体系是中国特色社会主义文化的重要组成部分,它主要依托于公共图书馆服务体系,也与具有公共图书馆服务功能的中国国家图书馆,以及大学图书馆和专业图书馆形成了协同与共享。因此,研究中国特色大都市图书馆服务体系主要就是依据中国公共图书馆服务体系的发展,同时也涉及其他类型的图书馆。

改革开放以来中国都市图书馆发展可谓精彩纷呈,其丰富多样的发展实践有待于从中国特色社会主义的视角做进一步的深入总结和解读,以积极探索中国特色大都市图书馆服务体系发展道路的繁荣特点,深入把握中国特色大都市图书馆服务体系发展道路的演进规律,从而进一步保持和激发中国公共图书馆事业发展的生机活力,奋力开拓中国特色公共图书馆事业更为广阔的美好前景。

一、中国特色大都市图书馆服务体系发展道路的历史观察

如果说中国特色社会主义是改革开放新时期开创的话,那么中国特色大都市图书馆服务体系发展道路也是在改革开放新时期逐步开创并发展完善的,但其发展的历史观察可以追溯至 19 世纪中期以来的各个时期。

(一)19 世纪中期至解放战争时期

19 世纪中期至 20 世纪初,中华民族遭受了世界列强的一系列侵略,经历了重大的苦难并付出了巨大的牺牲。在存亡救国道路的探索中,以康有为和梁启超为代表的维新派开始探索变法维新之路,并将建藏书楼作为振兴教育、培育人才和开通民智的重要途径。1902年,浙江绍兴的徐树兰以"存古创新"为宗旨,依靠个人的力量创办了古越藏书楼,于 1904 年正式向社会开放,被认为是中国近代较早的公共图书馆。1904 年,湖北省图书馆与湖南省图书馆先后建立,开中国省级都市图书馆发展的先河。1909 年,清政府提出了"京师开办图书

---

① 习近平. 紧紧围绕坚持和发展中国特色社会主义学习宣传贯彻党的十八大精神[N]. 人民日报, 2012 - 11 - 19(2).

馆"和"各行省一律开办图书馆"的要求①。1909年,京师图书馆宣告成立,并于1912年正式对外开放,成为近代图书馆发展史上具有代表性的一件大事。从1904年至1914年的十年间,中国共建立了18个省级都市公共图书馆,并开始形成了都市图书馆与乡村图书馆共同发展的体系形态。至1925年,全国公共图书馆已建有259家。20世纪20年代至30年代,一些仁人志士也不断以个人和团体的力量创办面向公众服务的专业图书馆,如张元济在1926年创办开放的东方图书馆;张元济、叶景葵、顾廷龙等于1939年创办的私立合众图书馆等,其创办的宗旨,就是"为保存国故发扬民族精神",而私立合众图书馆的发展,"当可继踵'东方',添列于新上海文化建设之一"②。这些都成为中国早期都市图书馆服务体系建设发展的重要案例,并充分展示了这一时期都市图书馆建设中以爱国主义为核心的伟大民族精神,成为改革开放之后中国特色大都市图书馆服务体系发展道路的精神财富。这一时期中西方图书馆思想与实践的导入,对中国特色大都市图书馆服务体系的发展也产生了重要影响。1847年由西方传教士创办了徐家汇天主堂藏书楼;1849年,进入上海的西方人创建了上海公共图书馆,先起名为上海书会,后易名上海图书馆和工部局公共图书馆;1903年,美国人韦棣华(Mary Elizabeth Wood,1862—1931)在武昌县昙华林文华学校筹办图书馆阅览室,1910年春,文华学校图书馆建成,命名为文华公书林,并为学校师生和校外读者服务。西方图书馆所秉持的平等开放理念与采用俱乐部会员制形式的服务方式成为以后中国特色大都市图书馆服务体系发展道路的重要借鉴。

(二)中华人民共和国成立以后的30年

1949年中华人民共和国成立之后,中国特色大都市图书馆服务体系发展的一个重要特点就是政府主导与推动,这为改革开放后大都市图书馆服务体系的发展创造了有益的经验。1953年,中央人民政府文化部社会文化事业管理局下发了社管图字第343号公函,要求全国各地的公共图书馆"应以图书最迅速地、广泛地在读者中间流通的总原则,开展推广、阅览、辅导、群众工作",并积极推广为工人、农民服务的小型阅览室③。1957年9月6日,国务院全体会议第57次会议批准公布了《全国图书馆协调方案》,决定在国家科学规划委员会下设图书组,并在北京、上海两个直辖市分别设立全国第一中心图书馆和第二中心图书馆;同时还决定在武汉、沈阳、南京、广州、成都、西安、兰州、天津和哈尔滨分别建立9个地区性中心图书馆,开展地区性中心图书馆之间的分工合作④。这是根据中国地域广阔和人口众多的特点,对中国特色大都市图书馆服务体系发展道路做出的重要决策,初步勾勒了中国特色大都市图书馆服务体系的全国空间布局框架,为20世纪初中国创新发展城乡一体化的大都市图书馆服务体系的总分馆制提供了前期发展的重要思路。

(三)改革开放以后的30年

1978年之后的30年,是中国特色大都市图书馆服务体系发展道路开始逐步形成并不断

① 陈学恂.中国近代教育史教学参考资料(上册)[M].北京:人民出版社,1986.
② 顾廷龙.张元济与合众图书馆[M]//顾廷龙.顾廷龙文集.上海:上海科学技术文献出版社,2002:566-567.
③ 苏州图书馆史编委会.苏州图书馆编年纪事[M].苏州:苏州大学出版社,2004.
④ 陈源蒸,等.中国图书馆百年纪事(1840—2000)[M].北京:北京图书馆出版社,2004:10-11.

完善的时期。中国特色大都市图书馆服务体系发展道路从初步的构想到路径安排,从制度设计到理论研究,在实践中不断探索,在理论上不断总结。

1. 中国特色大都市图书馆服务体系发展道路的初步构想

1980 年 5 月 26 日,中共中央书记处举行了第 23 次会议,听取了北京图书馆馆长刘季平所做的《图书馆工作汇报提纲》。1980 年 6 月 1 日,中共中央办公厅秘书局发出通知指出:"决定在文化部设图书馆事业管理局,管理全国图书馆事业。书记处认为:将来还可以考虑把北京图书馆搞成一个中心,建设全国性的图书(馆)网,把图书馆办成一个社会事业。"中共中央办公厅的通知,从三个层面为中国特色大都市图书馆服务体系发展道路进行了设计:一是从机构保障上,由文化部专设机构的图书馆事业管理局来统领协调全国图书馆事业,较 1957 年在国家科学规划委员会下设图书组更进了一步;二是从体制机制上,初步设想了以北京的国家图书馆为中心,建设全国性的图书馆网,这是在国务院 1957 年提出建设中心图书馆的基础上更具创新性和前瞻性的发展理念;三是从发展方向上,提出了把图书馆办成一个社会事业的发展新目标,为中国特色大都市图书馆服务体系发展道路提出了新愿景。

2. 中国特色大都市图书馆服务体系发展道路的路径安排

1987 年 8 月,中共中央宣传部、文化部、国家教委、中国科学院共同向中共中央、国务院提交了《关于改进和加强图书馆工作的报告》并于当年 10 月下发。报告提出了加强图书馆事业的整体规划,协调各系统的图书馆工作。1987 年 10 月 22 日,在北京成立了"部际图书情报协调委员会",由国家科委和文化部等 11 个部委局相关人员组成,体现了中国特色大都市图书馆服务体系发展道路的整体性路径选择①。1997 年 1 月,中共中央宣传部、文化部等 9 个部委联合下发了《关于在全国组织实施"知识工程"的通知》,倡导全民读书,建设阅读社会;而从 1989 年开始由文化部倡导并由中国图书馆学会具体组织的每年 5 月最后一周的"图书馆服务宣传周"、从 2005 年开始的每年 4 月 23 日的"世界读书日"(又称世界图书与版权日)等服务载体,都推动了大都市图书馆为平台的群众性读书活动。1997 年 7 月,在世界数字图书馆建设的启示下,由文化部协调组织的"中国试验型数字式图书馆项目"向国家计划委员会申请立项,从 1997 年 7 月至 1999 年 12 月(后延长一年),在北京、上海、深圳、广州、沈阳、南京等中国有代表性的大都市开启了中国数字图书馆集体共建的先河,成为中国特色大都市图书馆服务体系发展道路的重要路径安排②。2000 年初,由文化部和财政部联合实施了全国文化信息资源共享工程(简称"文化共享工程")创新了以中国大都市图书馆为主体的图书馆服务内容、管理体制和信息传递技术。③ 此后国家先后推出的"送书下乡工程""农家书屋建设工程"等文化惠民工程,也都为中国特色的大都市图书馆服务体系中的城乡互动发展增添了丰富的载体。2003 年 3 月,文化部在上海召开了"部分省市城市图书馆资源共建共享工作座谈会",肯定了上海自 2000 年 12 月正式启动的中心图书馆总分馆建设经验。大都市图书馆服务体系的总分馆建设在全国逐步推开,在全国各地先后形成了因地制宜的各种发展模式,为中国特色大都市图书馆服务体系发展道路提供了丰富的实践路径案例。2011 年 10 月 18 日,党的十七届六中全会通过了《中共中央关于深化文化体制改革

---

①　陈源蒸,等. 中国图书馆百年纪事(1840—2000)[M]. 北京:北京图书馆出版社,2004:294.

②　刘炜,等. 数字图书馆引论[M]. 上海:上海科学技术文献出版社,2001:74.

③　汪东波. 公共图书馆概论[M]. 北京:国家图书馆出版社,2012:13.

推动社会主义文化大发展大繁荣若干重大问题的决定》,其中对包括公共图书馆在内的公共文化服务体系的发展路径和服务内容提出较为详细的要求,"要以公共财政为支撑,以全体人民为服务对象,以保障人民群众看电视、听广播、读书看报、进行公共文化鉴赏、参与公共文化活动等基本文化权益为主要内容",对中国特色大都市图书馆服务体系在发展进程中如何在文化惠民中进一步发挥作用提出了具体要求。

3. 中国特色大都市图书馆服务体系发展道路的制度设计

中国特色大都市图书馆服务体系发展道路的制度设计是在中国改革开放的进程中逐步完善的。1981年,全国图书馆科学管理研讨会在四川峨眉山召开,这被认为是中国图书馆界涉及全方位改革的第一次理论研讨会;1984年,中国图书馆学会首次以改革为题在安徽芜湖召开了图书馆改革研讨会;1986年,中国图书馆学会在广西南宁召开了图书馆立法研讨会。张德芳先生曾在《图书馆改革的理论反思》一文中介绍了这三次改革研讨的逻辑联系:"图书馆从科学管理研讨,到机制改革探索,进一步发展到立法讨论,是完全合乎逻辑的发展。"图书馆的立法问题的研讨引起了国家的重视,当时担任全国人大常委会副委员长的周谷城教授曾表示,希望在他任职期间能制定出具有中国特色的《图书馆法》并提交全国人大讨论,文化部的有关部门也积极调研并制订计划,但由于环境条件的限制,这一愿望未能实现。但以法治馆已在国家层面留下了重要的印记①。1994年起,文化部组织开展了对全国省、市、县的公共图书馆和少年儿童图书馆的第一次评估,并于1998年、2003年、2009年进行了第二、三、四次评估,之后文化共享工程也相应进行了专项评估督导,这些制度安排,推动了全国公共图书馆服务体系的建设和服务质量的提升。在2010—2015年的"十二五"期间,全国图书馆标准化技术委员会共申请立项国家标准23项,文化行业标准33项,如以《公共图书馆服务规范》为代表的服务系列标准,以《乡镇图书馆统计指南》为代表的基层图书馆建设与服务系列标准,以《图书馆古籍书库基本要求》为代表的古籍保护系列标准等。并计划在2016—2020年的"十三五"期间,制定不少于30项国家标准与行业标准②。

4. 中国特色大都市图书馆服务体系发展道路的理论探索

在中国特色大都市图书馆服务体系发展道路研究命题提出之前,已有多人提出了关于中国特色图书馆的理论研究问题。如1999年,吴慰慈教授和张广钦教授所写的《近年中国图书馆学基础理论研究的评介》一文中在论述图书馆学学术研究本土论问题时指出:"对于图书馆学来说,除图书馆学的基础理论问题研究外,诸如图书馆事业建设、图书馆发展战略、文献资源保障体系、图书馆法、图书分类及文献编目等问题都应当开展得具有中国特色,符合中国的国情,而不应一味地照抄、照搬国外已经成形的东西,直接挪到我国来,完全丧失了中国传统特色。"同年,时任国家图书馆馆长周和平也发表了《建立适合我国国情的图书馆管理体系》,谭祥金教授则发表了《建设有中国特色的图书馆管理学》,中国特色的图书馆管理

① 卢子博.跨世纪的思考——中国图书馆事业高层论坛[M].北京:北京图书馆出版社,1999:65 – 72.
② 全国图书馆标准化技术委员会.全国图书馆标准化工作"十三五"规划纲要:图标委[2016]1号[R].全国图书馆标准化技术委员会,2016.

开始引起理论研究者与实践管理者的关注①。这些文章,对中国特色图书馆尤其是公共图书馆的管理问题进行了论述。在我国公共文化领域第一个服务类国家标准——《公共图书馆服务规范》的编制过程中,课题组成员以"中国公共文化发展的特色""公共图书馆行业发展的特点"作为研究的切入点,探讨研究了包括地区与城乡差异、省地县行政区域划分的文化生态、公共文化服务的四性要求、人力资源等行业特点等,将中国特色大都市图书馆服务体系发展道路的理论研究与实践探索紧密结合了起来②。

综上所述,中国特色大都市图书馆服务体系发展道路,体现了一个半世纪以来,特别是改革开放以来中国大都市图书馆服务体系发展的路径选择,承载着几代中国图书馆人的理想和探索,寄托着广大读者和用户的需求和期盼,凝聚着广大图书馆工作者的创新梦想,是中国公共文化服务体系中起关键作用的架构内容,成为中国特色社会主义文化发展不可或缺的组成部分。

二、中国特色大都市图书馆服务体系发展道路的顶层设计

改革开放以来的 40 年中,中国特色大都市图书馆服务体系发展道路十分注重顶层设计,在发展依据、发展定位、发展布局和发展宗旨方面都进行了积极的探索和思考,形成了许多党和国家的政策性文件,这些文件为中国特色大都市图书馆服务体系的发展繁荣提供了政策方针和发展路径的指导。

(一)社会主义初级阶段的发展依据

社会主义初级阶段是当代中国的最大国情、最大实际。中国特色大都市图书馆服务体系的发展战略和发展方针离不开这一最大国情,各类改革发展举措都应立足这一最大实际,从而自觉纠正并避免超越阶段的观念和措施。中国大都市图书馆服务体系的发展是在人口分布差异大、东西部发展差异大、城乡发展差异大、公共图书馆发展的基础差异大的环境下进行的;即使是同一地区,也有地区差异,如广东省的东西部地区、上海市的中心城区和崇明区等,同样也存在发展差异大的问题。公共图书馆发展的方针政策和发展举措都必须从实际出发,以体现实事求是、一切从实际出发的原则。2007 年 10 月 15 日,党的十七大报告的第七部分"推动社会主义文化大发展大繁荣"中提出了"重视城乡、区域文化的协调发展,着力丰富农村、偏远地区、进城务工人员的精神文化生活"的文化发展新要求,这一要求正是基于社会主义初级阶段而提出的中国文化发展的方针政策,对于大都市图书馆服务体系发展完全适用。又以购书经费为例,2008 年全国公共图书馆的文献购置经费人均为 0.52 元,在 31 个省(市、区)中,19 个省(市、区)人均购书费在 0.3 元及以下,22 个省(市、区)人均购书费在 0.5 元及以下,只有东部地区少数省市的购书费超过了 1 元。因此,公共图书馆发展的政策选择必须体现包容性发展,即体现基本、全面、均等的原则,还应体现可持续性和实际的

---

① 卢子博. 跨世纪的思考——中国图书馆事业高层论坛[M]. 北京:北京图书馆出版社,1999:222,241 - 260.

② 王世伟. 公共图书馆服务规范的编制及其特点论略[J]. 国家图书馆学刊,2012(2):6 - 11.

可操作性,不能脱离实际提出过高的指标要求。2012 年 5 月起实施的《公共图书馆服务规范》国家标准在"文献购置经费"条款中规定了每百人年新增 3.3 册的图书,折合人民币约人均 1 元,为全国公共图书馆进一步加大"增加投入"提供了政策依据,也较符合中国现阶段的发展实际①。

(二)公益性文化事业单位的发展定位

从 2005 年至 2012 年,党和国家在许多政策文件中反复强调了公共图书馆的公益性文化事业单位的发展定位。2005 年 12 月 23 日,中共中央、国务院《关于深化文化体制改革的若干意见》中指出:"国家兴办的图书馆、博物馆、文化馆(站)、科技馆、群众艺术馆、美术馆等为群众提供公共文化服务的单位,为公益性文化事业单位。"这是在公共图书馆经过了 20 世纪 80 年代至 90 年代关于图书馆产业化、有偿服务、一馆两制等迷茫之后,党和国家对公共图书馆的公益性发展性质的明确定位,为大都市图书馆服务体系的健康发展进行了正确的导航,成为大都市图书馆制定并完善各类管理与服务制度提供了最根本的政策依据。《关于深化文化体制改革的若干意见》还提出了"增加投入、转换机制、增强活力、改善服务"的构建公共文化服务体系的 16 字重要指导方针。2006 年 9 月公布的《国家"十一五"时期文化发展规划纲要》将"鼓励社会力量捐助和兴办公益性文化事业"作为公共文化服务建设的重要内容之一。2007 年 6 月 16 日召开的中共中央政治局会议强调了"以政府为主导,以公益性文化单位为骨干"的公共文化服务体系的发展定位。2007 年 10 月党的十七大报告进一步强调了"坚持把发展公益性文化事业作为保障人民基本文化权益的主要途径,加大投入力度,加强社区和乡村文化设施建设"。2011 年 10 月,中共中央十七届六中全会通过的《中共中央关于深化文化体制改革推动社会主义文化大发展大繁荣若干重大问题的决定》中,进一步提出了社会主义文化建设中的"公益性、基本性、均等性、便利性"的四性要求和"让群众广泛享有免费或优惠的基本公共文化服务"的免费服务要求,以保障人民基本文化权益,满足人民基本文化需求。2011 年 2 月,文化部和财政部还共同出台了《关于推进全国美术馆、公共图书馆、文化馆(站)免费开放工作的意见》,根据意见,全国所有公共图书馆在免费开放的同时,要使基本公共文化服务质量和水平不断提升,健全服务项目并形成服务品牌②。2012 年 11 月党的十八大报告再次强调了"继续推动公共文化服务设施向社会免费开放"的公益性发展定位。

(三)覆盖全社会的公共文化服务体系的发展布局

国家所提出的覆盖全社会的公共文化服务体系成为大都市图书馆服务体系发展的有力助推器。覆盖全社会的公共文化服务体系从 2005 年的提出到 2006 年的进一步细化,从 2007 年总体框架确定到 2011 年至 2012 年路线图和时间表的提出,经历了一个逐步完善的发展过程。2005 年 10 月,党的十六届五中全会通过的《中共中央关于制定国民经济和社会发展第十一个五年规划的建议》中指出:"加大政府对文化事业的投入,逐步形成覆盖全社会的比较完备的公共文化服务体系。"这是较早提出"覆盖全社会的公共文化服务体系"的党

---

① 王世伟.关于公共图书馆服务规范编制的若干问题[J].中国图书馆学报,2011(3):27.
② 杨雪梅.美术馆公共图书馆文化馆(站)将全面免费开放[N].人民日报,2011 - 02 - 11(2).

中央文件。2006 年 9 月,中共中央办公厅、国务院办公厅发布的《国家"十一五"时期文化发展规划纲要》的第三部分"公共文化服务"中的第一项内容就是"完善公共文化服务网络",并提出了四条具体措施,即完善公共文化设施网络布局,创新公共文化服务方式,健全公共文化服务组织体制和运行机制,切实维护低收入和特殊群体的基本文化权益。2007 年 6 月 16 日,中共中央政治局召开会议,首次专题研究公共文化服务体系建设问题,对公共文化服务体系进行了概念界定,分别提出了建设原则、建设格局、基本框架、目标要求和运行机制①。2007 年 8 月,在中央政治局会议的基础上,中共中央办公厅和国务院办公厅下发了《关于加强公共文化服务体系建设的若干意见》,将中央政治局讨论的内容以党和国家文件的形式确定下来。2011 年 10 月党的十七届六中全会通过的文化大发展大繁荣的决定勾勒了公共文化服务体系建设的具体路线图,对包括公共图书馆在内的各类文化事业单位服务的主要内容与结构功能、资金保障与机制、设施建设与管理、示范区创建与评估机制等都做了较为详细的规定。2012 年 11 月,党的十八大报告提出了到 2020 年实现全面建成小康社会的宏伟目标,其中包括了"公共文化服务体系基本建成"的时间表要求。以上这些国家文化发展战略和政策举措为中国特色的大都市图书馆服务体系建设的不断进步和完善提供了良好的政策环境和机制保障。

（四）建设有中国特色社会主义文化的发展宗旨

中国的各级公共图书馆既是大都市图书馆服务体系的有效载体,也是中国特色社会主义文化的重要组成部分、国家文化软实力的重要载体和精神文明建设的重要基地。改革开放以来,特别是党的十六大以来,中国共产党始终把建设有中国特色社会主义的文化放在党和国家全局工作的重要战略地位。1997 年 9 月,党的十五大报告中对建设有中国特色的社会主义文化进行了阐述:"建设有中国特色社会主义的文化,就是以马克思主义为指导,以培育有理想、有道德、有文化、有纪律的公民为目标,发展面向现代化、面向世界、面向未来的,民族的科学的大众的社会主义文化。"并将中国特色社会主义的文化,作为凝聚和激励全国各族人民的重要力量和综合国力的重要标志。2002 年 11 月,党的十六大报告论述了:"全面建设小康社会,必须大力发展社会主义文化,建设社会主义精神文明。"2007 年 10 月,党的十七大报告提出了"推动社会主义文化大发展大繁荣"的号召,深刻阐述了文化的重要地位和作用,并提出了"提高国家文化软实力"的新要求。2011 年 10 月,党的十七届六中全会通过了《中共中央关于深化文化体制改革推动社会主义文化大发展大繁荣若干重大问题的决定》,对中国特色社会主义文化发展道路进行了阶段性的总结,提出了"坚持中国特色社会主义文化发展道路,努力建设社会主义文化强国"的文化发展新目标,提出了"培养高度的文化自觉和文化自信,提高全民族文明素质,增强国家文化软实力"的新要求,在十七大报告的基础上,对文化的地位和作用做了"三个更加"和"四个越来越"的阐述,"文化在综合国力竞争中的地位和作用更加凸现,维护国家文化安全任务更加艰巨,增强国家文化软实力、中华文化国际影响力要求更加紧迫","文化越来越成为民族凝聚力和创造力的重要源泉、越来越成为综合国力竞争的重要因素、越来越成为经济社会发展的重要支撑,丰富精神文化生活越来越成为我国人民的热切愿望"。2012 年 11 月,党的十八大报告提出了"扎实推进社会主

---

① 王世伟. 关于加强图书馆公共文化服务体系结构与布局的若干思考[J]. 图书馆,2008(2):5-6.

义文化强国建设"的新要求,并对加强社会主义核心价值体系建设、全面提高公民道德素质、丰富人民精神文化生活、增强文化整体实力和竞争力等做出了全面部署。党的历次代表大会对文化发展提出的要求同时也是对中国特色公共图书馆发展道路的要求。改革开放以来特别是进入 21 世纪以来中国公共图书馆事业的大发展和大繁荣正是遵循着中国特色社会主义文化发展道路奋力前行的,体现了我国文化软实力的提升和精神文明建设的进步,反映出向着社会主义文化强国宏伟目标阔步前进的坚实步伐。以上海图书馆的文明创建工作为例,1996 年 12 月,上海图书馆与上海科技情报研究所合并后的新馆对外正式开放,确定了"把图书情报新馆所建成上海的重要信息枢纽和精神文明建设的重要基地"的发展宗旨。在新馆开放之前,上海图书馆便高举发展具有中国特色的社会主义文化的旗帜,对外树形象,对内抓管理,做文明职工、争文明标兵、创文明部门、建文明馆所的信念在全馆所上下蔚然成风。上海图书馆先后被命名为爱国主义教育基地、青年志愿者服务基地、青少年教育基地。从 1996 年至 2016 年,上海图书馆先后荣获了全国公共文化设施开展学雷锋志愿服务首批示范单位(2016)、文化部公共文化研究基地(2015)、全国古籍保护先进单位(2014)、全国文明单位(2011)、上海市文明单位(1996—2011)、上海市文明行业(2011)、全国五四红旗团支部(2011)、上海市劳动模范集体(2010)、全国全民阅读活动先进单位(2009)、文化部创新奖(2005—2009)、文化部群星奖(2007)等。文明创建活动极大地促进了大都市图书馆服务体系中的服务与管理水平的提升。这在全国公共图书馆行业是一个普遍的发展规律①。

中国特色大都市图书馆服务体系发展道路顶层设计中的发展依据、发展定位、发展布局和发展宗旨,深刻总结了改革开放以来我国公共图书馆事业发展的丰富实践经验,把握了中国特色大都市图书馆服务体系的发展规律,体现了中国共产党人和广大公共图书馆工作者的文化自信与文化自觉,以及对中国特色大都市图书馆服务体系发展道路的认识达到了新的水平。

三、中国特色大都市图书馆服务体系发展的路径方法

如果说,中国特色大都市图书馆服务体系发展道路在发展依据、发展定位、发展布局和发展宗旨等方面进行了顶层设计的话,那么从国家到省市以及地县,从东部到西部,自上而下所进行的创新驱动和转型发展的生动实践,为中国特色大都市图书馆服务体系发展道路提供了符合国情、省(市、区)情和因地制宜的路径选择。

(一)规划先行,与时俱进

改革开放以来,中国公共图书馆事业先后制订了各类规划,包括长期规划、五年规划和年度规划。全国各地各层级的城市图书馆也按照国内外业界的发展特点和所在省市地区的发展环境制订了各自的规划。这些规划为中国都市图书馆事业的有序发展提供了科学决策的依据,也促使都市图书馆事业不断审视发展环境并做出相应的与时俱进的调整。如 2011 年是国家"十二五"规划制订推出之年。2011 年 3 月,《中华人民共和国国民经济和社会发

---

① 上海图书馆,上海科学技术情报研究所.海纳百川知识导航——上海图书馆成立 60 周年纪念文集[M].上海:上海科学技术文献出版社,2012:23,191 – 229.

展第十二个五年规划纲要》正式面世,这一纲要在第十篇"传承创新,推动文化大发展大繁荣"中专门论述了包括公共图书馆事业在内的文化事业的发展规划,明确了"公共文化设施免费向社会开放"的文化政策要求,提出了"注重满足残疾人等特殊人群的公共文化服务需求";要求建立健全公共文化服务体系,提出了以农村基层和中西部地区为重点,继续实施文化惠民工程,支持老少边穷地区建设和改造文化服务网络,完善城市社区文化设施,促进基层文化资源整合和综合利用;谋划了重视互联网等新兴媒体建设、加强非物质文化遗产保护、建立国家文化艺术荣誉制度、规划建设一批地市级公共图书馆等措施。从具体的个体图书馆而言,五年规划和年度规划的科学制定和对照总结,推动了都市图书馆事业的求真务实和可持续发展。如国家图书馆于 2010 年制度了《国家图书馆"十二五"规划纲要》,包括了十五部分的内容,如加快图书馆现代化转型,开创国家图书馆事业发展新局面;建设国家文献资源总库,提高文献信息保障能力;强化立法决策服务,建设多层级立法决策服务工作网络;建设国家文献战略储备库,实现馆藏资源的长期战略保存等[1]。我们还可以从 2000 年至2016 年十多年的上海图书馆的年度发展计划中的重点工作一览表中予以观察[2]。

上海图书馆年度计划部分重点工作一览表(2000—2018)

2000 年	加强读者参考和信息咨询业务
2001 年	形成知识管理框架体系雏形
2002 年	开发人才资源,加强队伍建设
2013 年	拓展中心图书馆建设,深化知识库建设
2004 年	着力抓好精致服务工作
2005 年	全面完成"十五"计划目标任务,制订好"十一五"规划
2006 年	推进文献典藏清理整合工作
2007 年	面向上海科技创新主体,完善充实上海公共情报服务平台
2008 年	以共建特色分馆为重点,继续推进中心图书馆建设
2009 年	推进上海科技情报服务协作新机制
2010 年	全力服务世博、努力奉献世博
2011 年	推进上海市公共图情服务体系深度发展
2012 年	大力推进"市民数字阅读推广计划"
2013 年	布局"云中上图",引领图情业务转型
2014 年	探索推进事业单位法人治理结构改革
2015 年	积极推动上图东馆项目筹建
2016 年	着力聚焦文化部公共文化研究基地建设
2017 年	新型科技智库建设
2018 年	完成第三代图书馆管理集成系统中期项目

① 国家图书馆.国家图书馆年鉴 2011[M].北京:国家图书馆出版社,2011:17 – 19.
② 参见上海图书馆上海科学技术情报研究所年报(2000—2016).

图书馆的发展规划集中了大都市图书馆内外专家和员工的智慧,为机构核心团队的创新思路和集体思考提供了平台,突出了年度和五年或更长时间图书馆工作的重点和特点,在一定程度上克服了短期行为,形成了前后相续、不断递进的工作逻辑,既面向全局,又联系实际,以不息为体,以日新为道,成为中国特色大都市图书馆服务体系科学发展持续创新的重要方法。

(二)以人为本,城乡一体

中国特色大都市图书馆服务体系的发展按照中央关于建设社会主义文化强国的重要方针,坚持以人为本,贴近读者,坚持都市图书馆的发展为了读者,都市图书馆的发展依靠读者,都市图书馆的各类服务由广大读者共享,促进人的全面发展,推动城乡文明程度的提高。"平等开放"是公共图书馆坚持以人为本的重要体现:在服务理念上,树立以读者为本的服务思想;在服务方法上,力求为读者提供就近、便捷、可选择和温馨的服务;在服务机制上,构建城乡四级公共图书馆网络,为平等开放的理念提供机制保障;在服务特色上,许多地区和图书馆结合本地区和馆藏特色开展了形式各异的特色服务[①]。1999 年 4 月,时任国家图书馆馆长周和平在《建立适合我国国情的图书馆管理体系》一文中建议应"借鉴日本支部图书馆的体制,建立中央层的总馆—分馆模式";2000 年初,王荣国、王筱雯在《图书流动站是公共图书馆开展服务的重要形式》一文中提出"图书流动站是有中国特色的分馆制",在中国较早提出了具有中国特色大都市图书馆服务体系总分馆制的发展思路[②③]。在总分馆和其他载体的都市图书馆事业发展中,坚持都市图书馆基本服务均等化的总体实现、坚持都市图书馆城乡一体化的均等化发展是中国特色大都市图书馆服务体系发展实践中所形成的重要特点。1996 年 10 月,十四届六中全会通过的《中共中央关于加强社会主义精神文明建设若干重要问题的决议》中指出:"大中城市应重点建设好图书馆、博物馆,有条件的还应建设科技馆。"这是针对中国城市化进程中为满足日益增长的广大市民文化需求所提出大都市图书馆有服务体系发展的新要求。2007 年 8 月,《关于加强公共文化服务体系建设的若干意见》则特别强调了总分馆一卡通服务方式的城乡一体化发展思路:"鼓励具备条件的城市图书馆采用通借通还等现代服务方式,推动公共文化服务向社区和农村延伸。"如浙江省嘉兴市就创造了"政府主导,整体规划;三级投入,集中管理;资源共享,服务创新"的城乡一体化的总分馆制发展经验和服务模式,以嘉兴市图书馆作为总馆,在城乡的 18 个乡镇建立了分馆,由此形成了全覆盖的城乡一体化的公共图书馆服务体系。其中总分馆的启动经费和运行经费均由市区县三级政府联合承担[④]。

(三)地区支援,东西互动

立足于社会主义初级阶段这一当代中国的最大国情和最大实际,中国特色大都市图书

① 王世伟.新中国图书馆服务理念与实践 60 年[J].图书馆杂志,2009(10):4 - 5.
② 卢子博.跨世纪的思考——中国图书馆事业高层论坛[M].北京:北京图书馆出版社,1999:245.
③ 21 世纪公共图书馆馆长论坛编审委员会.21 世纪公共图书馆馆长论坛[M].北京:中央文献出版社,2000:188 - 189.
④ 公共图书馆研究院.中国公共图书馆发展蓝皮书(2010)[M].深圳:海天出版社,2010:47.

馆服务体系发展必须地区互相支援,东西部互相联动。1999 年,潘寅生、吴秋鸾在《中国西北地区公共图书馆事业发展战略思考》一文中分析了中国公共图书馆东西部地区的巨大差异:据 1996 年文化部的统计,中国西北五省区(陕西、甘肃、宁夏、青海、新疆)公共图书馆财政补贴拨款计 4079 万元,而同年上海的经费为 9310 万元,广东省为 8622 万元,均为西北五省区总和的 2 倍以上;在文献购置经费方面,1996 年西北五省区为 553 万元,上海为 2831 万元,广东省为 2039 万元,分别约为西北五省区的 5 倍和 3 倍。不仅如此,至 1999 年,西北五省区 51 个地州市、310 个县市中尚有 11 个地州市和 23 个县市未建公共图书馆,占当时全国 231 个未建公共图书馆的县市的 10% 左右,而东部地区在 20 世纪 80 年代已基本实现县县有图书馆。此外,东西部地区的公共图书馆在文献入藏量方面无法相提并论,图书馆人员素质形成鲜明对比,图书馆业务量反差强烈,图书馆现代化进程不可同日而语①。

以上分析从一个侧面反映了中国大都市图书馆所处发展环境的特点,这种巨大的地区差异是制定大都市图书馆服务体系发展计划、政策的最重要的依据之一。正是根据地区差异的特点,中国公共图书馆事业在改革开放以来,特别进入 21 世纪之后,特别强调地区支援,东西互动。以民族图书馆事业发展为例,1983 年 7 月,标志着我国民族图书馆事业发展新起点的"全国少数民族地区图书馆工作座谈会"在北京召开。为落实座谈会精神,1984 年 6 月,国家民委和文化部共同在天津召开向民族地区图书馆捐赠图书会议,会议决定由北京、天津、上海、南京、西安 5 个城市对口支援西藏、内蒙古、新疆、广西、宁夏等 5 个自治区中尚无图书馆的 263 个县、旗,并成立了相应的中央和地区的领导机构予以推进落实。短短几个月中,共捐赠了 26 万册图书,有力地支援了民族地区的图书馆建设,促进了民族团结。同时,东部地区还先后举办了民族地区图书馆馆长进修班,少数民族地区图书馆干部专修班,并通过交换馆员、驻馆实习、人力支边、挂职锻炼、东西部图书馆互结友好馆、地区互访等形式,进行地区支援,东西互动。国家对西部地区的投入也在不断增加,如 1992 年至 1998 年,各级政府共投入"边疆文化长廊建设"专项补助资金约 51 亿元,这一工程建设贯穿 2.1 万公里的内陆边疆和 1.8 万公里的海岸线上的 18 个省区共 286 个县(市/区/旗),把中国边疆地区的包括公共图书馆在内的文化场所联成一条文化线。这是中国特色大都市图书馆服务体系在空间布局中的创新。1992 年,文化部提出了在同等条件下,对民族地区实行文化设施、人才培养、对外交流项目三项优先政策②。自 2006 年启动的"中国图书馆学会志愿者行动——基层图书馆培训"特别注重了对中西部地区和东北地区的基层图书馆馆长和业务骨干的培训,对公共图书馆的地区协调发展起到了积极的作用③。2010 年至 2012 年,根据国家援藏工作座谈会和援疆工作会议的精神,国家图书馆和上海图书馆等东部地区图书馆先后进行了援疆和援藏工作。国家图书馆在援疆工作中,分别进行了援疆赠书工作、县级数字图书馆援疆行动、成立中国国家数字图书馆新疆分馆、支持新疆开展古籍保护工作、共同举办"新疆历史文献暨古籍保护成果展"、开办新疆地区基层公共图书馆业务培训班和古籍保

---

① 卢子博. 跨世纪的思考——中国图书馆事业高层论坛[M]. 北京:北京图书馆出版社,1999:204 – 209.

② 卢子博. 跨世纪的思考——中国图书馆事业高层论坛[M]. 北京:北京图书馆出版社,1999:96 – 105.

③ 中国图书馆学会工作通讯[J]. 2006(4):45 – 52.

护修复专业人才培训活动等①。上海图书馆按照文化部的统一部署开展"春雨工程"—文化志愿者边疆行活动,举行了赠书活动,在北疆和南疆对基层图书馆员进行了培训,并派出了业务骨干在南疆的喀什地区进行人力资源的对口支援。文化共享工程上海市分中心、上海市图书馆学会与西藏文化共享工程分中心、西藏自治区图书馆学会共同举办携手西藏——"文化共享西藏行"暨 2011 沪藏两地图书馆学会学术报告会活动②。在汶川大地震后,全国各地都对四川地区的北川图书馆、汶川图书馆、都江堰市图书馆等进行了对口支援。其中北川图书馆、都江堰市图书馆等在重建之后的硬件设施和一些服务水平已接近东部地区图书馆,为缩小东西部都市图书馆服务体系中的地区差异添砖加瓦。中国特色大都市图书馆服务体系发展中的地区支援、东西互动,彰显了爱国、敬业、诚信、友善的社会主义核心价值观,提高了公共图书馆业界的道德素质,丰富了西部和边疆地区人民的精神文化生活。

（四）全国统筹,工程推进

为了顺应社会信息化的发展趋势,缩小城乡地区之间的文化鸿沟,体现经济、政治、社会和文化的同步协调发展,满足广大人民对文化服务不断增长的需求,从 2002 年开始,国家重大文化建设工程——"文化共享工程"开始实施。这一工程充分体现出中国特色大都市图书馆服务体系发展中的全国统筹并运用工程方法予以推进的特点。文化共享工程连续六年被写入中央一号文件,先后被列入了《国民经济和社会发展第十一个五年规划纲要》《国家"十一五"时期文化发展规划纲要》《2006—2020 年国家信息化发展战略》等党和国家重要文件,成为在党和国家层面进行全国统筹建设的重大文化工程项目。至 2010 年。中央财政和各级地方财政投入工程建设的专项资金达到 50 多亿元。工程启动至今的十年发展进程中,已初步建立了层次分明、互联互通、多种方式并用的数字文化服务网络。截至 2010 年 9 月底,已建成 1 个国家中心、33 个省级分中心、2896 个县级支中心、28 344 个乡镇/街道社会基层服务点,与全国农村党员干部现代远程教育工作和农村现代远程教育工程合作共建基层服务点 80 万个,累计为 8.9 亿人次提供了服务。通过整合各行业机构的优秀数字资源,文化共享工程数字资源建设的总量已达到 105.28TB,并整合制作了优秀特色资源库 207 个③。加快构建公共文化服务体系已成为国家重要的文化战略和文化政策,并要求按照体现公益性、基本性、均等性、便利性的要求,坚持政府主导,加大投入力度,推进重点文化惠民工程,加强公共文化基础设施建设,促进基本公共文化服务均等化。文化共享工程就是在国家层面进行公共文化服务的均等化的全国统筹,让全体公民在享受公共图书馆基本文化服务权益时机会均等,并在结果上体现出大多数公民达到了平均的水准,以体现追求大多数均等化的发展理念。文化共享工程也是通过文化惠民实现社会和谐的重要抓手,成为统筹协调科学发展观的载体设计和机制安排。文化共享工程把公民基本文化服务的均等化作为政策主张和实践推进的着力点,有助于克服文化服务中的差异鸿沟,有助于创造社会文化的稳定气

---

① 国家图书馆.国家图书馆年鉴 2011［M］.北京:国家图书馆出版社,2011:20 – 23.

② 上海图书馆网站［EB/OL］.［2013 – 02 – 16］.http://whgx. library. sh. cn/SHlibraryNews2633007.htm.

③ 张彦博.公共文化服务的创新与跨越——全国文化信息资源共享工程建设研究论文集［M］.北京:国家图书馆出版社,2010:1 – 2.

氛,有助于经济、政治、社会和文化发展的协调性。以全国统筹、工程推进方式进行的大都市图书馆服务体系发展的载体设计,除了文化共享工程外,还有许多,如中华再造善本工程(一期和二期)、国家数字图书馆推广工程、中华古籍保护计划、公共图书馆电子阅览室计划、民国时期文献保护计划等①。这些工程由公共图书馆行业进行策划设计,经党中央和国家通过文件和规划进行全国统筹,由国家及地方政府和行业机构进行及时试点和总结完善,并由各级公共图书馆具体实施,形成全面协调持续推进的格局,成为中国特色大都市图书馆服务体系发展道路上的独特风景。

(五)科文融合,创新转型

以大规模数据、智能化生产和无线网络为代表的技术变革正在引领人类走向繁荣;同样,以数字化、网络化、智能化为特征的信息技术发展正在改变着都市图书馆的文化生产、文化管理、文化服务和文化消费的形态和流程。以信息技术为代表的新技术的应用与都市图书馆的服务与管理的深度融合是改革开放以来中国大都市服务体系发展的新亮点,也成为公共图书馆创新驱动和转型发展的重要路径。从20世纪70年代中后期自动化技术的发展到80年代图书馆自动化集成系统的试点推广,从90年代中国实验型数字图书馆项目的启动到21世纪第一个10年中物联网技术和手机图书馆的广泛应用,新技术成为推动公共图书馆事业不断进步的动力和引擎。广东省的深圳图书馆和东莞图书馆成为科文融合、创新转型的突出代表。面对日新月异的信息技术的发展,深圳图书馆和东莞图书馆把握住了这一前所未有的发展机遇,以技术立馆作为创新发展战略,先后推出了全国第一家永不闭馆的全天候自助服务站——"图书馆ATM",创造了全球城市图书馆中的首家"城市街区24小时自助图书馆",并在境内外进行了推广应用。随着社交新媒体的普及应用,国家图书馆的"掌上国图",上海图书馆的"上海图书馆信使"等也先后问世,成为都市图书馆服务的全新气象,极大地拓展了都市图书馆的服务时间、空间,也体现了自由、民主、平等、便捷的信息服务和信息交流的价值观。除以上图书馆外,如新疆维吾尔自治区图书馆、浙江杭州图书馆、首都图书馆、陕西省图书馆、重庆图书馆、广东佛山图书馆、广东顺德图书馆、上海闵行区图书馆、贵州省图书馆、湖南长沙图书馆等也通过移动互联网的微博新载体,拓展了读者服务的新空间,特别是新疆维吾尔自治区图书馆通过腾讯微博,至2013年初已拓展了8万网上新读者群,为都市图书馆服务体系的创新转型和弯道超越提供了有益的经验。中国特色大都市图书馆服务体系建设是广大图书馆从业人员和广大读者自己的事业,无论是文化共享工程先进实用的技术平台的试点推进,还是特大型城市中心图书馆的建设经验的现场推广,无论是手机图书馆的创新发展,还是都市图书馆中新一代信息技术的应用,中国都市图书馆服务体系在实践探索中,充分发挥了都市图书馆馆员的主人翁精神和创新潜力,不断激发、解放和发展图书馆事业创造活力,通过上下结合、以点带面的方法不断进行总结推广,通过互相参观考察,取长补短不断进行互相的学习借鉴,形成了全国大都市图书馆界比学赶帮超的良好氛围。党的十七大报告提出了"运用高科技手段创新文化生产方式,加快构建传输快捷、覆盖广泛的传播"的科技创新要求;党的十八大报告进一步明确强调了"促进文化和科技融合,发展新型文化业态"的文化与科技融合的要求。中国大都市图书馆服务体系中以科技

---

①　国家图书馆.国家图书馆年鉴2012[M].北京:国家图书馆出版社,2012:8-9.

引领未来的诸多经验正是在党的方针政策引领下所取得的,体现了中国图书馆人的改革创新和与时俱进的时代精神。

(六)依法治馆,注重标准

依法治馆,走法治化、标准化、规范化之路,是大都市图书馆服务体系健康科学发展的重要基础,也是改革开放以来特别是 21 世纪第一个 10 年以来中国都市图书馆事业发展的特点。中国的"图书馆法"在 20 世纪 80 年代中期和 21 世纪第一个十年的初期都曾被讨论过,但由于各种原因未能持续推进立法进程。2005 年至 2008 年,先后有多位人大代表在全国人大会议期间提出了加快图书馆立法的议案。同时,图书馆行业组织也通过立法建议、课题研究、年度论坛、服务宣言、专栏笔谈等形式进行思想、理论和宣传等方面的准备。制定图书馆法引起了国家的高度重视。中共中央宣传部 2004 年印发的《关于制定我国文化立法十年(2004—2013)的建议》,曾将图书馆列入前五年的立法规划;2006 年发布的《国家"十一五"时期文化发展规划纲要》,提出了"抓紧研究制定图书馆法"的文化立法新任务;2008 年的公布的第十一届全国人大常委会立法规划中,图书馆法进入了第二类项目(研究起草、条件成熟安排审议的法律草案)。2008 年 11 月 18 日,文化部在北京召开《公共图书馆法》立法工作会议,明确了图书馆法从制定《公共图书馆法》做起。此后,由中国图书馆学会和国家图书馆牵头,对《公共图书馆法》进行了前期的各项研究和准备。至 2012 年底,《公共图书馆法》在经过多次讨论稿和征求意见稿后提交国务院法制办,进入了立法的最后程序。《公共图书馆法》体现了中国的特色,李国新等在《2005 年以来中国公共图书馆法治建设进展》一文的论述中指出了提交最后审议的《公共图书馆法》的以下几个特点,把公共图书馆事业纳入公共文化服务体系;公共图书馆设置:逐步形成设施覆盖体系;经费保障:满足公共图书馆免费提供基本服务的需求;人员保障:优化数量与结构,建立准入制度;强化读者权利保障和读者个人信息保护等①。具有中国特色的《中华人民共和国公共图书馆法》2018 年 1 月 1 日正式施行,这一法律在借鉴世界各国经验的基础上,将把数十年中公共图书馆实践中已见成效的方针政策上升为国家的法律制度,使中国的公共图书馆事业进一步走上法治的轨道。在《公共图书馆法》推进的同时,《中华人民共和国公共文化服务保障法》已于 2016 年 12 月 5 日在十二届全国人大常委会第二十五次会议通过,并于 2017 年 3 月 1 日起正式施行。2008 年至2011 年,经过四年的努力,由中华人民共和国国家质量监督检验检疫总局、中国国家标准化管理委员会发布的《公共图书馆服务示范》于 2011 年 12 月 30 日发布,并于 2012 年 5 月 1日起实施,成为我国公共文化服务类第一个国家标准,体现了中国特色大都市图书馆服务体系在法制建设中的重要进展和新成果。此外,从 2007 年至 2009 年,广州、乌鲁木齐、山东、江西、江苏、上海等省市也先后制定并颁布实施了地方性的公共图书馆条例、规章和规范,形成了依法治馆的上下互动的局面,推动了中国公共图书馆事业进一步走上了法治化、规范化和标准化的道路。

(七)服务社会,文明创建

公共图书馆在中国特色的大都市图书馆服务体系中占有重要的地位。作为公共文化空

---

① 公共图书馆研究院.中国公共图书馆发展蓝皮书(2010)[M].深圳:海天出版社,2010:258 – 272.

间体系的重要组成部分,都市图书馆成为广大市民读者的精神家园和共享空间,成为人们学习、休闲、体验、约会、交流的市民广场,成为"散布知识、散布生命"(巴金语)的文献流、信息流、知识流、人才流、思想流的汇聚地,是集图书馆、博物馆、美术馆、科技馆、档案馆和文化馆为一体的各类文化活动举办的中心。作为一个公益免费、平等自由的公共空间,中国的各级都市图书馆已成为丰富人民精神文化生活的重要场所,成为加强社会主义核心价值体系建设的社会载体,成为全面提高公民道德素质的公共教室,也成为增强中国文化整体实力和竞争力的组成要素。中国文化部自 2006 年颁布首届创新奖以来,至 2012 年,共颁发了四届,其中公共图书馆共荣获了 15 个奖项。如上海图书馆的"城市教室"讲座项目和中心图书馆"一卡通"向社区基层服务点延伸项目、国家图书馆的中国盲人数字图书馆网站建设项目、深圳图书馆的城市自助图书馆项目、山东省图书馆的文化共享工程创新运行应用模式项目等,都体现了公共图书馆在新环境下的面向社会的服务创新。又如国家图书馆的"掌上国图"项目、广东中山图书馆的新型现代图书馆的建设与服务项目、东莞图书馆等的区域图书馆集群管理与协同发展项目、上海图书馆的"e 卡通"项目、杭州图书馆的"文澜在线"项目、福建省图书馆的基于云计算的公共数字文化服务技术支撑平台项目等则体现了新技术环境下的公共图书馆为公众服务的理念、技术和管理创新。此外,中国图书馆学会等机构的全国图书馆志愿者行动项目折射并弘扬了奉献、爱心、互助、进步的志愿者精神;成都图书馆的非特质文化遗产数字博物馆项目体现了公共图书馆在建设民族优秀传统文化传承中的文化积淀价值;深圳图书馆等的地方版文献联合采编协作网项目则展示了公共图书馆管理与服务"共同体"的理念,这种共同体模式同样在讲座、展览、参考咨询、分众服务、古籍整理、数字图书馆建设等诸多领域得到了充分体现,使中国特色大都市图书馆服务体系迈出了主题业务共建共享的"共同体"的新路径。服务社公、文明创建使公共图书馆服务社会的途径越走越宽广,精神文明建设重要基地的建设内容越来越丰富。

(八)融入世界,自信自觉

党的十七届六中全会提出了"努力建设社会主义文化强国"的新目标,党的十八报告中提出了"扎实推进社会主义文化强国建设"的新任务,要求我们"建设面向现代化、面向世界、面向未来的,民族的科学的大众的社会主义文化"。2016 年 7 月 1 日,习近平总书记《在庆祝中国共产党成立 95 周年大会上的讲话》中指出:"要坚持中国特色社会主义道路自信、理论自信息、制度自信、文化自信……文化自信,是更基础、更广泛、更深厚的自信。"①中国大都市图书馆服务体系改革开放以来在面向世界、融入世界的发展进程中不断培养和增强了文化自觉和文化自信。1996 年在北京召开的第 62 届国际图联大会是中国公共图书馆融入世界图书馆发展进程的重要标志,大会举办的第二年即 1997 年,国家图书馆副馆长孙蓓欣开始进入国际图联的管理委员会,开启了中国图书馆人进入国际图联上层管理机构的开河;进入 21 世纪,上海图书馆馆长吴建中也竞选进入国际图联的管理委员会,为中国图书馆融入世界打开了更宽广的通道。随着中国图书馆有更多人员进入国际图联的各个专业委员会,随着中国大都市图书馆有更多的以交换馆员等形式的走出去与请进来,随着有更多国际会议的召开和研究成果的中外互相译介,中国大都市图书馆的世界之窗开启得更大了,中国

---

① 习近平. 在庆祝中国共产党成立 95 周年大会上的讲话[N]. 新华每日电讯,2016 - 07 - 02(2).

大都市图书馆改革开放的胸襟更加宽广了,大都市图书馆人的眼光和视野更具有世界性了。经过多年的努力,在 21 世纪第一个 10 年,中文开始成为国际图联的工作语言。国家图书馆通过"中国之窗"赠书项目、驻外中国文化中心图书馆建设项目、中文古籍数字化回归项目、开通中华寻根网、国家图书馆善本特藏展以及各类资源共享的国际会议等,迈出了融入世界的坚实步伐。上海图书馆自 2002 年起策划并实施了"上海之窗"的对外交流项目,由上海图书馆向世界各国和地区的国家图书馆、城市图书馆和大学图书馆的缔约馆赠送各类中国出版物,并在缔约馆内设立专区或专架,至 2016 年 12 月,已在全球 66 个国家和地区先后设立了 138 个"上海之窗",累计赠送了 9.3 万册纸质文献和电子出版物,涵盖了中、英、法、德、俄、日、韩、西班牙、葡萄牙等语种,从而延伸了公共图书馆跨国界的读者服务,开启了传播中国文化的又一窗口,拓宽了公共图书馆作为国际文化交流的桥梁,也为上海图书馆多元文化的文献典藏和服务提供了更多来源①。上海图书馆还先后于 1997 年、2002 年、2003 年和 2011 年在网上开设了中、英、日、俄四种语言的网站,为读者提供了 19 种不同语言的读者导引手册,2002 年起每两年举办了"上海图书馆国际论坛"。2009 年 11 月,深圳图书馆创办了"公共图书馆研究院",广邀海内外知名学者和公共图书馆管理者担任研究员,建立广泛的学术网络,参与相关课题研究,共同推动中国公共图书馆事业发展,创新了中国大都市图书馆书馆融入世界的新途径。2012 年 11 月,中国杭州图书馆和美国青树教育基金会共同举办了主题为"作为社会教育中心的图书馆"的国际研讨会,时任杭州图书馆馆长褚树青表示,希望通过举办这样的国际交流活动,让杭州图书馆吸收到更多国内外图书馆先进的工作经验,为不断完善杭州市公共文化体系建设发挥出更重要的作用②。杭州图书馆的硬件设施和软件服务赢得了国外图书馆界同行的尊敬,充分体现了中国特色大都市图书馆服务体系在发展道路上所取得的成就和影响力。

中国特色大都市图书馆服务体系发展道路在实践发展中不断总结,又在理论指导下继续不断进行探索,同时将实践中已见成效的方针政策和具体路径方法及时上升为国家的政策文件和标准规范。中国特色大都市图书馆服务体系发展道路的特点体现在实践探索、理论总结与政策标准的有机结合,体现在实现途径、运作方法、保障措施的内在联系上,体现在中国特色大都市图书馆服务体系发展道路的创新实践上。中国特色大都市图书馆服务体系发展道路上至今尚存在不少问题与难题。与中国特色社会主义的发展一样,发展中不平衡、不协调、不可持续问题依然突出,如图书馆事业地区和城乡发展不平衡的情况依然严重,图书馆服务体系对各地区和城乡的全覆盖的任务还很艰巨,图书馆均等化服务中的分众化服务还有较长的路要走;社会信息化环境下的智慧图书馆发展包括云服务、大数据和绿色发展的挑战十分严峻,整合、集群、协同、转型的任务十分艰难;图书馆理事会管理体制创新和读者为本的服务机制的改革转型有待进一步破题和深化;在硬件快速发展后事关长效管理和可持续发展的法治建设、队伍建设、文化建设等的软件建设任务十分繁重;图书馆在时间、空

---

① 上海图书馆.窗启十年——上海图书馆"上海之窗"国际文化交流项目十周年纪念(2002—2012)[M].上海图书馆,2012.

另参见 2016 年 12 月 20 日上海图书馆新馆开馆 20 周年座谈会陈超馆长报告。

② 杭州图书馆文澜在线[EB/OL].[2013 - 02 - 17].http://ori. hangzhou. com. cn/ornews/content/2012-11/19/content_4482425. htm.

间和价值观的功能定位需要进一步深入认知和实践；图书馆融入世界的道路还刚刚起步，前面的道路还很长，如此等等。对此，我们必须要有清醒的头脑，在中国特色公共图书馆的发展中，实现从"重建设"到"重管理"的转变，不能让建设速度稀释了长效管理和服务质量，不能让粗放管理影响大都市图书馆的形象和品质，也不能让一段时间的发展成绩减弱了我们的忧患意识和创新活力。中国特色大都市图书馆服务体系发展道路已经展现了昨天的辉煌，需要我们今天更加注重推动创新转型和科学发展，更加注重以人为本和技术引擎的推动，更加注重运用改革的办法解决前进中的问题，去开创明天中国特色大都市图书馆服务体系发展更加美好的明天。

第八章 中国大都市图书馆服务体系的未来发展

21世纪伊始,中国城市图书馆以总分馆建设为重要载体和标志,形成了创新驱动和快速发展的态势,形成了各具特色、多点突破,群体竞进的良好局面,令人振奋,为构建覆盖全社会的城市图书馆公共文化服务体系谱写了具有中国特色的精彩纷呈的历史篇章。经过2000年至今的三个五年规划,即"十五""十一五""十二五"(2001—2015)之后,我们回顾发展的历史,展望未来"十三五"(2016—2020)乃至更长时期的发展愿景,我们已站在新的历史起点上,正在面临具有许多不同特点的全新挑战,正在进入新的更大空间的发展机遇期。中国大都市图书馆服务体系从来没有像今天这样迫切需要创新,也从来没有像今天这样具有诸多丰富有利的创新条件。如何以创新驱动的发展战略,谋划新一轮中国大都市图书馆的创新发展和可持续发展,将大都市图书馆建设进一步做高、做新、做远、做深、做厚、做实、做细,是我们应当思考的问题。

一、大都市图书馆服务体系正面临的各种挑战

在新一轮中国大都市图书馆服务体系创新发展的进程中,我们正面临各种挑战:

(一)智能时代的挑战

在万物感知的基础上所形成的万物互联、万物智能、万物计算、万物赋能时代的挑战。有学者将当今时代直接概括为"大数据时代""智能时代""算法时代"[①]。

(二)与互联网深度融合的挑战

当我们还依旧沉浸在数字图书馆发展的惯性思维和以往成就之时,"互联网+"开始向图书馆敲门甚至发出了与之深度融合的呼唤和警示。未来30年属于用好互联网技术的大都市图书馆。在互联网汹涌澎湃的大潮面前,大都市图书馆无法作壁上观,必须刷新图书馆的管理能力和服务能力,因势而谋,顺势而为,乘势而上。图书馆与互联网的深度融合,是全域水乳交融式的融合,不是局域增量区隔式的叠加;是城市图书馆脱胎换骨的通体变革,而不是修修补补的旧房改造,是积极主动的拥抱互联网,而不是被动消极地等待被边缘化。互联网时代图书馆服务能级的提升已趋向构建新的服务生态体系。

(三)快速城镇化进程的挑战

"十三五"期间,中国将有1亿农村人口进入城镇,这些读者将由农村图书馆的服务对象转变为大都市图书馆的服务对象,大都市图书馆必须未雨绸缪,做好充分的管理、服务和资

---

① 胡厚崑. 站在云端看世界[EB/OL].[2016-11-20]. http://www.doit.com.cn/p/254467.html.

源准备①。

(四)全面小康文化目标的挑战

"十三五"期间我国将全面建成小康社会、实现第一个百年奋斗目标,其中包括文化小康目标的实现。这对如何定位未来大都市图书馆服务体系的发展是一个重要的指导思想。如何创新发展各空间中的基层公共图书馆、如何对城郊所有读者进行服务全覆盖、如何与农村图书馆形成协调共享发展,即如何补齐大都市图书馆在全空间和全覆盖方面的服务短板,是大都市图书馆服务体系的新一轮发展需要面对的问题。要实现全面小康的文化目标,就要坚持以人民为中心的战略导向,破解实现全面小康中城市各空间的基层图书馆、农村和老少边穷地区的图书馆发展难题。

(五)绿色发展和生态文明的挑战

当北京、武汉、广州、沈阳等一个个10万平方米级的城市图书馆新馆拔地而起之时,在建筑称美、服务叫好的同时,也带来了巨量资源消耗和巨额维持经费的可持续发展问题。城市图书馆的发展如何秉持大局观、长远观和整体观;如何着力将绿色低碳等理念融入城市图书馆管理和服务的全过程,做到节能、节水、节地、节材和环保;如何像保护眼睛一样保护生态环境,像对待生命一样对待生态环境;如何为智慧城市、绿色城市、节能城市、海绵城市、森林城市等新型城市建设中发挥城市图书馆的添砖加瓦作用。

以上这些,都是新一轮大都市图书馆发展中应当直面的挑战。

二、构建大都市图书馆服务共同体

(一)大都市图书馆正在进入服务共同体时期

随着社会信息化、文化多样化、图书馆社会化的深入发展和持续推进,大都市图书馆的机理正在发生变化。大都市图书馆的总分馆之间、城市群图书馆之间、城乡图书馆之间、地区城市图书馆之间乃至全球城市图书馆之间,已形成了网络空间的无边界的巨大连接平台。大都市图书馆正在进入一个创新共同体、资源共同体、用户共同体、服务共同体、责任共同体的新时期。大都市图书馆的服务理念需要创新,服务方式需要改革,需要用共同体的理念更新城市图书馆的机理。在这样一个新时期中,大都市图书馆的服务比以往任何时候都需要由各图书馆总馆和分馆齐心协力来变挑战为机遇,用协同合作取代单打独斗,用分享共赢取代独占垄断,用互连互通的统一平台取代烟囱孤岛的分割划界,从而共同把握机遇、共同迎接挑战、共同谋划发展、共同创造未来。

以往数字图书馆的重点是文献互联网,而现在融合图书馆的重点则是服务互联网。在一个高融合度、高依存度的环境中,构建中国特色的大都市图书馆服务共同体需要形成城乡协同、地区协同、图书馆行业协同、社会协同的特点。如果数以千计的城市图书馆的信息和

---

① 中共中央、国务院印发《国家新型城镇化规划(2014—2020年)》[EB/OL].[2016 – 03 – 13].http://politics.rmlt.com.cn/2014/0317/244361.shtml.

数据形成烟囱和孤岛,就无法实现大数据可能带来的智慧与价值。在大数据和云服务时代,数据不仅仅存在单个图书馆内部的路由器,而是呼唤城市图书馆平台化和云端化,建设城市一体化乃至全国一体化的国家大数据中心,推进技术融合、业务融合、数据融合,实现跨层级、跨地域、跨系统、跨部门、跨业务的协同管理和服务。这种基于开放的云平台把单个图书馆内网的边界打破了,图书馆服务将向智能技术延伸,形成"智能+"。

(二)进一步构建服务共同体的路线图

大都市图书馆资源共享已提倡了数十年,需要在原有基础上进一步构建服务共同体的路线图,其核心就是一个"通"字。一是要扩大服务共同体的深度融合,加强双向和多向的协同规模;二是加快推进服务共同体文献数据资源的互联互通,消除资源共享的各类馆藏烟囱和数据孤岛;三是深入开展服务共同体项目合作,如数字资源共享,网络服务接力,讲座展览联动、社会协同助推阅读、城乡与地区对接精准扶贫等,实现多赢和共赢;四是创新服务共同体合作模式,如城市群合作模式、两岸多地的区块域合作模式、中外合作模式、走出去请进来合作模式、网络空间合作模式等;五是挖掘服务共同体的合作潜力,通过智能互联技术,激活各城市图书馆的沉睡文献,激发各馆特色资源的文化潜力,激励各馆人才资源的服务创造力,众擎聚力,共谋发展。

2016 年 5 月举行的中国大数据产业峰会上提出了一个新概念——"痛客",指那些在创业创新当中能准确把握时代和社会"痛点"的创业者们。城市图书馆的新一轮发展应当挖掘出广大读者的新的有效需求,而这种需求通常基于图书馆服务的"痛点"。图书馆的服务创新应当以"痛客"的理念,从读者为体和服务短板的角度创新服务,痛则不通。通过城市图书馆创新发展的深耕细作,着力于互联互通的服务共同体,通则不痛。

综合论之,构建大都市图书馆服务其同体的宗旨就是更好地创造"为人"的公共文化空间。大都市图书馆新一轮发展的理念就是要从服务空间安排的上保证各种服务活动和各种读者需求的交织,创造"为人"的场所,从服务空间的结构上实现图书馆文化多样化的时间、空间和价值观之融合共存。

三、创新大都市图书馆服务体系的全域服务

(一)什么是全域服务

所谓全域服务,就是大都市图书馆服务的系统创新将把图书馆的建筑服务空间、校园起居空间、社会公共空间、家庭生活空间、网络数字空间等融为一体,将图书馆员与广大读者融为一体,将图书馆实体建筑与广大社会和网络空间融为一体,实现图书馆空间全域服务;图书馆的服务要克服局限于单纯以图书馆建筑本身空间服务的理念,树立图书馆服务无边界的全域服务大空间理念,无论是周边、社区、地铁、机场、商厦、书店、医院、宿舍、祠堂、民宿、军营、家庭、监狱、农家书屋、文化中心以及网络空间等,无论是城市图书馆的持证读者(户籍人口与常住人口),还是流动读者、旅游读者、扶贫对象读者、网络空间读者,境外读者,均应列入服务的总体考量,予以统筹规划,为之带去图书借阅、参考咨询、手机阅读、网络查询以

及各类阅读推广活动①。

(二)全域服务的特点

当今是读者需求迅速变化的时代,也是每个馆员乃至读者的潜能都有可能通过大众创业和万众创新以及"互联网+"等得到充分挖掘的时代;全域服务应以人为本,发挥图书馆馆员和广大读者的主动性和创造性,践行"人人都是图书馆服务参与者"的理念,打破图书馆服务一线二线、线上线下、前台后库、馆员读者的传统界限,通过互联、高效和便捷的智能互动服务平台,让图书馆服务渗透至图书馆的所有区域,将图书馆的各项服务外溢至工作中的读者、家庭中的读者、路途上的读者、休闲中的读者、旅途中的读者、医院中的读者、校园中的读者,让图书馆服务延伸至图书馆内外的所有空间。

(三)大都市图书馆服务链的创新

大都市图书馆服务链创新可以从以下几个方面展开:一是向图书馆服务链上游环节发展,创新全域服务设计、深化资源互联共享,强化服务项目内容创新设计;二是向图书馆服务链下游环节延伸,发展个性、互动、宣传、物流、品牌等业务,即进行服务机制创新和服务业态创新;三是在图书馆服务链中游环节着力,发挥服务溢出效应、推进服务深度融合,不断进行服务流程再造;四是通过整合协同拓展,延伸图书馆服务链,以中国特色大都市图书馆发展道路和文化自信的理念提供图书馆事业创新发展的中国方案。

(四)大都市图书馆服务空间的拓展和延伸

2015年1月,在上海地铁十号线,来宾们乘坐十号线专设的奥克塔维奥·帕斯文化列车抵达上海图书馆站。墨西哥摄影大师罗赫里奥·奎亚尔为来宾们介绍所拍摄的墨西哥作家的肖像照,包括1990年诺贝尔文学奖得主奥克塔维奥·帕斯先生的写真。上海长宁区图书馆地处地铁二号线车站,该馆的志愿者走出图书馆,在地铁站举办了诗歌朗诵会。2016年11月15日,名为"丢书大作战"的活动在北京、上海和广州三地同时上演。约1万本图书被"丢"在三个城市地铁的座椅、角落等地点,等待经过的人们捡起阅读。我们且不论这一阅读事件的是非曲直,图书馆和社会的方方面面正在将地铁空间作为阅读和学习的空间已是不争的事实。2012年12月3日,一辆配有"书桌""书架"和数十本图书的公交车驶上台北街头,这是台北市在全台首推的"公交图书馆"服务;乘客坐车时可在车上借书,还可带回家阅读,没有手续,没有费用,还借全凭自觉。这是图书馆服务向公共交通空间延伸的例子。

深圳少儿馆在全域服务中做了有益的尝试。2015年4月23日世界读书日期间,百余名小读者应邀来到深圳少儿图书馆,搂着书在帐篷里度过奇妙的一夜。这是图书馆服务在时间空间上延伸的例子。

2016年11月11日,杭州布料图书馆开幕,这一全新的主题图书馆为大都市图书馆新一轮的全域发展在行业领域上的拓展提供了创新的理念。布料图书馆更像是一个布料的博物馆,但大都市图书馆的全域发展应当秉持开放的理念,让大都市图书馆具有更为宽广的发展

① 王世伟.当代中国公共图书馆建设应从点的突破迈向系统创新[J].图书馆研究与工作,2016(1):7-8.

视野,穿越城市各行业的空间,从馆舍服务走向全域服务。这是图书馆服务在行业领域拓展延伸的例子。

四、谋划大都市图书馆的造绿路线图

(一)大中小并举的大都市图书馆节能低碳发展路线图

大都市图书馆应当秉持资源节约型和环境友好型的绿色发展理念,积极导入各类新一代信息技术,以降低各类管理成本、借阅成本、咨询成本、安保成本和资源成本。同时,城市图书馆造绿路线图可以从大中小各个层次展开:从宏观方面着眼,应克服一味追求建筑规模的非绿色发展理念,设计并深化智能楼宇建设,实现图书馆周边的"海绵环境"、各类环保家具的购置、清洁能源的使用、包括水资源在内的各类资源的循环使用等;从中观方面着眼,应积极推进屋顶、墙体和室内绿化,使用电动汽车并提供充电设施,设计感应电梯和感应灯光,开展绿色生态教育等;从微观的方面着眼,应率先推进垃圾分类回收、使用无废弃包装、纸张重复使用、购置节能灯具和节能洁具等。有条件的城市图书馆可以创建绿色生态示范图书馆,从规划、建设和管理的各个环节着手,积极探索图书馆物理空间和网络空间的低碳发展、智慧发展的新举措,将先进前沿的低碳化和智能化技术和管理应用于图书馆服务和管理的各个环节,推动各类节能低碳应用在图书馆中实践应用,把大都市图书馆建成城市低碳和智慧发展的公共示范空间。

(二)节能低碳的拿来主义方针

2016 年 11 月在上海举办的中国工博会曾展出了"太阳能智能环保箱"和"智能路灯网软件系统"。前者其功能包括太阳能供电、垃圾分类、智能感应投放口、垃圾满溢物联网通知、防盗功能、线路规划、在线浏览、客户端浏览、人员系统管理等;后者功能包括智能照明、智慧安防系统、公共广播系统、多媒体信息发布系统、无线 Wi-Fi 系统等,并能实时显示噪音分贝、PM2.5 和 PM10 的浓度数据。以上设施,有条件的大都市图书馆完全可以采用拿来主义的方针加以试点应用,以提升大都市图书馆的绿色水平。

五、精准落实文化全面小康目标

(一)充分认识文化全面小康中大都市图书馆的使命

"十三五"时期是中国现代公共文化服务体系基本建成的关键时期,也是大都市公共图书馆事业大有可为的重要战略机遇期。其中一个重要的目标就是精准落实全面小康目标。全面小康也成为国家方针政策关注的聚焦点和补短板的着力点所在。中国尚有一定的人口得不到图书馆服务,一些城市尚未建立大都市图书馆三级或四级服务网络,已初步建立的服务网络存在明显的"贫富"悬殊现象,城乡公共图书馆服务体系在空间均等化布局方面还存在不足,以上这些成为文化全面小康在城市图书馆领域中的短板。2016 年 7 月 25 日,习近平在中共中央召开的党外人士座谈会指出:"全面建成小康社会、实现第一个百年奋斗目标,农村贫困人口全部脱贫是一个标志性指标,现在是扶贫开发到了攻克最后堡垒的阶段。"
2016 年 11 月 15 日,国务院常务会议通过了脱贫攻坚、教育脱贫、生态环境保护三个补"短
板"的规划,要求坚持精准扶贫脱贫与整体推进相结合,以革命老区、民族地区、边疆地区和
集中连片特困地区为重点,加快实施一批增强贫困地区自我发展能力的重大工程。对于扶
贫开发,习近平指出贵在精准,重在精准,成败之举在于精准,并提出了六个精准的要求,即
扶持对象精准、项目安排精准、资金使用精准、措施到户精准、因村派人精准、脱贫成效
精准①。

以上这些,对城市图书馆新一轮发展中如何精准落实全面小康目标、如何实现图书馆的
城乡协调发展、如何实现农村和边远地区以及基层图书馆服务全覆盖是一个重要的指导思
想。在大都市图书馆的未来发展中,我们应当牢固树立起"不让任何一个读者被图书馆发展
落下"的发展理念。

(二)文化全面小康中大都市图书馆的担当

要实现全面小康的文化目标,就要坚持以人民为中心的战略导向,以基层和农村为重
点。面对实现全面小康的文化目标的挑战,大都市图书馆应当有所担当,做到"四个积极":
一是积极促进文化产品和服务供需有效对接,筑牢全面文化小康供给基础;二是积极完善城
区基层图书馆建设,助力农村图书馆建设,整合利用设施资源,夯实全面文化小康硬件平台;
三是积极推进精准文化扶贫,发挥大都市图书馆在公共图书馆文化扶贫中促进带动作用,补
齐全面文化小康布局和服务的短板;四是积极加强基层图书馆和农村图书馆队伍建设,巩固
全面文化小康人才支撑②。

文化精准扶贫,不能有观望心态、依赖心理和功利思想。精准扶贫既要送书扶知,通过
城市对乡村的有效支援实现协同发展;也要依网扶智,依托网络智能技术实现创新发展;还
要共享扶志,通过文化共享唤起并激励文化全面小康之志。把做好城乡与中东西部对口文
化帮扶作为城市图书馆义不容辞的责任,全力以赴帮助对口地区图书馆创新转型并提升服
务能级,不让一个民族、一个地区、一个图书馆掉队。

文化精准扶贫中,儿童的精准扶贫是一个重点。据 2016 年 11 月的统计,我国有 2.8 亿
儿童,贫困地区 5 岁以下儿童低体重率和生长迟缓率约为城市地区的 6—8 倍③。

中国有的企业积极开展了关爱留守儿童特色志愿服务项目,以志愿服务站点"光明驿
站"为载体和平台,惠及农村留守儿童,为村里留守孩子开展免费的外语、舞蹈、绘画和生活
小常识等内容丰富的课外辅导。在类似的精准扶贫中,大都市图书馆完全可以与社会各界
进行协同互动,实现借力发展。

---

① 习近平:谋划好"十三五"时期扶贫开发工作 确保农村贫困人口到 2020 年如期脱贫[EB/OL].
[2016－11－27]. http://www.gov.cn/xinwen/2015-06/19/content_2882043.htm.

② 刘奇葆在同新任县委宣传部长培训班学员座谈时强调大力推进文化小康建设[N].人民日报,
2016－11－02(4).

③ 李克强.在第六次全国妇女儿童工作会议上的讲话[N].人民日报,2016－11－21(4).

六、以文化自信走向引领超越

(一)大都市图书馆是文化自信的重要基础

2016 年 7 月 1 日,习近平总书记在庆祝中国共产党成立 95 周年大会上的重要讲话中强调:"全党要坚定道路自信、理论自信、制度自信、文化自信。""文化自信,是更基础、更广泛、更深厚的自信",把文化自信提到了极为重要的地位。习近平总书记指出:"在 5000 多年文明发展中孕育的中华优秀传统文化,在党和人民伟大斗争中孕育的革命文化和社会主义先进文化,积淀着中华民族最深层的精神追求,代表着中华民族独特的精神标识。"深刻阐明了坚定文化自信的深厚底蕴与充足底气,而大都市图书馆的文化积淀与文化传承,大都市图书馆作为城市文化的标志性建筑符号,大都市图书馆所开展的各类文化活动,大都市图书馆人的文化群体高地,都为坚定文化自信提供了重要的软实力。

(二)大都市图书馆的跟跑并跑与领跑

改革开放以来的近 40 年中,中国图书馆事业秉持创新和开放的理念,积极向世界各国的城市图书馆学习,在跟跑模仿的过程中不断提升中国城市图书馆的品质,当我们与世界城市图书馆有了更多的交流合作之际,中国城市图书馆的发展有了不少与全球同行并跑的例子,如资源共享的合作、文献开发的协同、学术论坛的交流、先进技术的学习,人才队伍的建设、志愿服务的开展等,中国大都市图书馆与世界各大都市图书馆有了对等交流的地位。从总体上观察,与世界发达国家的城市图书馆相比较,中国城市图书馆还处于相对落后的状态,但在跟跑的同时,已有了不少并跑的例子,甚至出现了自主创新的领跑现象。我国在城市图书馆领域获得来越多国际业界同行和学者的认可,并具备一定的影响力。这种领跑的情况还不多,但正在不断增加。这是中国特色城市图书馆发展道路有所创新开拓的可喜现象,也是文化自信在城市图书馆创新发展中的积极表现。

(三)以文化自信走向国际大都市图书馆发展舞台的中央

中国大都市图书馆正在逐步推出并形成一些服务品牌,如中国国家图书馆的"文津讲坛",首都图书馆的"北京记忆",上海图书馆的"上海之窗",深圳图书馆的"图书馆之城",杭州图书馆的"市民大书房",广州图书馆的多元文化的系列服务,众多城市图书馆的手机图书馆等。过去我们从欧美以及亚太地区的图书馆经验中贴牌,现在我们已经开始独立自主地创牌;过去我们是向发达国家学习中跟跑,在与发达国家交流协作中并跑,现在已经逐步在部分领域和服务项目中领跑,为国际大都市图书馆服务的创新发展注入了新的活力。大都市图书馆在新一轮的创新发展中应体现中国文化的内生特点与中国文化开放共享的辩证统一,如结合中国国情所形成的各具特色的总分馆制、图书馆城、农村图书馆服务体系,体现信息技术最新发展的图书馆数字化、移动化、智能化和泛在化的服务网点,体现中国元素和中国智慧的讲座展览和研究成果。

在近现代世界城市图书馆的发展进程中,我们曾经是国际大都市图书馆发展中的旁观者、跟随者、参与者,那么在 21 世纪新一轮的大都市图书馆创新发展中,我们应当成长为全球业界的共享协同者、自主创新者、引领示范者,从国际大都市图书馆服务体系舞台的边缘逐步走向舞台的中央。中国大都市图书馆的新一轮发展依然应当保持开放包容的视野与胸襟,在深化改革和创新转型中继续虚心学习和借鉴他国的经验,在立足中国大都市图书馆的丰富实践的基础上,不断积极探索建构具有中国特色的大都市图书馆服务体系,讲好中国大都市图书馆创新理念和实践的故事,形成中国大都市图书馆创新发展的思想话语体系和学派,体现出中国大都市图书馆对时间、空间和价值理想和精神家园的探索追求。我们要让世界图书馆界知道中国特色的中国大都市图书馆创意建筑,中国特色的大都市图书馆品牌服务,中国大都市图书馆的理论研究,这就需要我们进一步加大中国图书馆的国际传播力度,提升中国图书馆学理论的国际影响力。

如果说以往中国大都市图书馆的创新发展主要是"创新海绵",即中国大都市图书馆的发展主要是学习和借鉴海外城市图书馆的各种新理念、新制度、新技术、新服务并予以吸收、应用和复制。那么,中国当代波澜壮阔的大都市图书馆的创新实践,正在为中国大都市图书馆人提供这样的创新发展机遇:即我们可以充满自信地形成具有中国特色自主创新的大都市图书馆服务体系的新理念、新模式和新机制,形成中国特色大都市图书馆服务体系的发展新路。

追求最好的大都市图书馆服务体系将永远在路上。在新一轮的大都市图书馆发展中,我们应当成为顺应万物互联和万物智能社会的使能者、服务共同体的构建者、造绿路线的践行者、全域服务的创新者、公共图书馆文化全面小康的推动者、中国特色大都市图书馆服务体系创新发展的开拓者。我们不预测未来,我们用图书馆人和广大读者的智慧改变未来,在中国特色大都市图书馆的新一轮的创新发展中重新点亮城市图书馆时间、空间和价值观的人文之光。

第九章　智慧图书馆的发展趋势

一、智慧图书馆初论

随着全球智慧地球与智慧城市的发展,智慧图书馆的理念与实践已在国内外图书馆界有了初步的探索,作为未来图书馆的新模式,智慧图书馆将成为图书馆创新发展、转型发展和可持续发展的新理念和新实践。

(一)智慧图书馆的提出

1995 年,比尔·盖茨在《未来之路》一书中率先提出了物物相联的雏形。四年之后的1999 年,物联网的概念正式提出并迅速波及全球。而以物物相联的智能技术为信息基础的智慧城市(Smart City)则是 20 世纪末特别是 21 世纪初以来在全球展开的未来城市发展的新理念和新实践。

1. 智慧与智慧城市

智慧(Smart)一词解释为对事物认知、应对和创新的聪明才智和应用能力,也作智惠。智慧的古英语 smeortan,源于西日耳曼语支,与德文中的"激痛"有所关联,在古英语中原先是"引发剧烈疼痛"的意思,现在用得最多的义项是智能。1972 年,smart 一词首次被解释为"智能型的,并具备独立工作的技术设备"。根据牛津英语语料库统计,此后 smart 成为与card(卡)搭配最多的词语。关于智慧城市的定义,根据 2007 年 10 月欧盟委员会发表的《欧盟智慧城市报告》,智慧城市可以从六大坐标维度来界定,即智慧经济、智慧流动、智慧环境、智慧人群、智慧居住和智慧管理。从全球智慧城市建设的实践进行分析概括,智慧城市可以作如下的定义:"以数字化、网络化和智能化的信息技术设施为基础,以社会、环境、管理为核心要素,以泛在、绿色、惠民为主要特征的现代城市可持续发展韬略。"①

2. 智能图书馆提出

在智慧城市发展的前后,国内图书馆学界已出现"智能图书馆"的学名。在中国,至今已发表有十多篇直接与智能图书馆相关的论文(还有不少是间接相关的论文,并未使用智能图书馆的学名),多数是从建筑与技术的角度讨论图书馆的系统实施。如张洁、李瑾 2000 年发表的《智能图书馆》一文,认为 21 世纪的图书馆应建成智能大厦,智能图书馆是把智能技术运用在图书馆新馆舍建设之中形成的一种现代化建筑,它是高新技术(计算机、多媒体、现代通讯、智能保安、环境监控等)与建筑艺术的有机结合②。这是中国较早的关于智能图书馆的研究文章。陈鸿鹄于 2006 年发表的《智能图书馆设计思想及结构初探》一文,认为"智能图书馆"(Intelligent Library,简称 IL)"是把智能技术运用在图书馆建设之中形成的一种现代

---

① 上海社会科学院信息研究所.智慧城市论丛[G].上海:上海社会科学院出版社,2011:1－5.
② 张洁,李瑾.智能图书馆[J].图书馆理论与实践,2000(6):2－3,31.

化建筑,是智能建筑与高度自动化管理的数字图书馆的有机结合和创新,是在二者共同发展的基础上产生的,它应同时具备两者的设计思想、基本要求、特征和功能"①。这些关于智能图书馆的初期研究体现了中国图书馆学界对信息技术的敏感性和前瞻性,但尚局限在建筑和技术的领域,对于智慧图书馆的灵魂与精髓层面的内容还缺乏研究。

3. 智慧图书馆的提出

"智慧图书馆"的理念和实践率先出现在欧美的大学图书馆、公共图书馆和博物馆中。2003 年前后,芬兰奥陆大学图书馆提供的一项新服务称为"SmartLibrary",这一服务隶属于一个名叫"Rotuaari project"的项目②。芬兰奥陆大学图书馆的学者还发表了"智慧图书馆:基于位置感知的移动图书馆服务"的会议论文,提出 Smart Library 是一个不受空间限制的被感知的移动图书馆服务,它可以帮助用户找到所需书籍和相关资料③。与此同时,澳大利亚昆士兰州也曾探讨了智慧图书馆与智慧社区建筑的关系问题④。在 2004 年之前,加拿大首都渥太华的一些图书馆和博物馆以及多所大学和公共图书馆就已建立起了以"智慧图书馆"(SmartLibrary)命名的联盟,利用同一个搜索引擎为读者提供一站式服务⑤。2004 年,米勒等学者在国际会议上发表了有关智慧图书馆的研究报告,题为"智慧图书馆:强调科学计算的图书馆的 SQE 最佳实践",作者认为智慧图书馆是指运用大量软件质量工程(SQE)的实践,力图使用户和开发人员避免犯各类错误:包括使用文档、配置安装中的错误,以及应用程度变化导致绩效下降或死锁等方面的错误。可见,世界图书馆界关于智慧图书馆的研究,已从技术趋向了服务与管理以及社区的建设,体现出智慧图书馆的本质追求。

2005 年以来,中国图书馆界也开始从原先的智能图书馆深入智慧图书馆的研究与实践。如上海图书馆率先开展了手机图书馆的移动服务,台北市立图书馆则应用 RFID 技术成立无人服务智慧图书馆⑥。2010 年,严栋发表了《基于物联网的智慧图书馆》一文,认为智慧图书馆就是以一种更智慧的方法,通过利用新一代信息技术来改变用户和图书馆系统信息资源相互交互的方式,以便提高交互的明确性、灵活性和响应速度,从而实现智慧化服务和管理的图书馆模式⑦。2011 年,董晓霞等又发表了《智慧图书馆的定义、设计以及实现》的论文,认为智慧图书馆是感知智慧化和数字图书馆服务智慧化的综合⑧。

4. 智慧图书馆尚处于初始阶段

纵观 2003 年以来全球智慧图书馆(前期为智能图书馆)的理论研究与实践,可以得出如下的结论:全球的智慧图书馆目前尚处于起始阶段,无论是理论研究和实践探索,都有待深

---

① 陈鸿鹄. 智能图书馆设计思想及结构初探[J]. 现代情报,2006,26(1):116-118.

② 参见 http://virtuaalikampus. oulu. fi/English/smartlibrary. html。

③ Aittola, Ryhänen, Ojala. SmartLibrary-Location-Aware Mobile Library Service. Proc. Fifth International Symposium on Human Computer Interaction with Mobile Devices and Services[C]. Udine:[出版者不详],2003:411-415。

④ Raunik,Browning. Smart Libraries Build Smart Communities in Queensland[EB/OL]. [2011-11-15] http://conferences. alia. org. au/online2003/papers/raunik. html.

⑤ 参见 http://biblioottawalibrary. ca/en/main/find/catalog/looking/smart。

⑥ 参见 http://tech. rfidworld. com. cn/2009_6/2009618954168830. html。

⑦ 严栋. 基于物联网的智慧图书馆[J]. 图书馆学刊,2010(7):65-68.

⑧ 董晓霞,等. 智慧图书馆的定义、设计以及实现[J]. 现代图书情报技术,2011(2):76-80.

化。WIKI 和百度百科目前还未设立"智慧图书馆"和"智能图书馆"词条(smart library or intelligent library),也从一个侧面反映了这一主题领域的研究与实践还未达到世人普遍关注和成熟的程度。国内智慧图书馆的研究较多地注重与物联网、云计算以及数字图书馆、复合型图书馆等概念相联系①。2011 年初,笔者在主编《智慧城市辞典》时曾将"智能图书馆"列入了辞典的条目,作为智慧教育的一部分②。但无论是智能图书馆还是数字图书馆,无论是物联网还是云计算,这些都是从信息技术的维度出发的技术型图书馆;而智慧图书馆注重的是在信息技术基础上的整合集群与协同管理,注重的是新信息技术支撑下的泛在便捷和跨越时空的读者服务,注重的是图书馆的创新发展、转型发展和可持续发展。2011 年 10 月 27 日,在 2011 年中国图书馆年会暨中国图书馆学会年会的分会场上,笔者作了"智慧图书馆初探"的演讲,初步分析了智慧图书馆的主要特征。当一个公共图书馆既重视信息技术的重要作用,又重视用户的知识服务和公共文化的社会与环境担当;既重视文献资源的智能管理,又将读者参与式的互动管理与服务等融入其中,并将以上要素作为共同推动公共图书馆可持续发展并追求更高品质的图书馆服务时,这样的公共图书馆可以被定义为"智慧图书馆"。数字化、网络化和智能化是智慧图书馆的信息技术基础,人与物的互通相联是智慧图书馆的核心要素,而以人为本、绿色发展、方便读者则是智慧图书馆的灵魂与精髓;智慧图书馆的外在特征是泛在,即智能技术支持下的无所不在、无时不在的人与知识信息、知识信息与知识信息、人与人的网络数字联系;其内在特征是以人为本的可持续发展,以满足日益增长的读者用户的知识信息需求。智慧图书馆就是对图书馆走向未来科学发展的战略认知和明智应对的具体方法,这对于图书馆而言,无疑是一场发展理念创新、服务技术提升、管理形态转型的革命。

(二)智慧图书馆的核心要素

智慧型图书馆的核心要素包括以下六个方面:

1. 书书相联的图书馆

书书相联的图书馆是智慧图书馆服务与管理的技术基础。书书相联需要建立文献感知服务系统和整合集群管理系统。这里讲的"书"是一个抽象的概念,包括印刷型、数字型、网络型的各类载体的多媒体文献。书书相联,就是各类文献之间建立起跨系统应用集成、跨部门信息共享、跨库网转换互通、跨媒体深度融合、跨馆际物流速递的服务与管理新形态。如澳大利亚昆士兰州大学图书馆中就可以在同一个读者座位上实现印刷型、数字型、网络型的文献检索、书刊阅览、复制传递,这是建立在馆藏文献与馆外共享文献的书书相联的基础之上的。又如,上海图书馆同城一卡通的 237 个总分馆中,用于一卡通借阅的文献实现了跨越空间的单一集群系统的书书相联,使读者可以跨时空地实时了解文献存储和流通的状况。

2. 书人相联的图书馆

书人相联是智慧图书馆服务与管理的关键。书书相联需要通过书人相联来激活。书人相联体现出以人为本的图书馆发展理念与实践。这里的书人相联,包括文献与馆员的互通相联,文献与读者的互通相联。以深圳图书馆的"城市街区 24 小时自助图书馆"为例,有一

---

① 黄刚军,等. RFID 技术及其在智能图书馆的应用[J]. 电子测试,2007(6):22-26.
② 王世伟,等. 智慧城市辞典[M]. 上海:上海辞书出版社,2011:106-107.

些业界人士认为只要花费数十万元在城市中的某个地点放上一台储存数百本图书的服务机就可以了，其实不然。殊不知深圳图书馆的这种自助服务，是建立在此服务机与彼服务机互联（书书相联）的基础之上的，更重要的是他们将前台的服务机与后台的集群网络化布点、信息化管理、一体化的物流的人的管理相联系（书人相联），没有书人相联的后台高智能化的集群控制，前台的独立的服务机将处于孤岛状态，缺乏感知技术、机械传输、自动控制、数据通讯技术的支持，不预先实现书书相联、书人相联的数字化、网络化和智能化的转型，不预先进行即时化与敏感度的管理提升，一哄而上的服务机终将成为摆设，中看而不中用。书人相联还可拓展为物人相联。多年前，法国国家图书馆已开展有读者座位预订系统，而 2011 年 11月，厦门大学图书馆也开设了自动选座系统服务，使读者与图书馆设施联系起来，体现了智慧图书馆的全面互联互通的服务管理品质①。

3. 人人相联的图书馆

人人相联是智慧图书馆服务与管理的核心。人人相联包括馆员与馆员的相联，馆员与读者的相联，读者与读者的相联。21 世纪初以来在中国各大图书馆开展的网上联合知识导航站以及各类移动服务，开创了图书馆界人人相联的服务新形态。这种馆员间的人人相联，在网络的支持下使服务咨询的平台整合了馆内外乃至境内外的参考咨询的人力资源，并与读者形成了便捷的、专业的互动。这种人人相联的图书馆的理念，还可以用在图书馆的内部管理以及专项的读者服务等的实践之中，也将为图书馆管理走向社会化营造良好的信息技术环境。

4. 任何时间可用的图书馆

任何时间可用的图书馆是智慧图书馆服务与管理的时间延伸。物理空间的图书馆总会有闭馆的时间，但网上的虚拟图书馆可以是全天候地开放并为广大读者服务的。有了数字化、网络化和智能化的基础建设，图书馆如同一台便捷式电脑，随时可以打开使用，在读者方便的任何时间可以进行读者用户与知识信息的对话。尽管物理空间的图书馆依然会有公共空间的魅力和吸引力，但智慧图书馆会给读者带来网络空间在时间上的更多自由与选择，使原本以图书馆开放时间为逻辑点的服务模式发生变革，让读者用户感到图书馆的随时的存在和即时的利用。

5. 任何地点可用的图书馆

任何地点可用的图书馆是智慧图书馆服务与管理的空间拓展。图书馆以建筑为载体，即它是一个空间位置的存在。智慧图书馆则颠覆了这种观念，在泛在城市（无线城市）的信息技术支持下，读者可以在任何地点，如办公室、地铁、机场候机厅、家庭居室等都可以利用图书馆，图书馆真正成为广大读者身边的图书馆，让读者用户随时随地感到图书馆的存在和便捷的利用。如美国佛罗里达机场与布劳沃德县图书馆（Broward County Library）合作，为旅客提供有 15 000 种免费电子书，读者通过笔记本电脑与智能手机等载体即可获取免费阅读，通过这个项目，图书馆可以在一个用户一份拷贝的原则（one-copy/one-user model）下提供"永远可用"的电子书服务，读者不再需要等待别人归还拷贝才能借阅，让书与人跨时空地联系起来②。

① 参见 http://www.xmnn.cn/dzbk/xmsb/epaper/html/2011-11/18/content_341601.htm。

② 参见 http://www.dajianet.com/digital/2011/1110/174244.shtml。

6. 任何方式可用的图书馆

任何方式可用的图书馆是智慧图书馆服务与管理的形态创新。在书书相联、书人相联、人人相联以及馆馆相联的前提下,图书馆将呈现丰富多样的为读者服务的新形态,读者在利用方式上将会有多种选择,无论是传统的印刷型,还是新型的数字型,无论是前一代的数字阅读,还是新一代的移动推送,无论是互动型的文字,还是多媒体的呈现,无论是索引文摘,还是深度挖掘,无论是网上直播,还是事后点播,智慧图书馆的载体给馆员和读者带来无穷尽的互通的新途径与新方法,从而也构成了图书馆服务与管理的新形态。

(三) 智慧图书馆的主要特征

1. 数字化是智慧图书馆的技术前提

未来的公共图书馆,纸质资源的增长会越来越少,而数字资源将越来越成为主要的知识资源的载体,以数字资源为基础的虚拟图书馆将逐渐从专家的预测和局部的现象发展变为整体的图书馆服务与管理的主要表现形态。21世纪的第一个十年,全球电子书的销量开始逐渐超过纸质书,这是图书馆数字化发展的重要信息。中国在1997年开始了数字图书馆试验工作,2001年国务院批准国家数字图书馆工程立项,先后投入了巨额资金,用于建设世界上最大的中文数字信息保存基地,构建支持数字资源采集、加工、保存、服务的技术支撑平台,通过国家骨干通讯网,向全国和全球提供高质量的以中文数字信息为主的服务,建设世界上最大的中文数字信息服务基地,构建以国家图书馆为服务中心,以中国各大图书馆为服务节点的数字资源传递和服务体系。至2010年9月,国家数字图书馆数字资源保有量已达480TB,资源类型包括文本、图像、音频、视频、网络资源等多种形式。县级数字图书馆推广计划已使中国2940个县级图书馆初步具备了数字图书馆的服务能力[①]。英国国家图书馆2011年6月20日在伦敦召开新闻发布会,公布了该馆与Google达成的历史文献数字化的协议,协议内容包括将25万册最早可以追溯到18世纪的历史文献在数年内全面数字化。英国国家图书馆馆长达梅·琳内·布林德利表示:该馆的前辈们就设想让所有人都能够获取知识,而如今的这一计划是让所有人都能够随时随地获取知识。她们的目标是提供这些历史材料的永久性访问权,并且希望借助她们的藏书和Google的技术来实现这一目标[②]。数字图书馆的发展将不断夯实书书相联的智慧图书馆的发展基础。

2. 网络化是智慧图书馆的信息基础

网络已成为未来公共图书馆服务的重要载体和空间。被称为第四代媒体的互联网媒体正在与物理空间和社会空间一起,成为公共图书馆服务的三大空间。网络化的发展趋势使公共图书馆的远程服务量不断增加。公共图书馆通过互联网、手机等信息手段和载体,可以开展不受时空限制的网上书目检索、参考咨询、文献提供和各类知识信息的获取和视听欣赏。据国际电信联盟分析,至2010年底,全球互联网用户人数超过20亿,手机用户数达到53亿,3G注册用户达到9.4亿。在中国,截至2010年底,中国网民已达4.57亿,手机网民

① 国家数字图书馆推广工程启动[N].光明日报,2010-12-16(4).
② 大英图书馆百万册古籍将数字化[N].文汇报,2011-06-23(6).

规模达 3.03 亿,均居世界首位①。在信息化的技术环境下,网络化与数字化的融合,电信网、广电网和互联网的三网融合,使公共图书馆的服务发生了泛在化的变化,即任何读者、在任何时间、任何地点、通过任意信息传播载体以获取其所需要的知识信息。由于公共图书馆不断增加的计算机数量、更多的读者查阅网上的数字文献、图书馆的宽带速度不断加快、图书馆网上的知识信息愈益丰富,图书馆的网络化进程发展前景无可估量,网上服务量将成倍增长,网络空间的地位将更加重要。这些正是智慧图书馆发展的前提。

3. 集群化是智慧图书馆的管理特征

图书馆的集群化的综合服务平台,可以起到知识信息的共建性整合、集约式显示、便捷性获取、无障碍转换、跨时空传递等,从而使公共图书馆向智慧型图书馆转型。图书馆的集群化发展势将表现为以下三大特征:

一是整合。通过整合,可以集地区图书馆文献信息,汇全国各类图书馆知识库群,聚全球自然人文智慧。公共图书馆及各类图书馆系统都有数量众多的特色文献和数字资源,但相当数量的信息处于沉睡状态中,既不互通互联,也不共建共享,获取很不便捷。这就需要打破行业条块老死不相往来的格局,将各自馆藏和馆建的知识信息资源加以联通,打通行业条块和馆际之间的信息壁垒,畅通地区与国家间的信息通道。通过整合,使知识资源的视角从一个个点拓展到条线、块面和区域,使服务和管理也从孤立的点转移聚焦于条线的交流、块面的联系和区域的互动,这些正是新形势下促进图书馆服务创新所必须具备的信息服务环境。

二是集群。集群概念是美国哈佛大学迈克尔·波特教授于 20 世纪 90 年代初首次提出的,图书馆的服务与管理集群是图书馆服务和管理转型发展的有效工具。通过服务与管理集群,规模效应凸显,协同联盟共享拓展,知识内容更为丰富,传递成本大大降低,服务品质显著提升,可以使广大的读者受益。例如,上海原本条块分割、上下独立的市区县图书馆、街镇图书馆以及大学图书馆和专业图书馆,在一城、一网、一卡、一系统的创新理念指导下,经过 2000 年至 2010 年十年的创新驱动和整合发展,一卡通读者持证率和网上服务率成倍上升,形成了全球最大的城市图书馆单一集群系统。可见,强大的集群将推进创新并优化服务。

三是协同。协同服务将为公共图书馆的未来发展注入活力。协同服务体系,在国内外图书馆界已成为一种共识并正在成为日益明显的发展趋势。这种协同服务体系有行业、地区、国家、全球等各种形态。例如,中国"国家科技文献信息资源与服务平台",就在全国科技信息文献系统、国家图书馆系统、中科院文献情报系统、高等院校图书与信息系统、国家专利文献系统等之间进行了协同信息服务,成为国家科技基础条件五大平台之一。这种将分散趋向集约、将异构趋向统一、将自治趋向分布的信息协同服务机制,需要在顶层设计层面予以整体规划和推进,从而克服布局分散和重复建设的弊端。这正是智慧图书馆的管理使命所在。

---

① 张玉玲,李慧. 中国视听新媒体发展大视野——来自第一部中国视听新媒体蓝皮书的报告[N]. 光明日报,2011 - 02 - 24(16).

(四)智慧图书馆的本质追求

1. 绿色发展

绿色发展将成为未来图书馆的发展战略。绿色发展可以从自然、环保和安全等要素予以观察。从自然的要素来观察,就是在公共图书馆建筑中融入自然元素,让读者和馆员更加亲近自然。如 2005 年 7 月对外开放的新加坡国家图书馆新馆在建筑的 5 楼和 10 楼的外台,设计有数百平方米的绿化外,在那里种植有数层楼高的香树,可起到减轻眼力疲劳的功效;还设计有鹅卵石的小路,读者在阅读思考之余,可以在这里散步和休息。美国华盛顿州西雅图市图书馆也在馆内种植了许多品种的植物,使在阅览休闲中感受绿色的气息。上海图书馆在建筑南端的起伏的大片绿地中用植物组合成了"求知"二字,将图书馆的文化与绿化自然地结合起来。中国的常熟图书馆、苏州图书馆、甘肃省图书馆、上海浦东图书馆等都在建筑设计中体现出园中有馆、馆中有园的文化理念。从环保的角度来观察,就是在公共图书馆管理中注重环境保护、节能减排。古今中外的许多图书馆大型建筑都采用了巨型空间无间隔的设计,四周均采用了玻璃幕墙,在给人带来雄壮观、气势恢宏之余,也带来了节能减排、资源节约的挑战。绿色图书馆的发展战略呼唤资源节约型图书馆的设计和管理,如采用智能型的窗帘和感应式电梯,以节能电能;防止书库的过渡装修带来的浪费和环境污染。从安全的角度来观察,就是在公共图书馆面向读者和馆员的管理中,注重将方便读者与安全防范结合起来,将美观典雅与卫生安全结合起来,将方便读者与信息安全结合起来。

2. 数字惠民

以读者为本始终是图书馆服务和管理的根本追求。智慧图书馆的数字惠民,就是在网络环境下,体现出惠及读者和方便读者的图书馆的服务。这种服务,是一视同仁的服务,是就近便捷的服务,是温馨细致的服务,是一体化高效的服务,也是可选择的多样化的服务。通过图书馆的信息泛在技术和无线网络技术,读者可以不受图书馆开放时间的限制,在图书馆闭馆的时间,依然可以在馆外查阅图书馆馆藏文献;通过信息整合的网络一体化平台,读者可以在城乡的任何一个公共图书馆服务点进行文献的通借通还,进行网上的信息的检索。通过智慧图书馆这一生长着的有机体,为读者利用图书馆节约了时间,提供了便利。

(五)智慧图书馆新模式的重要意义

智慧图书馆是以信息技术为基础和前提的,但它超越了技术的层面,更多地从服务管理、人力资源、智能惠民、环境友好着眼,是图书馆实现科学发展、转型发展和可持续发展的新理念和新实践。如果说智慧城市"可以带来更高的生活质量、更具竞争力的商务环境和更大的投资吸引力"[①],那么,智慧图书馆则可以带来更高的服务管理质量,更具魅力的公共文化环境和更大的知识信息共享空间。智慧图书馆将为图书馆业界注入新的活力,带来新的愿景和新的希冀,也将为读者用户带来新的体验和新的收获,并有助于构建体现公益性、基本性、均等性和便利性的公共文化服务体系。智慧图书馆的便捷、多样、灵活、高效、绿色,更着力的数字惠民、更积极的参与互动,更深入的共享协同,更广泛的感知集群,将使图书馆实现四大转型:一是从数量规模扩展向质量内涵提升的转型;二是从主要依靠增加馆舍和硬件

---

① IBM 商业价值研究院. 智慧地球[M]. 上海,东方出版社:2009:15.

投入向主要依靠科技进步、馆员和读者素质提升、服务管理创新转型;三是从自发、独立、分散的图书馆发展向协同、整合、规范的科学发展转型;四是从追求不计成本和能耗的建筑规模向资源节约和安全保障转型,而智慧图书馆正是实现以上四大转型的未来图书馆发展新机遇,将使图书馆真正步入迈向未来的可持续发展之路。

20 世纪后期,有学者就预言图书馆的消亡,但经过了数十年的发展,全球图书馆依然存在,全球城市图书馆新建筑不断涌现。尽管网络环境下读者利用知识信息可以有多种选择,但图书馆专题的深度咨询、导航式的专业分析研究等都是数据平台和搜索引擎难以完全取代图书馆的原因,图书馆以深入性、专题性、针对性和特色性成为网络环境下吸引读者的魅力所在。图书馆可以为个人、企事业机构及政府部门提供多样化的、灵活的、有针对性的个性化服务。

有人曾描述未来的图书馆是"可塑型图书馆":未来的图书是可塑型图书,在可塑型图书馆中,每一本书都有电子摘要、脚注、索引,都经过分析、加工、分类、汇总、编码和链接。经过数字化的图书,既可以按页拆分,也可以摘录成一页,这些经过摘录再加工可以变成新的图书。但这种构想并非是图书馆的福音,因为这种可塑型图书馆可能沦为大众的垃圾站①。

也有人曾描述了未来数字图书馆的发展愿景:"数字图书馆就像一台大熔炉,所有的数字信息在其中煅烧、冶炼,然后水银泻地一般,通过覆盖世界各个角落的互联网传播开去。大众阅读将彻底碎片化、多媒体化、动态化,任何手持设备都能够显示内容,计算机可以在任何时间、任何地点,瞬间将任何内容,在全球范围内,以任何载体、形态、格式和体验传输给任何需要它的'读者'。"②这里所描述的正是转型发展后的智慧图书馆的创新形态。

二、智慧图书馆再论

作为未来图书馆的新模式,以上我们对智慧图书馆的创新发展、转型发展和可持续发展的新理念和新实践进行了初步探索③,随着对智慧图书馆认识的深入,以上智慧图书馆初论的研究所述已感到意犹未尽,需要加以进一步阐述。

(一)广泛互联的图书馆

以信息技术为核心的当代科学技术的发展正在改变着图书馆管理和服务的业态、服务载体和服务形式、知识传播渠道和信息交流手段。这种改变的最重要的特征就是图书馆管理和服务的互联性。这种互联性的智能、泛在、协同的网络服务将成为新环境下图书馆包括典藏功能、加工功能、服务功能、传播功能、共享功能在内的综合文化功能的集中体现。广泛互联的网络服务将成为未来图书馆服务增长的源头。智慧城市的核心技术是物联网、云计算等,图书馆这一文化载体为这些新技术的创新应用提供了文化实践的平台。物联网的本质就是信息技术支持下跨时空的物物相联,云计算的本质则是大数据环境下泛在便捷的网

① 基恩.网民的狂欢——关于互联网弊端的反思[M].海口:南海出版公司,2010:53-54.
② 刘炜.未来图书馆[G]//王世伟.公共图书馆是什么.上海:上海社会科学院出版社,2010:9-10.
③ 王世伟.论未来图书馆的新模式——智慧图书馆[J].图书馆建设,2011(12):1-5.

络访问和个性化服务。这就为智慧图书馆创造了无限广阔的互联空间。除了书与人的互联要素外,可以将图书馆、网络、数据库、物体以及广大读者统一在智能的网格中,成为联为一体的互动要素。

1. 馆馆相联的图书馆

在书书相联、书人相联基础上建立起馆馆相联的图书馆,是智慧图书馆的追求。通过地区间的共享联盟,馆馆相联的图书馆突破了时间、空间的限制,激活了单个馆的馆藏文献,延伸了单个馆馆员的服务效能,扩大了广大读者的服务选项,馆馆相联的网上咨询拉长了各馆的服务时间,拓宽了为公众的服务面。2012 年 4 月,深圳市"图书馆之城"统一服务平台正式启动。自此,深圳实现了市、区、街道、社区共 327 家图书馆的互通互联、资源共享和一证通行、通借通还,为深圳"图书馆之城"的目标注入了丰富的内涵。这一馆馆相联的服务平台统一了深圳全市公共图书馆的条形码、RFID 标签,建立起了统一的书目数据库,实现了对馆藏数据、读者数据、流通数据的集中运作、管理和维护,通过门户网站的集群协同,实现了统一导航、统一检索,统一使用。这一借助于信息技术的馆馆相联的服务创新,改变了各个基层图书馆之间缺乏沟通联系的"孤岛"现象,也改变了基层图书馆图书长期得不到补充和更新、缺乏吸引力的现象,并有助于避免文献资源采购重复投入,降低管理成本,提升藏书质量。现在,深圳市、区图书馆及其分馆共 167 家公共图书馆及 160 台自助图书馆实现了"图书馆之城"统一服务,850 多万册文献加入统一服务供读者借阅[①]。无独有偶,2012 年 4 月,南京航空航天大学、南京理工大学、南京农业大学、南京林业大学、南京体育学院五所高校也成立了"南京城东高校图书馆联合体",实现了资源统一检索和图书通借通还服务,近 3000 万册书刊已面向五校师生资源共享,使原本各自独立封闭的知识孤岛实现了互联共享。联合体拥有 826 万余册中外文纸质书刊,2100 万余册电子书刊,170 种专题数据库,体现了文献的丰富性和多样性[②]。

2. 网网相联的图书馆

20 世纪末,特别是进入 21 世纪以来,图书馆纸质资源的增长已逐渐趋缓,与数字资源的比例正在呈下降的趋势,未来图书馆数字资源将日益成为主要的知识资源载体,以数字资源为基础的虚拟图书馆已逐渐从专家的预测发展成为更多的现实、从局部的现象发展成为整体的图书馆服务与管理的主要表现形态。网络信息的流动以更快速、更便捷、更直接、更实惠的特点成为广大公众更喜欢和更易接受的咨询方式,并可实现 365 天全年服务的无缝链接和即时响应。21 世纪的第一个 10 年,全球电子书的销量开始逐渐超过纸质图书,这是图书馆数字化发展的重要信息。举世闻名的《大英百科全书》在经历了多少年的辉煌之后,面对数字化网络化的洪流,其印刷版黯然退出了历史舞台,让人感到震惊和扼腕。网络数字文献已成为青少年的主要阅读载体,印刷型文献将逐渐淡出,这是一个无法逆传的发展趋势。对于每一个图书馆而言,在数据洪流的冲击之下,只有积极构建起网网相联的图书馆并发挥出图书馆的专业特长,才能够为自己寻找到现在与未来的安身立命之本。

当然,网网相联将遇到结构化数据、半结构化数据和非结构化数据。结构化数据可以在关系数据库中找到,形成图书馆服务的网库相联;半结构化数据包括电子邮件、文字处理文

① 易运文.深圳:327 家图书馆一证通行[N].光明日报,2012 - 04 - 24(7).
② 郑晋鸣.南京城东五高校建图书馆联合体[N].光明日报,2012 - 04 - 24(7).

件以及大量发布在网络上的新闻等,以内容为基础,这也是诸多图书馆网站存在的形态和存在的理由;而非结构化数据广泛存在于图书馆行业内外的社交网络、物联网、电子商务之中。伴随着社交网络、移动计算和传感器等新技术不断产生,超过85%的数据属于非结构化数据,这就需要以更加优化的方式存储和分析数据,这将成为智慧图书馆网网相联的新命题。

随着互联网技术的不断升级和成熟,和网络有关的各类图书馆服务因其泛在、便捷、实惠、个性而日趋成为更多读者的选择。网络经济在未来20年内将成为世界经济增长的源头;同样,作为智慧图书馆的主要形式的网络服务也将成为未来图书馆创新发展的引擎;作为建立在网络基础之上、并以现代信息技术为核心的新的图书馆服务形态,网络服务现已逐渐渗透到了图书馆的各项业务之中,在图书馆管理与服务中占的比重越来越大。网络服务对个别读者而言可能是阅读学习或休闲方式的改变;对图书馆而言就意味着新的服务增长点。

3. 库库相联的图书馆

在信息无限增长的环境下,图书馆的数据库以及在人工智能基础上形成的知识库具有内容取胜之道。但是,如果各图书馆仅是以自身的数据库和知识库为限,必然形成知识的孤岛,在知识互联和跨学科的环境下,只有实现本馆内的库库相联和各图书馆间的库库相联乃至发展到与社会各机构和合球各机构的库库相联,这是实现图书馆智慧发展的重要管理和服务理念。实际上现在很多图书馆已经做了这方面的有益尝试。

库库相联的图书馆在新近的图书馆读者服务中已有所体现。台湾《联合晚报》2012年4月9日发表社论指出,到大学图书馆借书,结果柜台拿出一台iPad给你,里面装满了你要借的书。这是已经实际发生在台湾几所大学里的真实场景。借书能借到iPad,标示着一个新趋势正在悄悄发生,学生的阅读习惯改变了。网络上有各式各样的文章、信息,随手一点就可以读到。这样的图书馆服务正是在库库相联的技术支撑下实现的。

库库相联需要进行多媒体文献的整合联通,即将相关内容和主题的知识通过图书馆员的专业努力使其联为一体,将文字、书本、声音、图像、数据以及各类动态的信息集合起来,做到去粗取精、去伪存真、由此及彼、由表及里、由乱趋序、由杂趋专、由隐趋显、由广趋约、由孤趋联、由个趋合的加工整合和挖掘研究功夫,使读者在碎片化的信息海洋中获得某一主题的整合性和一体化信息服务,这将提升图书馆服务的品质和地位。

库库相联应当适应图书馆更加个性化服务的发展趋势。我们正在从"个人计算机"向"个人计算"过渡。个人计算千差万别,需要运用云计算和云服务进行统筹管理,通过更加自然的人机交互为"我的图书馆"进行度身定制式的服务。

库库相联需要对大数据的技术发展趋势有所把握。大数据目前尚没有统一的定义,通常被认为是一种数据量很大、数据形式多样化的非结构化数据。大数据具有以下诸多特点:一是具有多信息源并发形成大量的异构数据的特点,在编码方式、数据格式、应用特征等多个方面存在差异性;二是通过各种设备产生的海量数据,其数据规模极为庞大;三是涉及感知、传输、决策、控制开放式循环的大数据,对数据实时处理有着极高的要求,如仅通过传统数据库查询方式获取的当前信息很可能已经没有价值;四是在特定时空中的数据持续到达;五是大数据需要有新的方法来满足异构数据统一接入和实时数据处理的需求。可以预见,在未来的几年内,将会涌现出一些能够处理大型非结构化数据的工具和平台①②。大数据为图书馆数据库的重组再造以及相应的数据应用和读者咨询提出了新的挑战和新的发展机遇,成为图书馆库库相联的重点。对图书馆服务发展中的海量数据进行系统升级,加强学科信息的关联性和数据质量,通过海量数据的收集、处理,从中获得知识和洞见并提升能力,从数据挖掘中提升图书馆服务的品质,这都将给图书馆迎来一个充满智慧的数据管理、数据服务和数据创新的时代。库库相联需要做到"腾云驾物",即让云计算承担起对大型数据中心、跨数据中心硬件资源及软件数据的统筹调度和集群服务,这种管理服务的枢纽作用,如同水、电等公共服务一样,库库相联,随需取用,从而构建起智慧图书馆管理服务的神经系统。

4. 人物相联的图书馆

在智慧图书馆中,既要做到物物相联,也要做到人物相联,即将图书馆员和读者与图书馆的各类设施联系起来。多年前,法国国家图书馆已开展有读者座位预订系统,上海图书馆讲座中心也通过移动通讯实现讲座会场座位的提前预订,2011 年 11 月,厦门大学图书馆也开设了自动选座系统服务,使读者与图书馆座位设施联系起来,体现了智慧图书馆的人物相联的全面互联互通的服务管理品质。有了数字化、网络化和智能化的基础建设,图书馆如同一台便捷式电脑随时可以打开使用,在读者方便的任何时间可以进行读者与知识与信息的对话;尽管物理空间的图书馆依然会有公共空间的魅力和吸引力,但智慧图书馆会给读者带来时间上的更多自由与选择,使原本以图书馆开放时间为逻辑点的服务模式发生变革,让读者感到图书馆随时的存在和即时的利用。

至 2011 年底,中国内地的微博用户已超过 3.3 亿,每天产生约 1.5 亿条微博客③。互联网的崛起和微博的流行,进一步拉近了图书馆与广大读者之间的距离,使图书馆与读者间的信息桥梁变得异乎寻常的通畅并形成了互动的形态。在传统的以图书馆为核心主导的文化管理中,读者服务的信息传播特点是单向的,图书馆如同一台中央计算机,处于信息传播的金字塔顶端。在智慧图书馆的发展阶段,由于移动互联网的产生和发展,信息创建、处理、传输和搜索变得十分便捷,信息制造与发布的主体已不仅仅局限于图书馆员,广大读者也加入了信息数据创造者行列,信息正在令人震撼和超乎想象的速度扩散着,各个图书馆与无数的读者间的信息流动更近、更快、更直接。在原本图书馆发布的信息的基础上,广大读者带来了众多有价值的信息,通过读者移动网络预约、微博感言、读者网络满意度调查、网上知识竞赛、网上知识导航等,使图书馆员与读者、图书馆员与图书馆员、读者与读者有了更多机会互相联接并接触到比以前更多的信息,图书馆的门槛降低了,任何读者都有机会在图书馆管理和服务中发挥直接和间接的作用。图书馆微博技术的发展,呼唤图书馆在公开透明的同时要创新管理,即通过健全内部监管制度,规范信息制作、发布和传播流程,将微博纳入健康的轨道

(二)融合共享的图书馆

融合共享是智慧图书馆通过智能技术实现的服务理念。这种融合共享的图书馆的发展

---

① 刘禹. 大数据有大智慧[N]. 光明日报 2012 – 04 – 17(12).

② 陈超. 智慧城市:"智慧来自大数据"[N]. 文汇报,2012 – 04 – 09(5).

③ 张意轩. 每天 1.5 亿条微博,有影响力,更要有担当[N]. 人民日报海外版,2012 – 04 – 14(5).

应当是适度的和有节制的。这种恰当的融合共享将为图书馆事业的发展注入新的活力并提供一个新的服务起点。

1. 三网融合的图书馆

电信网、广播电视网、互联网在向宽带通信网、数字电视网、下一代互联网演进过程中，正形成技术、内容和服务的融合①。如 1994 年由日本 Denso-Wave 公司发明的 QR(Quick Response)技术使手机使用者能够在摄入有关图像后立即通过互联网连接到产品网页。这种技术可以为读者服务带来许多方便，如图书馆的总分馆分布图牌上增加 QR 码，读者在用手机阅读解码后就可及时获得各分馆的开放时间和地点的有关信息②。2012 年 4 月 28 日，2012 亚太新媒体高峰论坛在济南举行，此次论坛的主题为："融媒体、新技术、新资本、微世界"，体现出以前瞻的视角聚焦新媒体融合的现实与未来。2012 中国互联网大会将于 2012 年 9 月 11 日至 14 日在北京国际会议中心举行，本次大会的主题是"开放·诚信·融合—迎接移动互联新时代"。以上信息充分说明了"融合"正成为当代信息技术发展的一个最重要的趋势。

清华大学图书馆于 2008 年获得国家教育部人文社会科学研究规划基金项目——"基于无线广域网的移动数字图书馆实现和服务机制的若干关键问题"的支持，至 2009 年 4 月，清华大学图书馆手机注册用户已达 1.9 万人次，流通通知等各类信息推送累计发送短信 19.4332 万条，充分显示出移动互联网在图书馆服务增长方面的巨大空间③。

上海图书馆进行了三网融合的最新实践。读者通过拍摄书籍的条形码，或者手工输入就立刻知道这本书在上海图书馆中是否可以借到，并可以看到其他读者对于这本书的读后感，这样的移动阅读服务已经付诸实践。读者只要在自己的手机或 iPhone 上安装了 Android 系统，即可通过触及上海图书馆官方网站，下载相关的客户端软件，实现如下移动服务功能：书目检索、读者服务、微博分享、上图信息、你问我答、分馆导航、图书借阅。读者通过一款能上网的手机，全市 260 多家总分馆的馆藏尽在掌握之中。目前，上海图书馆的手机图书馆能检索全市 200 多万种、近 1600 万册馆藏文献资料。上海图书馆还与豆瓣网合作，使读者更好地了解对新出版书籍的评论。对于平时繁忙的读者来说，则可以通过手机图书馆查看已借图书信息，并办理续借。不仅如此，手机图书馆的未来前景十分广阔，能够让更多平时无暇光顾图书馆的人们，通过手机就能将图书借到家中。尽管这一体现智慧图书馆的创新服务在实际操作尚面临最后一公里的难题，如物流成本、馆藏保护、城市中各级图书馆人力资源配置和管理能力不均衡等因素带来的压力。上海图书馆自 2010 年 9 月推出 Android 手机客户端第一版、同年 12 月 15 日推出 iPhone 手机客户端第一版以来，手机客户端的发展十分迅速。当然，阅读电子书必须解决版权问题，需要加强图书馆与网络及内容提供商的合作④。

图书馆的三网融合也正在遇到出版界的挑战。以中国为例，继上海张江、重庆北部新区

①　上海社会科学院信息研究所.智慧城市辞典[M].上海：上海辞书出版社，2011:158.

②　钟建国.QR 码[N].参考消息，2012-04-11(12).

③　侯丽.未来的大学图书馆是啥样？——"数字出版与图书馆发展学术研究会"侧记[N].中国文化报，2010-08-23(1).

④　方翔.手机变身"借阅证"上海图书馆让好书"触"手可及[EB/OL].[2012-04-12].http://sh.eastday.com/m/20120412/u1a6481692.html.

之后,我国第三个批准成立的国家级数字出版基地——杭州国家数字出版产业基地已初具规模。数字出版的主要特征之一就是传播渠道网络化。中国移动手机阅读基地、中国电信天翼阅读平台和华数字电视三大数字内容投送平台形成了三网融合,目前入库图书逾 50 万册,日访问量近千万人次,2011 年年产值近 30 亿元。杭州国家数字出版产业基地正是以横跨手机、互联网和电视网络传播渠道形成了其特色①。图书馆在自主版权电子资源的基础上,应当借助出版界等行业的力量来拓展数字服务的内容,从而为图书馆的三网融合注入新的活力。

2. 跨界融合的图书馆

跨界融合是智慧图书馆集群协同的重要特点。在信息技术的支持下,跨界融合正成为全球图书馆事业发展的一个特点。

跨界融合已经并将继续体现在图书馆阅读和文献提供等各项业务之中。以阅读为例,2012 年 4 月 19 日,中国移动手机阅读高峰论坛暨"悦读中国"大型移动互联网读书活动在北京举行,旨在开启全新的"开放、连通、互动"的手机阅读模式,这一模式汇聚了作者的创造力,出版界的策划力,互联网的传播力,体现出跨界融合共同推动公益性全民阅读的特征。这种跨界融合具有很强的影响力,将实现参与互动分享用户可达 5000 万、覆盖影响 2 亿用户②。这种借助信息技术的跨界推广阅读活动近年来在图书馆界已不是个别的例子。以图书交换为例,在 2012 年"4·23 世界读书日"到来之际,首都图书馆联盟各成员机构推出了"北京换书大集",就是要让广大读者手中的书"走"起来,而一些文化名人也持签名图书参与交换,多家出版社提供了新书参与交换,国家图书馆还提供了近年的文津图书奖获奖图书参加交换。这是在馆馆相连的智慧图书馆发展中为图书馆、读者、出版社和文化名人带来的文化新气象③。以文献提供为例,2012 年 6 月 21 日,索尼 PSP 召开网络研讨会。大英图书馆在会上推出跨国界文献传递服务项目,该项目是由出版社和大英图书馆联合举办,旨在提供教育方面的文献服务。此举体现了出版社和图书馆在合作领域又迈出了一大步,这更有利于教育和科研人员以更低的成本获取需要的学术类文章。早在 2012 年 1 月,国际非商业性文件服务就开始试行此项目。大英图书馆、出版社和授权的非营利图书馆共同签署了三方协议。这一跨界的通力合作使广大图书馆得以获取非商业研究或个人学习的期刊文献,可以使全球范围内的读者以远低于市场价的费用快速获取所需的文献资料④。

3. 新旧融合的图书馆

当复合型图书馆提出的时候,人们已在思考如何在保存传统的基础上进行创新发展,复合型图书馆的最显著的特点就是数字资源和印刷型资源的复合共存。任何事物的发展都有历史的逻辑,新旧融合就是当今图书馆的发展哲学。从中国第九次全国国民阅读调查结果公布的数据显示,在 18 至 70 周岁国民中,11.8% 的数字阅读接触者在读完电子书后还曾购买过该书的纸质版,仍有 75.3% 更倾向于拿一本纸质图书阅读,说明了纸质读物与数字读物

---

① 叶辉. 杭州数字出版发展势头强劲[N]. 人民日报,2012 – 04 – 24(7).
② 严建荣. 移动互联网读书活动启动[N]. 人民日报海外版,2012 – 04 – 20(4).
③ 王大庆. 首都图书馆联盟主办"换书大集"[N]. 光明日报,2012 – 04 – 07(1).
④ 英国图书馆欲推出跨国界文献递[EB/OL]. [2012 – 04 – 12]. http://news. sxpmg. com/zhuangao/yuanchuang/201204/87689. html14.

在一定程度上的相融性与互补性①。

2010年,时任上海图书馆馆长吴建中在中国图书馆学会长春年会的报告会上讲到上海图书馆的数字资源建设的发展计划:原来2006—2010年期间确定的目标是达到资源总量的30%,而2010年仅达到17%左右,但吴先生认为这个比例可能是比较适合的。因为达到30%的目标是很容易的,但是,这还取决于图书馆相应的适应能力,包括读者的适应能力。这里实际上也寓含了图书馆在相当一段时间内需要有新旧融合的理念②。

在中国近数十年来的城市图书馆发展初始阶段,图书馆的建筑一味"求高求大",当人们经历了初始的发展之后回首反思时,会感到这样的发展略显幼稚。科学化的发展思路是把读者的活动半径尽量缩小,并通过公共图书馆与城市花园、绿地、步行道等将城市公共空间的组合,将城市回归到自然状态。在空间均等化公共图书馆中,可以将传统与时尚相融合,将印刷文献与多媒体文献相融合,将人际与人机相融合。

近数十年的信息技术可谓是层出不穷,有人比喻图书馆的新技术如同走马灯似的。而对这样的技术环境如何应对,是喜新厌旧,还是新旧融合,这既是发展上的智慧,也是管理上的智慧。建设智慧图书馆同样需要有智慧的应对。信息技术的更新速度乃至改朝换代的间距越来越短。一方面,图书馆需要以不息为体,以日新为要;另一方面,图书馆也应考虑管理服务的成本与技术更新的风险。因此,新旧融合不失为一种适当的应对策略。图书馆可以用博大的胸怀迎接各类技术的挑战,并以美美与共的文化理念来包容各类新形态和创新的出现。

4. 多样融合的图书馆

如果说,当代世界经济和政治呈现多样化的话,那么当代图书馆也应当是多样融合的图书馆。

在图书馆中,可以有多样的阅读方式:书本阅读、电子阅读、网络阅读、真人阅读、互动阅读、艺术阅读等。可以有多样的文化空间:阅读空间、研究空间、多媒体视听空间、艺术修养空间(音乐戏剧欣赏)、休闲交际空间、娱乐空间、网络空间、社交新媒体空间等。

有学者认为,未来的图书馆是"可塑型图书馆","将未来的图书称为'可塑型图书',在'可塑型图书馆'里,'每本书都有电子摘要、脚注、索引,都经过分析、加工、分类、汇总、编码和链接'"。"经过数字化的图书,既可以按页拆分,也可以摘录成一页,这些摘录经过再加工可以变成新的图书"。这种可塑型图书馆遭到了批评,因为这种"可塑型图书馆最终将沦为大众的垃圾站"③。但这里也透露出未来图书馆多样性的有关信息。

在书书相联、书人相联、人人相联以及馆馆相联、网网相联、库库相联的前提下,图书馆将呈现丰富多样的新形态;传统的印刷型与新型的数字型、前一代的数字阅读与新一代的移动推送、互动型的文字与多媒体的呈现、索引文摘与深度挖掘、网上直播与事后点播,智慧图书馆的载体给馆员和读者带来无穷尽的、互通联动的新途径与新方法,从而也构成了多样融合的图书馆。

① 张贺. 第九次全国国民阅读调查结果公布[N]. 人民日报,2012 – 04 – 20(12).

② 李丹. 吴建中:新技术与图书馆的关系[EB/OL]. [2012 – 04 – 12]. http://libspace.org/space-600-do-blog-id-4227.html.

③ 基恩. 网民的狂欢:关于互联网弊端的反思[M]. 丁德良,译. 南海出版公司,2010:53 – 54.

信息技术成为当代图书馆发展的引擎,这已是不争的事实。但是我们的图书馆事业如果仅仅停留在"数字网络技能"和"娱乐互动享受"中打转转,而不对于"图书馆未来生存智慧"投以更多的注意力,那么人无远虑,必有近忧,图书馆的未来之路会越走越窄。智慧图书馆的发展为社会与公众带来了绿色的文化消费,带来了低碳节约、便捷实惠的服务,带来了高效安全、集群协同的管理,带来了科学包容、可持续的创新发展理念与实践。智慧图书馆为图书馆的创新发展既带来了挑战,也带来了新的发展契机,这对于 2011 年 1 月 2 日艾尔弗莱特大学的培训指导馆员 Brian T. Sullivan 发表的名为《2050 年学术图书馆遗体解剖》的专题报告中提出"学术图书馆将会死亡"的命题是一个很好的回答和应对。图书馆的未来发展进程是一个跨学科研究的重要问题,需要由图书馆学家、信息技术专家、信息传播学家、社会学家、管理学家、教育学家、建筑学家们共同合作,以便顶层谋划智慧图书馆未来发展的定位以及所带来的诸多需要破解的难题。

三、智慧图书馆三论

随着对智慧图书馆认识的深入,对智慧图书馆在初论、再论的基础上有了更为全面深入的感悟,形成了对智慧图书馆三大特点的认识和概括:即智慧图书馆带来的各种变化可以从三个角度来观察:一是互联的图书馆,可以细分为全面感知的图书馆、立体互联的图书馆、共享协同的图书馆;二是高效的图书馆,可以细分为节能低碳的图书馆、灵敏便捷的图书馆、整合集群的图书馆;三是便利的图书馆,可以细分为无线泛在的图书馆、就近一体的图书馆、个性互动的图书馆。智慧图书馆与以往的数字图书馆、复合图书馆等既有联系又形成了自己的特点,是信息技术发展推动下的图书馆发展形态的历史新阶段。

(一)智慧图书馆的三大特点

何为智慧图书馆?笔者认为可以作如下的定义:"智慧图书馆是以数字化、网络化、智能化的信息技术为基础,以互联、高效、便利为主要特征,以绿色发展和数字惠民为本质追求的现代图书馆科学发展理念与实践。"有人将数字化、网络化、智能化作为智慧城市的主要特征,这只是揭示了智慧城市的外在特征;同样,智慧图书馆所依据的数字化、网络化和智能化的信息技术也仅仅是其外在的表象特征,互联、高效和便利才是其真正的内在特点。

智慧图书馆是实现图书馆科学发展的全面方案,互联、高效和便利正是实现这一全面解决方案的三大路径和目标定位。以互联而言,通过全面感知、立体互联和深度协同,将智慧技术渗透融入图书馆服务与管理的各个领域、各项业务、各个流程和各个细节,将实现图书馆科学发展的创新转型。以高效而言,通过节能低碳、灵敏便捷和整合集群,将智慧管理引导融入图书馆的一线服务与二线保障,将资源节约、环境友好的可持续发展理念导入图书馆的前台与后台、硬件与软件,在书书相联、书人相联和人人相联的基础上为读者节约时间,更加方便快捷地处理应对各类事物,提升整合集群后的规模效应和效能,实现图书馆发展中的各项资源的效益最大化、效率最高化、效能最优化的发展追求。以便利而言,在全面立体感知基础上所形成的无线泛在环境,使任何读者在任何地点通过任意方式获取所需的知识信息并进行相应的信息互联成为可能,使图书馆服务成为随身、随处、随时、随意的服务,而互联集成的技术使原本单独、复杂、异地的服务可以整合成就近一体化的简化方案,并形成虚实、内外和个性的互动,而这正是智慧图书馆人本理念的体现。

智慧图书馆的互联、高效、便利三大特点之间是互相联系的。互联是智慧图书馆的基础,是高效和便利特点所依托的技术支撑,也是智慧图书馆区别于数字图书馆和复合型图书馆的主要方面。高效是智慧图书馆的核心,是互联基础上智慧图书馆的服务与管理的进一步应用,也是智慧图书馆绿色发展和数字惠民本质追求的重要体现。便利是智慧图书馆的宗旨,是互联、高效特点的落脚点,也是智慧图书馆科学发展人本理念的精髓所在。需要提出的是,实际上智慧图书馆的三大特点及所折射出的许多理念,有的以往已经出现过,但在新的发展环境下,通过智慧图书馆将这些理念进行了整合与提升,在智能技术的支持下赋予了其新的内容和生命。

如果说智慧城市可以带来更高的生活质量、更具竞争力的商务环境和更大的投资吸引力,则智慧图书馆可以带来更高的服务质量、更具吸引力的学习休闲环境和更高品质的管理,并通过智慧图书馆培养更多的智慧公众。智慧图书馆的发展新模式将提高图书馆广大读者和馆员学习和工作的自由度,将提高时间和资源的利用效率,也将推动图书馆在日新月异信息技术发展环境下的创新驱动和转型发展。

(二)智慧图书馆是互联的图书馆

作为智慧图书馆的基础,数字化、网络化和智能化技术是智慧图书馆的外在特征,其技术的具体表现就是对图书馆人和物的全面感知;在感知基础上的跨时空的立体互联;在信息共享基础上的深度协同。

1. 全面感知的图书馆

全面感知不是部分或局部的感知,而是信息感知的全覆盖,把单本(种)的文献信息孤岛和读者馆员的信息个体连成一片,将碎片化的信息串联成互联化的信息,从而实现了读者与馆员、前台与后台之间的智能联接并建立相互间的联系。全面感知是建立在数字化、网络化和智能化的技术基础之上的。美国芝加哥大学的曼索托图书馆每年新增书籍约为15万册,新近运用智能技术,建立了机器人堆叠书库管理系统,对所收藏350万册书籍进行了全面感知,这种新型堆叠管理技术跳出了传统图书馆普遍采用的杜威十进制图书分类法,转而以书籍的书名和尺寸进行分类,这种按书籍尺寸排列的方法尽管在全球个别图书馆曾经使用过,但运用智能机器人来操作还是颇具新颖性;而这种智慧的方法占地面积仅为常规书库的七分之一[1]。不仅馆内的文献信息需要感知,还需要将感知的触角伸向社会的方方面面。2012年5月底的图书馆服务宣传周期间,上海图书馆与盛大文学合作,网络文学在公共图书馆"登堂入室",面向广大读者开展了数字网络阅读服务[2]。美国华盛顿州西雅图市图书馆在多媒体文献全面感知的基础上实现了读者服务的实时数据显示管理,图书、DVD、CD等各类文献的读者实时服务数据通过大屏幕的分类显示一目了然。挪威国家图书馆的汽车图书馆也是在信息全面互联感知基础上实现了汽车图书馆内外人的互动以及文献借阅和音乐欣赏

① 王馨立. 地下机器人图书馆[N]. 文汇报,2012 - 05 - 23(16).

② 盛大文学与上海图书馆合作　网络文学"登堂入室"[EB/OL]. [2012 - 06 - 30]. http://tech. huanqiu. com/Enterprise/2012-05/2763291. html.

等多样化服务。这些都是全面感知的案例。

2. 立体互联的图书馆

立体互联是图书馆跨部门、跨行业、跨城区乃至跨国界的全面立体互联;是图书馆物理空间的楼楼相联、层层相联、区区相联、室室相联、桌桌相联、机机相联、屏屏相联、藏阅相联的互联;是图书馆文献的书书相联、网网相联、库库相联;是图书馆服务主体馆员间的互联,是图书馆服务客体读者间的互联,也是主体馆员与客体读者间的人人互联,是人机交互的互联,也是互联网、广电网和电信网的三网融合的互联。以图书馆的信息立体互联的安全保障系统为例,需要在图书馆内外进行全天候实时信息监控,防火、防水、防盗、防突发安全事故发生;对图书馆在不同空间的建筑进行统一的安全监控;对进入图书馆的人员携带物品进行安全识别;对借阅和复制等文献等进行检验;对图书馆内外区域进行身份感应,设置不同的感应门禁,授予不同人员以不同的权限;对进入善本书库、机房等重地人员进行出入的信息识别,等等,通过立体的信息感知进行严密而有效的安全防范。

法国国家图书馆在多前年就已建立起图书馆座位预订信息管理系统。随着中国大学图书馆座位供需矛盾的出现,这种座位预订信息管理系统在中国的大学图书馆开始出现。继厦门大学之后,南京医科大学江宁图书馆在 2012 年 5 月推出了图书馆座位管理系统,在图书馆座位电子显示屏上,读者可以像在电影院选座位一样,通过可视化界面,方便灵活地选择自己喜欢的座位;可以预约图书馆座位,实现了人(读者)与物(座位)之间的立体互联,从而达到了高效使用座位资源并营造良好的阅读氛围的效果①。

3. 共享协同的图书馆

互联的图书馆需要有信息共享的基础和环境,突破体制和机制的障碍,实现信息互联共享基础上的深度协同。这种共享协同的创新实践在图书馆服务与管理中是可以大有作为的。如在各图书馆之间可以创建个人诚信信息系统,各个图书馆的读者诚信记录可以实现同城联网、全省联网乃至全国联网,这就需要运用智慧图书馆建设的协同理念,在信息技术的支持下创建图书馆征信协同机制,并逐步建立起图书馆读者诚信网。图书馆各区域空间的服务与管理可以借用社会管理中的网格管理理念和方法,将图书馆服务空间划分为若干个服务管理网格,将共享协同管理在特定的网格空间中实现,及时就近为读者提供全方位和一体化的服务,使读者的问题和期望在某一服务点位上得到一揽子解决和满足,为读者节约时间,使读者服务更加方便快捷、管理更加主动到位。

(三)智慧图书馆是高效的图书馆

高效的图书馆是节能低碳的图书馆,是灵敏便捷的图书馆,也是整合集群的图书馆。智慧图书馆表面上看在相当程度上是数字化、网络化和智能化的技术问题,但从深层次的角度观察,智慧图书馆实际上是一个服务问题、管理问题和环境问题,是一个图书馆的发展战略问题,也是未来图书馆的发展模式问题。

1. 节能低碳的图书馆

绿色发展是当代全球发展的趋势和聚焦点,也是智慧图书馆的灵魂,而节能低碳正是绿

---

① 南医大江宁图书馆有个"防占座利器"进馆如进影院需选座[EB/OL].[2012 – 06 – 30]. http://news. jschina. com. cn/system/2012/06/05/013488476. shtml.

色发展的重要途径和方法。节能低碳的图书馆与智慧公众有密切的联系,许多方面需要读者与馆员转变阅读与工作方式,增强绿色发展的理念并付诸实践,从身边的事情做起,从一件件小事做起。

2011 年 12 月,上海交通大学图书馆与美国国家仪器公司 NI(National Instruments)合作,针对传统中央空调忽冷忽热的现象,发动大学生共同设计了国内首个高校图书馆室内"环境监测与节能系统",通过对空气温度的区域的即时感应做出相应的温度调控,体现出智慧图书馆在节能低碳发展中的理念创新与实践创新①。从图书馆建筑设计而言,应尽可能设计大平面建筑,以减少电梯的使用,如 2010 年前后上海援建的四川省都江堰市图书馆就是类似的建筑,这一建筑利用旧厂房改建而成,整个建筑呈三层平面展开,既方便读者,又相对节约了图书馆建筑中垂直交通的能源。而台湾地区近年来新建成的台北市图书馆北投分馆正是以绿色为其设计、管理和服务的主要特征。该图书馆坐落于居民区旁的树林绿化丛中,整个建筑多采用木结构,以产生冬暖夏凉的效果,建筑顶部有太阳能板以生产清洁能源,并专门设计了雨水利用的坡度与管道,用于馆内的洗手间用水等,在图书馆建筑外的玻璃幕墙上,进行了绿色图书馆的主题宣传。这一图书馆"绿建筑"发展的全新案例为我们建设节能低碳的图书馆提供了成功的经验和有益的启示。

图书馆是用纸大户,如何在工作中减少用纸,对读者倡导数字网络的文献保存与传递方式以减少复印用纸,将有很大的节能空间。据测算,每节约 10 张 A4 纸,可节约 1 度电,每节约 3000 张 A4 纸,可少砍伐 1 棵 20 年树龄的树,如此,图书馆通过节约用纸即可在无形中为绿色发展做出不少贡献。图书馆还可以通过使用感应电梯、感应用水、节能照明、雨水利用等方法来节约能源。图书馆还可以通过讲座、展览等服务特色,倡导低碳伦理,包括节俭、责任、公正、和谐等原则。

2. 灵敏便捷的图书馆

智慧图书馆就是要实现图书馆服务与管理各要素间的整合转型,体现图书馆反应的即时性和适时性,使图书馆复杂的神经系统在面临千变万化的动态发展情况下能够做到"耳聪目明"并快速反应,借以提高图书馆管理的灵敏度;在智能技术的帮助下做到图书馆应急管理中的第一时间发现,第一时间处置,第一时间解决,第一时间公布,提升图书馆管理效率的能级。

随着 20 世纪末至 21 世纪初图书馆大型建筑一个个拔地而起,图书馆电梯数量越来越多,电梯故障也时有发生。通过智能技术的物联网,可以实时监控电梯运行,让每台电梯自己成为"安全员",使电梯运行故障及时发现和及时处置。而同城(乡)一卡通服务体系的构建,也使图书馆信息系统的负载越来越大,系统故障不能完全避免;而体量巨大的信息系统一旦遭遇"短路",会给全系统的总分馆服务带来很大的影响,这就需要运用信息应急系统以缓解系统可能发生的突发故障,处惊不乱。如可以采用备用系统或替代方案等,并进行各图书馆相关人员的应急演练,以体现智慧图书馆信息管理系统的灵敏便捷的快速反应。

3. 整合集群的图书馆

智慧图书馆将实现跨系统的应用集成、跨部门的信息共享、跨网络的融合互通,以形成

---

① NI 公司. NI 携手上涨交通大学新图书馆构建环境监测与切能系统[EB/OL]. [2012 – 06 – 30]. http://www.cnki.com.cn/Article/CJFDTotal-WXJY201202004.htm.

可操作、可控制、可监管、可共享的互联平台和集约发展,包括馆藏特色文献平台、全媒体数据库平台、人财物信息统计公开平台、读者服务数据统计平台、法规制度政策平台等,为读者和业界提供一体化和全方位的管理与服务,这正是智慧图书馆追求的整合集群管理的理想形态。

"同城一卡通"是 21 世纪初以来图书馆整合集群的典型案例,这种突破行政区划和城市中的分级财政而实现的跨区域的全城(乡)一卡通用,使图书馆公共文化服务体系实现了质的飞跃,使原本一个个独立的图书馆资源整合为集群共享的图书馆,使图书馆的设施资源、文献资源以及人力资源的效能走向了最优化。近十年来,网上讲座与网上展览的整合集群的联盟的形成与发展,也使这两项发展迅速的图书馆新的核心业务发挥出其更大的效益,使东中西部的图书馆的特色资源得到了互相支持和共同发展,尤其是广大的中西部地区和东北地区的读者能够享受原本难以得到的东部地区图书馆的讲座服务和展览服务,也使东部地区得到了颇具特色的中西部地区和东北地区的讲座和展览资源。

(四)智慧图书馆是便利的图书馆

智慧图书馆将给读者和馆员的学习和工作带来巨大的变化,通过信息技术的引领、图书馆管理方式的转型以及读者信息素养的提升,智慧图书馆将给广大读者带来便捷利民的实惠,成为无线泛在的图书馆,就近一体的图书馆,个性互动的图书馆。

1. 无线泛在的图书馆

2001 年,韩国首尔提出了泛在城市计划,以构建城市内随时随地网络接入和服务接入的城市信息环境;2004 年,美国费城市政府在世界上第一个提出"无线费城"规划,以实现城市内宽带无线网络覆盖。泛在城市和无线城市给无线泛在的图书馆创造了良好的信息环境。中国信息环境的发展也为无线泛在图书馆创造了巨大的潜在用户。据 2012 年 5 月召开的2012 世界电信和信息社会日大会上透露的信息,2009 年初启动商业运营以来,中国 3G 用户已达到 1.52 亿户,手机网民超过了 3.7 亿人。截至 2012 年 3 月底,中国电话用户总数达到了 13.03 亿户,其中移动电话用户数达到了 10.19 亿户。宽带用户达到了 1.58 亿户,互联网网民规模超过了 5.2 亿人。移动互联网已深入包括图书馆服务在内的电子商务、媒体传播、信息服务、生活娱乐等几乎所有社会生活领域[1]。无线数字图书馆正在成为越来越多的图书馆的服务方式。有线宽带城域网、无线宽带城域网、移动数字电视网、移动多媒体网的多网融合的立体型基础网络架构正在一些城市中形成,并陆续应用于文化服务等领域。来自中国移动的数据显示,截至 2012 年 4 月底,全国已有 30 个省 302 个城市的无线城市门户上线推广。在这 302 个城市中,无线城市已上线 16 000 余个应用,环比增长 10.4%,累计独立用户超过 1700 万[2]。通过无线城市的建设,图书馆已经并将不断构建起"图书馆总在我身边"的学习阅读环境,让读者通过手机和多媒体信息载体实现时时可读、处处可读、人人可读的学习休闲环境,即大多数文献都能够合理使用信息技术或在数字化环境中利用,大多数读者能够熟练运用信息技术进行文献查询和信息咨询,进行自主学习、探索研究并解决阅读中的问题,大多数的图书馆服务方式能够提供跨时空的服务路径,让读者可以得到个性化、可

---

① 王政. 我国 3G 用户过到 1.52 亿[N]. 人民日报,2012 - 05 - 18(4).
② 王政. 建无线城市促智慧生活[N]. 人民日报,2012 - 06 - 11(5).

选择、互动型的服务。深圳图书馆倡导实践的城市街区 24 小时图书馆以及台北市的多个无人自助式图书馆就被誉为智慧图书馆的一种泛在式的创新服务。

2. 就近一体的图书馆

智慧图书馆的精髓是以人为本理念下的数字惠民,就是要让读者能够就近实现同一空间的一体化的阅读学习解决方案,享受智慧图书馆带来的身边的服务,以体现智慧图书馆便民、利民的本质追求。

手机图书馆或掌上图书馆成为就近一体图书馆的生动体现。上海图书馆的手机图书馆自 2003 年策划、2004 年试点、2005 年正式推出以来,2007 年和 2012 年又先后进行了功能提升,实现了"上图信息、书目检索、读者服务、微博分享、移动阅读、你问我答和分馆导航"等多项功能的整合。重庆图书馆的手机图书馆的功能也包括了丰富的内容,如书目查询、我的图书馆、重图新闻、重图电子书、入馆指南、读者互动、阅读通、讲座预告、使用说明等。国家图书馆的"掌上国图"则以其独特丰富的内容形成了服务的特色。移动通讯在图书馆中的广泛应用,使 21 世纪初提出的"我的图书馆"的创新理念真正落到了实处。

通过信息技术的整合,世界上的一些大学图书馆已实现了同一阅览空间的印本阅读、数字阅读、电子传输、数字下载、按需印制等的一体化服务方案,让读者避免了以往服务中的楼层上下左右的来回奔波;同时也让读者穿越了私人研究工作空间与图书馆阅读学习空间的传统隔离,可以更自由、更自主、更节约、更方便、更泛在地利用图书馆。

3. 个性互动的图书馆

智慧图书馆是服务质量更高的图书馆,这种高质量的服务品质,体现在智能化程度更高的个性化的服务以及读者参与互动式的自主式的服务与管理。2010 年上海世博会举办期间,上海图书馆与普陀区图书馆合作,在世博园区中设置了图书自助漂流亭,这种自主漂流亭,可以进行网上信息查询、参考咨询、文献传递,也可以 24 小时自助借还印本图书。在不少图书馆开展的"讲座队信通"服务,即读者预约图书馆讲座,只需提供手机号码即可进入网上排队系统,并以短信及时告知读者预约是否成功。图书馆的微博分享、你问我答、网上知识竞赛、电话预约、网上联合知识导航站、参考外借远地预约就近取书等都体现了个性互动的服务。这种个性互动的服务都是借助于日益发展的数字化、网络化和智能化的技术进行的。

智慧图书馆发展体现了以人为本的理念:智慧图书馆的发展为了读者,图书馆的创新转型要让读者得实惠,图书馆提高服务品质要让读者共同参与,智慧图书馆的发展成果让读者共享。智慧图书馆的发展秉持如下的价值观:更智慧的图书馆,更优良的服务与管理。

(五)智慧图书馆与数字图书馆和复合图书馆的联系与区别

智慧图书馆与数字图书馆、复合图书馆等既有内在的联系又形成了自己的特点。从外在的特点分析,智慧图书馆与数字图书馆和复合图书馆都具有数字化和网络化的特征,但智慧图书馆的这些特征已经与其集群、整合、协同、绿色、惠民等内在特征和本质追求有机地结合了起来。智慧图书馆是图书馆数字化、网络化、智能化、文化全球化与社会信息化在特定历史阶段相互交融结合的产物,是数字化图书馆、复合图书馆发展理念与实践的延续、整合与升华。如果说,数字图书馆与复合图书馆还在一定程度上停留在图书馆的物理组合的话,那么智慧图书馆已发展至图书馆的化学融合,即将着力点聚焦于信息技术支持下图书馆的全面的优良服务与高品质管理之中,渗透在互联、高效、便利的三大特点之中,较之数字图书馆和复合图书馆更具有科学发展见识的新高度。智慧图书馆不是图书馆局部的解决方案,而是图书馆的全局解决方案。从发展阶段而言,在图书馆的发展进程中,数字图书馆与复合图书馆在传统图书馆的基础上,曾经成为图书馆服务与管理发展的补充要素与替代要素,成为图书馆发展的过渡阶段,推动了图书馆服务与管理的局部变革;而智慧图书馆依托数字化、网络化和智能化的技术,提升了相应的管理智慧,硬软并举,已经并将逐渐成为图书馆服务与管理的主导要素,成为未来图书馆的顶层设计,从而使传统图书馆从量变发展至质变,形成脱胎换骨的革命。从注重技术的图书馆信息化的发展,至技术量化发展的数字图书馆建设,再到全面智能化的智慧图书馆,实际上图书馆在发展过程中在技术量的积累的基础上逐渐实现了质的根本性转变,即从专注于技术转型至图书馆的全面协调可持续发展,从数字信息的切入点转型至图书馆绿色发展的灵魂与以人为本的精髓,这就是智慧图书馆追求聪明、更聪明、最聪明的图书馆的发展愿景。作为图书馆可持续发展的韬略,这种创新的理念与实践将成为图书馆未来可持续发展的新挑战和新机遇。

尽管智慧图书馆的理论出现时间不长,但在国内外已经有了一些实践探索,并注重了技术、管理和实践三个维度。其中技术维度注重凸现数字化、网络化、智能化的信息技术特征;管理维度则倡导应超出技术层面而将管理等要素放在更重要的地位;实践维度则以某一业务或某一地区或某一服务为切入点,进行实践探索。技术维度以技术为本,但忽略了管理要素和体制机制的障碍以及人的因素;管理维度以管理为本,但轻视了技术的基础作用;实践维度以应用为本,但缺乏顶层设计和全局谋划。从智慧图书馆的科学发展来看,应当将技术、管理、实践三个维度融为一体,体现出技术创新、管理创新和实践创新的有机统一。

如何在学习借鉴全球智慧图书馆建设成果的基础上,研究、解读并指导中国智慧图书馆的实践和发展的道路,将正在发展着的智慧图书馆的丰富实践概括出深入浅出的图书馆发展的新理念和新表述,实现中国图书馆发展进程中具有中国特色、中国风格、中国气派的学术研究成果,是中国图书馆界理论与实践工作者文化自觉和文化自信的题中应有之义。中国智慧图书馆的未来路径选择应注重结合中国智慧图书馆建设的特色和各城市地区图书馆发展的特点,因地制宜,因城制宜,因馆制宜,实施区别化和层次型的发展战略,通过示范实验,积极稳妥推进,走出中国特色的智慧图书馆发展之路,以文化自信和文化自觉,为全球智慧图书馆发展做出贡献。

四、融合图书馆是智慧图书馆发展的高级形态

2015 年 5 月,王世伟在参加于瑞士苏黎世举行的国际图联大都市图书馆年中会期间,有机会首次实地体验了"融合图书馆"(Blended Library)。当时会议主办方组织参会代表参观了位于德国南部与瑞士接壤的德国康斯坦丁大学图书馆(Library of the University of Konstanz Germany),该馆给参观者留下了深刻的印象。该馆的人机互动团队、数据库和信息系统团队共同制作了片长 6 分钟的"融合图书馆"的项目宣传片,并让参会代表实地体验了相关的服务,令人眼前一亮,使人颇感兴奋和激动,因为这一创新理念和实践探索向人们展示出未来万物互联时代高度智能化通体转型的图书馆服务的新模式和新形态,这对正在创新转型的

中国图书馆是一个很好的启示。

（一）融合图书馆的创新探索

1. 融合图书馆研究的起始与发展

融合图书馆的研究起始于信息技术发展背景下的图书馆空间和服务重塑，多集中于美欧的一些大学图书馆，至今全球图书馆界关于这一主题的研究文献不多，在中国几乎还是空白。有关融合图书馆研究的早期文献多注重融合图书馆员的研究。2004 年，美国宾夕法尼亚大学的史提芬·贝尔（Steven Bell）和约翰·夏克（John Shank）就曾探讨了在图书馆空间重塑和创新过程中融合图书馆员的角色使命①，成为较早的融合图书馆研究。2007 年，史提芬·贝尔和约翰·夏克进一步探索了在学术图书馆中融合图书馆员的技术功能和要求②。2009 年是融合图书馆研究成果较多的一年。这一年中，美国佐治亚州立大学的辛克莱·布莱恩（Bryan Sinclair）撰写了《在学习型公共空间中的融合图书馆馆员》一文，参加了有关融合图书馆新模式和新形态中融合图书馆员命题的讨论③。辛克莱·布莱恩认为："我们将继续提供安静的学习和思考的图书收藏和空间，但我们有机会去发展社会、文化空间的新类型、新技术聚集的地方。如果图书馆要在校园里保持活力，我们必须重塑我们的空间，作为学习的探索和共享信息的中心，而融合图书馆员是使之成功的关键。"2009 年，德国康斯坦丁大学人机交互组的马蒂亚斯（Mathias Heilig）、米莎（Mischa Demarmels）等集体发表了名为《搜索、探索和导航设计下一代知识媒体工作台》的论文，探讨了融合图书馆所面临的信息空间的复杂性及引起的相关问题。作者认为融合图书馆正在创新流程，如各种不同活动的多方面的特点、位置和环境，是新环境下寻求信息服务的重要解决方案，其中包括不同的可视化技术、变化的用户界面以及用户体验等④。2009 年 4 月，在荷兰埃因霍温理工大学曾召开了人机交互设计的研究会议⑤。2011 年，约翰·夏克和史提芬·贝尔再次合作深入探讨了融合图书馆在数字信息时代的教育功能⑥。2013 年，德国的《图书馆服务》第 12 期上刊载了

①　Bell，Shank. The Blended Librarian：A Blueprint for Redesigning the Teaching and Learning Role of Academic Librarians[J]. College &Research Libraries News，2004（7）：373.

②　Bell，Shank. Academic Librarianship by Design：A Blended Librarian's Guide to the Tools and Techniques[M]. Chicago：ALA，2007：9 - 10.

③　Bryan Sinclair. Blended librarian in the learning commons[J]. College & Research Libraries News，2009（9）：504 - 516.

④　Heilig，Demarmels，Rexhausen，et al. Search，Explore and Navigate Designing a Next Generation Knowledge Media Workbench [EB/OL]. [2016 - 01 - 15]. http：//xueshu. baidu. com/s？wd = paperuri：（126d99360240f29104363214fb0f315a）&filter = sc_long_sign&sc_ks_para = q%3DSearch%2C + Explore + and + Navigate + %C2%96 + Designing + a + Next + Generation + Knowledge + Media + Workbench&tn = SE_baiduxueshu_c1gjeupa&ie = utf-8.

⑤　First publ. m：Proceedings of flirting with the future：prototyped visions by the next generation，SIDeR'09，fifth Student[C]//Wouters. Interaction Design Research Conference 15 - 17 April 2009 Emkhoven Univirsity of Technology. Eindhoven：Technische Universiteit，2009：40 - 43.

⑥　Shank，Bell. [Re]Envisioning the Role of Librarian as Educator in the Digital Information Age[J]. Reference & User Services Quarterly，2011（2）：105 - 110.

融合图书馆项目在高校图书馆的研究报告,成为"融合图书馆"研究的重要文献①。2014年,德国学者进一步研究了改造后的融合图书馆的稳定性问题,认为融合图书馆导致了真正的学习空间的显著升值,为图书馆创造了一种附加价值②。这一年中,美国学者也探讨了圣荷西州公共图书馆系统和圣荷西州立大学图书馆十年来的合作与融合问题,这是从另外一个维度来研究融合图书馆的问题③。

"融合图书馆"这一创新的理念和实践究竟有些什么新理念和新服务,康斯坦丁大学哈拉尔德教授(Harald Rieterer)所撰写的名为《人机交互,新的信息和通信技术在图书馆领域可能的用途》的演讲以及康斯坦丁大学图书馆人机互动团队与数据库和信息系统团队共同制作的"融合图书馆"的试验项目宣传片为人们提供了这方面的信息④。

2. 融合图书馆的创新理念

融合互动是融合图书馆的灵魂。哈拉尔德在形象生动的简要演讲中,从三个方面向人们展示了融合图书馆的创新理念及其实践应用。

(1)融合互动的理念动因

这是从创新理念的角度对融合图书馆进行的分析介绍。哈拉尔德认为,融合互动将成为图书馆明天的互动范式,在这一范式之中,用户基于桌面的物理和社会的世界变得完全虚拟化了,在工作期间,用户可以无缝切换他们现实世界中的技能和他们的虚拟手段。这其中包括普适计算和基于现实的相互作用。这种基于现实的相互作用在商业应用中已有实例,如苹果平板电脑和苹果手机的相互作用;微软的体感周边系统,如利用诸如外设传感摄像头来追踪用户,使用户能够在空中通过滑动形体来选择程序菜单,系统能检测感知到用户手的滑动和点击动作等。

(2)融合互动的设计领域

这是从技术创新的角度对融合图书馆进行的分析介绍。在融合图书馆的设计领域中,用户个体间会相互作用,不同的用户可以通过智能信息令牌的触摸和移动进行混合交互。通过大家认可的互动共享规约,这种社会的交互与沟通可以通过多重触控显示来实现多用户间的信息共享,而智能信息令牌可以为多用户抓取同样的内容。通过融合互动的全新设计,业务流程将重组再造:物理真实的工作流程和计算机支持的工作流程之间的发生了变化。如可以在桌面上虚拟旅游参观博物馆,可以通过屏幕的显示来创造人机友好的分类的书架搜索。在物理环境,融合互动的设计使物理世界与虚拟世界形成了融合,可以混合编制各类设备,在图书馆建筑中融入虚拟手段的动力,包括椅子、墙壁、地板、天花板、灯光、音响与多点触控平面、各种形体的显示器、图书馆空间的新设计安排等。

---

①　Bogorin,Parditka,Rempis. Das Projekt Blended Library an der Universitätsbibliothek Tübingen-ein Statusbericht[J]. Bibliotheksdienst,2013,47(12):964 – 975.

②　Kohl-Frey,Hätscher. Ein realer Lernortmitdigitalem Mehrwert. Die Bibliothek der Universität Konstanz nach der Sanierung[J]. o-bib:das offene Bibliotheksjournal,2014(1):117 – 123.

③　Ann Agee. Ten Years Later:A Joint Library Evolves[J]. The Journal of Academic Librarianship,2014(40):521 – 528.

④　参见 http://www.sbt.ti.ch/doc/forum/Herbstschule-2011/Modul5/10-Blended _ Library _ Reiterer _ Handout.pdf。

（3）融合互动的视觉协同

这是从视觉协同的角度对融合图书馆进行的分析介绍。在哈拉尔德看来,融合互动的视觉协同是图书馆的未来,即融合物理和数字的图书馆。哈拉尔德向业界提出了以下的问题:我们是否可以找到一个新概念的融合图书馆,这个图书馆是合适的、可用的、一体的,并以用户为本。而视觉协同正是从可视化与互动化相结合的维度对融合图书馆所进行的实践探索。

哈拉尔德以上讲的视觉协同可以有多种形态,如在研讨室中,用户通过电影的放大和缩小、通过访问更多信息,可以探索你需要搜索与研究主题的范围;在搜索媒体库中,通过检索关键词,将相匹配的影视文献拖移至个人控制面板,也可以使用智能搜索令牌的协同方法,通过重量级关键词来获取你所需要的知识信息;也可以通过视觉协同的方法进行用户研究,如选取 75 个参与者,随机组成 25 人一组（共 3 组）进行测试;视觉协同也可以实现同步微机接口,即可自由选择在电脑上或是在多台电脑上工作,通过物理的智能搜索令牌,用以增强可用性和视觉印象。通过融合互动的视觉协同,用户可以获取诸多的电影资料,可以在家中使用不同的可视化多媒体文献,可以通过门户、情节、网格、信息流来过滤标题。融合互动的视觉协同将实现信息流的可视化、散射图的可视化以及基于桌面的可视化等多种形态的可视化。不仅如此,用户可以实现客厅中的电影欣赏,也可以使用注解,在屏幕访问之后利用回车键就可即时观看电影;假如用户在图书馆外的路上,也可以通过手机的移动场景显示来提出借阅某一新的电影版本的服务要求。

哈拉尔德认为,融合图书馆是一个将智慧的真实世界和虚拟的数字世界的融为一体的一个地方,融合图书馆将使图书馆和图书馆所提供的知识学习的质量达到全新的水平。融合图书馆的模拟及数字媒体的体验是一个完全不同的新形式的探索,这一新形式将给图书馆带来共同的连锁或融合,相当于混纺。通过桌面和移动装置以及新的互动融合的形式,传统图书馆将脱胎换骨地达到新的目标,进入手机图书馆的时代。

3. 融合图书馆的创新实践

康斯坦丁大学图书馆制作的"融合图书馆"的项目宣传片,生动形象地向人们展示了融合图书馆的各类创新实践。我们可以通过这一宣传片的解读文字来具体深入地了解这一创新实践的丰富内涵。

在这个视频中,制作者为人们呈现了多媒体融合型图书馆——未来的图书馆理念。在信息和现代可视化技术的帮助下,多媒体图书馆可以支持传统物理图书馆的检索工作。下面我们看一个形象的例子来说明多媒体图书馆的运用,背景是四位大学学生艾米莉、莉娜、约翰、塞巴斯蒂安在大学中的历史课的团队学习。

约翰加入了小组讨论,他先把自己的学生卡放置在一个智能互动的桌面上。注册完毕后,他现在可以在自己的电脑上访问小组讨论的工作平台了。他开始键入他们的历史作业主题"凯撒大帝"和"卢比孔河"。他们在实验室碰面,然后开始他们的合作。他们先开始在互动桌面上进行快速文献搜索。四个学生对凯撒大帝知之甚少,仅仅知道卢比孔是一条河流,也不知道凯撒大帝在跨越卢比孔河时到底发生了什么。

与传统台式电脑的检索不同的是,融合图书馆提出了可视化的智能"信息令牌"概念,智能"信息令牌"间的虚拟管道负责数据的传递,它将原始数据传递给第一个智能"信息令牌",把一个智能"信息令牌"的输出传递给下一个智能"信息令牌"并作为下一个智能"信息令牌"的输入,大大加速了检索速度,同时帮助他们清楚知道检索的历史记录。互动桌面很好地帮助小组成员讨论,大家可以围绕着搜索关键词展开团队学习。他们随时可以单独检索,之后再将各自检索结果整合集中在一起。

文献搜索的结果呈现在大屏幕的互动墙面上。塞巴斯蒂安和莉娜正走向互动墙去进行高级筛选以了解更多详情。一开始结果会呈现给他们一个列表。塞巴斯蒂安触摸了列表上的一本书,他得到了更多有关书籍借阅状态的信息。莉娜从她的电脑上得到了同样的信息,她离开实验室去找凯撒大帝的传记图书。

同时,塞巴斯蒂安在多媒体书架上浏览书籍。3D 视觉效果和真实信息界面使得他能很好地浏览在线书库中的书籍。他在数字空间中所获得的信息,和他的同伴在实体空间的图书馆书架上获得的信息是实时平行互动的。当莉娜按互动墙面的显示在实体书架上找到凯撒大帝的传记图书时,在实验室中的塞巴斯蒂安此时则发现了一本之前在搜索中没发现的有关卢比孔河的图书,他立刻把书籍署名发给了在实体书架旁的莉娜,同时莉娜也在她的平板电脑里收到了传送过来的信息,并在书架上找到并取下了有关卢比孔河的图书。

莉娜带着找到的书籍,回到实验室,坐在电子互动桌子前,开始阅读。她希望能找到对他们小组作业有用的信息。她开始创造一张知识导图。当她寻找到一些信息,她就把信息放在电子桌面上,电子桌面会自动在工作平台上开始集合信息。她在阅读的过程中,在书中选中她感兴趣的图像和文字部分,然后使用拖移功能,将内容截取到知识导图中。电子桌面会立刻对截取内容给予反馈——书上会有颜色自动标识出她选中的内容。如果没有电子互动桌面,莉娜只能手动摘录下这些章节。她重复以上动作,每次都能体验截取有用信息的乐趣。

当莉娜在创造知识导图时,小组的其他成员在互联网搜索"凯撒大帝"和"卢比孔河"。在各自单独搜索之前,他们收集了一些检索的关键词,这些关键词现在正出现在互动桌面上。他们将有关联性的关键词组合在一起,成为一个搜索群组,每一个搜索群组会确定一个搜索主题。他们的电脑会通过电子身份识别将这些搜索组群分送给小组成员,然后可通过各自的电脑进行搜索。当他们发现了可用的信息,就可将信息通过桌面与他人分享,从而形成了分布式组群搜索。艾米莉、莉娜、约翰、塞巴斯蒂安将不同的搜索组群加上实体的识别代码,他们也会根据需要创造新的组群。

当团队学习检索告一段落,小组成员一起来到演讲室,将文献搜索结果和之前的知识导图的信息汇总,形成团队学习的最终报告,并在历史课上进行关于凯撒大帝和卢比孔河的报告展示。

以上仅仅是许许多多例子中的一个。这个例子给我们很好地展示了电子应用是如何帮助我们实现多媒体图书馆管理的,以及这些应用如何帮助我们在图书馆开展知识的探索工作的。

(二)融合图书馆的性质特点

融合图书馆的对应英文是 Blended Library,这里的融合,词义有混合、混杂、调和、协调的含义。从康斯坦丁大学的创新实践分析,融合图书馆具有融合化、互动化、可视化、泛在化和智能化五大特点。

1. 融合化

诚如哈拉尔德所指出的,在融合图书馆的新范式之中,用户基于桌面的物理和社会的世界变得完全虚拟化了,在工作期间,用户可以无缝切换他们现实世界中的技能和他们的虚拟手段。融合互动的设计使物理世界与虚拟世界形成了融合,可以混合编制各类设备。也就是说,在图书馆服务的物理世界与虚拟世界中,形成了你中有我、我中有你的新形态。这种新形态,超越了仅仅是擦边相切或复合叠加的形态,超越了你我需要和你我依赖的层次,而是形成了水乳交融、交叉互动般的深度融合,即这种融合已不是停留在物理的拼合层叠的组合,而是达到了化学的混杂融合的境界。这种融合,包括线上线下文献的融合、信息载体的融合、数据的融合、视觉的融合、空间的融合、人与人之间的融合、各类设施的融合以及服务流程和学习流程的融合。哈拉尔德在总结融合图书馆这一新的信息和通信技术在图书馆领域可能的用途时使用了"混纺"这一词语,十分形象地向人们阐释了这一新范式的性质特点,即在"混纺"的流程中,物理空间和虚拟空间已经形成了服务共同体的深度交叉,已经实现了物与物、人与物,人与人的友好交互。科学家们预测,人机融合将在未来数十年中将走得更远,即人机融合将形成"超人类",使人与机器融合为"奇点人",这将使融合图书馆上升到更高的境界[①]。

2. 互动化

融合图书馆创新理念和实践的重要特点就是人机交互,这是融合图书馆互动化的最主要的特征。用户可以通过信息设施实现人机间的无缝切换,实现苹果手机与苹果平板电脑间的信息交互,通过人机感知来追踪用户、选择程序菜单,检测用户手的形体动作等。在人机交互形式上,可以是一对一交互、多对一交互、一对多交互、多对多交互,也可以是多载体互动、大小屏互动、多空间互动。

同时,人与人的互动也成为融合图书馆的一大特色。这一图书馆服务的新范式向人们展示出新信息环境下团队型学习的新模式:围绕一个学习研究的主题,组成一个团队,成员之间通过共同的规约,一起拟定学习的主题内容,一起商议学习研究的路径方法,一起进行文献搜索,一起进行跨空间的协同,一起进行线上线下的交流互动,一起进行各自检索结果的知识分享,一起汇报学习研究的心得,实现了键对键和面对面的互动融合。充分体现出万物互联环境下图书馆服务的创新、互动、协同、开放、共享的理念。

3. 可视化

融合图书馆在技术上的一大创新就是可视化。这种可视化,是立体多样的可视化,可以分为多种类型。一是检索内容的可视化。物理空间的书架可以在研究小间的大屏上虚拟显示,也可以小屏的平板电脑上显示,还可以在 PC 的电脑上显示。二是学习路径的可视化。用户的注册登记可以在智能桌面上显示,各智能"信息令牌"间的互联关系可通过虚拟交叉连线显示,分布式群组搜索可通过虚拟圈线组合范围显示,全文主题检索可以通过色标区分进行显示,文献中拖移出的图像文字可以显示,用户在图书馆外的路上也可以通过手机显示来提出借阅的服务要求,等等。三是知识共享的可视化。学习团队成员的各自检索内容可以通过信息令牌的移动放置进行分享,也可以通过多屏交互进行信息的传递,还可以通过大

① 蔡全根.4G 时代的智慧城市与万物互联[M]//王战,李耀新.智慧—融合—跨界.上海:上海社会科学院出版社,2015:33.

屏共享文献搜索的结果。诚如哈拉尔德所指出的,融合互动的视觉协同将实现信息流的可视化、散射图的可视化以及基于桌面的可视化等多种形态的可视化。可以说,可视化融入了学习的全过程,为用户提供了便捷、形象、生动的学习技术和学习环境。

4. 泛在化

融合图书馆依托跨时空的无线网络技术、射频技术、移动技术等,实现了在图书馆不同区域、图书馆内和图书馆外以及用户在家中客厅等处的可视化和互动化的网络接入和服务接入。融合图书馆实现了远距离图像的人机互动与可视化,即人机互动与可视化不仅在同一研究室的空间可以实现,在馆内研究室空间与阅览空间可以实现,还可以在馆内馆员与馆外用户之间实现;用户无论是在路上还是在家中的客厅,都可以实现与图书馆的联接并获得相应的服务。如用户在下班的路上,想起需要某一电影的新版本,就可以在手机屏幕的可视化场景下向图书馆提出服务请求。中国互联网协会 2016 年 1 月发布的《2015 中国互联网产业综述与 2016 发展趋势报告》显示,截至 2015 年 11 月,中国手机上网用户数量已达到 9.05 亿[①]。哈拉尔德所设想的融合图书馆的手机时代对于中国图书馆事业创新发展而言可谓正当其时,这对推动融合图书馆的泛在化提供了良好的信息环境。

5. 智能化

融合图书馆通过人工智能技术、物联网技术、智能软件技术等,形成了全新的融合图书馆新形态:一是形成了图书馆智能化的全面感知,包括文献、载体、馆员、用户、设施间的各类数据的感知互联。二是形成了图书馆智能化的立体互联,包括用户之间、用户与馆员之间、线上信息与线下文献之间、各信息令牌之间、知识数据与智能桌面之间的智能互联。三是形成了图书馆智能化的自由组合,包括用户在注册后团队成员范围的自由组合、信息令牌互连互通知识分享的自由组合、分布组群搜索的自由组合、文献载体选取拖移的自由组合,实体文献与虚拟操作键的自由组合,如此等等。这些智能技术正是实现融合图书馆的融合化、互动化、可视化和泛在化的信息技术基础和技术保障,使图书馆的服务血脉更加畅通。

如果将融合图书馆比喻为人体,那么它也有其独特的经络、脉搏和肌理。融合图书馆的经络就是融合互联的网络;融合图书馆的脉搏就是泛在共享的机制;融合图书馆的肌理就是智能互动的获取。

(三)融合图书馆的创新启示

1. 新一轮科技革命环境下的图书馆创新探索

进入 21 世纪以来,特别是进入 21 世纪第二个 10 年以来,新一轮科技革命和产业变革正在为各行各业创造历史性发展的机遇,日新月异的信息技术已成为创新驱动发展的先导力量,也为图书馆创新发展提供了新的转型契机和增长极。这是一个巨变、繁荣、创新、活力的时代。2015 年 12 月 14 日,联合国开发计划署(UNDP)在埃塞俄比亚首都亚的斯亚贝巴发布了《2015 人类发展报告》。报告指出:"数字革命是推动工作转型的驱动力。推动转型的驱动力是全球化和技术变革,特别是数字革命。""具有改变工作的最大潜能的新技术包括云计算、3D 打印、先进机器人、能源储存与知识自动化。通过智能软件系统,知识自动化将

---

① 喻思娈. 我国手机上网用户超 9 亿——中国互联网协会最新报告[N]. 人民日报,2016 - 01 - 09 (4).

变革知识工作的组织形式和生产率,使数以百万计的人能使用智能的数字助手。"①联合国的这一报告中对技术变革改变工作方式的研究阐述,特别知识自动化的分析研判,对图书馆如何在新一轮科技革命环境下进行创新探索同样具有重要的启示作用,对融合图书馆带给图书馆服务的转变也是有说服力的另一维度的解读。大数据、云计算、物联网、移动互联网、空间地理信息集成、智能制造等新一代信息技术正在重塑全球的经济、政治、社会、文化、军事、外交的格局,图书馆也不例外。

2012 年以来,大数据元年、可穿戴设备元年、人工智能之年、虚拟现实之年等可谓层出不穷,科技革命的浪潮一浪接着一浪。科技革命对经济而言是带来了产业变革,对社会而言是创新了生活的新空间,对图书馆而言则是带来了服务和管理的变革。德国康斯坦丁大学的融合图书馆的创新理念和创新实践为图书馆在新环境下如何创新提供了重要的理念与实践的启示。

2.图书馆大融合中的通体革命

德国康斯坦丁大学的融合图书馆向人们展示了基于人机互动的图书馆资源全网配置和全景式服务与管理体系。这一图书馆的新模式和新形态对图书馆而言不是局部变革,而是通体革命,不只是动"棋子",而且要调"棋盘",是要重塑图书馆服务的组织形态和管理的流程体系。融合图书馆将使图书馆的物理空间与虚拟空间实现整体性的结构融合,使图书馆的服务流程系统和各个环节实现智能互联和人机互动,使图书馆的整体布局体系实现在图书馆数字化基础上的网络化、智能化、互动化、可视化和泛在化,这将极大地提升图书馆服务主体和用户客体的积极性,将形成图书馆可持续发展的新动能。可以想见,融合图书馆将成为驱动的引力波,如同石头丢入湖中所产生的波纹,将助推图书馆实现通体革命。这种通体革命是以科技创新带动图书馆的全面创新,以全面创新驱动图书馆的全面发展。

信息技术往往被看作是"术"而不是"道",故中国一些图书馆在 21 世纪第一个十年中曾以"技术立馆"作为宗旨,其科学性便曾遭到一些人的怀疑。显然,对这一问题需要在新形势下进行重新的审视和认知。在新一轮科技革命和产业变革的新环境下,科学技术已不能简单地从技术层面去加以认识。从中国的国家战略而言,十八届五中全会通过的《中共中央关于制定国民经济和社会发展第十三个五年规划的建议》中,推出了一系列重大举措,包括网络强国战略、国家大数据战略、"互联网 + "行动计划、《中国制造 2025》等,这些都是基于信息技术而推出的国家战略,说明信息技术已经从产业技术层面上升至国家创新战略层面。技术已成为创新转型的关键要素,成为解决问题的着力点所在,成为纲举目张之"纲"。融合图书馆所带来的图书馆大融合,将引领图书馆的深层变革,这是全方位、全流程、全空间,全信息链,全服务链的变革,将形成图书馆的新服务、新体验、新价值和新境界,从而实现未来图书馆深度"融合"的新愿景。有学者将未来互联网比作人类社会的"氧气"一样不可或缺,如果图书馆还是传统守成,被动等待或消极应对,不积极拥抱信息新技术,将有可能被边缘化甚至于被淘汰。

3.引领未来的智慧图书馆高级形态

2011 年,王世伟曾撰写了《未来图书馆的新模式——智慧图书馆》一文②,并指出当时智

① 熊一舟.全球化和技术变革改变工作方式[N].社会科学报,2016 – 01 – 14(1).
② 王世伟.未来图书馆的新模式——智慧图书馆[J].图书馆建设,2011(12):1 – 5.

慧图书馆正处于初始阶段。2012 年,王世伟在赴台湾参加学术交流中形成了《再论智慧图书馆》的论文①,指出智慧图书馆是融合共享的图书馆,包括三网融合、跨界融合、新旧融合、多样融合。在此基础上,王世伟进一步探讨了智慧图书馆的三大特点,即互联的图书馆、高效的图书馆和便利的图书馆,指出互联的图书馆是全面感知的图书馆、立体互联的图书馆、共享协同的图书馆;高效的图书馆是节能低碳的图书馆、灵敏便捷的图书馆、整合集群的图书馆;便利的图书馆是无线泛在的图书馆、就近一体的图书馆、个性互动的图书馆②。以上这些关于智慧图书馆的分析研究,与德国康斯坦丁大学的融合图书馆的创新理念和实践有诸多相通相合之处,如融合共享、全面感知、立体互联、个性互动等。如果说,目前中国诸多图书馆正在进行的数字图书馆建设以及手机图书馆与社交媒体的应用实践是智慧图书馆初始阶段的话,那么,德国康斯坦丁大学的融合图书馆就向人们展示了未来智慧图书馆的高级形态。中国目前数字图书馆建设与德国康斯坦丁大学的融合图书馆的差距主要表现在以下三个方面:一是中国数字图书馆建设从 1997 年启动试验数字图书馆至今已取得了长足的进步,但尚停留在局部变革的层面,如文献的数字化、手机图书馆、微博微信和微信公众号(两微一端)服务等,是人与人的互联或线上与线下的互联;而德国康斯坦丁大学的融合图书馆是通体革命,是人机互动对全服务链的全时空域的渗透,已迈入了万物皆入口的新模式和新形态的新高度,从而全面重塑了数字时代图书馆的服务流。二是中国数字图书馆较多的是部分的融合、局部的互动、单域的可视、单机的智能,物理空间与虚拟空间不少尚停留在复合叠加的状态;而德国康斯坦丁大学的融合图书馆是将融合化、互动化、可视化、泛在化和智能化的"五化"形成了高度的统一,表现在物理图书馆与虚拟图书馆的深度融合,实现了以往在未来预测中的虚拟现实的真正发展,从而在服务上能实现更精准化、更高效化和更便捷化。以载体而言,当德国康斯坦丁大学的融合图书馆在为读者提供搜索服务时,用户可以进行全媒体各类型的融合查询,包括地图、在线文件、论文、摄影系列、文件、视频、CD、DVD、杂志、杂项、多媒体等,这些文献载体实现了互联互通和人机互动的无缝链接。三是中国数字图书馆在数字化、网络化以及泛在化方面着力较多,在智能化和可视化方面尚有较大距离;在文献方面着力较多,在建筑和家具设施的智能化方面着力较少,如椅子、墙壁、地板、天花板、灯光、音响、多点触控平面、各种形体的显示器的智能设计等。因此,中国图书馆事业的创新发展不能停留或局限在以往的数字图书馆的发展水平,需要借鉴融合图书馆发展的创新理念和实践并结合中国图书馆的实际与时俱进。

2015 年 9 月 15 日和 9 月 16 日,课题组长王世伟在上海图书馆举办的培训班和中国图书馆学会在宁波举办的培训班上,先后以"智慧图书馆的最新发展"为题,介绍了融合图书馆的创新理念和创新实践。2015 年 10 月 25 日,王世伟应邀参加在武汉大学举办的"第四届中美数字时代图书馆学情报学教育国际研讨会",在会上曾作了"数据驱动的时代特征与图情教育的创新转型"的大会发言,在回答与会代表的提问时,曾就"融合图书馆"的问题同与会代表进行了互动。王世伟所撰写的《数据驱动的时代特征与图情教育的创新转型》一文已刊载在《图书情报知识》2016 年第 1 期,论文中的关键词包括了"融合图书馆"(Blended Library)。

2015 年 10 月,南京大学信息管理学院朱庆华教授中标了 2015 年国家社科基金重大项

---

① 王世伟. 再论智慧图书馆[J]. 图书馆杂志,2012(11):2 – 7.
② 王世伟. 论智慧图书馆的三大特点[J]. 中国图书馆学报,2012(6):22 – 28.

目"面向大数据的数字图书馆移动视觉搜索机制及应用研究",其中研究探讨的"移动搜索机制"与融合图书馆有异曲同工之妙。

在互联网和移动互联网澎湃汹涌的发展大潮下,图书馆应当有自身价值观的定力,这就是知识资源的收集、存储、加工、研究、传播和服务的文化空间和教育设施,这就是以不变应万变。但同时,图书馆也应当以不息为体,以日新为用,因万物互联发展之势而谋,应智能互动之势而动,顺社会信息化大潮而为,主动把握机遇,跟上日渐丰富成熟的虚拟现实的变革步伐,在数字图书馆建设的基础上奋力向智慧图书馆的高级形态——融合图书馆跃升,将延伸虚拟空间的业务链与延伸图书馆的服务链紧密结合起来,使图书馆的存量现实空间在虚拟空间的融入下得到升级、强化和增值,从而提升中国图书馆的创新力和服务力,为构建覆盖全社会的图书馆现代公共服务体系注入新的创新活力。

融合图书馆发挥了信息技术的引领作用,从图书馆自身的供给侧发力,提升馆员的信息素养,提升图书馆的服务能级,以满足日益增长的用户需求侧的信息服务和知识导航的需求,以规避新环境下图书馆被边缘化的可能危机。融合图书馆的创新理念和创新发展体现了以人为本的服务理念,更加注重从图书馆自身发展的供给出发,更加注重图书馆员的知识服务水平,更加注重图书馆供给体系的质量和效率,更加注重优化图书馆服务结构流程,更加注重改善图书馆服务的知识空间和信息环境。因此,中国图书馆事业应当以融合图书馆的发展理念,从图书馆服务的需求结构、供给结构、投入结构,从图书馆的环境结构、空间结构、区域结构、用户与馆员结构,创新和重塑图书馆的服务模式和服务形态。从德国康斯坦丁大学图书馆"融合图书馆"的创新理念与创新实践传递出如下的信息:融合是当代全球图书馆的服务性格和创新空间管理语言,我们需要做的是适应并塑造这样的性格和语言而不是相反,这就是当代中国图书馆事业创新发展的题中应有之义。

五、智慧社会是智慧图书馆发展的新境界

"智慧社会"是 2017 年 10 月 18 日习近平在中国共产党第十九次全国代表大会上的报告中就加快建设创新型国家所提出的发展新目标[①],这对于我们认识新时代社会信息化的深入持续发展的新趋势和新特点,对于公共图书馆主动参与并推动社会信息化的发展进程,对于把加快建设创新型国家新目标与公共图书馆在新时代的进一步创新发展紧密结合起来,对于公共图书馆开辟智慧图书馆创新发展和包容发展的新境界,都具有重要的意义。

(一)"智慧社会"是社会信息化深入持续发展的新形态

20 世纪末至 21 世纪初,全球信息通信技术的空前发展推动了社会信息化的深入持续发展,也催生了社会的广泛变革。我们可以从国际电信联盟《信息与通信技术事实与数据2017》、世界互联网统计网站、中国互联网络信息中心(CNNIC)第 40 次《中国互联网络发展状况统计报告》、中国互联网络信息中心《国家信息化发展评价报告(2016)》中所提供的统

---

① 习近平.决胜全面建成小康社会夺取新时代中国特色社会主义伟大胜利[N].新华每日电讯,2017 - 10 - 28(3).

计数据,来直观地感悟社会信息化的巨大变化及其进展。

全球有超过 80% 的青年人口使用互联网。据国际电信联盟《信息与通信技术事实与数据 2017》报告,全球的宽带正呈现逐渐移动化的发展趋势,从 2012 年至 2017 年的五年中,全球宽带服务速度不断升级,国际互联网带宽从 2015 年到 2016 年增长了 32%,移动宽带的发展在很大程度上已经超过了固定宽带,且在过去三年中移动宽带的价格平均下降了 50%,移动宽带比固定宽带价格更实惠,全球移动宽带订购以平均每年超过 25% 的速度增长,发展中国家高速固定宽带订购的增加很大部分可以归功于中国,2017 年底全球范围内有望达到 43 亿订购数。这些因素导致了大约一半的世界人口能够接入互联网和更高速度的宽带服务。2017 年全球青年(15—24 岁)使用互联网的比例,在 104 个国家中有超过 80% 的青年人口使用网络,在发达国家中,有 94% 青年人使用互联网,在发展中国家,这一比例是 67%,在最不发达国家只有 30%,上网的 8.3 亿青年人中,有 3.2 亿(39%)在中国和印度①。

全球网民已达到 38.35 亿,全球互联网的渗透率已过半数。据世界互联网统计网站的最新统计数据,截至 2017 年 6 月 30 日,世界总人口约 75.19 亿,使用过互联网的"网民"(Internet Users)已达到 38.35 亿,全球互联网的渗透率(Penetration Rate)为 51%。其中,北美最高为 88.1%,其次是欧洲 79.1%,亚洲有 46%,最低的是非洲为 31.1%。从世界 7 大洲的分布情况分析,除了非洲、亚洲的渗透率不到 50%,其他地区基本已普及(中东地区的渗透率也有 58.7%)。②

中国网民已达 7.51 亿,手机网民规模达 7.24 亿。据中国互联网络信息中心(CNNIC)发布的第 40 次《中国互联网络发展状况统计报告》数据显示,截至 2017 年 6 月,我国网民规模达到 7.51 亿,占全球网民的五分之一,互联网普及率为 54.3%,超过全球平均水平 4.6 个百分点。其中手机网民规模达 7.24 亿,手机网民占比直升至 96.3%,移动互联网的主导地位进一步强化。中国网民数量庞大,平均每天上网近 4 个小时③。

中国信息化全球排名已跃升至 25 位,首次超过二十国集团的平均水平。中国互联网络信息中心(CNNIC)发布的《国家信息化发展评价报告(2016)》显示,中国信息化全球排名大幅度提升,根据国家信息化发展指数,中国的排名从 2012 年的第 36 位迅速攀升至 2016 年的第 25 位。中国信息化发展在产业规模、信息化应用效益等方面取得长足进步,已经位居全球领先位置。二十国集团(G20)国家的信息化发展在全球居于超前位置,而中国(第 25位)首次超过二十国集团的平均水平。中国信息化发展在网络基础设施方面的宽带下载速率和宽带普及率都取得显著进步,"互联网 +"不断促进信息化应用的跨界融合,各类用户规模及服务范围快速扩张,基于移动互联网的社会信息化在多行业加速渗透,社会信息化发展的政策环境得到了不断优化。以上报告还指出,中国信息化在网络基础设施、终端设备普及率、关键核心信息技术创新、信息化人力资源储备等方面,与全球信息化发达国家和地区相

---

① ITU. ICT Facts and Figures 2017[EB/OL].[2017 – 11 – 13]. http://www.itu.int/en/ITUD/Statistics/Documents/facts/ICTFactsFigures2017.pdf.

② 参见 http://www.internetwordstats.com/stats.htm。

③ 参见 http://www.cnnic.net.cn/hlwfzyj/hlwxzbg/hlwtjbg/201708/t20170803_69444.htm。

比较,仍旧存在一定的差距①。

从以上国内外各类渠道所提供的数据中我们可以发现,中国和全球的社会信息化发展正在呈现几个明显的发展新形态:一是以带宽为代表的信息基础设施已呈普及化态势,为社会信息化深入普及发展奠定了信息技术发展的全新环境;二是社会信息化正在逐渐趋向移动化态势,中国的手机网民规模达 7.24 亿,手机网民占比直升至 96.3%,互联网的移动化态势正在进一步强化并展现出主导态势;三是全球的互联网渗透率和普及率均已过半,数量的发展正在引发质量的升华,更广更深更高的社会信息化形态正在形成;四是中国社会信息化发展水平已取得长足进步,并在第一方阵二十国集团(G20)中首超平均水平,形成了全球排名竞争的新态势,但在历年国际电信联盟信息社会年度报告和世界经济论坛发布的相关报告中我国的信息化水平近年来尚处于 80 位左右。对以上社会信息化发展新形态的认知与把握,将有助我们形成对智慧图书馆的进一步创新发展新环境和新要求的认知与把握,从而积极主动地开辟智慧图书馆创新发展的新境界。

(二)"智慧社会"是智慧图书馆创新发展的新境界

"智慧社会"是继"数字地球""智慧城市"之后出现的一个概念,较之"信息社会","智慧社会"在数字化、网络化、互联化、移动化、泛在化、智能化、便捷化、普及化、生活化方面的程度更多、更广、更深。从 2010 年开始,在中国的城市发展政策路径和学术研究中就出现了关于"智慧社会"的讨论。如 2010 年 9 月,福建省在讨论该省发展政策时就提到智慧社会信息化应用要走进学校走向年轻人问题②。2011 年,浙江省宁波市在建设智慧城市时也提出了"智慧社会"的概念③。2011 年,有学者研究了智慧社会的特点,认为智慧社会就是运用高新科技手段让人们的生活更加便捷,更加舒适,是三网融合的一系列数字科技技术应用手段,这些数字工具建造起便利快捷的高品质数字生活模式,并将"智慧社会"与"数字社会"联系起来④。

2012 年,在韩国首尔曾举办了以"未来智慧社会"(future smart society)为主题的展览会,该展览会展示了当年最先进的地理信息系统(GIS)技术⑤。同年在日本也曾进行了对"未来的低碳和智慧社会的国际标准化运动"(SICE International Standardization Activities for future Low-Carbon + Smart Society)的探讨⑥。还有日本学者于 2012 年撰文指出,现代设备和电脑系统已经变得越来越智能,我们每天的生活已经被这些先进的技术深深地影响了,所有的这些改变都会引领我们走进一个"智慧社会",这样一个社会可以使我们随时得到最新的

---

① 中国互联网络信息中心. 国家信息化发展评价报告(2016)[EB/OL].[2017 - 11 - 21]. http://www.cnnic.net.cn/hlwfzyj/hlwxzbg/hlwtjbg/201611/t20161118_56109.htm。

② 李川. 智慧社会信息化应用要走进学校走向年轻人[N]. 通信信息报. 2010 - 09 - 10(B2).

③ 郁进东. 智慧城市的"宁波图景"[J]. 经贸实践,2011(11):30 - 31.

④ 唐凤. 走进数字社会——"数字日本创新计划"启示[J]. 科学新闻,2011(12):54 - 56.

⑤ SMART Geospatial Expo 2012[J]. GIM international,2012,26(12):33.

⑥ Shin,Sasajima. SICE International Standardization activities for future Low-Carbon + Smart Society[C]// Sice Conference. IEEE,2012:670 - 674.

情况,帮助我们做出更恰当的决定①。

如果说以往的智慧图书馆更多是基于"智慧城市"的理念指导,那么,随着加快创新型国家的建设,"智慧社会"将成为智慧图书馆进一步创新发展的新境界。在"智慧社会"理念下的智慧图书馆建设,与以往"智慧城市"理念下的智慧图书馆建设有着诸多不同的维度。

1."智慧社会"更注重面向城乡和区域的一体化发展

如果说,智慧城市更多是着力于城市的智慧经济、智慧迁徙、智慧环境、智慧公民、智慧公民与智慧治理,那么智慧社会则更着力于体现城市和乡村、东部与中西部地区的一体化发展,体现出"建立覆盖城乡、便捷实用的公共图书馆服务网络",体现出"全面建成小康社会,一个不能少;共同富裕路上,一个不能掉队"的全面文化小康的目标追求,使智慧图书馆趋向构建数字化、网络化、智能化、泛在化、可视化的融合图书馆,迈向覆盖全社会公共图书馆服务体系的新境界。

2."智慧社会"更注重自下而上与自上而下的统一

如果说,智慧城市更多的是注重全球层面、国家与地区层面以及城市与区县层面的自上而下的规划与推动,那么智慧社会则更强调自下而上的社会力量的广泛协同,更注重读者用户的互动参与,通过图书馆、读者、政府、市场、社会各方参与协同,使智慧图书馆迈向自下而上与自上而下双向交互的智慧管理平台的新境界。

3."智慧社会"更注重基于智能技术的综合统筹发展

如果说,智慧城市更多的是更透彻的感知、更全面的互联互通、更深入的智能化,那么,智慧社会则更注重创新、协调、绿色、开放、共享的综合统筹的协调发展,更着力于在智能技术基础上为公众提供智慧化的生活;从公共图书馆而言,就是为读者提供更智能更便捷的查询、借阅及相关服务并开展社会教育,构建标准统一、互联互通的公共图书馆数字服务网络,建立线上线下相结合的文献信息共享平台,推动公共图书馆迈向融公共创新空间设计、智能互联技术应用、社会各方协同管理、绿色节能生态营造、数据信息开放共享为一体的综合统筹发展新境界。

4."智慧社会"更注重加强创新型国家建设

如果说,智慧城市体现出城市发展的创新理念的话,智慧社会则更聚焦于加快创新型国家建设和社会文化建设,更聚焦于为中国决战全面小康提供创新资源、创新环境、创新空间和创新教育。科教兴国战略、人才强国战略、创新驱动战略等都已成为全面建成小康社会决胜期的系列国家战略。在数据驱动、智能一切的新信息环境下,需要通过智慧社会汇聚读者智慧和用户力量,激发社会巨大的潜在活力,将图书馆的公共文化空间进一步升华为开放的众创空间,推进以人为本的可持续创新,推动基于智慧社会的全社会创新,使智慧图书馆迈向大众创业、万众创新的新境界。

21世纪第二个10年以来中国出现了"新四大发明"(高铁、网购、支付宝、共享单车)②,催生了新技术、新产品、新产业、新业态、新模式,在相当程度上正是体现出"智慧社会"的发展特点,也为公共图书馆事业加强基于智慧社会的创新发展提供了有益的借鉴和启示。

---

① Satoru. Editor's Message to Special Issue on Computer Security Technology Achieving Smart Society[J]. Journal of Information Processing,2012,20(4):823.

② 陈芳,余晓洁,鹿永建."新四大发明":标注中国,启示世界[N].新华每日电讯,2017-08-12(1).

（三）"智慧社会"是新时代读者对美好文化生活的新需要

中国特色社会主义进入新时代,我国社会主要矛盾已经转化为人民日益增长的美好生活需要和不平衡不充分的发展之间的矛盾。党的十九大报告所做出的这一重要论断为我们深入理解智慧社会的新环境、深入理解新时代读者对美好文化生活的新需要提供了新视野。

1. "智慧社会"呼唤公共图书馆总体发展

改革开放近四十年来,中国公共图书馆事业发生了巨大的变化,得到了长足的发展,但是创新和发展永远在路上。当公共图书馆初步解决了设施和服务有没有的时候,广大读者和用户已经提出了公共图书馆需要进一步解决设施和服务好不好的问题。读者和用户对美好文化生活需要日益广泛,有着多样化、多层次、多方面需求,不仅要求公共图书馆设施先进、环境整洁、服务热情、活动多样,而且要求通过"智慧社会"的创新发展来实现参与管理、依法治理、权利平等、志愿服务、智能互联、个性定制、线上预约、送书上门,并要求图书馆提供科普教育、保护个人隐私、确保防盗防火、提升空气质量、降低空间噪音、实施垃圾分类、延伸服务网点等。这就需要公共图书馆在新发展理念的指导下,牢固树立公共图书馆的总体发展观,在智慧社会新理念的指导下,统筹文献资源、人力资源、信息技术、科学管理、生态环境、社会协同、国际合作各项建设,在公共图书馆中进一步实现智慧的社会化发展,更好推动人的全面发展和社会的全面进步。

2. "智慧社会"呼唤公共图书馆包容发展

新一代信息技术正在继续成为经济和社会发展的重要推动因素,国际电信联盟在努力弥合全球数字鸿沟,促进包容性数字经济方面起到关键作用。2017年世界电信发展会议于2017年10月在阿根廷布宜诺斯艾利斯举行,主题就是"为了可持续发展目标的ICT"。这对公共图书馆事业的发展具有启示意义。中国公共图书馆自1997年试验数字图书馆启动以来,其信息化进程不断迈进,数字化、网络化、泛在化和智能化的水平不断提升。随着大数据、云计算、物联网、移动互联网、人工智能等新一代信息技术波浪式的持续推进,"智慧社会"向公共图书馆提出了更高的要求,呼唤公共图书馆再出发,在智慧社会的更高起点上再信息化、再数字化和再网络化,破除信息和数据鸿沟,实现包容性发展。"智慧社会"是智慧的社会化进程,要求公共图书馆发展到哪里,智慧技术就覆盖到哪里,智慧图书馆就延伸到哪里,补上公共图书馆在城乡、区域和行业发展以及空间布局方面的不平衡短板,在全域服务的进程中对公共图书馆进行全域更新。同时,"智慧社会"要求以人民为中心,让"智慧"惠及所有民众。公共图书馆应牢固树立造福每一位读者的理念,无论是老年人、残疾人、少年儿童、外来务工者、过境旅游者,都应服务到位;而图书馆馆员包括智能技术在内的综合素养的提升则是提供这些服务的前提,因此,公共图书馆智慧工匠的培养刻不容缓。

3. "智慧社会"呼唤公共图书馆创新发展

在全球社会信息化进程中,智慧社会将推动中国智慧图书馆的创新发展,也将给全球图书馆事业发展提借中国经验和中国智慧。

2017年的"双11"网购中,数据智能、机器智能已经融入网购平台整个系统的各个方面,成为世界互联网技术的超级工程,充分显示出中国智慧社会发展对全球的引领示范作用。与此同时,人工智能技术也正在逐渐进入中国的公共图书馆领域,正在为这片生机勃勃的文化沃土浇灌新的雨露滋润,人工智能技术是当代创新的加速器,也是智慧图书馆创新发展的加速器。实际上,融合图书馆所秉持的数字化、网络化、智能化、泛在化和可视化的发展特点,正是智慧社会对智慧图书馆进一步创新发展的要求。

自改革开放以来的四十年中,中国成千上万的公共图书馆(包括基层服务点)先后经历了图书馆自动化、数字图书馆、互联网和移动互联网的洗礼,公共图书馆正在持续地焕发出创新发展的青春活力,无论是手机服务还是网上直播,无论是智能大屏还是物流送书,无论是总分馆一体化的泛在学习书房还是社会协同的主题阅读空间,无论是更加学术自信的国际图书馆论坛还是更加文化自觉的"中国之窗"和"上海之窗"不断走向世界,所有这些不仅令国内业界振奋,也令国际同行尊敬。2017年11月4日通过的《公共图书馆法》也已引起众多境外同行关注肯定。

"智慧社会"作为智慧图书馆发展的新境界,呼唤公共图书馆在中国特色社会主义进入新时代之际,展示出当代中国公共图书馆事业从公共图书馆大国到公共图书馆强国的伟大飞跃,在继续学习借鉴全球公共图书馆发展经验的同时,我们需要在世界图书馆的舞台上高高举起中国特色社会主义文化的伟大旗帜,为全球图书馆事业的创新发展贡献中国智慧和中国方案,而"智慧社会"的新理念为我们提供了迈向新征程的新智慧和新境界。

六、智慧图书馆的五大关系

智慧图书馆的新理念与新实践率先出现于21世纪初欧美的一些大学图书馆和博物馆。2010年以来,随着新一代信息技术的发展和影响,中国图书馆界在实践的基础上也开始从智能图书馆转向智慧图书馆的研究,智慧图书馆持续成为图书馆业界关注点和研究的热点之一。这里仅举数例:2012年,上海图书馆举办的第六届上海国际图书馆论坛即以"智慧城市与图书馆服务"为主题,来自英国罗伯特戈登大学的伊恩姆·约翰逊(Ian M. Johnson)在论坛上做了题为《智慧城市、智慧图书馆、智慧图书馆员》的主旨报告[1]。2015年4月,文化部文化科技司在深圳主持召开了"图书馆智慧平台的研究与示范"的科技项目专家验收会,该项目在智慧图书馆的理念指导下对图书馆通体转型升级进行了积极的试验探索[2]。2016年,上海图书馆举办第八届上海国际图书馆论坛,以"图书馆:社会发展的助推器"为主题,其中专门设有"智慧型图书馆建设"的分主题[3]。2017年度国家自然科学基金批准项目中有《云环境下智慧图书馆移动视觉搜索模型与实现研究》(项目批准号71673203,申请代码G031401)的研究课题。在智慧图书馆的理论研究和实践探索中,有一些与智慧图书馆关系紧密的需要辨析的相关概念,需要加以分析研究,并搞清楚其中的相互联系与区别。笔者将这些相关概念归纳为五大关系,即智慧图书馆与新一轮科技革命、智慧图书馆与智能图书

---

[1] 上海图书馆.智慧城市与图书馆服务——第六届上海国际图书馆论坛论文集[C].上海:上海科学技术文献出版社,2012:30-34.

[2] 盐田区《图书馆智慧平台的研究与示范》项目通过验收[EB/OL].[2017-02-18].http://www.sznews.com/news/content/2015-04/20/content_11483634_2.htm2016.

[3] 上海图书馆.社会发展的助推器——第八届上海国际图书馆论坛论文集[C].上海:上海科学技术文献出版社,2016:3-50.

馆、智慧图书馆与数字图书馆(复合图书馆)、智慧图书馆与融合图书馆、智慧图书馆与中国特色公共图书馆服务体系。厘清以上这些关系,将使智慧图书馆的新理念的研究和新实践的探索能够得到更健康、更科学和更理性的发展。

(一)智慧图书馆与新一轮科技革命

科技革命是科学革命与技术革命的合称,其表现为新的科学理论体系的诞生和引发人类生产和生活方式深刻变化的技术变革。从16世纪17世纪的哥白尼、伽利略、牛顿等的以天文学和物理学为主体的近代科学的诞生,到20世纪中后期至今的信息技术与网络化的新一轮科技革命,人类社会的经济、政治、社会、文化与生态伴随着科技革命的发展而不断发生着模式和形态的演进。追溯智慧图书馆的起源,我们可以发现,其萌芽伊始正是伴随着新一轮科技革命的产生而出现并逐步发展的。如2003年,芬兰奥卢大学图书馆的学者发表了题为《智慧图书馆:基于位置感知的移动图书馆服务》的论文,其中讨论的智慧图书馆正是建立在新一代科技革命中具有代表性的新一代信息技术,如物联网和移动互联网技术的发展基础之上的[①]。如果进一步深入分析,人们可以发现,在新一轮科技革命中,2007—2008年提出的智慧地球和智慧城市与智慧图书馆的理论与实践的关系十分密切。2007年4月开始,来自维也纳理工大学、斯洛文尼亚卢布大雅那大学、荷兰代夫特理工大学的学者专家合作开展了欧洲智慧城市建设项目,并于2007年10月发布了《智慧城市——欧洲中等城市排名》的研究成果,该成果从智慧经济、智慧迁徙、智慧环境、智慧公民、智慧生活和智慧治理六个特征变量对70个城市的样本进行了排名,被称为"维也纳指数"[②]。2008年11月,在纽约召开的美国权威智库外交关系理事会会议上,国际商用机器公司(IBM)总裁彭明盛(Samuel Palmisano)在题为"智慧地球:下一代领导人议程"的演讲中,正式提出"智慧地球"概念。2009年1月,彭明盛在美国工商领袖圆桌会议上向新任美国总统奥巴马提出智慧地球的构想,并进而提出以互联网为技术引擎的智慧城市发展战略,对全球智慧城市的发展起到了极大的推动作用[③]。2009年11月,IBM商业价值研究院撰写出版了《智慧地球》一书,指出智慧地球的核心是一种更智慧的方法,通过利用新一代信息技术来改变政府、公司和人们的交互方式,以便提高交互的明确性、效率、灵活性和响应速度。作者认为,智慧方法具有三方面的特征,即更透彻的感知、更全面的互联互通、更深入的智能化,并提示了智慧城市灵活、便捷、安全、更有吸引力、广泛参与与合作、生活质量更高等六大特点[④]。无论是维也纳指数中智慧城市的六大特征,还是IBM所提出的智慧地球所展示的智慧方法的三大特征和智慧城市的六大特点,对于智慧图书馆而言,都有重要的启示。当图书馆界在研究智慧图书馆新模式的重要意义的时候,正是智慧地球和智慧城市的新理念给予了图书馆业界创新的重要启示。如果说智慧城市"可以带来更高的生活质量、更具竞争力的商务环境和更大的投资吸引

---

① Aittola,Ryhanen,Ojala. Smart Library:Location-Aware Mobile Library Service[J]. International Symposium on Human Computer Interaction with Mobile Devices and Services,2003(5):411 – 415.

② 中国信息通信研究院,中国欧盟政策对话支持项目. 中欧智慧城市比较研究报告(2014)[M]. 北京:商务印书馆,2015:3 – 5.

③ 本书编写组. 上海市公务员智慧城市知识读本[M]. 上海:上海社会科学院出版社,2014:5.

④ IBM商业价值研究院. 智慧地球[M]. 北京:东方出版社,2009:10 – 29.

力",那么,智慧图书馆则可以带来更高的服务管理质量、更具魅力的公共文化环境和更大的信息共享空间①。

智慧图书馆的产生与发展是基于新一轮科技革命的影响和驱动,在相当程度上反映出图书馆所处的重要转型期和深刻变革期,而未来智慧图书馆的发展也将在多点突破、交叉汇聚的新一轮科技革命中不断创新和升级。智慧图书馆的建设并不是静止的,而是动态的。以互联网为核心的新一代科技革命的新技术层出不穷,日新月异,其中的物联网、大数据、云计算、移动互联网、智慧城市、人工智能、虚拟现实等新技术已经并将继续对智慧图书馆的创新发展不断注入新的引擎和活力,智慧图书馆的创新发展将始终在路上。

(二)智慧图书馆与智能图书馆

在中国图书馆学界,讨论智慧图书馆首先是从智能图书馆发端的。从2000年开始,就有学者开始发表以"智能图书馆"为主题词和研究内容的论文,如《智能图书馆》②《智能图书馆设计思想及结构初探》③。这些关于智能图书馆的初期研究成果体现了我国图书馆学界对信息技术的敏感性和前瞻性,但尚局限在建筑和技术领域,还缺乏对于智慧图书馆的灵魂与精髓层面的深入研究和阐释。

智慧图书馆的对应英文是 smart library,而智能图书馆的对应英文是 intelligent library,两者既有联系又有区别。智能图书馆更多地停留在技术层面,与数字图书馆较为接近。但智慧图书馆从其产生与发展的短暂历史分析,这一图书馆的创新理念与实践,已经远远超越了技术的层面,其触角已经延伸至图书馆管理与服务的方方面面,已经对图书馆建筑物理空间、网络服务空间、社会协同空间实施了全覆盖;智慧图书馆在新一代信息技术的基础上,更加着力于服务管理、智慧工匠、智能惠民、环境友好。在智慧图书馆的发展中,应克服在布局智慧图书馆创新战略和路线图时,仅仅局限于把注意力放在一些服务平台和业务流程的智能化上,只是从技术层面理解智慧图书馆的创新发展,尽管技术层面的问题是智慧图书馆发展的重要基础。笔者认为,智慧图书馆是以数字化、网络化、智能化的信息技术为技术,以互联、高效、便利为主要特征,以绿色发展和数字惠民为本质追求,是现代图书馆科学发展的理念与实践。有人将数字化、网络化、智能化作为智慧城市的主要特征,这只是揭示了智慧城市的外在特征;同样,智慧图书馆所依据的数字化、网络化和智能化的信息技术也仅仅是其外在的表象特征,互联、高效和便利才是其真正的内在特点④。因此,智慧图书馆对于图书馆的创新转型而言是全局性的,具有宏观、全面、通体的特点,渗透到了图书馆的全管理链、全业务链、全资源链、全时空链。诚如智慧城市在欧洲发端时曾从智慧经济、智慧迁徙、智慧环境、智慧公民、智慧生活和智慧治理六个特征变量来观察一样,智慧图书馆也需要从智慧建筑、智慧家具、智慧文献、智慧网络、智慧服务、智慧治理、智慧馆员、智慧读者等诸多维度进行全方位的考量。这样的智慧图书馆是"智能图书馆"这一概念所不能涵盖的。需要说明的是,智能技术发展日新月异,随着2016年智能时代的开启,智能革命已经并将继续成为21

① 王世伟.未来图书馆的新模式——智慧图书馆[J].图书馆建设,2011(12):5.
② 张洁,李瑾.智能图书馆[J].图书馆理论与实践,2000(06):2-3,31.
③ 陈鸿鹄.智能图书馆设计思想及结构初探[J].现代情报,2006(1):116-118.
④ 王世伟.论智慧图书馆的三大特点[J].中国图书馆学报,2012(6):22.

世纪前数十年的最重要的发展引擎①,而智能图书馆也将成为智慧图书馆最具震撼力、影响力和发展力的核心要素,对于这一点,我们要有足够的认知。

(三)智慧图书馆与数字图书馆(复合图书馆)

数字图书馆概念的萌芽可以追溯到 20 世纪中期电子计算机的出现,而最早进行数字图书馆(digital library)探讨的文献始见于 1992 年。与传统图书馆相比较,数字图书馆具有信息资源数字化、信息传递网络化、信息利用共享化、信息提供知识化、信息实体复合化等特点②。复合型图书馆是 20 世纪末世界图书馆界出现的新型图书馆发展模式。1996 年,英国图书馆专家苏顿(S. Sutton)在所撰《未来的服务模式与功能的融合:作为技术人员、著作者和咨询员的参考馆员》一文中,较早使用了"复合图书馆"一词,作者将图书馆分成历史发展逻辑的四种形态,包括传统图书馆、自动化图书馆、复合图书馆和数字图书馆,并认为印刷型与数字化信息之间的平衡越来越倚重数字型,而复合图书馆可以实现传统馆藏与数字馆藏并存,用户可不受时空限制地自由访问跨地域的分布式数字化资源③。之后,在英国的电子图书馆计划和英国联合信息系统委员会的机构通报中,也开始正式使用"复合图书馆"这一概念。复合图书馆的最显著特点就是数字资源和印刷型资源复合共存与集成访问利用。有学者指出,复合图书馆旨在将各种各样的技术引入图书馆,并探索在电子和印刷的双重环境下将系统和服务有机地结合起来。复合图书馆是传统图书馆与数字图书馆之间的连续体,在这个连续体中,既提供对电子资源也提供对印刷型信息资源的利用④。可见,无论是数字图书馆还是复合图书馆,其重点核心就是文献资源的数字化与集成服务。

智慧图书馆与数字图书馆、复合图书馆既有联系又形成了新的特点;前者与后者都具有数字化和网络化的形态特征,但两者又有区别。从性质而言,智慧图书馆是图书馆在新一代信息技术环境下的通体转型升级,涉及图书馆管理、服务、资源的所有方面,是图书馆创新发展的全局性的解决方案;而数字图书馆和复合图书馆侧重于图书馆文献储存与服务的发展变化,是图书馆创新发展中的局部性解决方案。从形态而言,智慧图书馆是水乳交融式的发展,智慧图书馆把图书馆过去、现在、未来的发展脉络,人员、技术、文献的服务资源,馆员、读者、志愿者的服务主体与客体,物理、网络、社会的全域发展空间,绿色、惠民、协同的发展理念,将以上所有要素有机地联系并融合起来,形成书书感知、人人互联、人机智能的新形态;而数字图书馆和复合图书馆更多的是物理性的叠加复合,区隔性和主题性的集成,单次单向单维的访问存取,信息孤岛和数字烟囱尚普遍存在。智慧图书馆是更聪明的图书馆,将克服数字图书馆与复合图书馆尚存在的一些短板,成为数字图书馆和复合图书馆发展理念与实践的延续、整合与升华,将推动传统图书馆从数字图书馆和复合图书馆的相"加"阶段迈向智慧图书馆的相"融"阶段,实现图书馆在新一轮科技革命环境下的创新转型。

①　吴军. 智能时代——大数据与智能革命重新定义未来[M]. 北京:中信出版社,2016:1.
②　刘炜,等. 数字图书馆引论[M]. 上海:上海科学技术文献出版社,2001:3 – 8.
③　Sutton. Future Service Models and the Convergence of Functions:the Reference Librarian as Technician, Author and Consultant[G]//Lowed. The Roles of Reference Librarians:Today and Tomorrow. New York:Haworth Press,1996:125 – 143.
④　初景利. 复合图书馆的概念及其发展构想[J]. 中国图书馆学报,2001(3):3 – 6.

(四)智慧图书馆与融合图书馆

融合图书馆的研究起始于新一代信息技术发展背景下的图书馆空间、服务和人员的重塑。2004 年至 2014 年间,欧美的一些大学图书馆对融合图书馆这一新理念与新实践进行了理论研究与实践探索,向人们展示了未来万物互联时代高度智能化通体转型的图书馆服务的新模式和新形态。融合互动是融合图书馆的灵魂,笔者将融合图书馆的性质分析归纳为五大特点,即融合化、互动化、可视化、泛在化、智能化①。

融合图书馆的创新理念与实践与智慧图书馆是一脉相承并相通相合的,两者都秉承融合共享的理念,践行立体互动的服务。2011 年,笔者曾撰写了《未来图书馆的新模式——智慧图书馆》,指出目前全球的智慧图书馆尚处于起步阶段,无论是理论研究还是实践探索都有待深化。2016 年,笔者又撰写了《融合图书馆初探》,指出:如果说目前我国诸多图书馆正在进行的数字图书馆建设以及手机图书馆与社交媒体的应用实践是智慧图书馆初始阶段的话,那么,德国康斯坦丁大学的融合图书馆就向人们展示了未来智慧图书馆的高级阶段。我们现在正处于从智慧图书馆的初始阶段迈向智慧图书馆的高级阶段的发展期和机遇期,需要图书馆界在数字图书馆建设的基础上,继续在数字化、网络化、泛在化方面持续发力,并着力于智能化和可视化不足,并从半智能联网阶段迈向未来的全智能互联阶段,使融合图书馆的各项特点优势得以全面呈现。

需要指出的是,融合图书馆的发展既要实现资源、通道、平台等的显性融合,同时也要实现创新、协调、绿色、开放、共享新发展理念在业界内外形成共识的隐性融合,只有实现以上显性与隐性的双重融合,智慧图书馆才能逐级升华,迈向更高阶段的融合图书馆的可持续发展之路。

(五)智慧图书馆与公共图书馆文化服务体系

2005 年 10 月,党的十六届五中全会通过的《中共中央关于制定国民经济和社会发展第十一个五年规划的建议》中指出:"加大政府对文化事业的投入,逐步形成覆盖全社会的比较完备的公共文化服务体系。"这是较早提出"公共文化服务体系"的国家级正式文件②。2007 年 6 月,中共中央政治局召开会议,研究加强公共文化服务体系建设,这是中央政治局首次专题研究公共文化服务体系建设问题。会议提出了创新文化服务方式、创新公共文化服务技术、创新公共文化服务运行机制③。2007 年 8 月,中共中央办公厅和国务院办公厅下发了《关于加强公共文化服务体系建设的若干意见》④。2007 年 10 月,党的十七大报告中提出了"覆盖全社会的公共文化服务体系基本建成"的新要求⑤。党的十八大以来,党中央从统筹推进"五位一体"总体布局、繁荣发展社会主义先进文化的战略高度,确立了构建现代公共文

① 王世伟.融合图书馆初探[J].图书与情报,2016(1):54-61.

② 中共中央关于制定国民经济和社会发展第十一个五年规划的建议[EB/OL].[2017-02-28].http://www.gmw.cn/01gmrb/2005-10/19/content_319048.htm.

③ 研究加强公共文化服务体系建设[N].人民日报,2007-06-17(1).

④ 中共中央办公厅、国务院办公厅印发《关于加快构建现代公共文化服务体系的意见》[EB/OL].[2017-02-28].http://news.xinhuanet.com/politics/2015-01/14/c_1113996899.htm.

⑤ 王世伟.关于加强图书馆公共文化服务体系结构与布局的若干思考[J].图书馆,2008(1):5.

化服务体系在文化建设中的重要地位。党的十八届三中全会把"构建现代公共文化服务体系"作为全面深化改革的一项重要任务。党的十八届五中全会明确提出,要"完善公共文化服务体系","推动基本公共文化服务标准化、均等化发展","创新公共文化服务方式,保障人民基本文化权益"。"十三五"规划纲要把"构建现代公共文化服务体系"作为全面建成小康社会决胜阶段的一项重要工作。2016 年 12 月 25 日第十二届全国人大常委会第二十五次会议通过的《中华人民共和国公共文化服务保障法》(简称《公共文化服务保障法》)开宗明义,指出其立法目的之一就是"为了加强公共文化服务体系建设",并对此做出了系统的设计安排①。公共图书馆文化服务体系是公共文化服务体系中的重要组成部分,而智慧图书馆正是构建具有中国特色的覆盖全社会的公共图书馆文化服务体系的新理念、新思想和新战略。

1. 从新理念看

智慧图书馆体现了图书馆的理念创新、技术创新、服务创新、机制创新,以通体革命展开了公共图书馆文化服务体系创新发展的总布局,以全局解决方案明确了公共图书馆服务体系转型升级的目标愿景,以新一代信息技术引领了公共图书馆服务体系重塑发展的大逻辑,勾画了公共图书馆文化服务体系践行落地的路线图,以与时俱进的智慧顺应了数据驱动、移动互联、人工智能、虚拟现实、"互联网+"的发展趋势,踏准了以互联网为核心的新一代信息技术的发展节拍,为公共图书馆文化服务体系建设带来了勃勃生机和创新动能。

2. 从新思想看

智慧图书馆从战略思维的高度登高望远,寄托了公共图书馆人未来发展的愿景梦想;智慧图书馆从历史发展辩证思维的高度,为图书馆界梳理了从数字图书馆、复合图书馆、智能图书馆到融合图书馆的发展轨迹和发展逻辑,清晰地描绘出公共图书馆文化服务体系过去现在未来的发展道路;智慧图书馆从系统思维的高度,将图书馆的文献资源、人力资源、技术资源、社会资源等整合为一个互连互通开放共享的大系统和大平台,在公共图书馆文化服务体系的建设中顺应了万物感知、万物互联、万物智能的发展新环境;智慧图书馆从开放思维的高度,将图书馆物理空间深度融合于没有边界的网络空间和社会空间,走出了一条公共图书馆文化服务体系全域服务的文化发展新路;智慧图书馆从底线思维的高度,为弥补数字智能鸿沟、落实文化精准扶贫提供了新方案和新路径。以上这些新思想中,内中都饱含着创新的基因,体现出变革的特征,折射出重构与重塑的智慧。

3. 从新战略看

2016 年以来,国家先后颁布了《公共文化服务保障法》、分别印发了《关于推进县级文化馆图书馆总分馆制建设的指导意见》和《关于实施中华优秀传统文化传承发展工程的意见》,这些法律和意见,充分体现了国家在构建公共文化服务体系方面的新战略,也对智慧图书馆的创新发展提出了新要求、提供了新机遇。

以《公共文化服务保障法》为例,这是 2017 年 3 月 1 日起实施的我国文化领域一部综合性、全局性、基础性的重要法律,被誉为文化领域一部具有"四梁八柱"性质的重要法律。《公共文化服务保障法》以建成覆盖城乡、便捷高效、保基本、促公平的现代公共文化服务体系为主要目标,这就需要运用智慧图书馆书感知、人人互联、人机智能的技术,推动图书馆的机制转换、队伍建设、技术驱动、流程再造,发挥智慧图书馆在推进公共图书馆的城乡互

---

① 王晨. 大力推动公共文化服务保障法的深入宣传和贯彻实施[N]. 人民日报,2017 – 02 – 22(6).

动、提高服务效率和效能中的助推器功能。《公共文化服务保障法》确立了"政府主导、社会力量参与"的公共文化服务格局,而智慧图书馆为营造这样的格局提供了广阔的平台和创新空间,必将引领和推动公共图书馆文化服务体系建设全面深入开展。

以《关于推进县级文化馆图书馆总分馆制建设的指导意见》(以下简称《意见》)为例,这是针对公共图书馆文化服务体系中县级馆服务能力不强、县域内公共文化资源缺乏整合、城乡公共文化服务发展不均衡等突出问题于 2017 年 2 月提出的国家文化发展新举措。《意见》提出到 2020 年,全国具备条件的地区因地制宜建立起上下联通、服务优质、有效覆盖的县级图书馆总分馆制①。《意见》的落实需要与智慧图书馆建设紧密结合起来,根据《意见》要求创新公共图书馆的服务方式和手段;运用物联网、云计算和智能技术,在总馆和分馆实施"订单"服务方式,实现个性化的供需有效对接和个性化定制服务;通过智慧图书馆互联、高效、便捷、智能的特点,实现国家公共数字文化工程资源与县域公共数字文化服务平台的有效联接与互动;通过融合图书馆的融合化、数字化、网络化、泛在化和可视化技术,广泛开展流动文化服务,扩大公共图书馆文化服务的有效覆盖。同时,我国一些农村地区和中西部地区,公共图书馆文化设施还比较落后,公共图书馆对于农村居民、城镇低收入居民、农民工等特殊群体的文化服务还较为匮乏,实现和保障每一位读者的基本文化权益的任务还十分艰巨。应通过智慧图书馆的移动互联技术方法和社交新媒体的载体平台,进行跨时空的云服务和离线云阅读,以保障人民群众普惠、便利、公平地享受公共图书馆的文化服务,注重扶助农村地区、革命老区、民族地区、边疆地区、贫困地区以及特殊群体,努力实现公共图书馆资源到村,服务到人,落实精准文化扶贫,通过智慧的县级总分馆制来进一步实现和保障人民群众基本文化权益,使每一位读者共享文化改革发展成果,提高他们在公共图书馆文化服务体系中的获得感和幸福感,实现全面文化小康发展目标。

以《关于实施中华优秀传统文化传承发展工程的意见》(以下简称《工程》)为例,这是 2017 年 1 月由中共中央办公厅、国务院办公厅印发的②。《工程》提出要"加大宣传教育力度。综合运用报纸、书刊、电台、电视台、互联网站等各类载体,融通多媒体资源,统筹宣传、文化、文物等各方力量,创新表达方式,大力彰显中华文化魅力。实施中华文化新媒体传播工程"。《工程》还提出要"探索中华文化国际传播与交流新模式,综合运用大众传播、群体传播、人际传播等方式,构建全方位、多层次、宽领域的中华文化传播格局"。以上所提出的这些新要求,正是智慧图书馆的优势所在,公共图书馆正可以通过智慧图书馆的建设,在传承发展中华优秀传统文化中发挥其网络服务和全媒体传播的独特作用。因此,加快智慧图书馆建设与加强公共图书馆文化服务体系建设两者是紧密联系、互相促进的。通过智慧图书馆建设,可以助力公共图书馆的未来发展,并为加强公共图书馆文化服务体系提供新动能。

2017 年世界移动通信大会于 2 月 27 日至 3 月 2 日在巴塞罗那举行,大会的主题为"下

---

① 郑海鸥. 文化部等五部委联合印发意见推进县级文化馆图书馆总分馆制建设[N]. 人民日报,2017 - 02 - 18(4).

② 中共中央办公厅、国务院办公厅印发关于实施中华优秀传统文化传承发展工程的意见[N]. 人民日报,2017 - 01 - 26(6).

一个元素和事在人为"①,具有数字化、网络化、智能化、泛在化、可视化特征的融合图书馆正是图书馆界的下一个元素,而图书馆的未来创新发展需要图书馆业界内外的奋发努力,事在人为!

---

① 2017 世界移动通信大会在巴塞罗那举行[EB/OL].[2017 – 03 – 01]. http://world. people. com. cn/n1/2017/0228/c1002-29111394. html.

第十章　人工智能与图书馆的服务重塑

继大数据、云计算、物联网、移动互联网之后,新一轮科技与产业革命正聚焦于人工智能的创新发展,对更全面深入的经济数字化、社会网络化、生活智能化形成了新一轮的发展变革浪潮,万物感知、万物互联、万物智能、万物计算、万物赋能的大智能时代正在来临,也为图书馆服务转型孕育了发展新动能,图书馆的服务正面临倒逼重塑的挑战和机遇。图书馆的文献资源重塑、人才资源重塑、读者用户重塑、服务空间重塑、服务项目重塑等新兴议题已经成为图书馆创新发展超前布局需要精心谋划思考和实践的命题。我们正站在基于人工智能的信息文明新一轮发展浪潮的起点上,需要重塑图书馆服务的"筋骨",推动图书馆智慧大脑中枢与神经系统的建设,注入融合图书馆的神经元,以顺势而为的战略智慧和持续创新的战略定力,搭上人工智能的"文化高铁",实现图书馆发展动能、发展资源、发展内容、发展布局、发展形态、发展空间的创新升级之变,以解决新时代图书馆所面临的发展不平衡和不充分的主要矛盾,进一步满足用户日益增长的对美好文化生活的需要。

一、人工智能带来的变革浪潮与图书馆服务重塑

当我们在讨论人工智能带来的变革浪潮与图书馆服务重塑的命题时,应当首先登高环顾一下人工智能的发展态势。人工智能(AI)是一个约定俗成的用语词汇,更准确地说,应称为"机器智能"或"人造智能"。

1. 国内外人工智能的发展趋势

2017 年 12 月发布的《世界互联网发展报告 2017》指出,互联网发展正进入从"人人互联"到"万物互联"转变跨越新阶段,人工智能等新兴网络信息技术成为全球科技竞争的新高地①。在研发领域和实践应用领域,一个接一个的人工智能的新研究机构和新产品相继建立和问世。我们仅以 2017 年 12 月为例:如 2017 年 12 月由中国科学院等共同打造的北京智能计算产业研究院揭牌成立,并同时发布了全球首款高通量人工智能一体机②。又如,谷歌公司于 2017 年 12 月 13 日宣布,将在北京设立新的人工智能研究中心,以利用中国在这个前景美好的技术领域中的人才储备③。基于人工智能的实践应用成果也层出不穷,如 2017 年 12 月 5 日,在第 19 届中国国际海事会展上展出了由我国自主设计建造的全球首艘智能船"智慧海豚型 38800 吨智能船",可利用传感器、通信、物联网、互联网等技术手段,自动感

---

① 张国亮. 2017 世界及中国互联网发展报告发布　中美两国成为世界双引擎[EB/OL]. [2017 – 12 – 16]. http://china. cnr. cn/NewsFeeds/20171204/t20171204_524049826. shtml.

② 吴月辉. 北京智能计算产业研究院成立[N]. 人民日报,2017 – 12 – 14(12).

③ 曹卫国. 谷歌在中国开设人工智能中心　法媒:想利用中国人才[EB/OL]. [2017 – 12 – 14]. http://www. cankaoxiaoxi. com/china/20171214/2247730. shtml.

知和获取内部各零部件及外部海洋环境、天气、物流、港口等方面的信息和数据,并基于自动控制技术和大数据处理、机器学习和分析能力,在航行、管理和维修等方面实现智能化运行①。又如,2017 年 12 月,美国食品药品管理局批准了由美国数字医疗公司与日本大冢制药公司合作研发的全球首款数字药物,在不改变原有药物化学成分的基础上,在片剂中嵌入可摄入的传感器,不仅可安全通过身体,还可与外部设备进行通信,医护人员可就此跟踪患者服药情况②。以上这样的新事物在未来将以更大的数量和规模呈涌现的态势。

2. 习近平的多次讲话

在 2017 年 12 月上旬,习近平在三次讲话和贺信中均提到了"人工智能"。12 月 1 日,习近平在中国共产党与世界政党高层对话会上的主旨讲话中指出:"今天,互联网、大数据、云计算、量子卫星、人工智能迅猛发展,人类生活的关联前所未有……"③12 月 3 日,习近平在致第四届世界互联网大会的贺信中指出:"中共十九大制定了新时代中国特色社会主义的行动纲领和发展蓝图,提出要建设网络强国、数字中国、智慧社会,推动互联网、大数据、人工智能和实体经济深度融合……"④12 月 8 日,习近平在主持中共中央政治局就实施国家大数据战略进行第二次集体学习时强调:大数据发展日新月异,我们应该审时度势、精心谋划、超前布局、力争主动……推动互联网、大数据、人工智能同实体经济深度融合……要坚持以人民为中心的发展思想,推进"互联网 + 教育""互联网 + 医疗""互联网 + 文化"等,让百姓少跑腿、数据多跑路,不断提升公共服务均等化、普惠化、便捷化水平⑤。

3. 全国"两会"聚焦人工智能

我们还可以回顾一下 2017 年全国"两会"聚焦人工智能的相关信息。2017 年 3 月 5 日,"人工智能"首次出现在李克强所做的政府工作报告中。同时,一些互联网知名企业老总不约而同地提交了相关提案。李彦宏提交了 3 项聚焦人工智能的提案,包括利用人工智能视觉技术优化红绿灯设计、缓解交通拥堵,用人脸识别技术辅助公安部门寻找走失儿童等,完成"从汗水驱动到创新驱动""从齿轮驱动到智能驱动"的升级。马化腾提交的 7 项议案中,也特别提到人工智能、云计算等技术领域成为全球创新高地,使得大规模的连接成为可能;雷军也提交了一份加快实施人工智能国家战略的议案,认为未来人工智能会取代社会 50%以上的工作岗位,同时会创造新的工作机会⑥。

4. 国家密集发布相关文件

2015 年 7 月,国务院发布的《关于积极推进"互联网 +"行动的指导意见》已提到了人工智能,2015 年 8 月,国务院印发了《中国制造 2025》,指出基于信息物理系统的智能装备、智

---

① 张晓鸣. 我国研制的全球首艘智能船在沪亮相[N]. 文汇报,2017 – 12 – 06(1).

② 沈湫莎,姚恒美."数字药片"或将解决服药难题[EB/OL]. [2017 – 12 – 16]. http://lib. shutcm. edu. cn/news2/View. aspx? id =32160.

③ 习近平.携手建设更加美好的世界——在中国共产党与世界政党高层对话会上的主旨讲话[N]. 人民日报,2017 – 12 – 02(2).

④ 习近平.习近平的贺信[N]新华每日电讯,2017 – 12 – 04(1).

⑤ 习近平:实施国家大数据战略加快建设数字中国[EB/OL]. [2017 – 12 – 16]. http://www. cac. gov. cn/201712/09/c_1122084745. htm.

⑥ 卢泽华.人工智能:全球竞赛中国领跑(网上中国)[EB/OL]. [2017 – 12 – 16]http://scitech. people. com. cn/n1/2017/0311/c1007-29138088. html.

能工厂等智能制造正在引领制造方式变革,我国制造业转型升级、创新发展迎来重大机遇①。2016 年至 2017 年,我国先后由国家层面密集发布了多部有关人工智能的政策文件(见下表)。

有关人工智能的国家政策文件目录(2016—2017)

文件名	发布机构	发布时间	备注
"互联网 +"人工智能三年行动实施方案	国家发展改革委、科技部、工业和信息化部、中央网信办	2016 年 5 月	充分发挥人工智能技术创新的引领作用,支撑各行业领域"互联网 +"创业创新,培育经济发展新动能
新一代人工智能发展规划	国务院	2017 年 7 月	抢抓人工智能发展的重大战略机遇,构筑我国人工智能发展的先发优势,加快建设创新型国家和世界科技强国
国务院关于深化"互联网 + 先进制造业"发展工业互联网的指导意见	国务院	2017 年 11 月	打造人、机、物全面互联的新型网络基础设施,形成智能化发展的新兴业态和应用模式
促进新一代人工智能产业发展三年行动计划(2018—2020)	工业和信息化部	2017 年 12 月	为贯彻落实《中国制造 2025》和《新一代人工智能发展规划》,加快人工智能产业发展,推动人工智能和实体经济深度融合

5. 人工智能成为流行语

人工智能的发展浪潮也反映在媒体传播的语言文字中。在基于语料规模近 5 亿字次的基础上,国家语言资源监测与研究中心发布了"2017 年度中国媒体十大流行语","人工智能"与"十九大""新时代"等成为"2017 年度中国媒体十大流行语",足以看出人工智能在信息交流传播中的聚焦度和经济社会中的热度②。

6. 人工智能的著作

未来预测与趋势形成往往是根据身边不断增长的事物中所寓含的相关信息、事实和数据所做出的判断,我们在以上列举的部分信息、事实和数据中已经可以看到人工智能所表现出来的发展大趋势和对未来影响全局的超强信号。2016 年和 2017 年,有两本对人工智能时代的到来进行研究和介绍的著作值得一提。2016 年 8 月,学者吴军出版了《智能时代:大数据与智能革命重新定义未来》专著,认为 2016 年是机器智能历史上一个具有纪念意义的年份,它是一个时代的结束,也是新时代的开始。智能时代将重塑个人思维,并将构建未来商业和社会图景③。2017 年 4 月,百度李彦宏出版了《智能革命:迎接人工智能时代的社会、经济与文化变革》一书,认为人工智能将是照亮又一新时代的火种。"在不久的未来,智能流会

---

① 国务院关于印发《中国制造 2025》的通知[EB/OL].[2017 - 12 - 16]http://www. gov. cn/zhengce/content/2015-05/19/content_9784. htm.

② 2017 十大流行语发布[N].人民日报海外版,2017 - 12 - 12(2).

③ 吴军. 智能时代:大数据与智能革命重新定义未来[M].北京:中信出版社,2016:1.

像今天的电流一样平静地环绕、支持着我们,在一切环节提供养料,彻底改变人类经济、政治、社会、生活的形态。"并富有创意地由机器人撰写了该书序言①。在 2017 年 12 月 4 日举行的世界互联网大会上,李彦宏在报告中认为,随着技术的不断进步,由数据、算力、算法"三位一体"共同驱动的人工智能或将成为推动经济增长与时代进步的新引擎,并引领一场堪比历次技术革命的伟大变革,人工智能将作为此次技术变革的主角,承担起助推全球经济增长的时代重任②。

人工智能的发展趋势也开始影响到了图书馆服务。机器人被誉为制造业皇冠上的明珠,成为人工智能发展的重要领域和载体。清华大学图书馆于 2010 年底在其网站服务栏目中设置了智能聊天机器人,成为中国图书馆服务中引入机器人服务较早的实践案例。2017年 9 月 27 日,在上海图书馆目录大厅举办的"阅读上海——馆舍沿革变迁图片展"上,出现了机器人讲解员,当你与其对话时,它会通过自我学习加深对你的了解并与你进行交流。这是机器人馆员重塑图书馆服务的初步尝试。

2017 年 4 月 15 日,公共文化服务大数据应用文化部重点实验室启动仪式在北京大学举办,实验室的主要任务是:针对大数据技术发展前沿和公共文化服务的需求,凝练科研目标,开展公共文化服务大数据应用的基础、共性、关键和前瞻性技术研究;开展公共文化服务大数据标准化研究,编研文化行业技术标准以及国家技术标准;在开展公共数字文化服务过程中,积累公共文化服务相关基础数据,促进公共文化服务大数据相关科研成果的转移转化与辐射带动,开展新产品和新技术的集成试验研究与示范;并通过大数据应用寻求公共文化服务的新增长点。以上这些主要任务中都包含有人工智能的要素。这是通过大数据研究和应用进而重塑图书馆服务的例子③。

人工智能通过信息化互联、泛在化感知、关联化分析、智能化整序、网络化协同、个性化定制、可视化传播与全域化延伸,将对图书馆的服务重塑带来诸多改变。一是有利于促进个性化阅读,基于人工智能,可以精细了解读者特点、洞察读者需求、引导读者阅读、诊断市民利用图书馆的效率和效能;二是有利于实现图书馆服务的精准化,人工智能可以在保障普适规模服务的情况下实现差异化,因人而异,可以根据读者的不同需求推荐合适的学习资源,提供智能化服务,拓展服务的时空范围和规模;三是有利于提升图书馆服务效能,人工智能使图书、馆员、读者、家具实现了万物互联和跨时空服务,使图书馆服务的时间和空间得到延伸和拓展,使更多读者可以得到更高质量的服务,可以更高效率地获取知识信息,也可以更加节约图书馆的人力资源;四是有利于实施图书馆服务的精细化管理,改变以往静态的、局部的、零散的、滞后的、纵向的服务管理信息,推进图书馆服务管理从经验型、粗放型、孤岛型向平台化、互联化、泛在化、智慧化、可视化、共享化转变,提升图书馆服务的效能以及便捷化水平。

---

① 李彦宏.智能革命:迎接人工智能时代的社会、经济与文化变革[G].北京:中信出版社,2017:1.

② 方莉,杨舒,刘坤.人工智能是未来中国互联网发展的主要推动力[N].光明日报,2017 - 12 - 04 (11).

③ 韩业庭.公共文化服务大数据应用 文化部重点实验室落户北大[EB/OL].[2017 - 12 - 16].http://epaper.gmw.cn/gmrb/html/2017-04/17/nw.D110000gmrb_20170417_4-09.htm.

二、人工智能引发的图书馆文献资源重塑

1. 人工智能引发的图书馆文献资源重塑在国内外都已初露端倪

原来的文献服务和信息服务正在逐步过渡到智能服务和智慧服务。德国康斯坦丁大学"融合图书馆"的创新实践为我们展示了人工智能引发的图书馆文献资源重塑的成功案例。在这一案例中我们发现:馆员、读者、智能终端、印刷型图书、书架、书桌、墙面、读者证等都已实现了智能感知和互联;可视化的智能书架虚拟屏幕与物理实体的书架图书可以进行即时的隔空互联互动;可视化的智能信息令牌可以使读者拥有"魔指",读者 A 的信息包数据通过智能电子动桌面的手指导向划动即可传递给读者 B、读者 C、读者 D,反之也是如此;智能主题检索让馆员和读者不仅能够了解已知的文献资料,还可以在个人的智能终端上被推送发现未知的文献资料;已获取的文献资料在智能电子互动桌面上可以实现全文可视化的色标主题内容检索,并可以将所需要的文字片段通过智能化拖移功能,截取至自己设定的知识导图之中,而不再需要抄写、打印或复印;在读者的团队学习中,各位读者可以按照学习研究的需要确定搜索群组,通过智能关联技术来进行相关主题的共同学习,形成了分布式组群知识搜索的新学习形态,参加组群的成员可以将各自收集到文献资源组成一个特定的知识包,加上识别代码后在线即时分发给其他成员共享①。显然,康斯坦丁大学融合图书馆实践中这些人工智能引发的文献资源重塑将对以往的图书馆文献资源组织、图书馆家具和布局、图书馆阅读形式和形态、图书馆文献检索获取路径、文献复印服务、知识产权保护等都会引发重塑的问题。

2. 人工智能引发的图书馆文献资源重塑引起中国学界关注

2017 年 11 月 30 日,在武汉大学召开了"珞珈大数据论坛——面向数字人文的智慧数据建设专题研讨会"。研讨会围绕"智慧数据"的概念起源、具体内涵及其在数字人文领域的应用、智慧数据的智慧属性以及人工智能对智慧数据的影响、知识丰富语义揭示的具体过程,并分享了"佛学知识图谱"和"佛学考试机器人"的项目经验。研讨会还通过国内外的各种实践案例,分别讨论了历史学研究者的数据需求、数字人文领域的工具、古籍数字化过程中的现实难题、数字化对文化遗产保护和传承的意义、智慧数据的搜集筛选处理关联过程、自动构建知识图谱的流程和结果等智慧数据和数字人文相关的议题。与会专家一致认为,智慧数据这一新兴概念是一面旗帜,将引领文化生产与记忆机构的资源组织、资源管理朝着更加先进、更加智慧、更加智能的方向发展②。

3. 图书馆的文化云服务

人工智能是基于大数据引发的信息技术发展阶段的拐点,而图书馆的文化云服务正是基于大数据的文献资源服务重塑,未来云服务将成为智慧终端服务竞争的重要载体。这样的云服务创新正在图书馆等文化领域持续发生。

---

① 王世伟. 融合图书馆初探[J]. 图书与情报,2016(1):56 – 57.

② "面向数字人文的智慧数据建设专题研讨会"顺利召开[EB/OL]. [2017 – 12 – 17]. http://ssroff. whu. edu. cn/info/1009/3852. htm.

在 2017 年 11 月 29 日举行的 2017 年中国文化馆年会上,由文化部公共文化司指导、文化部全国公共文化发展中心具体建设的国家公共文化云正式开通。这一国家公共文化云统筹整合了全国文化信息资源共享工程、数字图书馆推广工程、公共电子阅览室建设计划三大惠民工程,成为运用大数据升级推出的公共数字文化服务总平台和主阵地。国家公共文化云突出了手机端服务功能定制,具有共享直播、资源点播、活动预约、场馆导航、服务点单等核心功能①,成为人工智能重塑文化服务的新尝试。这是全国文化云服务的例子。

在上海嘉定区,有一朵"文化嘉定云",让嘉定区民众对公共文化服务触手可及。打开"文化嘉定云",区、镇两级精彩文化活动一目了然,各类演出、讲座、展览等活动何时在哪个场馆举行、还剩多少票、剩余位子在哪里等信息清晰列明,还能在线订票,极大提高了百姓参与公共文化活动的积极性,平台注册用户已突破 10 万②。基于上海文化云的服务,文化部于2015 年至 2018 年组织了《文化云服务平台关键技术研发及应用示范》的科研项目,该课题由上海市群众艺术馆承担,上海嘉定区图书馆参与其中。这是地方区县包括图书馆在内的文化云服务的例子。

文化云服务也在更大的范围开展。联合国教科文组织国际非物质文化遗产大数据平台于 2017 年 11 月在北京正式发布,该平台由中国联合国教科文组织全国委员会、中国非物质文化遗产保护协会指导,目前已搜集超过 3 万项非遗项目,收录传承人 3000 余人,覆盖世界105 个国家和地区。这一非遗大数据平台以互联网为媒介,旨在保护、传承、交流非物质文化遗产的相关信息,建立了非遗项目统一的分类标准和唯一的国际标识编码,搜集并整理了全球 220 万项语言版内容③。这是文化云服务全球化的例子。

4. 新旧文献的深度融合

人工智能引发的图书馆文献资源重塑必将面临如何处理传统文献的问题。在人工智能时代,新服务内容和项目的迭代更新极为快速。需要指出的是,智慧数据与印刷文献的关系是融合而不是替代,基于大数据的人工智能技术将打通线上线下,使其实现一体化的深度融合。智慧数据所带来的智慧连接,将帮助各图书馆实现数字化转型升级,让各图书馆最终能够在云端用人工智能处理文献资源和读者服务大数据,这种赋能和创新,在国内外并没有现成的全面经验可以借鉴,需要图书馆人实现思维革命,从以往的文献资源数据间的信息互通的弱关联发展至人工智能时代智慧互联的强关联,并以开放分享的态度来探索和尝试。如同智慧城市建设需要克服信息孤岛一样,人工智能推动图书馆文献资源的重塑也需要实现资源云联网,即将一朵朵的文献资源主题云在更大平台上实现云与云的自由联接,把古籍云、讲座云、展览云、非物质文化遗产云、诚信云、应用云、安全云、总分馆云等汇云联网,构筑人工智能环境下的云网一体的图书馆智能服务解决方案。如在图书馆馆藏古籍文献方面,正在探索深入实施在线的大连接服务战略。2017 年 3 月,国家图书馆(国家古籍保护中心)与上海图书馆、天津图书馆、浙江图书馆、云南省图书馆近日联合在线发布新一批古籍数字

---

① 国家公共文化云正式开通[EB/OL].[2017 - 12 - 17]. http://culture. people. com. cn/nl/2017/1130/c1013-29675970. html.

② 茅冠隽. 嘉定:正在崛起中的现代化新型城市[N].解放日报,2017 - 10 - 20(10 - 11).

③ 史一棋. 国际非遗大数据平台发布[N].人民日报,2017 - 12 -01(11).

资源,免费服务大众阅览和学术研究,文献总量已达 2.4 万部,相当于 6 部《四库全书》总量①。人工智能时代的古籍数字化研究也开始引起学术界的关注。2017 年 10 月,由首都师范大学电子文献研究所、中国诗歌研究中心共同主办了第六届中国古籍数字化国际学术研讨会,重点探讨了人工智能对中文古籍数字化的影响、移动终端古籍数据库的研究与设计、中文古籍版本识别、中文古籍非常规字形识别(诸如手抄、印章、书法等)、中文古籍图形数据库建设、基于自动比对和自动排版的古籍大规模整理出版等前沿性课题,希望为中国古籍数字化探索出一条可持续发展的创新之路②。

人工智能引发的图书馆文献资源的重塑,需要在以往数字图书馆的基础上进行,但不能局限于过去数字图书馆的成功;在人工智能时代,过去的成功可能面临新的问题,过去看来成功的文献整理可能成为现在和未来人工智能服务重塑的障碍和瓶颈。从方便读者用户体验言,或者说从读者用户不断增长的新需要而言,图书馆需要形成数据互联、库库互联、云云互联的人工智能的文献资源服务新生态。让文献资源的网络平台的每一个节点趋向智能化,为成千上万的图书馆智慧馆员构建起平行智慧服务的广阔森林,让以往单打独斗的孤岛服务成为历史。

在人工智能的推动下,在纸质图书仍受读者青睐的同时,数字阅读持续走高。2016 年我国数字化阅读方式的接触率为 68.2%,较 2015 年的 64.0% 上升了 4.2 个百分点③,《2016 年度中国数字阅读白皮书》显示,中国数字阅读规模已超 3 亿,女性数字阅读用户数量略高于男性,以 80 后、90 后居多。2016 年我国数字阅读市场规模已站上 120 亿元的历史新高。支撑这一市场的是巨大的读者群体。电子书、电子听书、增强现实、虚拟现实等人工智能技术为全民阅读注入了新的活力和动能④。

5. 文献资源的屏幕化趋势

与电子阅读发展相辅相成的是文献资源的屏幕显示,这种文献资源可视化趋势成为人工智能时代信息和知识传递更为读者用户接受、更受读者用户欢迎的形式。屏幕化的趋势使文献资源从静止固态趋向动态互动,信息交流、知识传递、内容学习进入了图像、直播时代,而人工智能的新搜索工具将帮助读者去获取这些超链接的图像文献和在线的即时信息。实际上,通过人工智能技术,当读者到处都有屏幕可看之时,屏幕也在对视读者,形成了一个双向的沟通。读者通过人工智能,可以点石成金,让原来沉睡的文献资源生动活化。

6. 人工智能重塑需要开放创新

人工智能重塑图书馆文献资源不能闭门造车,应当走开放之路。2017 年 11 月 29 日,600 岁故宫与 19 岁腾讯结成忘年交,"故宫博物院——腾讯集团联合创新实验室"正式成

① 促进全国联动 开放古籍资源[EB/OL].[2017-12-19].http://www.chnlib.com/wenhuadongtai/2017-03/176817.html.
② 张林.人工智能时代的古籍数字化——第六届中国古籍数字化国际学术研讨会综述[N].光明日报,2017-10-21(15).
③ 张贺.第十四次全国国民阅读调查公布[N].人民日报,2017-04-19(12).
④ 2016 年中国数字阅读白皮书发布:市场规模达 120 亿元[EB/OL].[2017-12-19].http://finance.chinanews.com/cul/2017/04-14/8199863.shtml.

立。科技推动文化破壁,文化也使科技更有温度①。这为如何以开放协同的胸怀和眼光推进人工智能重塑图书馆服务提供了有益的启示。

三、人工智能引发的图书馆人力资源重塑

1.继续学习能力和智能素养

人工智能时代图书馆馆员的继续学习能力和智能素养的提升是图书馆人力资源重塑的关键所在。联合国教科文组织曾经做过一项研究,18 世纪时,知识更新周期为 80 年到 90 年;19 世纪到 20 世纪初,缩短为 30 年;20 世纪 60 至 70 年代,一般学科的知识更新周期为 5 到 10 年,到 20 世纪 80 至 90 年代,许多学科的知识更新周期缩短为 5 年;进入 21 世纪,这个数字已经是 2 到 3 年②。新概念词的不断迸发是这个时代加速前行的缩影之一,科技发展日新月异,知识更新周期缩短,知识的迭代与重构从未像现在这么迅速;如果不学习,就很容易落伍。如今的人工智能的内容和应用已进入自然语言处理、计算机视觉、无人驾驶、模式识别、语音识别、机器学习、机器翻译、人机交互、智能网络搜索、认知科学、神经科学等各个领域和学科。这就要求图书馆员在厚实的基础上成为"无所不能"的图书馆员:能扛善提的"大力士"、百问不倒的"万事通"、老少通吃的"全能王"、情感交互的"心理师"、科技体验的"先行者"、人机交互的"排头兵"、智慧数据的"分析员"、创意活动的"智慧脑"……

2.人工智能从实验走向经济社会"临界点"

2017 年人工智能被写入国家发展战略,这项改变世界的技术已经到了从实验室走入真实经济社会的"临界点"。有专家预测,2050 年以后的人工智能将会是一个整体的、非常宽泛的人工智能,那时的人工智能将具备更多的理性。图灵奖获得者、美国康奈尔大学教授约翰·爱德华·霍普克罗夫特用"绝对是翻天覆地"来形容人工智能所带来的变化,他认为,我们很快会进入这样一个时代,只需现在 25% 的劳动力就能满足我们所需要的商品和服务③。未来难以预测,但未来机器人将替代诸多图书馆原有的业务工作、机器人馆员将大量出现是可以肯定的。一些重复性的、规律性的、标准性的工作将会由机器人来承担,一些具有危险性的、接触有害气体的以及繁重的搬运等工作也可以转由机器人来接替。如公共阅读区导读员、总服务台咨询员、图书馆展览讲解员、基藏书库借阅取书员、特藏书库保管员、图书馆保安巡视员、图书馆建筑外墙清洁机器人、图书文献和服务设施搬运工等。

3.弘扬智慧工匠精神

人工智能引发的人力资源重塑要求图书馆界进一步弘扬智慧工匠精神。人工智能将使研究开发成为最普通的工种,各类与图书馆服务相关的智慧工匠将大量涌现,如机器人管理

① 张焱.600 岁故宫与 19 岁腾讯结成忘年交[EB/OL].[2017 - 12 - 19].http://www.ccdy.cn/chanye/201712/t20171203_1365789.htm? gdxlgtkufkegmfkl? jsiqgdxlgttmfrpe? bcoaaakbtdqeiayw.
② 管璇悦,陈圆圆,王瑨.什么动力让我们不断学习(解码·今天我们怎样学习[N].人民日报,2017 - 12 - 06(12).
③ 杨舒,方莉,刘坤."我们的世界将因人工智能而改变"——第四届世界互联网大会嘉宾共话人工智能未来[N].光明日报,2017 - 12 - 05(10).

员、数据分析员、算法工程师、计算实验员、图像识别工程师等,被机器取代的图书馆员可以通过培训和学习向机器智能提升,负责机器的日常操作和性能维护;或向其他岗位流动,发挥智慧馆员的新职能。因此,我们要着力培育智慧工匠,孵化智能空间,营建数字生态,以人才的第一资源推动创新的第一动力。上海图书馆、文化部公共文化研究上海图书馆基地2016年成功举办第一届开放数据应用开发竞赛,共有60个团队141位参赛者共同探索家谱数据的潜在价值,激发数据创新活力;2017开放数据应用开发竞赛则围绕"名人手稿及档案"的主题,包括馆藏的24万余种手稿及档案的元数据,以更为宏富的关联数据,征集各类让人脑洞大开的应用形式①。

4. 人工智能 + 人的智慧

人工智能时代的图书馆服务将凸显"机器 + 人"的智能,就是人工智能 + 人的智慧,提供"千人千面"的个性化定制服务,从而提升图书馆的服务质量。这样的服务重塑将实现让海量读者接受优质服务,提供可规模化的个性咨询与阅读,并且真正解决目前图书馆服务中存在的优质人力资源稀缺和不平衡的问题,实现公平而有质量的图书馆服务。"人工智能 +"服务将实现在线数字图书馆服务从移动时代向人工智能时代的过渡,从而趋向互联网图书馆服务发展的高级阶段。人工智能在服务中将扮演两个主要角色——提升图书馆员效率、解决读者个性化需求。人工智能不可能全部替代人的智能,知识传递和服务只是图书馆服务的一部分,爱心的传递、人格的塑造、情感的交流等工作仍然需要图书馆员智慧的引导。

5. 教导—连接—关照

根据未来人工智能的发展趋势,图书馆人力资源的重塑还可以从教导、连接、关照等几个方面着力。美国高知特(Cognizant)咨询公司未来工作中心在发布的一份报告中介绍了未来10年可能出现的21种新职业,所有这些新职业分属三大概念:教导技能、连接人机和关照他人。对于图书馆人力资源重塑而言,无论是教导技能还是连接人机或是关照他人,都有很多学习培训的内容和不断发展的空间。在21种新职业中,最快出现且最"低阶"的职业叫做 Walker/Talker(陪走陪聊师),主要是满足越来越多孤寡老人的陪伴需求,这也是最能直接体现"关照"理念的未来工作,而这在图书馆老年服务区中就十分需要②。

6. 人工智能将改变"好馆员"的评选标准

现在图书馆业务技能竞赛还时常停留在竞考死记硬背的东西,但越容易死记硬背的知识,今后越容易被机器替代,以往的馆员学习内容和学习方式已不能适应人工智能的发展;过去的图书馆服务太追求确定性,忽略了服务中的"变数"。通过围棋角力的试验证明:借助人工智能的"神力",段位相对低的一方很快占据了上风,优势明显。从某种意义上说,今后的馆员所面对的实际境况和挑战正如围棋世界一样,是一个充满不确定性的环境;懂得驾驭人工智能并为读者提供最优服务,这将是未来优秀图书馆服务能力提升的重点所在。

7. 人机融合

进入人工智能时代,馆员智慧与机器智能将有机融合,形成人机交互的服务新形态。

① 开放数据应用开发竞赛 2017[EB/OL].[2017-12-20].http://pcrc.library.sh.cn/zt/opendata/2017/.

② 当机器能做任何事时我们还能做什么? 美一咨询报告:未来十年可能出现21种新职业[EB/OL].[2017-12-20].http://www.jfdaily.com/news/detail? id=72935.

2017 年 6 月 3 日,为期两天的"未来世界的键盘手——钢琴机器人全能挑战古典音乐大师经典作品音乐会"在天津津湾大剧院上演。拥有 53 根"手指"的机器人特奥特劳尼克与意大利钢琴家罗伯托·普罗塞达一同登场献艺,让观众感受音乐与科技的奇妙碰撞①。而这正是人工智能时代将要出现的图书馆人力资源重塑场景的生动写照。

四、人工智能引发的图书馆服务空间重塑

人工智能时代与完善公共文化服务体系、深入实施文化惠民工程、丰富群众性文化活动、加强文物保护利用和文化遗产保护传承形成了历史性的交汇,这就需要图书馆人运用人工智能技术创新图书馆的全域空间、融合空间和创意空间,通过原有图书馆服务的布局重组和空间更新来进一步推动新时代的图书馆事业发展。正在设计建造的图书馆新建筑的好马须配上人工智能的好鞍,原有的建筑应当注入人工智能的元素进行馆舍空间更新,实现人人便学、处处能学、时时可学,城乡皆学、全民爱学的图书馆服务空间新形态。

1. 图书馆服务的全域空间

人工智能引发的图书馆服务空间重塑应当秉持全域服务的理念,从馆舍空间走向社会空间和网络空间,从有限的物理服务空间走向无限的读者潜在需要空间。融合图书馆的形态之一就是线上线下的融合。从物理空间而言,人和人之间不能缺少交流,无论现今的各种手段有多么炫酷,面对面沟通永远不可或缺,当面交流更加直观,也让人更为舒适,现场参与感和独特的亲和力是网络空间所无法替代的。读者每天通过线上的不同的渠道,如邮件、网站、手机广告、微信等社交媒体接收到海量的信息,很难有时间、有精力认真阅读每份资料,更不用说把来自不同渠道的信息进行整合和关联,他们对于某个议题或某一知识的印象和理解常常是离散和孤立的,需要图书馆的智慧工匠为其提供基于智慧数据的更智能的知识拼图服务;许多读者没有受过图书馆学情报学的专门学习,对于浩如烟海的数据海洋时而会不知所向,需要图书馆为其提供更智能并可视化的知识导航;而图书馆物理空间的气场及现场体验也是线上所不具备的,这就是图书馆现场讲座、现场展览、现场阅读空间之所以仍然吸引读者并继续存在的重要理由。诚如上海图书馆东馆设计师、丹麦 SHL 建筑事务所的合伙人莫滕·施密特(Morten Schmidt)所认为的:现代图书馆不仅仅是一个存储和借阅不同图书资源的地方,它也是一个让人停下脚步的地方,一个社会相互作用的地方,以及一个能够让人得到启发、收获惊喜的地方。施密特还认为:图书馆并非只是被动的集合地,它同时也是一个能将读者与知识、经验、创新,特别是同类人群联系起来的充满活力的机构②。而人工智能引发的图书馆服务空间重塑正是激发读者创意活力并为市民带来惊喜的环境场所。

人工智能为图书馆员与读者之间架起了隔空对话交流的平台和通道,在人工智能技术的支撑下,读者通过家庭智能终端即能与馆员在线交流。这样的场景在 2017 第四届世界互

---

① 天津:机器人与钢琴家同台献艺[EB/OL]. [2017 – 12 – 20]. http://news. xinhuanet. com/culture/2017-06/05/c_1121086856. htm.

② 王丽华. 一家丹麦事务所中标上海图书馆东馆,官方消息将于近日宣布[EB/OL]. [2017 – 12 – 20]. http://sh. eastday. com/m/20161203/u1ai10119960. html.

联网大会·互联网之光博览会上已经有所呈现,相信通过人工智能对图书馆服务空间的重塑,这样的服务场景会不断在图书馆涌现。这样将大大方便图书馆为远程读者的服务,将大大节约读者为获取知识和文献所花费的时间和各类成本,也将大大提升图书馆全域空间服务的效能。

2. 国内外的成功案例

人工智能重塑图书馆服务空间在国内外已经有了不少探索的案例。2017"世界读书日"前夕,10 个造型新颖的"魔力书屋"亮相江苏常州科教城,读者按提示手机扫码,随着"书屋"自动打开,就可以把书免费借走,同时还可以将闲置书籍放入"书屋"进行交换,实现图书共享化,平台通过大数据分析,可以归纳借阅者喜好,并筛选有共同喜好的书友,进行线上交流①。

法国中部城市讷韦尔市政厅旁广场上,立起了欧洲第一棵电子树,被当地人称为"eTree",树高 4.5 米,底座长宽为 3.5 米和 2.3 米,树上四四方方的叶片是一块块光伏电池板,树底是供人乘凉的座椅,电子树给市民带来诸多便利,人们既可给手机、平板等电子设备充电,也可免费高速上网,树中央的小水池可以提供解渴的饮用水,晚电子树兼具照明的功效,将来电子树还能给电动自行车充电,并与美国、哈萨克斯坦等国的电子树互联②。

上海嘉定图书馆也进行了人工智能对服务空间重塑的积极尝试,该馆提出了公共图书馆发展的全域模式,即让建筑服务空间、社会公共空间、网络数字空间等融为一体,让服务无处不在,嘉定共有 100 家由政府投入图书、报刊、阅览设备,由志愿者提供场地和管理服务的"百姓书社",与 2 个区级图书馆、12 个镇级图书馆、107 个行政村图书室、113 个农家书屋、5 个街区智慧图书馆一起织就了一张便捷的公共图书馆服务网络。

3. 人工智能是提升全域服务的新动能

《中华人民共和国公共图书馆法》于 2018 年 1 月 1 日正式施行,将重点促进公共图书馆数字化、社会化发展,切实提高服务效能。目前我国已基本建成覆盖城乡的图书馆服务网络,但从全国来看,发展不均衡、不充分的问题仍比较突出,特别是基层公共图书馆服务效能不高的问题还普遍存在。人工智能将助力于广泛开展数字服务、流动服务、自助服务,加强与学校、科研机构等领域图书馆交流合作的方式,促进公共图书馆的服务向城乡基层延伸,提高服务效能③。如浙江省温州市文成县珊溪镇中心小学 2015 年 6 月正式启用了"中小学生云图书馆"借阅一体机,该系统采取人工智能的图像识别、数据计算等技术实现了图书馆服务向基层延伸。师生可通过云图书馆找到自己喜欢的图书、期刊、视频,扫描二维码后还可以免费下载内置的优质数字图书、音频等,进行离线云阅读。山区孩子足不出户就能免费浏览海量图书④。

当代中国公共图书馆总分馆的建设使各省市形成了数以百计的总分馆体系,人工智能

① "魔力书屋"亮相江苏常州[EB/OL].[2017 - 12 - 20]. http://news. xinhuanet. com/photo/2017-04/21/c_1120852302_2. htm.

② 一棵电子树,一种数字化生活[EB/OL].[2017 - 12 - 20]. http://www. sohu. com/a/153019177_379902.

③ 周渊. 促进公共图书馆服务向基层延伸[N]. 文汇报,2017 - 12 - 15(3).

④ 陆健. 浙江温州将校园图书馆建在"云端"[EB/OL].[2017 - 12 - 20]. http://news. youth. cn/jy/201702/t20170220_9141404. htm.

也将助力图书馆总分馆空间的管理,如数以百计的总分馆哪个更强,通过基于大数据的人工智能分析即可获知,这对提高图书馆管理水平大有裨益。

五、人工智能引发的图书馆读者用户重塑

人工智能对图书馆服务的重塑还应从服务对象即读者用户的角度出发,即应增加面向读者群的全员重塑的力度。这种重塑旨在提升广大读者用户的综合素养,缩小信息、数据和智能鸿沟并借以加强文化扶贫、文化扶智和文化扶志。

1. 人工智能重塑应面向所有读者群

首届"南南人权论坛"(2017 年 12 月 7 日至 8 日)发布的《北京宣言》的第六条指出:各国应根据本国法律和所承担的国际义务,注重保障特定群体的人权和基本自由,包括少数族裔、民族、种族、宗教和语言群体,妇女、儿童和老人,以及迁徙工人、残障人士、原住民、难民和流离失所者[1]。《北京宣言》中提及的特定人群都是图书馆服务的读者群,都是图书馆人力资源重塑的服务对象。我们可以农民工、老年人、青年人等读者群为例。

据国家人力资源和社会保障部统计,截至 2016 年末,全国农民工总量达到 2.82 亿人,其中外出农民工 1.69 亿人[2]。如何通过人工智能技术服务平台为这些农民工提供图书馆服务并提升这些农民工的智能素养是图书馆服务包容性发展的题中应有之义。

据中国国家卫生与计划委员会预测,到 2020 年,中国 60 岁及以上老年人口将达 2.55 亿左右,占总人口的 17.8% 左右[3]。人工智能为图书馆推进信息技术支撑健康养老发展、发展智慧健康养老新业态、鼓励老人融入信息时代提供了服务的时间窗口,图书馆可以通过人工智能技术在线下进一步完善老年服务区,也可以在线上搭建适合老年读者应用的服务平台和通道,让老年读者在图书馆服务体验数字中国和信息社会,在读者用户的重塑中领略最新的信息技术的魅力和神奇,指导和帮助他们使用微信、支付宝、二维码等网络新生活的技能,同时提升他们信息安全的素养,丰富老年生活、感受夕阳快乐,让老有所为、老有所学打掉老年读者群体内心的失落感、孤独感和不安全感。

青年一代"阅读域"正在发生巨变。有学者分析了这一变化的主要特点,认为青年一代的需求潮流、阅读版图、思想生态正发生前所未有巨变,其中最核心的变化,就是从以书报刊等传统出版物为代表的"平"阅读,转向以电脑、移动阅读器、智能手机等"互联网+"为代表的"屏"阅读。以阅读域为主体的阅读行为,正在打通各种载体的壁垒,这不仅仅是工具的变化,更是青年阅读潮流的变化。青年正在阅读领域进行着新的"部落运动",通过网络手段和社群交往,他们在精神世界里凝聚共识,创造着属于自己的阅读域,这些不同的阅读域拼接

①　首届"南南人权论坛"《北京宣言》[EB/OL].[2017-12-20].http://news.xinhuanet.com/overseas/2017-12/08/c_1122081753.htmc.

②　徐博.全国农民工总量达到 2.82 亿[EB/OL].[2017-12-21].http://news.xinhuanet.com/2017-03/14/c_1120627561.htm.

③　王宾.2020 年我国 60 岁及以上老年人口将达 2.55 亿[EB/OL].[2017-12-21].http://www.gov.cn/shuju/2017-03/23/content_5180093.htm.

起来,构成了整个青年一代的"阅读星球"①。图书馆服务应该与时俱进,更新我们的认识体系,去认知、把握并顺应青年阅读域这种全新的变化。基于大数据的人工智能技术正可以融合多类型的数据并实现跨屏、跨载体、跨时空的服务连接,以满足日益增长的青年一代阅读域变化的新需要。同时,更年轻的人群正在成为社会的主体和图书馆服务的主要对象。由于他们出生和成长的环境不同,有不同于他们父辈的参照系,他们对美好生活和理想社会有更高的预期,他们生活在改革开放的时代,成长于经济全球化和社会信息化的环境之中,认为这个世界本来就应该是这样的、那样的,要是图书馆服务不达标,人工智能重塑服务跟不上,他们就会不满意。

2. 重塑读者的综合素养

随着经济社会和信息技术的不断进步,对于如何重塑读者的综合素养也需要有新的认识。2016 年 9 月,中国学生发展核心素养研究成果发布:中国学生发展核心素养以培养"全面发展的人"为核心,分为文化基础、自主发展、社会参与三个方面,综合表现为人文底蕴、科学精神、学会学习、健康生活、责任担当、实践创新六大素养,具体细化为国家认同等 18 个基本要点②。这虽然是对学生而言,但其中"全面发展的人"的核心素养,"科学精神""学会学习"等素养要素,对于图书馆应用人工智能重塑读者也有所启示。

人工智能技术的运用正在让传统文化服务脱胎换骨,不断产生新的惊喜。人工智能、虚拟现实、增强现实等互联网新技术的应用,丰富了文化服务类型,可以让人们可以领略 360°全景文化景物,这种震撼是以往图书馆物理空间无法体验的。过去,我们认为手捧书本、端坐阅览室是学习,现在,在线上听讲座看展览、订阅公众号、参加社交媒体的知识社群、VR 体验等同样是学习。在有条件的情况下,人工智能的实际应用都可以积极谋划在图书馆让读者进行体验和学习,让各类数字中国、智慧社会的新场景引入图书馆的空间,让读者近距离接触最新的科技成果和产品,让读者在见多识广中提升综合素养。

3. 读者证管理将面临变革

人工智能技术中人脸识别技术的最新进展给图书馆读者证管理提出了新思考。2017 年12 月 5 日,上海申通地铁集团有限公司与阿里巴巴、蚂蚁金服联合宣布,三方达成战略合作,阿里巴巴最新研发的语音购票、刷脸进站、智能客流分析等多项技术在沪亮相;这些技术已进入样机研制阶段,未来将逐步应用于上海地铁③。人工智能在地铁服务中的最新实践给图书馆服务重塑的启示是,图书馆也可以尝试应用人脸识别技术,告别传统的读者证,可以实现语音办证、刷脸进馆、刷脸借阅,从而为读者提供人工智能技术所带来的前所未有的便捷,并在体验中提升读者的智能素养。实际上人工智能带来的人脸识别技术正在取代银行卡、交通卡、食堂就餐卡等,那么通过人脸识别技术取代读者证也是顺势而为和情理之中的事情。

---

① 皮钧. 读懂青年就是读懂未来[N]. 人民日报,2017 – 04 – 25(5).

② 柴葳,刘博智. 中国学生发展核心素养研究成果正式发布[EB/OL]. [2017 – 12 – 21]. http://www.jyb. cn/china/gnxw/201609/t20160914_673089. htmlyp.

③ 上海地铁将刷脸进站[EB/OL]. [2017 – 12 – 21]. http://society. people. cn/n1/2017/1206/c1008-29689167. html.

六、人工智能引发的图书馆服务项目重塑

如果说,现阶段人工智能引发的图书馆服务项目(内容)重塑还是个别的、局部的、零碎的话,那么在不久的将来,人工智能引的这类重塑将呈现普遍的、全局的、系统的变革,将使图书馆的看书阅读、参考咨询、学习交流等多个环节发生显著变化。我们可以国内外已经发生的一些案例来观察感悟一下这一发展趋势。

1. 大数据应用

大数据逐渐从学术概念走向服务应用,并成为图书馆提升服务质量的"风口"。过去多少年中图书馆业内有关大数据的设想、研究、计划层出不穷,但大多数图书馆仍未实质享受到大数据所带来的服务红利。如今,大数据应用正纷纷落地,已经突破过去的数据捕捉和统计方法的局限,开始深入到服务链各个环节,成为由大数据贯穿始终的"闭环生态",个性定制的"我的图书馆"将在大数据的支撑下成为真正的可能。如上海图书馆基于"一城一网一卡一系统"服务平台海量的数据资源,打造大数据分析挖掘和大数据可视化平台,形成包括读者画像分析、个性化推送、借阅推荐等智能服务。如其中的流通大数据平台集图书馆集成系统、读者管理系统、电子资源访问平台、门禁系统等各类应用为一体,建立了数据分析与挖掘系统。同时,基于图书馆流通大数据的分析与挖掘结果,采用新颖的多媒体交互展示方式展现上海图书馆阵地服务、流通业务等的即时情况,以创意展示的形式在大屏、触摸屏交互展现。此外,上海图书馆还推出微信公众号版本,紧贴上海市民移动设备使用生态,用互联网、大数据思维让读者需求实时驱动图书馆服务创新,不断为读者提供更佳的阅读体验①。

2. 翻译服务

以往一些图书馆为读者提供有翻译服务,现在,这项服务将被人工智能所取代。在2017年12月第四届世界互联网大会上,互联网之光博览会就展出了被誉为"口袋中的翻译官"的"晓译"翻译机,其大小不超过一台手机,却能支持中、英、日、韩、法、西等多种语言实时翻译,能够对4000万条日常用语完成实时互翻,覆盖日常生活、旅游等各种场景。根据不同场景(面对面交流、远程交流或独立使用)与用词习惯,无论是使用语音、文本、人工电话等方式,"晓译"翻译机均可在不超过两秒的时间内,就准确识别并翻译出最为符合语境的翻译结果,而准确率可高达98%②。此外,带着聋哑人手语翻译手套参展,在展区的入口处戴着手套,做出手语的手势,便能实现同步语言翻译。这是翻译服务的颠覆性变革③。

3. 网上预约下单快递送书到家

人工智能带来的万物感知、万物互联和万物智能的发展趋势为网上预约下单、快递送书到家的创新服务提供了信息环境。苏州图书馆、杭州图书馆、浙江省图书馆等近年来都已先

---

①　上海图书馆用大数据提升服务创新能力和读者体验[EB/OL][2017 – 12 – 21]. http://www.sheitc.gov.cn/gydt/674392.htm.

②　倪弋.第四届世界互联网大会"互联网之光"博览会侧记[EB/OL].[2017 – 12 – 21]. http://www.chinanews.com/cj/2017/12-05/8392710.shtml2.

③　孔令君.世界互联网大会今在乌镇开幕[N].解放日报,2017 – 12 – 03(1).

后开启了这样的全新服务项目。

2014 年 9 月,苏州图书馆借助互联网与物联网的技术打造线上线下借阅平台,率先推出了"网上借阅、社区投递"服务。读者只需登陆苏州图书馆网上借阅平台或者下载"书香苏州"APP 应用软件,完成申请借阅程序后,图书馆就会通过邮政部门把图书送到读者指定的就近图书服务点,整个时间不会超过两天。这一借助于线上人、书、馆互联互通并结合线下物流配送的全新服务项目使自助借阅服务更为便捷,真正把图书馆办到了读者家门口,使借书就像下楼取份报纸一样简单,且不需要支付投递费用。在这一新服务项目的试点区域,每个点安装有 36 个智能书箱、1 个 24 小时还书机,并配有无线上网和自助网上借阅设备①。无独有偶,杭州图书馆于 2016 年 12 月在其微信公众号上推出在线"悦借"服务,如同"淘宝"购物一般。读者可以前一天在手机上选书、下单、支付,足不出户,杭州图书馆则通过与当地邮政的合作,实现图书快递上门。不管是借是还,运费均为 3 本以下 3 元,3 本以上每增加 1 本即增加 1 元运送费用,每单上限借 5 本。一张借书证最多可在线借阅图书 20 册,借期 40 天,与线下借书规则一致。据统计,"悦借"服务推出以来至 2017 年 2 月的三个月内,已接到订单 7843 个,共配送图书 2.55 万余册次②。类似的服务 2017 年 3 月在浙江图书馆的微信号上开通,命名为"U 书"快借服务,读者在线上下单"买"书,网站以最快的速度送书到读者家中,所有费用由浙江图书馆承担,读者享受免费服务③。

4. 诚信体系的建立与押金的免除

在互联互通的信息数据支撑下,为基于诚信的图书馆服务重塑开辟了新路径。如从 2017 年 4 月 23 日起,天津图书馆、天津市少年儿童图书馆及全市 20 个区级公共图书馆、各区级少儿图书馆将实施中文图书免押金借阅服务,天津成为全国首个实现全区域范围内各级公共图书馆免押金服务的省市④。这一管理新举措进一步降低了读者进入公共图书馆学习的门槛。2017 年 11 月 26 日,出席 2017 公共图书馆信用服务论坛的 10 余位专家学者和 30 余家省、市、地(区)级公共图书馆的代表,围绕"信用 + 阅读:助推公共图书馆服务发展的新业态"主题,就公共图书馆开展信用服务、促进公共图书馆服务更加平等、开放、共享进行了多视角、深层次的讨论,发布了公共图书馆信用服务杭州宣言⑤。通过这样的图书馆服务项目重塑,为诚信社会和诚信城市建设起到了添砖加瓦的作用。

5. 教育文化科技领域的经验借鉴

人工智能引发的图书馆服务项目重塑也可以借鉴教育、文化、科技等领域和行业中的一些人工智能的创新实践。如以色列于 2017 年 2 月在游戏化编程教育平台推出了一款名为编码猴的面向 9 岁以上儿童的编程学习平台,并正计划进军中国市场,目标人群设定为 3 万

① 苏州图书馆推出"网上借阅、社区投递"服务[EB/OL]. [2017 – 12 – 21]. www. suzhou. gov. cn/ztlm_1645/whsz_1646/whdt_1647/201409/t20140923_422011. shtmlfq.

② 董小易. 网上借书,快递到家 杭州图书馆推出在线"悦借"服务[EB/OL]. [2017 – 12 – 21]. http://zjnews. zjol. com. cn/zjnews/hznews/201612/t20161212_2178493. shtml.

③ 你选书 图书馆买单! 浙图近日推出"U 书"快借服务[EB/OL]. [2017 – 12 – 21]. http://hznews. hangzhou. com. cn/wenti/content/2017-03/15/content_6491611. htm.

④ 朱虹. 天津市公共图书馆借阅中文图书将免押金[N]. 人民日报,2017 – 04 – 05(12).

⑤ 骆蔓.《公共图书馆信用服务宣言》在杭州发布[EB/OL]. [2017 – 12 – 21]. http://www. zjhzart. cn/newsview133065. htm.

中国小学生市场。编码猴团队的理念是：他们知道孩子的未来多么需要强大的编程素养。伴随互联网技术的颠覆式发展，青少年教育出现了更多可能性，少儿编程教育越来越被重视，人机对话从少儿开始，或将成为全球科技教育领域的一大热点①。2017 年 5 月下旬，故宫博物院推出《故宫社区》APP，用户可以建造属于自己的房子，创造自己的线上数字生活；也可以通过发表文章、阅读或点赞他人的文章、完成任务等方式获取积分，使用积分及经验值升级自己的专属府邸。它改变了以往数字产品单向传播的模式，在提供资讯的同时，邀请用户从消极被动的文化消费者转变为积极的文化参与者甚至创造者，围绕博物馆资讯创造、分享内容，共同构建更具人气、活力和创新性的博物馆文化②。上海市精神卫生中心和上海交通大学为孤独症儿童自主开发的一款全新干预应用，用户可以头戴时下流行的 VR（虚拟现实）眼镜，镜片画面上是五颜六色的音乐盒子，孤独症患儿借助手柄，每敲击一个盒子，就能奏出一个悦耳音阶。2017 年 4 月 2 日世界孤独症日之际，上海普陀区展翼儿童培智服务中心的孩子成为这款应用的首批体验者③。以上这些案例，无论是少年儿童图书馆服务项目重塑，还是图书馆线上服务项目重塑，或是图书馆残疾人服务项目重塑等均不无启示的意义。此外，如加拿大蒙特利尔图书馆的 3D 打印服务、我国台湾地区新北市图书馆的"魔镜" AR 功能、2017 国际创新创业博览会上智能机器人在与人所进行的"猜拳"游戏、第四届世界互联网大会"互联网之光博览会"上展出的搜狗中文唇语识别技术等，这些正在层出不穷的人工智能服务内容都为人工智能重塑图书馆服务项目提供了新思路和新视野。

　　6. 服务重塑具有无限广阔的空间

　　人工智能为图书馆服务项目的重塑开辟了无限广阔的空间。利用人工智能构建"图书馆大脑"，开发图书馆互联网服务地图，设立图书馆服务显示屏和信号灯（绿灯、黄灯、红灯），显示或预警服务的即时信息（读者流量和文献流量显示），通过大数据和云计算解决一些本来难以向读者用户提供服务项目，构建线上线下馆内馆外一体化管理服务平台，通过现场体验各类人工智能新技术，对馆员和读者进行数据素养、信息安全、智能伦理、网络操作等的培训。2017 年 12 月在浙江乌镇举办的第四届世界互联网大会上，有 26 个"互联网 +"智慧项目如珍珠般散落在乌镇各处，"刷脸"代替人工验票、无人超市酝酿"微笑支付"、智能应答机器人主动带路、景区消防实现自动监测、会走路的机器人垃圾桶"随叫随到"、停车场车牌和支付宝绑定后能自主识别"抬杆就走"、接送嘉宾的车辆上智能翻译机成为司机与外国嘉宾沟通的"神器"等。乌镇的人工智能实践给图书馆服务项目重塑的启示是，图书馆可以基于人工智能技术，通过"效率 +"解决服务的快，通过"品质 +"解决服务的好，通过"项目 +"解决服务的多，从而用智慧社会、数字中国理念重塑图书馆服务项目和内容，让智能墙、智能屏、智能家具、智能平台、智能课堂、数字音乐、数字书法、数字绘画、智能游戏、智能创意空间等人工智能应用播撒在图书馆各大空间并放射出图书馆服务创新的智慧光芒。

---

　　①　"人机对话"孩子先学　少儿编程产品势头正猛［EB/OL］.［2017 - 12 - 21］. http://news. xinhua-net. com/info/2017-03/01/c_136093380. htm.

　　②　故宫博物院正式发布《故宫社区》App［EB/OL］.［2017 - 12 - 21］. http://www. chinanews. com/tp/hd2011/2017/05-19/741668. shtml.

　　③　为了来自"星星的孩子"——上海市精神卫生中心儿童孤独症公益义诊［EB/OL］.［2017 - 12 - 21］. http://www. smhc. org. cn/yixue/yyxw/info_186. aspx？ itemid = 4408.

七、迈向新时代人工智能服务重塑的新征程

人工智能作为信息文明与图书馆发展趋势的新发展阶段,正在从初步萌芽走向成长发展、从试点尝试走向全局创新的转变时期,而这正是基于数据驱动的图书馆服务重塑的重要窗口期。重塑图书馆服务,深化人工智能之路的征程早已开始,我们应做人工智能服务重塑的使能者和推动者,积极探索越来越多"触摸未来"的可能。

党的十九大指出,我国经济已由高速增长阶段转向高质量发展阶段,正处在转变发展方式、优化经济结构、转换增长动力的攻关期,这是新时代我国经济发展的鲜明特征。迈向新时代的图书馆服务创新,应当实现从主要解决"有没有"到着力解决"好不好"的转型,在继续解决有没有的同时,更加着力于实现图书馆服务高质量发展,这是迈向新时代人工智能服务重塑新征程必须秉持的战略思维。我们应以新作为推动图书馆服务重塑,提高创新的高度、深度、宽度、速度、浓度、包容度,开辟人工智能重塑图书馆服务的新征程。

人工智能作为科技和产业革命的聚焦点,呼唤图书馆人持续创新,与时俱进。人工智能引发的图书馆服务重塑并没有现成的路可以走,需要我们去开拓。美国学者伊藤穰一、杰夫·豪在新近出版的《爆裂》一书中提出了现代世界生存的九大原则,其中包括"涌现优于权威""拉力优于推力""指南针优于地图""风险优于安全""实践优于理论""多样性优于能力""系统优于个体"[①]。这些原则启迪图书馆服务在当今世界的发展中,要善于接受新事物、要正视来自用户的主动需求、要看准大方向而不必拘泥于按图索骥、要敢于在承担风险中发展、要勇于先行先试、要培养更多的图书馆员通才、要搭建图书馆资源共享的系统平台。诚如习近平所指出:"不创新不行,创新慢了也不行。如果我们不识变、不应变、不求变,就可能陷入战略被动,错失发展机遇,甚至错过整整一个时代。"[②]人工智能发展日新月异,我们应该如同对大数据战略的认知一样,审时度势、精心谋划、超前布局、力争主动,让今日的人工智能的图书馆服务重塑成为明日图书馆的正道沧桑,为中国图书馆事业在新时代带来新气象,为世界图书馆事业的发展贡献中国文化发展的创新智慧和实践经验。

---

① 伊藤穰一,豪.爆裂:未来社会的 9 大生存原则[M].北京:中信出版社,2017:109,157.

② 习近平.为建设世界科技强国而奋斗——在全国科技创新大会、两院院士大会、中国科协第九次全国代表大会上的讲话[N].新华每日电讯,2016-06-01(2).

第十一章　信息文明与图书馆发展趋势研究

一、信息文明与图书馆发展趋势研究命题的提出

文明是历史发展的动力,不同的文明构成了人类历史发展不同的时代特征和发展格局,并对各个时期的经济、政治、社会、文化、军事和环境等的发展趋势形成了重大影响。"文明"在中国古代六经中已出现了。作为六经之首①的《易》中有"天下文明"之说②,《尚书·舜典》中也有"濬哲文明"的用语③,用以形容和描绘人类社会的进步。从纵向的人类文明发展史观察,信息文明是农业文明和工业文明之后的新文明形态。日本学者较早地提出了信息社会和信息文明的概念。1964 年,梅棹忠夫发表了《情报与文明》,文中提出了"信息社会"和"信息化"的概念④。被誉为"信息社会之父"的增田米治在 1980 年出版的《作为后工业社会的信息社会》一书成为研究信息文明较早的著作,作者认为信息文明从根本上是人文文明,它将带来统一的精神和物质文明。作者在书中讲述了一个信息时代的诞生,指出作为信息社会重点的计算机技术,将对人类社会产生比工业革命更为决定性的影响,信息技术不仅意味着对当代工业社会产生巨大的社会经济影响,也是社会变革的力量,足以将人类社会变成一种绝对新的形式,也即信息社会。在未来的全球信息社会中,所有公民将通过全球信息和知识网络结合在一起,形成全球意识,从而消除文化、利益和国籍的差异⑤。人类文明的发展史也是一部不断与时俱进、创新革命的历史。2015 年 12 月,习近平在第二届世界互联网大会开幕式上的讲话中指出:"纵观世界文明史,人类先后经历了农业革命、工业革命、信息革命。每一次产业技术革命,都给人类生产生活带来巨大而深刻的影响。现在,以互联网为代表的信息技术日新月异,引领了社会生产新变革,创造了人类生活新空间,拓展了国家治理新领域,极大提高了人类认识世界、改造世界的能力。"⑥同样,信息革命所带来的信息文明也引领了图书馆的新变革和新提升,创造了图书馆服务的新空间和新形态,拓展了图书馆服务的新领域和新载体,极大地提高了图书馆服务的效率和效能。信息文明的过去、现在与未来究竟与图书馆的发展趋势具有怎样的关系,这一命题已经摆在图书馆学人的面前,需要我们加以解答。有学者在评论《信息简史》时认为:"信息的方式就是文明样式。看懂这本书有两个意义:第一,向后,相当于换了个角度又梳理了一遍人类史;第二,向前,明白了为什

---

① 《汉书·武帝纪赞》:"孝武初立,卓然罢黜百家,表章六经。"唐颜师古注:"六经,谓《易》《诗》、《书》《春秋》《礼》《乐》也。"参见:班固. 汉书:第 1 册[M]. 颜师古,注. 北京:中华书局,1962:212.

② 黄寿祺,张善文. 周易译注[M]. 上海:上海古籍出版社,2004:16.

③ 孔安国. 尚书正义[M]. 孔颖达,正义;黄怀信,整理. 上海:上海古籍出版社,2007:72.

④ 唐涛. 国外信息社会理论研究[G]//上海市哲学社会科学规划办公室,上海社会科学院信息研究所. 国外社会科学前沿(17). 上海:上海人民出版社,2014:330 - 333.

⑤ Masuda. Information Society as Post-Industrial Society[M]. World Future Society,1980:71.

⑥ 习近平. 在第二届世界互联网大会开幕式上的讲话[N]. 新华每日电讯,2015 - 12 - 17(1).

么作为一种信息工具的互联网,可以重塑人类文明的面目。"①而《信息简史》的作者也认为:"我们已经可以清晰地认识到,信息是我们这个世界运行所仰赖的血液、食物和生命力。它渗透到各个科学领域,改变着每个学科的面貌。"②本文试图从纵向的维度将信息文明融入图书馆发展的整体进程进行审视,从信息文明的视角来对图书馆的发展加以认知并做些初步的探讨。

信息文明尽管是对后工业社会而言,20世纪中期被认为是继工业文明之后信息文明时期的发端,但有关信息载体和信息方式的文明可以视作前信息文明时期,其发展的进程贯穿了人类文明的发展史,包括文字信息、文献载体、信息传播等信息的文明元素在人类文明起始阶段就已逐渐产生,这些信息的文明元素与青铜器文明、城市文明、宗庙祭祀文明等一起,成为人类文明发端的最重要和最基本的元素,对图书馆的发展趋势也产生了重大影响。因此,本文在探讨信息文明与图书馆的发展趋势时,将追溯前信息文明时期,分析古代信息的文明元素与图书馆发展的关系,同时重点讨论信息文明的起源和发展时期、信息文明的繁荣转型时期与图书馆的发展关系。其中前信息文明时期将重点探讨文献载体、印刷术等对图书馆发展的影响;信息文明起源发展时期将重点探讨自动化、数字图书馆、互联网(移动互联网)、人工智能等对图书馆创新发展的影响;未来信息文明的繁荣转型时期则重点探讨如何构建包括信息文明、历史文明、城市文明、生态文明、世界文明在内的城市图书馆新文明体。

二、前信息文明与图书馆的发展进程

(一)前信息文明时期的文献载体变革

我们把信息文明之前的人类文明发展时期称之为前信息文明时期,这可以从文字的起源开始研究。恩格斯在《家庭、私有制和国家的起源》一书中曾讨论了史前各个时代,包括蒙昧时代、野蛮时代和文明时代。在研究野蛮时代的高级阶段时,恩格斯做出了一个文明发展史的重要论断:"从铁矿的冶炼开始,并由于文字的发明及其应用于文献记录而过渡到文明时代。"③中国学者夏鼐在《中国文明的起源》一书中,分析了中国文明起源的几大标志,包括已有城市作为政治、经济和文化各方面活动的中心;已经发明文字和能够利用文字记载;并且都已知道冶炼金属等。其中特别指出"文明的这些标志中以文字最为重要"④。在这里,恩格斯和夏鼐都将文字的发明并应用于文献记录作为人类历史进入文明时代的重要标志,对于我们研究图书馆发展史提供了新视野。

1. 从中国文献发展历史进行考察

信息传播的文献载体先后经历了甲骨、青铜器、碑石、竹简、木牍、缣帛、纸张等,而雕版

---

① 格雷克. 信息简史[M]. 高博译. 北京:人民邮电出版社,2013:xiv.

② 格雷克. 信息简史[M]. 高博译. 北京:人民邮电出版社,2013:5.

③ 中共中央马克思恩格斯列宁斯大林著作编译局. 马克思恩格斯选集:第四卷[G]. 北京:人民出版社,1972:21.

④ 夏鼐. 中国文明的起源[M]. 北京:中华书局,2009:81.

印刷与活字印刷术的发明与广泛使用更是成为文献载体发展的技术引擎。中国河南安阳的殷墟是中国文明起源的重要象征，它具备了文明的各类要素，如甲骨文、中国古代最早的都城、中国现存最大的青铜器后母戊鼎的出土地等。在殷墟的甲骨文发现地，人们可以看到数量颇具规模的甲骨遗存，在这些甲骨旁，还保存有人的遗骨，被认为可能就是当时甲骨文献的整理保管人员，可以视作是中国最早的文献管理员（由于甲骨尚不具备图书流通的功能，故还不能将其视为图书管理员）。在甲骨、青铜器、碑石、竹简、木牍、缣帛、纸张的前信息文明时期，产生了被誉为"石室金匮"的图书馆（档案馆），如《史记·太史公自序》"卒三岁而迁为太史令，紬史记石室金匮之书"，唐司马贞《史记索隐》注："案：石室、金匮皆国家藏书之处。"①又云："周道废，秦拨去古文，焚灭《诗》《书》，故明堂石室金匮玉版图籍散乱。"宋裴骃《史记集解》注引如淳曰："刻玉版以为文字"。②《汉书·高帝纪》也曾记载："又与功臣剖符作誓，丹书铁契，金匮石室，藏之宗庙"唐颜师古注："以金为匮，以石为室，重缄封之，保慎之义。"③汉代有东观等典藏文献、校理文献以及习读经传的地方，也可称之为古代的图书馆（档案馆），这些图书馆中的文献都是以甲骨、青铜器、碑石、竹简、木牍、缣帛和纸张作为载体的。2014 年，国家图书馆曾举办国家图书馆馆藏精品大展，展品分为善本古籍、金石拓片、敦煌遗书、舆图、样式雷图档、少数民族文字古籍，名家手稿，西文善本等，涵盖了前信息文明时期文献的多类载体。如展品中有胡厚宣（1911—1995）旧藏的商武丁时期旧藏完整龟腹甲刻辞、刘体智（1879—1962）旧藏的存世最大的完整肩胛骨刻辞、石鼓文清初拓本、《神策军碑》北宋拓本、北魏普泰二年（532）写本《摩诃衍经》卷一（BD05850）、元孟四年（约 4 世纪初）用佉卢字书写的矩形木牍《楔印契约》、用傣文书写的清贝叶写本《大藏经》、王国维（1877—1927）《人间词话》手稿等④。在这一历史时期，产生了"占""卜""册""典""片""版""史""杀青"等与当时文献载体相联系的文字和词汇，如《后汉书·吴祐传》记载吴祐之父吴恢"欲杀青简以写经书"，李贤注："杀青者，以火炙简令汗，取其青易书，复不蠹，谓之杀青，亦谓汗简。义见刘向《别录》也。"⑤也出现了与当时文献载体相应的"韦编三绝"的经典阅读和"洛阳纸贵"的畅销阅读的故事。

2. 从世界文献发展史进行考察

公元前 4000 年至公元后若干世纪在古代西亚波斯与地中海所使用的泥版文献（在泥版文献所使用的文字为楔形文字，也称钉头字或箭头字，用削尖的芦秆、骨棒或木棒刻写在版上，晒干或烘干后就成了泥版书），流行于公元前 30 世纪初至 4 世纪以前的古埃及和地中海沿岸的纸草文献，公元前 2 世纪出现于小亚细亚帕加马的羊皮文献，公元前 4 世纪前由罗马人发明的蜡版文献，公元 1798 年由德国人 A. 逊纳菲尔德（1771—1834）发明的石印文献等，这些文献样式均成为全球各大图书馆收藏的文献载体。如法国国家图书馆收藏有羊皮文献的谷登堡 42 行《圣经》。有的还形成了研究文献载体的专门学问，如 19 世纪下半期曾产生了纸草文献学。《信息简史》在追溯前信息文明时期时，对亚历山大图书馆所珍藏的纸草文

① 司马迁. 史记：第 10 册［M］. 北京：中华书局，1982：3296.
② 司马迁. 史记：第 10 册［M］. 北京：中华书局，1982：3319 - 3320.
③ 班固. 汉书：第 1 册［M］. 颜师古，注. 北京：中华书局，1962：81.
④ 国家图书馆. 国家图书馆馆藏精品大展图录［M］. 北京：国家图书馆出版社，2014：6 - 247.
⑤ 范晔. 后汉书：第 8 册［M］. 李贤，等，注. 北京：中华书局，1965：2099.

献及其历史地位进行了描述:"古人在遴选世界七大奇迹时,选入了亚历山大灯塔,一座高达一百二十多米的石制航海地标,却忽视了旁边的图书馆。这座图书馆曾庋藏了数十万份纸草卷,在数个世纪里,一直是当时世界上最大的知识库。图书馆创建于公元前三世纪,统治埃及的托勒密王朝通过购买、抄写甚至偷窃各种书籍、手稿,以期收罗尽已知世界的一切书面资料。"①

3.印刷术的发明成为文献载体的重大变革

中国和欧洲历史上印刷术的发明成为文献载体的重大变革,对图书馆的典藏文献样式产生了巨大影响。活字印刷术是中国北宋庆历年间(1041—1048)由毕昇创制的,沈括的《梦溪笔谈·技艺门》中详细记载了其发明的具体流程与方法。毕昇当时用的泥活字,之后又先后出现了木活字、铜活字、磁活字、锡活字、铅活字等多种活字印刷材料。在世界历史的中古时期(公元5世纪后期至17世纪中期),书籍长期是用手抄写在羊纸上的,流传不广。随着中国造纸术和印刷术的西传,西欧在14世纪普遍改用纸张抄书,在15世纪初年开始采用雕版印刷。德国人谷登堡(Johannes Gutenberg 1395—1468)在1450年前后改进了活字印刷术。

由顾廷龙主编的《中国古籍善本书目》自1978年启动编纂工作,从1986年至1998年,先后由上海古籍出版社出版了经部、丛部、史部、子部、集部。全书共收录全国781个图书馆等文化机构所收藏的古籍善本6万种,约13万部。基本反映了传承至今的古代雕版印刷和活字印刷文献珍本在中国各大图书馆等文化机构分布和收藏的情况②。巨量的雕版印刷和活字印刷的文献以及其他类型的历史文献不仅为数量日益增加的各类图书馆提供了文献资源馆藏的主要来源和服务基础,也催生了图书馆的各项工作,如延续至今的古籍典藏(书库)、古籍分类编目、古籍阅览、古籍修复、古籍整理、古籍图录、古籍展示等,相应的,也形成了善本典藏、善本分类编目、善本阅览、善本图录、善本展示等。16世纪前期,基于印刷术的改进、推广和出版事业的繁荣,法国弗朗索瓦一世还于1537年12月28日颁布了呈缴文献的《蒙彼利埃敕令》,成为世界上最早的呈缴本法,被誉为在世界图书馆发展史上具有划时代的意义③。

图书馆的文献整序和文献分类为浩如烟海的图书馆馆藏文献检索提供了知识的通道,无论是馆员还是读者,都可以在图书馆这一知识海洋中按照分别部居、辨章学术、考镜源流的知识轨迹按图索骥、信步浏览。

(二)前信息文明时期的信息通信变革

19世纪30年代发明的电报、19世纪70年代发明的电话、20世纪20年代发明的电视等以电信号和无线电波等技术为基础带来了人类社会信息通信的变革,形成了人们之间信息通信的全新路径和方式。电报可以通过电信号来传输文字、图表和照片等,电话则把人们交流的话语信息的声音转换成声频电信号,电视更是可以将声音和活动的图像信息进行广泛传播和交流,三者都可以在城市间、城乡间、国际进行信息传递;其中无线电话更是使通信便

① 格雷克.信息简史[M].高博译.北京:人民邮电出版社,2013:371 - 372.

② 王世伟.论顾廷龙先生对中国现代图书馆事业的贡献[M]//王世伟.历史文献研究.北京:国家图书馆出版社,2008:210.

③ 杨威理.西方图书馆史[M].北京:商务印书馆,1988:99 - 100.

捷化和泛在化。电话的发明使图书馆员与读者转变成了某种互联的有机体,读者足不出户就可以和图书馆中的馆员进行交流,图书馆电话咨询服务应运而生。电视的应用为图书馆服务提供了生动多样的服务工具和载体,读者可以在图书馆中一边读书看报,一边看电视新闻,形成了图书馆多媒体服务的新形态。电话和电视使城际区域图书馆、国际图书馆的借阅服务和参考咨询服务成为可能。即使是网络飞速发展的 21 世纪前期,图书馆的电话电视服务依然广泛地存在于各图书馆中。

(三)前信息文明时期的图书馆功能

前信息文明时期的图书馆的多被比喻作藏书楼和信息仓库。

21 世纪初始,有两部著作对前信息文明时期中国藏书楼的历史源流及其功能特点进行了较为全面的研究。任继愈主编的《中国藏书楼》采用史、论、表等体例形式,对早期藏书的山洞、石室、仓房、地窖、经堂,后期藏书的厅室、楼房、轩阁、殿宇、书院等均有所涉略,试图通过藏书论、藏书楼发展史和中国藏书大事年表的论述结构全景式地展现历代藏书楼全貌①。傅璇琮,谢灼华主编的《中国藏书通史》基于学科建设的创议,将藏书学和藏书文化作为独立的学科,试图梳理出中国藏书史及中国藏书文化的基本观念和学术范畴。全书分为先秦藏书、秦汉藏书、魏晋南北朝藏书、隋唐五代藏书、宋辽夏金元藏书、明代藏书、清代藏书、20 世纪中国藏书等八编,前置导言研究了中国官府、私家、寺观、书院等四大藏书系统,并勾勒了中国藏书史的起源、兴起、发展、繁荣、鼎盛、转型等时期②。以上两部著作为我们认识前信息文明时期的图书馆功能提供了理论的观察视角和翔实的历史资料。

有学者将美国国会图书馆与最大的信息仓库相联系,认为它就如同一座古亚历山大图书馆,可以进行数十亿次的自我复制而仍然保持数据的完整可靠。《信息简史》在描述信息仓库时写道:豪尔赫·路易斯·博尔赫斯 1941 年出版的短篇小说《巴别图书馆》"描写了一座神秘的图书馆,其中收藏了所有语言的所有书,包括验证和预言了每个人行为的书,福音书、福音书的注解以及福音书的注解的注解,详细到分钟的未来历史,所有书的所有改写版本,以及图书馆的正确书目和不计其数的错误书目,等等。这座图书馆(有人称之为宇宙)珍藏了所有信息……这无疑是信息过载最完美的例子。我们人类也建造了众多信息仓库。而信息的持久性、遗忘的困难性(这是我们这个时代的显著特点)则给信息仓库平添了许多混乱"③。

随着 20 世纪中期以计算机为标志的信息技术的起始与发展,信息文明开始取代工业文明,成为人类文明发展史上的新时期,图书馆的文献结构、建筑空间、人才资源、业务流程、服务模式、功能性质也随之发生了持续的创新转型。

---

① 任继愈. 中国藏书楼:第 1 册[M]. 沈阳:辽宁人民出版社,2001:编撰说明.

② 傅璇琮,谢灼华. 中国藏书通史[M]. 宁波:宁波出版社,2001:4－20,1381.

③ 格雷克. 信息简史[M]. 高博,译. 北京:人民邮电出版社,2013:291,367.

三、信息文明起源发展与图书馆的持续创新

(一)信息文明的起源与发展

美国未来学家阿尔文·托夫勒在以计算机为代表的信息技术出现之后不久,就敏锐地发现了其中所寓含的文明意义,他在所著《第三次浪潮》一书中,为人类文明发展的历史勾勒出农业文明、工业文明和信息文明的三大历史时期的发展轨迹,为人们研究与理解人类文明发展史提供了全新的视野①。尽管作者当时还没有明确地将第三次浪潮用"信息文明"来加以概括,只是用了"现在正在开始的阶段"的说法,并搜集或自创了一大组词,包括隐约可见的空间时代、信息时代、电子时代、环球一村、电子技术时代、后工业社会、科学技术革命、超工业社会等,但其登高望远和见微知著的智慧已显露于字里行间。信息文明的起源与发展,使人类社会的生产方式发生了质的变化,形成了信息生产方式,信息、情报、知识、数据等成为人类社会的基本要素,成为较之物质和能源更为重要的资源。2003 年,在瑞士日内瓦召开的信息社会世界峰会所发表的原则宣言中,对信息文明所形成的"信息社会"下了一个定义:信息社会是一个"以人为本、具有包容性和面向全面发展的信息社会。在此信息社会中,人人可以创造、获取、使用和分享信息和知识,使个人、社会和各国人民均能充分发挥各自的潜力,促进实现可持续发展并提高生活质量"②。从以上定义中我们可以看到信息文明时期所形成的特点:以人为本、包容性、全面发展、可持续发展等,体现出信息文明时期最重要的资源已转为信息和知识。

信息文明是现代信息技术全面改变社会的时代,有学者将这种全面改变概括为四个方面:一是从自然化认识论走向技术化认识论,二是从常规认识论走向创新认识论,三是从精英认识论走向大众认识论,四是从宏观认识论走向中观认识论③。笔者曾经对信息社会的发展特征进行过初步的探讨,认为信息社会正呈现向两极发展的趋势,一方面,信息社会体现出更大、更多、更广、更宽、更深的发展特点,另一方面,信息社会也体现出更小、更微、更细、更短、更简的发展特点。这种两极分化的发展特点通过大数据、互联网、移动互联网等表现出多样的载体和丰富的内涵④。以上所讨论的信息文明所形成的四大改变和更宏观和更微观发展的特点,也正是信息文明时期图书馆服务与管理中已经和正在发生的变革。

如同前信息文明时期文字和印刷术的发展给图书馆带来了巨大的变革一样,信息文明的起源与发展、信息文明时期所形成的新的特点也成为图书馆发展的有力杠杆,成为推动图书馆事业与时俱进的革命力量。从 20 世纪 70 年代起始,中国图书馆的发展先后经历和正在实践图书馆自动化、数字图书馆、互联网(移动互联网)、人工智能等一波又一波的创新发展浪潮。

---

① 托夫勒.第三次浪潮[M].朱志焱,潘琪,张焱,译.北京:生活·读书·新知三联书店,1984:49-56.
② 张新红,等.中国信息社会测评报告[M].北京:经济管理出版社,2011:3.
③ 肖峰.信息时代认识论研究的新走向[N].光明日报,2016-12-08(16).
④ 丁波涛,王世伟.信息学理论前沿——信息社会引论[M].上海:上海社会科学院出版社,2016:265.

(二)图书馆自动化的第一波创新发展

1946年,在美国宾夕法尼亚大学诞生了第一台电子计算机之后,全球逐步兴起了自动化和信息化的浪潮。从1974年至1975年,在中国图书馆自动化的第一波创新发展中,有三件事值得一提:一是1974年8月,在国家主导下,中国开始启动"汉字信息处理工程",中国图书馆界也随之开启了图书馆自动化的应用进程。同年,中国国家图书馆会同中国科学院图书馆、清华大学图书馆、北京大学图书馆等开始研究和使用从美国引进的数据库磁带。二是刘国钧先生在《图书馆工作》1975年第1期上发表了《马尔克计划简介——兼论图书馆引进电子计算机问题》,刘先生以敏锐而独到的眼光注意到国际图书馆事业进展中机读目录的重要作用,文章对中国图书馆自动化、信息化和现代化起到了重要的开山和启蒙作用。三是国家图书馆于1975年专门成立了"自动化发展部",这一新业务机构的设置显示了图书馆自动化技术不仅引起了图书馆界的重视,而且促进了图书馆业务机构的改革重组①。从20世纪70年代至90年代中期,基于计算机自动化系统的开发,中国图书馆事业翻开了图书馆自动化的新篇章。有学者将这一时期分为三个阶段,即单功能系统(1978—1986)、集成系统(1987—1992)、网络建设(1993年以后),从而为之后的数字图书馆的发展奠定了基础。与此同时,这一时期的图书馆数据库建设和网络系统建设也同步推进。在引进包括美国国会图书馆等50多种国外数据库的同时,中国的文献型数据库、事实型数据库、全文数据库、高校图书馆的书目数据库等均有了长足的发展;基于文献资源共建共享的各类图书馆网络系统建设不断涌现,其中有专业型的中关村地区科研与教育示范网,有行业型的中国教育科研信息网,也有地区型的"上海市文献资源共建共享协作网",还有机构型的"中国科学院网上文献信息共享系统工程"等②。

(三)数字图书馆的第二波创新发展

自20世纪90年代前期开始,"数字"一词开始成为经济、社会和文化发展的重要修饰定语,如数字地球、数字经济、数字地图、数字鸿沟、数字电视、数字电影、数字图书馆、数字化生存等。1996年,美国麻省理工学院教授兼媒体实验室主任尼古拉·尼葛洛庞帝的《数字化生存》问世,作者在结语中指出:"我们无法否定数字化时代的存在,也无法阻止数字化时代的前进,就像我们无法对抗大自然的力量一样。"③本书英文版曾高居《纽约时报》畅销书排行榜,并被翻译成30种语言,"一时洛阳纸贵,成为中国人迈入信息时代之际影响最大的启蒙读物"。当本书出版20年后,人们在更大背景下重读这部经典,将其看作是新IT时代即智能时代的说明书④。最早进行数字图书馆研究的文献始见于1992年,这一年美国国家科学基金会曾主持了一个"电子图书馆研讨班"(后于1992年12月更名为"数字图书馆研讨班"),其中提到了数字图书馆计划,研讨班上的主题发言中有《数字图书馆:它是什么,为什么是这样的》。1993年11月至1994年2月间,美国连续举行了四次与数字图书馆有关的专

---

①　王世伟. 新中国图书馆服务理念与实践60年[J]. 图书馆杂志:2009(10):8.
②　张树华,张久珍.20世纪以来中国的图书馆事业[M].北京:北京大学出版社,2008:175-180.
③　尼葛洛庞帝.数字化生存[M].胡泳,范海燕,译.北京:电子工业出版社,2017:229.
④　尼葛洛庞帝.数字化生存[M].胡泳,范海燕,译.北京:电子工业出版社,2017:17,49.

题会议,为全球数字图书馆的理论与实践开了先河。自 1995 年起,英国、德国、加拿大、法国、日本、澳大利亚、新西兰、新加坡等国家的数字图书馆建设也先后启动①。

数字图书馆的创新发展浪潮很快波及至中国。早在 1994 年,中国图书馆界就曾开始进行了“数字图书馆”的对话,1996 年在北京召开的第 62 届国际图联大会中,也曾将数字图书馆作为大会研究的一个专题。②

中国数字图书馆较大规模的推进则可追溯至试验型数字图书馆项目。1996 年 5 月,在中国国家图书馆和上海图书馆等联合提议下,文化部向国家申报了中国试验型数字图书馆项目,第二年获得批准。1997 年初,由中国国家图书馆牵头,联合上海图书馆、深圳图书馆、广东中山图书馆、辽宁省图书馆、南京图书馆、广西桂林图书馆等 7 家机构共同承担的“中国实验型数字图书馆”科研项目开始启动。③ 1998 年 7 月,中国数字图书馆工程的申请正式提出,并融入了国家图书馆二期工程。在国家图书馆导夫先路的基础上,国家科技数字图书馆、中国高等教育数字化图书馆、中关村科技园区数字图书馆相继问世。2007 年 7 月,由文化部牵头,组织成立并召开了首次“全国数字图书馆建设与服务联席会议”,会议成员包括中国国家图书馆、文化部全国文化信息资源建设管理中心、上海图书馆、中国科学院国家科学图书馆、CALIS 管理中心(北京大学图书馆)、CADAL 管理中心(浙江大学图书馆)、中央党校图书馆、国防大学图书馆等 8 家全国最主要的数字图书馆建设单位,形成了全国范围内跨系统的数字图书馆建设沟通协调机制。从 2007 年至 2010 年,曾先后召开了 11 次会议,就数字图书馆建设中的重点问题进行研讨、协商和合作,并以指南形式发布关于数字图书馆建设的相关政策和原则④。

作为第二波创新发展的数字图书馆较之第一波的自动化发展,其信息化更具广度和深度。以广度而言,如中国试验型数字图书馆项目的目标是建立多馆协作、互为补充、联合一致的数字图书馆,实现多类型、分布式、规范化、具一定规模、整体性较强的资源库。中国高等教育数字化图书馆自 2004 年启动后,经过数年建设即被评为中国国内最大的文献资源共建、共享和保障服务体系。以深度而言,由国家图书馆牵头的国家数字图书馆建设注重信息资源的整合与揭示,注重图书馆公开课实现全新阅读推广,注重全面推进新媒体阅读,并正计划注重运用大数据技术做好分析与整合。经过近 20 年的建设,国家数字图书馆已成为超大型的图书馆数据中心。截至 2016 年 1 月,数字资源总量已达到 1181.57TB,开发的文津搜索系统,积累了超过 3 亿条元数据,向读者提供了海量知识信息和全新的阅读体验,为公共数字文化资源的全民共享提供了数字图书馆的实践经验。⑤

数字图书馆为图书馆在 21 世纪的发展提供了广阔的空间和机遇。在数字图书馆的环境下,传统图书馆面临着一系列的改组、调整和重建。2000 年 11 月编写完成的《数字图书馆引论》一书中,曾专门讨论了“数字化对传统图书馆的变革”问题,包括:数字化资源建设新领域、电子文献整理新标准、网上读者服务新形式、资源共建共享新网络、数字图书馆市场

① 刘炜,等. 数字图书馆引论[M]. 上海:上海科学技术文献出版社,2001:20 – 57.
② 刘炜,等. 数字图书馆引论[M]. 上海:上海科学技术文献出版社,2001:74 – 75.
③ 张树华,张久珍. 20 世纪以来中国的图书馆事业[M]. 北京:北京大学出版社,2008:183.
④ 周和平. 中国图书馆事业发展报告 2012[M]. 北京:国家图书馆出版社,2013:390.
⑤ 孙一钢. 国家数字图书馆的数字阅读服务与推广[J]. 图书馆杂志,2016(10):4 – 8.

营销等①。

在数字图书馆的发展进程中,图书馆分成了历史发展逻辑的四种形态,包括传统图书馆、自动化图书馆、复合图书馆和数字图书馆。复合图书馆的最显著特点就是数字资源和印刷型资源的复合共存。当1996年英国图书馆学者最早使用"复合图书馆"这一概念之后,台湾学者顾敏于2000年率先介绍了复合图书馆的新理念及其构想②。中国学者初景利和黄宗忠则于2001—2002年先后发表了《复合图书馆的概念及其发展构想》③和《论图书馆新模式——复合图书馆》④。在以上研究中,学者们认为复合图书馆是未来图书馆的新模式,在进入21世纪之际,大多数图书馆必须同时承担数字图书馆和传统图书馆的社会功能和角色,提出了中国发展复合图书馆的构想,为数字图书馆的第二波创新发展提供了新理念、新战略和新模式。

(四)互联网的第三波创新发展

20世纪最后30年互联网的创造和发展,形成了覆盖全球的数字化、网络化、泛在化、互联化的人类文明新形态和新方式,为信息文明书写了新的篇章。第一个电脑网络于1969年9月1日上线,被称为奥普网络(APPANET),刚开始的四个节点分别设置在美国加州大学洛杉矶校区和圣塔芭芭拉校区、犹他大学、斯坦福研究所。1990年,全球信息网(world wide web,WWW)在日内瓦的欧洲核子研究中心(CERN)发明,开启了世界拥抱互联网的进程⑤。1994年4月,北京中关村的教育与科研示范网通过美国公司接入互联网国际专线,被认为是中国融入全球互联网的标志性事件。包昌火、谢新洲在2006年出版的《竞争环境监测》一书的第六章中专门讨论了"利用互联网的环境监测",内容包括互联网的搜索、利用互联网进行宏观环境调查、利用互联网进行行业研究、利用互联网进行市场调查、利用互联网进行竞争对手跟踪、互联网上的常用信息源、环境监测系统软件等,为情报学界开拓了互联网环境下理论与实践创新发展的新空间⑥。范并思和李东来则在2010年出版的《中国公共图书馆发展蓝皮书(2010)》中专门介绍并论述了现代信息技术应用促进公共图书馆发展的问题,其中重点介绍的就是互联网和移动互联网技术,如"支持全覆盖的网络服务"(包括网络图书馆、信息导航服务、虚拟咨询)、"图书馆2.0技术与服务"(包括图书馆2.0的应用中的博客、RSS信息服务等)、"OPEC上的书目信息检索"(包括亚马逊式检索、一站式检索等)、"图书馆卡互通技术"(包括上海图书馆、杭州图书馆、首者图书馆的一卡通等)、"RFID技术的应用"(包括一般应用和自助借还设备等)、"手机图书馆和移动阅读服务"(包括手机和移动阅读、手机图书馆、数字阅读器服务等)等⑦。以上研究成果从一个侧面反映了互联网和移动互联网在信息文明与图书馆持续创新发展中的影响和作用。

2013年,"互联网 +"这一新理念开始出现。腾讯董事会主席马化腾回忆道:"2013年,

---

① 刘炜,等.数字图书馆引论[M].上海:上海科学技术文献出版社,2001:99 – 146.
② 顾敏.千禧年初复合图书馆的服务及其发展策回升[J].图书情报工作,2000(3):5 – 8.
③ 初景利.复合图书馆的概念及其发展构想[J].中国图书馆学报,2001(3):3 – 6.
④ 黄宗忠.论图书馆的新模式——复合图书馆[J].图书情报知识,2002(3):10 – 15,26.
⑤ 卡斯特.网络社会的崛起[M].夏铸九,等,译.北京:社会科学文献出版社,2003:53 – 60.
⑥ 包昌火,谢新洲.竞争环境监测[M].上海:上海科学技术文献出版社,2006:600 – 672.
⑦ 公共图书馆研究院.中国公共图书馆发展蓝皮书,2010[M].深圳:海天出版社,2010:82 – 106.

我在上海就谈到了'互联网＋'的实践,并提出'互联网＋'是互联网未来发展的七个路标之一。'互联网＋'就像电能一样,把一种新的能力或 DNA 注入各行各业,使各行各业在新的环境中实现新生。"①在 2015 年 3 月全国两会的《政府工作报告》中,正式提出了"互联网＋"行动计划,中国的图书馆界也顺势而为,在"互联网＋"中进行了丰富多彩的实践探索和理论研究,并进而拓展至"图书馆＋"②。

(五) 人工智能的第四波创新发展

当数字图书馆、互联网(移动互联网)还在不断发展之时,作为移动互联网下一幕的人工智能开始登上信息文明的舞台并逐渐成为主角,"互联网＋"逐渐换位于"智能＋","智能时代""智能革命""机器智能"等开始成为经济、社会和文化发展的重点和热点,人类正迈向数据一切、网罗一切、连接一切、智能一切的大智能时代,在万物感知、万物认知、万物互联基础上的万物智能正呈现出井喷式的新一轮创新和发展趋势。

刘慈欣在给《智能革命——迎接人工智能时代的社会、经济与文化变革》一书所写的序言中认为:"上溯历史,我们发现人工智能的概念与自动化有着密切的关系,可以说自动化是这个概念的起源。在过去相当长的一段时间里,在人们的心目中,自动化就是人工智能。"③尽管当年的自动化系统已表现出相当多的智能特征,但 2016 年开启的人工智能的新时代已与过去自动化不可同日而语。如今的人工智能的内容和应用已进入自然语言处理、计算机视觉、无人驾驶、模式识别、语音识别、机器学习、机器翻译、人机交互、智能网络搜索、认知科学、神经科学等各个领域和学科。2015 年 7 月,国务院发布了《关于积极推进"互联网＋"行动的指导意见》,其中已提到了人工智能④。2016 年则形成了国内外人工智能大发展的浪潮。在这一年中,美国政府于 10 月发布了两份重要报告:《为人工智能的未来做好准备》和《美国国家人工智能研究与发展战略规划》⑤,紧接着在 12 月又发布了《人工智能、自动化与经济》的报告⑥。在中国,2016 年 5 月,为落实《关于积极推进"互联网＋"行动的指导意见》,加快人工智能产业发展,国家发展改革委、科技部、工业和信息化部、中央网信办共同制定并下发了《"互联网＋"人工智能三年行动实施方案》⑦,从国家层面正式提出了人工智能产业发展的计划和方案。邬贺铨先生在给在 2016 年出版的吴军《智能时代:大数据与智能革命重新定义未来》一书所写的序言中指出:"大数据与机器智能相伴而生,促进物联网从感知到认知并智能决策的升华,催生了智能化时代。这是一个计算无所不在、软件定义一切、

---

① 马化腾,等.互联网＋:国家战略行动路线图[M].北京:中信出版社,2015:1－3.

② 陈超.用"互联网＋"和"图书馆＋"成就全民阅读[N].文汇报,2015－04－24(5).

③ 李彦宏.智能革命——迎接人工智能时代的社会、经济与文化变革[M].北京:中信出版社,2017:1.

④ 国务院 4 日发布《关于积极推进"互联网＋"行动的指导意见》[EB/OL].[2015－07－05].http://news. xinhuanet. com/politics/2015-07/04/c_1115816931. htm.

⑤ 美国发布人工智能发展规划　呼吁优先发展基础、长期的研究[EB/OL].[2017－07－02].http://www. ccidnet. com/2016/1026/10200133. shtml.

⑥ 白宫发布报告《人工智能、自动化和经济》[EB/OL].[2017－07－02].http://www. weiyangx. com/223608. html. Economics.

⑦ 《"互联网＋"人工智能三年行动实施方案》[EB/OL].[2016－06－12].http://www. miit. gov. cn/newweb/n1146290/n1146392/c4808445/content. html.

数据驱动发展的新时代。"①作者吴军则在本书前言开宗明义地指出:"2016 年是机器智能历史上一个具有纪念意义的年份,它是一个时代的结束,也是新时代的开端。这一年距离 1956年麦卡锡、明斯基、罗切斯特和香农等人提出人工智能的概念正好过去了 60 年。"②2017 年 4月,多年来一直走在人工智能前沿的李彦宏出版了他的新著《智能革命——迎接人工智能时代的社会、经济与文化变革》,认为人工智能将是照亮又一新时代的火种。"在不久的未来,智能流会像今天的电流一样平静地环绕、支持着我们,在一切环节提供养料,彻底改变人类经济、政治、社会、生活的形态。"我们将面临知识无处不在,任何交互都是智能的新环境③。本书与众不同的一个特点是作为百度人工智能的百度大脑以诗体的语言为本书撰写了序言。

　　"人工智能 + 图书馆"服务是信息文明为当代图书馆创新转型所提供的又一种机遇、可能和解决方案,将成为图书馆颠覆性创新的一项全新技术和强有力的新引擎。实际上,在移动互联网阶段,当众多读者手持智能手机访问图书馆之时,原来依赖台式机和笔记本电脑进行的图书馆服务已显现令人担忧的端倪,智能化的移动互联网已向人们发出了变革的警示。人工智能在图书馆的广泛而深度的应用只是时间问题,机器人取代图书馆员、电脑取代人脑、各类传统服务岗位不断消失也只是时间问题。当大数据思维取代机械思维之时,图书馆管理与服务的内容和形式必将随之发生变革。人工智能具有感知能力、记忆和思维能力、深度学习和自适应能力乃至行为决策能力,从而构成了智能系统或智能化系统,尤其是人工智能自适应、自学习、自校正、自协调、自组织、自诊断及自修复的深度学习能力,将形成图书馆服务的"最强大脑"。图书馆将逐渐告别并摆脱以往重复、繁重、污染(如历史文献书库)的工作与环境,图书馆员将成为新一代的智慧馆员,他们将与机器智能和谐共进,不再依附于传统"岗位",将运用智能技术塑造图书馆服务与管理的全新"平台",并进入自由劳动快乐工作的新境界。诚如尼葛洛庞帝在《数字化生存》中所描述的,"让计算机认识你,懂得你的需求,了解你的言辞、表情和肢体语言",将来的电脑将能够观察、倾听,不像一台机器,而更像一位善解人意的仆人④。我们应以主动智能的积极姿态,充分释放新一轮信息文明带来的巨大发展能量。实际上,当我们于 2016—2017 年迎接人工智能时代的曙光之时,人工智能的应用在多年前已在国内外图书馆有所萌芽。2009 年,德国康斯坦丁大学人机交互组的马蒂亚斯(Mathias Heilig)、米莎(Mischa Demarmels)等发表了《搜索、探索和导航设计下一代知识媒体工作台》一文,探讨了融合图书馆所面临的信息空间复杂性及引起的相关问题,作者认为融合图书馆正在创新流程,如各种不同活动的多方面的特点、位置和环境,是新环境下寻求信息服务的重要解决方案,其中包括不同的可视化技术、变化的用户界面以及用户体验

---

　　① 　吴军.智能时代:大数据与智能革命重新定义未来[M].北京:中信出版社,2016:1.

　　② 　吴军.智能时代:大数据与智能革命重新定义未来[M].北京:中信出版社,2016:前言.

　　③ 　李彦宏.智能革命——迎接人工智能时代的社会、经济与文化变革[M].北京:中信出版社,2017:自序.

　　④ 　尼葛洛庞帝.数字化生存[M].胡泳,范海燕,译.北京:电子工业出版社,2017:85.

等。成为人工智能在融合图书馆应用的实践案例①。中国清华大学图书馆于 2010 年底在该馆网站的服务栏目中将人工智能引入图书馆咨询服务系统,新设置了智能聊天机器人,包括图书馆知识问答、查询馆藏图书、百度百科、自我学习训练等内容,开创了在线参考虚拟实时咨询服务的新模式。一些图书馆也迅速跟踪进,推出了类似的服务②。以上案例仅仅是人工智能在图书馆实践中的试水而已,人工智能在图书馆的应用还刚刚开启,未来发展的空间无可限量甚至难以预测。图书馆传统服务中那些重复性的读者办证、文献编目、信息检索、读者咨询、图书搬运、图书借阅、数据记录等,这些正是机器智能擅长的事情,可以不知疲倦地替代原本由图书馆员承担的工作。

在图书馆自动化时期,是连接人与信息,在数字图书馆和互联网时期,是连接人与服务,在人工智能时期,则是连接人与机器智能。在人工智能的助力下,"智能 + 服务"的图书馆空间和平台将朝着实时的数据计算、交互识别、智能聚合、个性定制、泛在可视方向演进。

在前信息文明时期,空间信息的传递用烽火台、用电话,在信息文明的网络智能时代,带宽的技术已实现了"海内存知己,天涯若比邻"的诗意般的人际空间沟通,图书馆的服务将趋向更个性化和人性化。文献检索从前信息文明时期的分类主题到信息文明时期的自动化、数字图书馆和互联网阶段的设计检索,如今在智能时代,将更进一步提升为个体度身定制的推荐引擎,从而为读者提供更快捷、更多样、更立体、更方便、更精准、更即时的服务。图书馆业界无须恐惧机器智能的崛起,但应该从现在就开始以拥抱的心态对未来图书馆的创新转型做好设想和准备。

四、信息文明的繁荣转型与构建城市图书馆新文明体

(一)城市图书馆新文明体五位一体的综合发展

人类跨入 21 世纪之后,体现信息文明的新一代信息技术更新迭代加速,物联网、云计算、移动互联网、大数据、人工智能一浪接着一浪,信息文明与经济全球化、联合国 2030 年可持续发展议程、全球城市化的持续推进、文化多样化深入发展等形成了历史性交汇,与中国倡导构建人类命运共同体、倡导新发展理念以实现"两个一百年"宏伟目标、建设富强民主文明和谐的社会主义现代化国家、实现中华民族伟大复兴的中国梦形成了历史性交汇。信息文明的繁荣转型呼唤构建城市图书馆新文明体,以开创前所未有的图书馆文明发展的新愿景。构建城市图书馆新文明体要有新理念和新思想,即这种构建,必须放在全球城市图书馆的新一轮的创新转型的大背景中来思考,放在世界新一轮科技革命和产业变革的大舞台中来谋划,放在中国实施优秀传统文化传承发展的新要求的大战略中来整合,放在数千年城市

① Heilig,Demarmels,Rexhausen,et al. Search,Explore and Navigate-Designing a Next Generation Knowledge Media Workbench[EB/OL].[2016 - 01 - 15]. http://xueshu. baidu. com/s? wd = paperuri: (126d99360240f29104363214fb0f315a)&filter = sc_long_sign&sc_ks_para = q%3DSearch%2C + Explore + and + Navigate + %C2%96 + Designing + a + Next + Generation + Knowledge + Media + Workbench&tn = SE_baiduxueshu_c1gjeupa&ie = utf-8.

② 姚飞,张成昱,陈武.清华聊天机器人"小图"的移动应用[J].现代图书情报技术:2014(7/8):120.

文明演进时空大格局中来把握,放在中国生态文明建设的大环境中来建设,放在全球人类文明交流互鉴的大视野中来推进。构建城市图书馆新文明体,是创新发展的积极作为,顺势而为的主动担当,共享发展的融合取向,文化自觉的自信选择,对城市图书馆的创新发展而言具有整体性、战略性和框架性。

中国城市图书馆新文明体,应体现信息文明、历史文明、城市文明、生态文明、世界文明五位一体的综合发展,即它是一个融古今中外为一体的综合的新文明体,是文明的大容器。其文明的要素,应体现和承载信息文明的万物互联之智、历史文明的文化积淀之传、城市文明的穿越时空之学、生态文明的绿色宜学之美、世界文明的交流互鉴之彩。中国城市图书馆的新文明体是图书馆时间、空间和价值观在信息文明时代的体现。在这五位一体的综合新文明体中,信息文明、历史文明主要体现了文明的时间观,城市文明、世界文明主要体现了文明的空间观,生态文明则体现了文明的发展观,其中的信息文明将成为新文明体中的桥梁和纽带,成为新文明体的使能引擎和生命动脉。需要说明的是,五位一体的新综合文明体是就中国城市图书馆的总体发展而言,每一图书馆个体的文明承载可以因城制宜、因馆制宜,各有特点和侧重。中国城市图书馆这一新愿景,将为信息文明时代的中国文化进程添砖加瓦,为全球城市图书馆的创新发展提供中国智慧和中国方案。

（二）信息文明的万物互联之智

信息文明正在迈入万物互联的新形态。信息文明作为“第三次浪潮不仅加速信息流动,而且还深刻改变人们赖以行动与处世的信息结构”[①]。无所不在的网络将人、机、环境甚至人的意识都联接在一起,集数字化、网络化、智能化、泛在化、可视化于一体的融合图书馆,将虚拟空间和实体空间统一于图书馆信息服务平台的新服务形态模式,体现城乡图书馆服务共同体和全域服务的“一卡通”和图书馆之城建设,联接线上与线下的你选书我买单并送书上门的社会协同服务,移动数字技术催生的即时互动可视的各类微服务,图书馆机器智能不断进步的积极探索,图书馆正在把简单带给读者,把复杂留给图书馆。21世纪第二个十年以来的新一轮信息文明浪潮,正在构建起万物智能互联、供需互动对接、跨域互通共享的文献流、信息流、数据流、知识流、人才流、服务流,形成资源、数据、人员、平台间的深度互连互通,端对端、点对线、人对群的万物互联正在向共享云平台服务和个性化应用的智能服务跃升,形成群体性智能和体系性智能[②]。图书馆因拥抱信息文明而更多彩,信息文明也因图书馆的发展而更丰富。人们欣喜地看到,信息文明正融入城市图书馆的生命体,正在成为城市图书馆迈向新文明体的使能要素和发展动因。

2017年3月,首次在亚洲举办国际顶级信息学院联盟年会(iConference 2017)在武汉大学信息管理学院举行,其主题为“影响·拓展·提升:跨越信息社区的全球合作”,旨在通过跨学科交流不断扩展信息科学的研究视野,丰富信息科学内涵,会议研讨涵盖了人机交互、数据挖掘、信息检索等多个主题,展示了当前国际信息管理研究的前沿课题,从一个侧面向人们展示了信息文明对当代信息科学和图书馆学理论与实践的影响[③]。

①　托夫勒.第三次浪潮[M].朱志焱,潘琪,张焱,译.北京:生活·读书·新知三联书店,1984:17.
②　吴曼青.信息技术会创造什么样的未来[N].人民日报,2017 - 03 - 23(7).
③　国际顶级信息学院联盟年会开幕[N].人民日报,2017 - 03 - 23(20).

同时,信息文明在带给图书馆文明发展新机遇的同时,也带来了信息安全、数据素养、智能伦理、技术功利、数字鸿沟等的新挑战,需要图书馆人预先布局以积极应对并趋利避害。

(三) 历史文明的文化积淀之传

图书馆承载着历史文化积淀和传承的文明使命,伴随着图书馆的历史发展,人们对于这一点的认知不断加深。古人在遴选世界七大奇迹时,曾忽视了亚历山大灯塔旁边创建于公元前三世纪的亚历山大图书馆。"凭借这座图书馆,亚历山大港超越雅典,成了当时世界的一个思想中心。在那里,曾堆藏着索福克勒斯、埃斯库罗斯和欧里庇得斯的剧本,欧几里得、阿基米德和埃拉托斯特尼(Eratosthenes)的数学著作,以及众多诗集、医学文献、星图和神秘主义文本……灯塔固然雄伟,但图书馆才是真正的奇迹。"①20世纪70年代开始,信息文明的发展不断给人类带来了兆字节、吉字节、太字节的发展。国际数据公司(IDC)公布的研究报告显示,2006年全球数字化信息总量为161EB(1700亿 GB),2013年达到4100EB(4.4万亿 GB),7年间翻了近25倍。预计到2020年,这一数值将达到44万亿 GB的海量,中国数据量到2020年将占全球数据总量的近20%②。但这些巨大的数据库十分脆弱,为防止英国理论物理学家史蒂芬·霍金所警告的地球与人类的毁灭,末日图书馆(终极图书馆)在挪威的北极岛地下应运而生,名为"北极世界档案馆",目的是在地球发生灾难时保护世界历史和科学上最珍贵的数据,数据收集保持离线,以防可能的各类攻击,并可持续500年以上。该图书馆已于2017年3月开放,巴西、墨西哥和挪威政府成为第一批客户,并提交了宪法、地图、照片等历史文件的副本存储其中,被保存在专门的光学胶片中③,这一举措从另一个侧面证明了图书馆作为历史文明的积淀传承的独特功能和使命担当。

2017年5月,国际图联发布了关于"图书馆保护文化遗产"的政策声明,呼吁各国将图书馆纳入各国政府保护和维护世界文化和自然遗产的目标体系,认识到文献遗产资源是全球文化遗产的重要组成部分、图书馆是保护文化遗产的重要角色并认可图书馆员参与国内外文化遗产保护活动的努力④。

世界上的一些著名城市图书馆大都具有丰富的馆藏,这些丰富的且极具特色的各类馆藏是在超越世俗的文献典藏理念下逐步积累起来的,包括了物质文化遗产和非物质文化遗产。美国纽约公共图书馆和中国上海图书馆就是这样的例子。

纽约公共图书馆视野宽广而独具慧眼的文献典藏理念是其成功的指导。该馆不断拓宽馆藏珍品的范围。诸如1899年沙皇加冕典礼的宴会菜单,1835年旅客坐蒸汽船的船票账单,名门望族的家谱,西班牙内战时期国际旅成员的安全通行证,爵士乐时代的乐谱,等等,这些都被列入了馆藏珍品行列。曼哈顿纽约公共图书馆收藏了数以百万的小册子、宽面大书、海报、节目单、剪贴簿、明信片,这些文献当年通常被遗忘并为人所抛弃,但在今天却是极

① 格雷克.信息简史[M].高博,译.北京:人民邮电出版社,2013:372.
② 马费成.保存中国的数字记忆[N].人民日报,2017-03-04(7).
③ CNN. Arctic 'doomsday' vault seeks to protect world's most precious data[EB/OL].[2017-06-26]. http://edition.cnn.com/2017/04/04/europe/doomsday-library-arctic-trnd/index.html.
④ Libraries safeguarding cultural heritage[EB/OL].[2017-07-01]. https://www.ifla.org/node/11387.

具价值的研究资料。

位于近现代中西文化交流中心的上海图书馆的历史文献收藏极为丰富,该馆的机构使命就是"积淀文化,致力于卓越的知识服务"。1956 年,顾廷龙先生曾专门写了《我在废纸中抢救历史文献的一点体会》的文章,对如何抢救历史文献提出了切合实际的远见卓识,并提出了图书馆文献征集的十二大类型,包括革命文献、档案、地方志、家谱、社团记载、个人记载、古代医书、账簿、迷信书、民间文艺、古典艺术、图片等①。2000 年 4 月,上海图书馆在上海市政府的支持关心下,整体转让入藏了翁同龢六世藏书 80 种、542 册(其中有宋刻本 11 种)②。2010 年 11 月,瑞典藏书家罗闻达的"罗氏藏书"正式入藏上海图书馆,这批珍贵藏书收录了 1477 年到 1877 年,西方初识中国的 400 年间出版的 1551 种西文汉学古籍珍品③。自 2005 年起,上海图书馆每年根据特色馆藏持续地举办了年度历史文献精品展览,同时也编辑整理出版了相应的图录,充分发挥了城市图书馆历史文献积淀传承的文明特征。

国家图书馆、上海图书馆、南京图书馆、广东中山图书馆、天津图书馆、山东省图书馆、山西省图书馆、甘肃省图书馆、云南省图书馆、辽宁省图书馆、四川省图书馆、复旦大学图书馆等都十分重视古籍保护与古籍修复工作,在珍贵典籍修复、中西文献保护、少数民族文献修复、古籍修复人才培养等方面,体现出城市图书馆在历史文明传承中的文化自觉和对非物质文化遗产的重视。

(四)城市文明的穿越时空之学

城市图书馆带给城市和市民的是城市文明的温度,这种温度,体现在让人肃然起敬的城市文化地标,体现在增强城市学习力的没有围墙的城市教室,体现在面向所有读者的平等共享的市民广场和市民大书房,体现在"图书馆+"的面向全社会的协同创新网络,体现在穿越都市时空无所不在的网络智能个性互动的便捷。图书馆所体现的这些城市文明,可以用一个字来形容,就是"学",这种学习,既可以是书本的阅读,也可以是数字阅读;既可以是现场参与体验,也可以网上群体交流,既可以听讲座看展览,也可以赏艺术教技能;既可以喝咖啡群体畅想,也可以望窗外个人发呆。图书馆为足够多的市民终身学习提供了被誉为第二起居室第三空间的载体和平台,为足够多的知识文献提供了物理和网络空间,也为足够便捷的服务提供了可选择的多样通道。信息文明时代,信息技术渗透到生活的各个领域,改变了人们的生活和工作,需要图书馆来为广大市民提供继续学习的公共空间和良好教育,以适应信息文明带来的急剧变化。

2016 年 10 月,德国政府推出了"数字型知识社会"的教育战略,称为"数字化教育世界2030",德国希望通过加强数字化建设,使所有教育参与者能够使用最新的数字化技术,掌握数字化授课的技能,并保障线上数字化教育课程的不断更新④。德国政府的这一教育战略对于城市图书馆在信息文明时代如何承载城市文明不无启示,即城市图书馆应当引领广大市民(包括老年人)融入这个日新月异的信息时代,提升他们的信息素养、数据素养、智能素养、

① 顾廷龙.顾廷龙文集[M].上海:上海科学技术文献出版社,2002:639 - 640.
② 王世伟.常熟翁氏传世藏书及其文献学术价值[N].文汇读书周报,2000 - 04 - 29(5 - 6).
③ "罗氏藏书"入藏上海图书馆[N].新华每日电讯,2010 - 11 - 27(2).
④ 田园.德国力推数字化教育战略[N].光明日报,2017 - 03 - 01(15).

安全素养,义不容辞地承担起城市文明穿越时空之学的社会教育使命。

中国城市图书馆在进入 21 世纪后快速发展的市民讲座,已成为广大读者的巨型城市教室,在这里可以了解历史、体验科技、感悟人生、观察世界。如中国国家图书馆的"文津讲堂"、上海图书馆的"上图讲座",湖北省图书馆的"长江讲坛"、深圳图书馆的"市民文化大讲堂"、山东省图书馆的"尼山书院国学讲堂"、南京图书馆的"南图讲座"、金陵图书馆的"金图讲座"、浙江图书馆的"文澜讲坛"、杭州图书馆的"文澜大讲堂"、黑龙江省图书馆的"龙江讲坛"、大连图书馆"白云书院讲座"、安徽省图书馆的"新安百姓讲堂"、福建省图书馆的"闽图周末讲座"、甘肃省图书馆的"名家讲堂"、山西省图书馆的"文源讲坛"、广西壮族自治区图书馆的"八桂讲坛"、青海省图书馆历史文化知识讲座等等,都已成为所在城市的图书馆服务品牌,为城市文明穿越时空之学提供了时时可学、处处可学、人人可学、路路可学的终身学习环境。

(五)生态文明的绿色宜学之美

人类社会在信息文明的进程中,正面临一系列地区热点和全球性挑战,其中气候变化就是其中的所面临的最复杂的一大挑战,对人类社会和城市的可持续发展的具有极端重要性。气候变化的挑战呼唤人类社会节能低碳的绿色发展,建设资源节约型环境友好型的城市。2016 年 11 月,世界各国在《联合国气候变化框架公约》下达成一个适用于所有缔约方、具有法律效力的《巴黎协定》,被认为是开启了世界可持续的发展道路,停止了走向气候灾难的脚步①。2011 年以来,中国将生态文明建设列入了国家重大战略,党的十八大把生态文明建设纳入中国特色社会主义事业经济、政治、文化、社会、生态"五位一体"总体布局,明确提出了大力推进生态文明建设的命题,发出了努力走向社会主义生态文明新时代的号召,提出了推进美丽中国建设,为全球生态安全做出贡献的新论断②。之后,国家先后出台了关于加快推进生态文明建设、生态文明体制改革总体方案、设立国家生态文明试验区、生态环境保护规划等一系列政策举措。

在生态文明的建设中,城市图书馆不能缺席。在以往中国各省市的图书馆发展目标中,尽管有一些节能低碳的理念,但未形成绿色发展的长远性总体布局,尽管有一些生态文明建设的举措,但呈碎片化和临时性,缺乏定力和持续性。随着城市图书馆新馆一个个拔地而起,图书馆的生态文明建设正面临着新的挑战,实现可持续的生活与学习方式成为图书馆重要的发展理念。中国当代的智慧城市、绿色城市、节能城市、海绵城市、森林城市等城市发展新理念要求图书馆与时俱进,形成因馆制宜的绿色生态路线图,以建设美丽图书馆为目标,为广大读者提供绿色宜学的美丽环境。城市图书馆进行生态文明的建设,不仅是保护图书馆所处城市的自然环境和自然资源,同时也是保护读者和馆员本身。

2017 年初,上海嘉定区图书馆形成了生态文明建设的初步构想,试图在上海和全国的城市图书馆中形成首个绿色生态图书馆。该馆的生态文明建设的规划中,在全设计链、全管理链、全服务链融入绿色生态的理念,通过宏观设计、中观管理、微观措施等在图书馆的建筑内

① 卢苏燕. 联合国发布公报庆祝《巴黎协定》生效[EB/OL]. [2016 – 12 – 23]. http://www. envir. gov. cn/info/2016/11/114469. htm.

② 本书编写组. 十八大报告辅导读本[M]. 北京:人民出版社,2012:39 – 40.

外和馆员和读者中全面推行节地、节能、节水、节电、节材,推动各类节能低碳应用在图书馆中实践应用,从规划、管理、举措等各个环节着手,积极探索图书馆物理空间和网络空间的低碳发展、智慧发展的新举措,将先进、前沿的低碳化和智能化技术和管理应用于图书馆服务和管理的各个环节,以降低管理成本、借阅成本、咨询成本、安保成本和资源成本,顺应绿色、循环、低碳发展,引领馆员和读者形成节约资源、保护环境的学习生活方式,把嘉定区图书馆建成城市低碳和智慧发展的公共示范空间,为读者提供生态文明的绿色宜学之美,实现图书馆从阅读型公共空间逐步转化为融阅读型、交流型、生态型和体验型于一体的公共空间,助推嘉定城区迈向"精而美"的现代化新型城市。为生态文明的绿色宜学之美进行了有益的先行先试的探索。具体规划内容如下表所示:

上海市嘉定区图书馆生态文明建设五年规划(2017—2021)

序号	实施时间	生态文明建设十大举措	层级
1	2017	引入共享单车	微观措施
2	2017	引进智能垃圾箱,进行公共文化空间垃圾分类试点	微观措施
3	2017	在管理与服务中倡导使用再生纸	微观措施
4	2017	招募"绿色生活"志愿者	微观措施
5	2018—2019	引进智能路灯,发布噪音和雾霾指数	中观管理
6	2018—2019	开展"绿色生活"主题阅读推广活动	中观管理
7	2018—2019	设计墙体绿化并改造天井绿化	中观管理
8	2018—2019	置换节能灯具、节能洁具	中观管理
9	2020—2021	建筑屋顶太阳能改造	宏观设计
10	2020—2021	水景河水引入循环使用工程	宏观设计

(六)世界文明的交流互鉴之彩

文化多样性是人类社会发展的重要源泉与基本特征,即使是迈入全球互连互通的信息文明时代,这种世界上各类文明所呈现的文化特征不仅没有消失,而且在人类命运共同体的新理念下正体现出交流互鉴的新趋势。

2014年3月,习近平在联合国教科文组织总部发表的演讲中对文化多样化问题进行了生动而深入的阐述:"文明是多彩的,人类文明因多样才有交流互鉴的价值。阳光有七种颜色,世界也是多彩的。一个国家和民族的文明是一个国家和民族的集体记忆。人类在漫长的历史长河中,创造和发展了多姿多彩的文明。从茹毛饮血到田园农耕,从工业革命到信息社会,构成了波澜壮阔的文明图谱,书写了激荡人心的文明华章。一花独放不是春,百花齐放春满园。如果世界上只有一种花朵,就算这种花朵再美,那也是单调的。不论是中华文明,还是世界上存在的其他文明,都是人类文明创造的成果。"①时隔近三年后的2017年1月,习近平在联合国日内瓦总部的演进中进一步丰富了文化多样性的思想:"人类文明多样

① 习近平.在联合国教科文组织总部的演讲[EB/OL].[2014-07-22].http://news.sohu.com/20140328/n397345604.shtml.

性是世界的基本特征,也是人类进步的源泉。世界上有 200 多个国家和地区、2500 多个民族、多种宗教。不同历史和国情,不同民族和习俗,孕育了不同文明,使世界更加丰富多彩。文明没有高下、优劣之分,只有特色、地域之别。文明差异不应该成为世界冲突的根源,而应该成为人类文明进步的动力。"①信息文明所带来的全球信息社会化的深入发展和推进,使经济全球化、世界多极化、文化多样化有了更多的互联互通和交流对话,文化因交流而多彩,文明因互鉴而丰富。我们应尊重当今世界文化差异和文明多样性,让各文明间的交流互鉴成为人类社会进步的动力和维护世界和平的因素。

在这样的文明对话中,城市图书馆以其世界眼光和全球意识,在世界文明的交流互鉴之彩中扮演了不可或缺的重要角色。在城市图书馆新文明体的构建中,体现文化多样性的世界上各类文明的交流互鉴将为图书馆新文明体带来多彩而丰富的文化魅力,而这种魅力已在中国图书馆初步呈现,正在形成图书馆的文化共同体,包括资源共同体、服务共同体和网络共同体。

21 世纪第一个十年,中文开始成为国际图联的工作语言。中国国家图书馆通过"中国之窗"赠书项目、驻外中国文化中心图书馆建设项目、中文古籍数字化回归项目、开通中华寻根网、国家图书馆善本特藏展以及各类资源共享的国际会议等,迈出了融入世界的坚实步伐。为了庆祝澳大利亚联邦百年纪念,由澳大利亚国家图书馆主办的《人间珍宝》展览作为百年庆典活动的重要组成部分于 2001 年 12 月 7 日至 2002 年 2 月 24 日在澳大利亚国家图书馆举办,有 31 个国家的展品参加了展览,国家图书馆馆应邀提供 11 件展品参展,其中包括刻有文字的公元前 16—11 世纪的商代兽骨、公元前 3 世纪的汉代木简、公元 2 世纪的东汉熹平石经残块、元代刻蝴蝶装《梦溪笔谈》、清代乾隆年间彩绘台湾地图等。向世界展示了中华文化的独特魅力②。2017 年 4 月,国家图书馆携手大英图书馆合办的"从莎士比亚到福尔摩斯:大英图书馆的珍宝"在中国国家图书馆开展,本次展览是三年合作项目"大英图书馆在中国:共享知识与文化"的重点活动,其中有英国文学经典巨著的手稿和早期珍贵印本,包括夏洛蒂・勃朗特小说《简・爱》的修订稿本、华兹华斯诗歌《我孤独地漫游,像一朵云》手稿、吉尔伯特与萨利文《贡多拉船夫》总谱原稿、本杰明・布里顿《仲夏夜之梦》(歌剧)的缩编谱手稿、拜伦《唐璜》手稿等③。以上展览成为图书馆新文化体构建中体现世界文明交流互鉴之彩的成功实践。

除国家图书馆外,上海图书馆、杭州图书馆、广州图书馆等在世界文明的交流互鉴之彩中也进行许多有益的尝试。2016 年 12 月 20 日,适逢上海图书馆新馆开馆 20 周年,在当天举行的纪念座谈会的发言中,上海图书馆馆长陈超为人们提供了该馆世界文明的交流互鉴之彩的最新数据:上海图书馆自 2002 年起策划并实施了"上海之窗"的对外交流项目,在缔约馆内设立专区或专架,至 2016 年 12 月,已在全球 66 个国家和地区先后设立了 138 个"上海之窗",累计赠送了 9.3 万册纸质文献和电子出版物,涵盖了中、英、法、德、俄、日、韩、西班

---

① 习近平主席在联合国日内瓦总部的演讲[EB/OL].[2017 – 07 – 03]. http://news. xinhuanet. com/world/2017-01/19/c_1120340081. htm.

② 人间珍宝[EB/OL].[2017 – 07 – 01]. http://www. nlc. cn/newzqwqhg/gtsz/.

③ 从莎士比亚到福尔摩斯:大英图书馆的珍宝[EB/OL].[2017 – 07 – 01]. http://www. nlc. cn/dsb_zt/xzzt/tbl/.

牙、葡萄牙等语种。上海图书馆还先后于 1997 年、2002 年、2003 年和 2011 年在网上开设了中、英、日、俄四种语言的网站,为读者提供了 19 种不同语言的读者导引手册。2009 年 11 月,深圳图书馆创办了"公共图书馆研究院",广邀海内外知名学者和公共图书馆管理者担任研究员,建立广泛的学术网络,参与相关课题研究,共同推动中国公共图书馆事业发展,开辟了中国城市图书馆与各国学习交流的新途径。2012 年 11 月,杭州图书馆和美国青树教育基金会共同举办了主题为"作为社会教育中心的图书馆"的国际研讨会,使杭州图书馆能吸收到更多国内外图书馆先进的工作经验,以不断完善杭州市公共文化体系建设。广州图书馆则依托广州与世界各友好城市的平台,开展了多元文化系列服务,多次举办颇具规模的国际图书馆论坛。这些城市图书馆的在世界文明的交流互鉴之彩中所进行的初步探索,延伸了城市图书馆跨国界的读者服务,开启了传播中国文化的又一窗口,拓宽了城市图书馆作为国际文化交流的桥梁和世界文明互鉴的平台。

纵观世界历史,每一次文明都推动了社会生产力的大跃升、人类社会的大进步,人类文化的大发展,20 世纪 70 年代起始的信息文明的浪潮正以前所未有的速度、广度、深度改变着世界,也改变着城市图书馆。信息文明的敲门声正在由远及近,由轻趋重,由疏到密,智能互联时代已扑面而来。信息文明所带给图书馆的不仅是科学技术问题,也是管理改革和服务重塑问题。城市图书馆的创新发展应登高望远,从更高层面思考深化改革和新文明体构建的命题。信息文明已经并将继续为图书馆创造无穷的新资源、新服务、新空间、新境界。

不同文明对话应争取全球范围的参与且向所有人开放。在本文即将写就之时,适逢《大英博物馆百物展:浓缩的世界史》在上海开展,这一展览向观众展示了包括世界各大文明在内的 101 件物品,以时间轴的形式,从第 1 件 180 万—200 万年前发现于坦桑尼亚奥杜威峡谷的奥杜威砍砸器展品到第 101 件 2017 年在中国产生的二维码(快速反应矩阵码,由 100 件展品构成的图案),展览穿越了文明的时间和空间,体现了文明的交流、沟通、互鉴、和合,可谓美美与共①。这无疑对本报告所阐述的信息文明的繁荣转型与构建城市图书馆新文明体是一个恰当而适时的注解。

---

① 大英博物馆百物展抵沪 "二维码"是第 101 件展品 [EB/OL]. [2017 - 07 - 02]. http://culture. people. com. cn/n1/2017/0629/c172318-29370306. html.

A Study of the Different Patterns of the International Metropolitan Library Service Systems

Based on the case studies of 24 metropolitan library systems worldwide, this article gives an analysis of different metropolitan library systems with stress laid on their service patterns and features, and depicts the political, historical, social, cultural, legal and geographical landscapes in which the public library systems in question were nurtured and developed. The study also inspires some proposals which are expected to be conducive to the development of the Chinese librarianship.

I. A Glimpse at the Metropolitan Library Systems Worldwide

The earliest urban library systems can trace their origins back to the first half of the 18th century when some membership-based library services emerged in the cities in the U. S. and the U. K. Over the years a variety of city library systems have been gradually developed worldwide in different historic and cultural contexts, which can generally be divided into the following forms: the central-branch system model, the multiple-system model, the multiple-tier system model, the multifunctional system model, the diversified or "pluralistic" system model, and the single library establishment model.

Types of Library Systems in 24 Major Cities of the World

City/Type	Central-branch	Multiple-system	Multiple-tier	Multifunctional	Diversified	Single establishment
Shanghai	×					
Taipei			×			
Hong Kong			×			
Seoul					×	
Singapore			×			
Oslo				×		
Stockholm				×		
Copenhagen				×		
Berlin					×	
Prague	×					
Zagreb			×			
London			×			

City/Type	Central-branch	Multiple-system	Multiple-tier	Multifunctional	Diversified	Single establishment
The Hague			×			
Paris					×	
Barcelona					×	
Alexandria						×
Nairobi					×	
Brisbane			×			
Melbourne		×				
Toronto			×			
Montreal				×		
New York		×				
Seattle	×					
Chicago	×					
Total	4	2	8	4	5	1

1. **The Central-Branch Library System** features longitudinal and centralized management of human, budget and material resources. In China, it often takes on the form of library coalition with the central library and the branches working in close partnership. The Central-branch library systems are commonly found worldwide. The Chicago Public Library and the Seattle Public Library in the U. S. are two examples, while in the city of Shanghai the public libraries are operated in a similar fashion but in a slightly different pattern and mechanism.

The Chicago Public Library consists of 79 libraries, including a Central Library, 2 regional libraries and 76 branches, serving a population of 2.85 million and covering an area of 590 sq km. The functions of these libraries differ from each other: the Central Library is home to the research materials, and has dedicated spaces for circulation and children; the two regional libraries hold research materials, local documents and circulated items; the branches that are run at the same tier with the regional libraries are responsible for offering the general public with access to the literary and natural sciences holdings, and engaging the community residents in cultural and educational events. The Chicago Public Library is funded by the Chicago City Council, with the Central Library playing the leading role by centralizing the manpower management and resource acquisitions across the system. The Seattle Public Library in the Washington State has 27 libraries, including a Central Library and 26 neighborhood branches. It serves a population of approximately 620,000 and covers an area of 217 sq km. Likewise the Seattle Central Library acts as the flagship of the city library system and implements the centralized management on human resources and collection development. The Seattle city government provides funds to support the public library system.

In the city of Shanghai, the mission to develop a close alliance across public libraries at all levels was to some extent hindered by the long-established three-tiered administrative divisions from city down to the district/ county and township/neighborhood, as well as the associated management mechanism for human, financial and material resources. Finally in December 2000, Shanghai embarked on a massive program for building its own public library system encompassing all public libraries across the city, district/county and township/community levels, with a highlight of the "one-card-through" system that enables users to access all public libraries in the city with just a single library card. By the end of 2012, there were altogether 262 members participating in the "one-card-through" library system, including 2 municipal public libraries (the Shanghai Library and the Shanghai Children's Library), one academic library (the Library of Shanghai Institutes for Biological Sciences of Chinese Academy of Sciences), 29 district or county public libraries, and 230 township or neighborhood libraries or library service outlets.

Meanwhile, a citywide network of 1930 information centers and grassroots information service points, sponsored by the "National Cultural Resources Sharing Project" and set up with combined efforts from the Shanghai Library, the district and county libraries and Shanghai Oriental Digital Community Co Ltd. , is delivering library services to the military camps, schools, government agencies, shopping malls, communities, migrant workers' colonies, prisons and even the scientific research vessel via regular bookmobiles and sharing of digital resources. Not a strict equivalent to the central-branch system prevailing in many major cities of the world, the public library system in Shanghai is yet to succeed in securing the legality of conducting the centralized management of human, financial and material resources. Fortunately however, a mechanism for resource sharing and business cooperation in a central-branch library framework has already taken shape, with a set of managerial and service guidelines developed to regulate operations such as readership registration, circulation, collection development, ICT infrastructure, talent building, online document delivery and so on.

2. The term **"multiple-system"** refers to more than one library systems co-existing in one city, with one or some of them working in the central-branch library framework. As Chicago and Shanghai are typical "central-branch" examples, those adopting the multiple-system model can be seen as variants, which are represented by New York City and Melbourne.

New York as one of the world's most vital cities consists of five boroughs, the Bronx, Brooklyn, Manhattan, Queens, and Staten Island. As part of the cultural development and prosperity, three public library systems were founded in succession, including the New York Public Library(NYPL), the Brooklyn Public Library and the Queens Borough Public Library, which are all operating with public financing primarily from the City and State of New York. When the New York Public Library set up branches in partnership with the city council at 39 locations across Manhattan, Bronx and Staten Island, Brooklyn and Queens were still independent cities and already had their own public library systems, before they were consolidated as boroughs to form what is nowadays the New York City. This has left the City with three independent public library systems, which spreads over the territory and offers quality services to the 8. 2 million New Yorkers as well as people from all around the world.

The NYPL for example, has altogether 91 libraries, including 4 research libraries and 87 branches in the boroughs of Manhattan, the Bronx and Staten Island. The four research libraries in Manhattan are the main branch (a. k. a. the Humanities and Social Sciences Library), the NYPL for the Performing Arts, the Schomburg Center for Research and Black Culture, and the Science, Industry and Business Library (SIBL). The other 87 branches (40 in Manhattan, 35 in Bronx and 12 in Staten Island), headed by two main branches in charge of the overall management of staffing and acquisitions, are operating at the same tier and are principally funded by the New York City Council. This is the New York case, where three independent public library systems work side by side in one city, which reflects the cultural inclusiveness and diversity of such a global super-metropolis.

Melbourne in Australia can be defined in both broad and narrow geographical sense. In the broad sense, Melbourne, or the Greater Melbourne, includes the City of Melbourne (City Center) and a metropolitan area consisting of further 30 municipalities which fulfill respective autonomous governance via the local councils. It covers a total territory of 7,694 sq km and has a population of 6.47 million. In the narrow sense, Melbourne refers to the Melbourne City Center under the governance of the Melbourne City Council, which occupies an area of 37.6 sq km and registered some 100,000 inhabitants in the 2010 census. The public libraries serving both the Greater Melbourne and the City Center are typical of the multiple-system framework. The State of Victoria where the City of Melbourne is located as the capital has 45 public library systems statewide in 79 municipalities. 30 of them are separate systems run by the municipalities, and are basically located in the metropolitan area of the Greater Melbourne. Another 15 were established and joined up in 1989 following the regulations outlined in the *Local Government Act* to deliver public library services according to the agreement signed between two or more municipal governments.

In the City of Melbourne alone, the public library system consists of 5 branches serving the City Center and the peripheral regions. And it works along with the State Library of Victoria and the Melbourne Athenaeum, which are both located in the Melbourne city and open to the local people as well but have no affiliation to the city council. The Melbourne example in which the multiple library systems are functioning in a mix-and-match manner in differentiated administrative regions is slightly different from the New York one, in which library systems are working in parallel to each other.

3. By **"multiple-tier system"** the library system is defined as playing differed roles and functions for the associated tiers. It is a revised version of the "central-branch" system by introducing the differentiated administrative tiers. A multiple-tier metropolitan library system has typically a longitudinal three-tier hierarchy, with the national library or the flagship urban central library standing on the top, the regional central libraries in the middle and the branches and mobile libraries at the grassroots. The City of London and Hong Kong are two such representatives.

The library system in London (UK) is formed of multiple tiers to encompass the UK's National Library, the British Library, and the public libraries of all administrative areas of the city. The British Library was created in 1973 as a result of the *British Library Act* 1972 by merging the British Museum, the National Central Library, the National Lending Library for Science and Technology and the British National Bibliography, followed by the India Office Library and Records, the HMSO (Her Majesty Stationery Office) Binderies and the National Sound Archive in the ensuing years, injecting new vitalities into the century-old institution. The new building of the British Library was completed in 1998, marking the commencement of the full operation of the new British Library System. In addition to the British Library which specializes in comprehensive and customized services, in London there is another well-developed public library network delivering services of more general accessibility, with 390 plus locations within the boundaries of the bulk of conurbation, a. k. a. the Great London region that covers an area of 1, 579 sq km. This network, under the leadership of the London Development Agency, features a basic framework of one main library and a dozen community branches in each of the 32 London boroughs, and is oriented to different groups of users at a varied level of the British Library.

The public library system in Hong Kong takes on a similar top-middle-grassroots hierarchy, divided further into three levels and five types by the size and service orientation of the public libraries, i. e. , the HK Central Public Library on the top, the district, small and mobile libraries at the grassroots, and the major branches in between. The Hong Kong Central Library is the headquarter library of the Hong Kong Public Libraries, a public library system managed by the Leisure and Cultural Services Department of the Government of the HK-SAR. The Central Library features a central reference library of 6 subject departments and several special reference libraries including the Hong Kong Literature Room, the Map Library, a Language Learning Center, a toy library, a young adult library, as well as facilities devoted to exhibitions, lectures, events, music practice and seminars. Similar to the district libraries in terms of the standard facilities and services provided to meet the general demand, the major libraries, which are often larger in size and scale, provides reference library services in addition to the standard services. The small libraries are extra libraries set up according to Hong Kong's city planning policies in the populous regions where there is no district library, either not established or not yet planned in a short time, to fit the information needs of the citizens. Acting as the complement to the static libraries, the mobile libraries aim to serve people living in the populous areas that have no library buildings or in the sparsely populated but remote areas, by delivering materials and services to certain stops where they can be accessed by users.

4. The Multifunctional library system, as its name suggests, refers to the city library systems incorporating a wide range of functions, such as that of Montreal and Copenhagen.

The Montreal Public Libraries Network (*Réseau des bibliothèques publiques de Montréal*) is the largest French language public library system in North America. In June 2004, the National Library and Archive of Quebec (*Bibliothèque et Archives nationales du Québec, BAnQ*) resulted from the merger of the National Library of Quebec (*Bibliothèque nationale du Québec*) and the National Archives of Quebec (*Archives nationales du Québec*) in Montreal, as UNESCO bestowed the city with the next year's "World Book Capital" title. Meanwhile, the Montreal City Contract 2003 – 2007 stipulated the consolidation plan of the Montreal Public Libraries with the National Library of Quebec, which allowed all citizens of the province to access the combined materials and services of the two organizations. Now sitting within the *Grande Bibliothèque* in downtown Montreal, the BAnQ functions as one of the two national libraries and archives of Canada and the central branch of the Montreal public library network, which is relatively few and far between in the worldwide metropolitan library systems.

The library system of Copenhagen comprises the Royal Library of Denmark and the Copenhagen Libraries. Officially named as "the Royal Library, the National Library of Denmark and Copenhagen University Library", the Royal Library was once positioned as an academic national library which is open to the public as well, and by merging with the Copenhagen University Library it expanded its buildings to three sites: one at Gothersgade specializing in the social sciences, one at Amager as the campus library specializing in the humanities, and the main library at Slotsholmen covering all subjects and special collections. The Royal Library is the largest library in the Nordic countries, and takes dual responsibilities for delivering the national library and the university library functions. The Copenhagen Public Libraries on the other hand, has formed a network distributing over the entire urban area, including one main library, 19 branch libraries and 2 special libraries. A similar example can be found in Oslo, where the University Library of Oslo doubled as the Norwegian National Library long before the National Library of Norway was formally established.

5. A diversified or "pluralistic" metropolitan library system is a library system complex that mixes features of all aforementioned systems together, which is represented by the cities of Paris and Seoul.

　　The city library system in Paris consists of three types of libraries: the municipal lending libraries and special libraries; the large-scale, comprehensive libraries under the supervision of the Ministry of Culture and Communication; and the libraries under the patronage of foreign institutions. Paris, the capital of France, claims unique privilege of having four of the country's most important libraries, all at the national level and directly run by the Ministry of Culture and Communication. They are: the National Library of France (*Bibliothèque nationale de France, BnF*) that is more often known as the François-Mitterrand Library, the Public Information Library (*Bibliothèque publique d'information, a. k. a. la Bibliothèque Centre Pompidou*) sited in the Centre Georges Pompidou, the Library of Documentation française, and the Library of Sciences and Industries (*la Bibliothèque des sciences et de l'industrie, BSI*) . The National Library of French as an independent establishment takes on a setup of one flagship library, the François-Mitterrand Library, which resides in the iconic four huge book-shaped towers, and another four branches located in the downtown areas and cities in southern France, with separate but complementary emphasis on collections housed in each premises. The BnF has also two dedicated sites in the suburban area as technical centers for collection conservation.

　　As of January 2012, in Paris there are 78 library organizations under the administration of the municipality of Paris, including public lending libraries, special libraries, multimedia libraries, documentation centers, repository libraries and art galleries, constituting the largest city public library conglomerate in France. These libraries are further divided into the "encyclopedia libraries" that basically deliver lending services, and the special libraries which are often meanwhile the historical sites in terms of the buildings and holdings, such as the History Library of the City of Paris (*Bibliothèque Historique de la Ville de Paris*) and the City Hall Library, whose buildings are both recognized as cultural heritage venues. And in addition to this network there are also a number of libraries run or sponsored by foreign organizations. The Paris city library system of such scale and diversification is very distinct from a global perspective, highlighting the cultural prosperity and confidence of a city crowned as the international cultural capital.

　　A parallel to the library service system of Paris can be found in **Seoul**, which is relatively less in diversification but presents the same salient dimensions of pluralism. In the city there are several libraries at the state level, including the MCST (Ministry of Culture, Sports and Tourism of the Republic of Korea) -affiliated National Central Library, which serves both the national and public library functions; the National Assembly Library that undertakes the role to support the country's legislative agencies and the Assembly members; and the Supreme Court Library as both a national library and a special library. The public libraries in Seoul are divided according to the operation entities into three categories: the public libraries run by the si (city), gun (county) , gu (district) and local autonomies, the public libraries run by the municipal and provincial Education Departments, and the public libraries funded and operated by local private groups, foundations and individuals. The 2011 official statistics showed a total of 123 public libraries registered in Seoul, together with 13 libraries for the disabled, 562 small libraries and 279 special libraries.

6. The single library establishment is a major single library that independently serves a wide range of functions. This is represented by the Bibliotheca Alexandrina (BA) of Egypt.

The new building of the **Bibliotheca Alexandrina** was officially inaugurated in 2002. The 33-meter-high building complex covers a vast floor space of 85,000 sq meters on 11 cascading levels, and houses millions of items as well as the reading, exhibition, education and research spaces and facilities. Besides the main library, there are 6 specialized libraries, 4 museums, 1 planetarium, 1 archaeological museum, 8 academic research centers, 15 permanent exhibitions, 4 art galleries, 1 conference centers and 1 forum. Of particular significance are two highlights of the Library, including the interactive system over nine panoramically projected screens called CULTURAMA, and the VISTA, the acronyms for "Visual Immersive Science and Technology Applications". The Bibliotheca Alexandrina is segmented by different functional areas. The reading space, for example, is divided into the main library, the Young People's Library, the Children's Library and the Taha Hussein Library devoted to the blind and visually impaired, each has its own reading and shelf spaces. It has science centers and museums, which include the Planetarium, the Manuscript Museum, the History of Science Museum and the Antiques Museum. The academic research centers provide spaces for national and international studies and research programs. The public space is further fractionalized into the Conference Center, the multifunctional rooms and exhibition halls, the office area, the catering facilities and the book shop. This gigantic, independent library is a major platform for dialogue and cooperation between Egypt and the rest of the world.

Here is an overview of what our study of the international metropolitan public library systems has revealed:

1. The Central-branch library framework takes up the dominant place in all the six library system models. Although only 4 out of the 24 cities involved in this study adopt the central-branch model, it is repeatedly found infiltrated and integrated into the multiple-system, multiple-tier, multifunctional and diversified library systems.

2. The multiple-tier and diversified library system models are more common in the capital cities of a country or a province/state, where there are national libraries, provincial/state libraries, municipal and district libraries. The administrative advantage grants the capital cities with prominent cultural status, vitality, confidence and outreach, as well as the ability to ripple their cultural influences. And this is part of the wonder of how to position the role of the top-level national and provincial/state library in the entire library system, and how to work in concert and positive interaction with other public libraries.

3. The top-level national or state libraries in the capital cities are often multifunctional as well. Some of them are of dual-cores or even all-in-ones by combining functions of the national/state library, public library, university library and national archives.

4. The six models are in many cases mixed or intertwined with each other. The library systems in the city of Taipei and Hong Kong for example, are found inherent with both the multiple-tier and the central-branch system characteristics. The Shanghai Central Library System, integrating features of the central-branch and multiple-tier library systems, exhibits some traits of the diversified model particularly in its subject reference library branches. Barcelona's city library system goes into the diversified model category, yet the Barcelona Library Consortium within the city library system is a subsystem of branch libraries managed and collaborated by the

consortium.

5. The study on the library systems with several coexisting models requires an understanding from the historical, social and cultural perspectives.

II. The socio-cultural contexts of the development of global library systems

The library systems flourishing in various forms in the major cities across the world are often considered an essential cultural component. Their origins, growths and evolvements are more or less influenced by their host cities and countries in the political, historical, social, cultural, legal and regional dimensions. These rich and colorful service systems reflect the unique human environment in individual cities, and provide a variety of practical explorations and development scenarios for the international librarianship.

1. The political and historical factors

Berlin is both the capital city of Germany and one of the country's federal states, the State of Berlin. Such administrative advantages can also be found in the Berlin city public library system, a library unity led by the Berlin Central and Regional Library (*Zentral-und Landesbibliothek Berlin, ZLB*) affiliated to the Foundation of the Central and Regional Library of Berlin (*The Foundation of the Zentral-und Landesbibliothek Berlin*), which combines the Berlin City Library (*Berliner Stadtbibliothek*), the American Memorial Library (*Amerika-Gedenkbibliothek*) and the Berlin Senate Library (*Senatsbibliothek Berlin*). As the central library of the City and State of Berlin, the ZLB is responsible for organizing and supporting the other public libraries in Berlin, altogether twelve of them housed in and named after each of the twelve Berlin boroughs.

It is worth mentioning that the Berlin public library system is the National Berlin Library of Prussian Cultural Heritage, which was originally known as the Prussian State Library and was bisected soon after the end of the WWII as the German territory was partitioned into the East and the West. It reopened under the name of German State Library (*Deutsche Staatsbibliothek*) in East Berlin at the original *Unter den Linden* premises, while in West Berlin a new National Library of Prussian Cultural Heritage (*Staatsbibliothek Preussischer Kulturbesitz*) was created. In August 1990, the two German authorities signed reunification agreement which stipulated the reunion of the divided Prussian national cultural treasures, including those held by the two national libraries and the museums of Berlin. In October 1990 the German State Library was renamed as the "German State Library of the Prussian Cultural Heritage Foundation", and reunited with the West-based National Library of Prussian Cultural Heritage. Combining functions of both academic and public library, the largest comprehensive library in Berlin opens to all local people above age of 16. Such history of fission and fusion faithfully records the very typical development trajectory of the metropolitan public library system, i. e., towards the end of integrating the human, financial and material resources of all public libraries within the city's administrative limits.

A very special case is the library system of **Barcelona**, in which most public libraries in the city are properties of Province of Barcelona and the Barcelona Municipality and are operated by the Barcelona Library Consortium, with exceptions such as the National Library of Catalonia (Biblioteca de Catalunya) and the Library of the Catalan Parliament, both under direct supervision of the Catalonia autonomous community; and the Public Episcopal Library of the Seminary of Barcelona owned by the Roman Catholic Church Catalan Vicar. Catalonia is a Spanish land with unique political, historical and cultural identities. It is the capital city of the Catalonia autonomous community, and is meanwhile officially recognized as a nationality so as to have the right of forming its own parliament and government. The National Library of Catalonia, though based in Barcelona, is an autonomous body of the Ministry of Culture of the Generalitat of Catalonia instead of being a member of the Barcelona Library Consortium. The mission of the library is to collect, preserve, and spread Catalonian cultural and bibliographic heritage, and to receive according to the *Libraries Law* the Catalan legal deposit. This gives the Library the role of a Spanish national library that distinguishes itself from the city's other libraries. The other two libraries, the Library of the Catalan Parliament and the Public Episcopal Library of the Seminary of Barcelona, are likewise not listed as members of the city's public library system due to their specific affiliation.

2. The socio-cultural factors

The City of Chicago suffered painful losses from the 1871 Great Fire. Yet the disaster turned out a blessing in disguise to the city's library system. In the aftermath of the Great Fire, a Londoner A. H. Burgess proposed that England should provide a free library to Chicago as a mark of sympathy and a token of true brotherly kindness forever. The request was widely circulated and positively responded, and the first 8,000 books were soon presented to the Chicago Public Library (CPL). This led to the petition of the Chicago citizens and the ordinance passed by the Chicago City Council to establish a free public library to replace the previous privately owned libraries that were based on membership fees.

Also contributed to the flourish of the Chicago city library system is the positive interaction with public sectors. To make library services better available, the Library established book delivery stations to send requested materials by horse-drawn carriages to the storefronts close to the user's residence. Such delivery stations were usually housed in appointed stores and were managed by the storekeepers with compensations paid by the Library Board. As library use increased many reading rooms were also moved into the neighborhood dressing rooms or grocery stores. By 1900 two thirds of the total CPL loans were made at the delivery stations; and "bring library service within the walking distance of home for every person in Chicago who can read or wants to use books" became a famous mission statement of the CPL. By doing all these, the CPL has created a precedent of relying on the government-operated delivery facilities to realize extensive and easy access to library services based on reasonable compensations and through collaborations with public sectors.

3. The legal and regional factors

The metropolitan area of **City of Brisbane** was formed in as early as the 1920s. From the 1930s on, the Australian states began to issue their library laws. In 1943, the Library Board of Queensland was created as the result of the *Libraries Act* and was mandated to manage the Public Library of Queensland and to improve the statewide library facilities. This Act changed the way the Brisbane library system was operated and distinguished the State Library of Queensland (SLQ) in terms of functions from other municipal public libraries in Brisbane, making SLQ an independent state-level library establishment by putting it under the direct supervision of the state authority. Eventually the SLQ became the State's main reference and research library, while the Brisbane City Council Libraries developed into the largest Australian public library network at 20 locations in Brisbane in the early 1970s, providing open places and services for the citizens to find information and entertainment.

In the early 1990s, the Brisbane City Council Libraries went through a comprehensive process of assessment. The final report was submitted to the City Council and was published. The whole city was convulsed by what was revealed, and demanded an immediate improvement of the city library system. Driven by the Lord Mayor himself, the Brisbane public libraries launched a citywide overhaul, marking the prelude of a golden period of development. As of 2003, a network of 32 public libraries had taken shape, consisting of 7 large-scale libraries, 13 medium-size libraries and 12 small libraries. By 2007, the annual visits to the Brisbane Libraries totaled 6. 1 million, and nearly half of the city populations registered as library users. It can be concluded, by looking back on the history, that the Library Act passed by the Parliament of Queensland and the assessment mechanism are undoubtedly two engines propelling the growth of the Brisbane library system.

The Prague city library system began in early 1922, when the City of Prague merged another 38 municipalities and towns to form the Greater Prague. In the wake of the consolidation, the Prague authority approved the establishment of an administratively matched library network comprising the City Central Library and 40 branches, making it possible to establish a unified library catalogue and centralized acquisitions. With more library branches built and opened, by 1938 the Prague Municipal Libraries developed into a library system operating at altogether 50 locations. Into the 21st century, the Prague Municipal Libraries are becoming more automated. Now the system covers a Municipal Central Library, 43 branches and 2 bookmobiles, and presents typical characteristics of the Central-branch library model.

III. The future development of the Chinese public library systems

Based on observations and analyses from the global perspective, and integrated with review and outlook of the development of the Chinese public libraries, this study has indeed give us a lot of insights when we are trying to come up with our own innovation strategies and development roadmaps, that is, the sustainable development via optimized top-down design, the integrated development by marshalling full resources of the city, and the balanced development highlighting regional cooperation.

1. The sustainable development by optimizing the top-down design

Due to the late start and lack of an all-round strategy for urban development, many troubles are found symbiotic with the library systems in some Chinese cities, such as the lack of diversity in library system structure, the ambiguous orientation and the inadequate legal support. To remedy all these we must appeal to the international library community for good experiences and practices while scheduling our own development path for the metropolitan library service system with Chinese characteristic.

Libraries are an important cultural component of the city, and should develop in a coordinated manner with the city's economic and social development. This requires overall planning and design from the top authorities. The public library system of New York for example, sets up four research libraries at the top level, i. e. , the Main Library that houses the humanities and social sciences resources, the NYPL for the Performing Arts, the Center for Research and Black Culture, and the Science, Industry and Business Library, because such structural design is compatible with the New York history and culture, and is a result of adapting to the urban economic and social development. Similarly, in Singapore the authority deliberates a schema about how the entire city is connected with libraries, which applies a maximal 5 – 6 km service radius for the library system, and a specified 1 – 2 km radius for the densely populated areas. The schema also regulates the overall layout of the libraries featuring the Central Public Library and Reference Library, the first-tier regional libraries, the second-tier community public libraries, and the outreach of library services into the busy shopping malls such as Singapore's first performing arts library "library@ esplanade", and the Chinese arts and culture themed library "library@ chinatown".

The function orientation in the city library servive systems is another factor that must be considered by the authorities. For instance, by integrating and coordinating the resources of its all 58 branches and reading rooms, while maintaining the service and collection specialty of each branch, the Taipei Public Library has managed to bring the city with a cluster of public libraries that function in concert with each other.

What is equal important for the city library survival systems is the governance based on a strong and health legal system, and that is based on the rule by law rather than rule by men. Enforced library laws will help facilitate the sustainable development of the city library system, by forming a coordinated network of libraries through merging and sharing all isolated resources, and by avoiding efforts invested in the redundant and haphazard projects simply as a result of the personal preference or reappointment of some government officials. Rule by law is what is behind the success stories that the metropolitan cities have achieved worldwide in developing their library systems. The *Library Act* approved by the Parliament of Queensland in 1943, and the assessment mechanism came into effect in the 1990s, are considered the impetuses of the two major periods of development of the Brisbane Public Libraries. In Korea, the first Library Law promulgated in 1963 stipulated education, study, research and self-cultivation as the aims of the public libraries, pointing the way for the founding and development of the city library systems. The United Kingdom passed the first public libraries act in the world, whose legacy was followed through the subsequent legislations, especially the British Library Act in 1972 bringing the British Library into operation, and the 2008 Public Library Service Standards specifying the service distance of the public libraries. It is obvious that the guarantee of the legal system is an important institutional arrangement for the scientific development of city library service systems.

2. The integrated development by marshalling full resources of the city

As we examine the development of the global metropolitan library systems, it is easy to find the prevalence of the "Central-branch" library model, in which all branches are under the sole and unified control of a central main library in terms of budget, staffing, collection development, delivery and distribution, service policies and resource sharing. For hundreds of years the public library systems have developed worldwide in various fashions, yet a majority of them have eventually made the same choice to adopt the Central-branch model, which has become the major line of development of metropolitan library systems. And the libraries in the Chinese cities are highly recommended to do the same, as library system of this model is well-connected, effectively operated, easily and equally accessible, and with all resources pooled and shared.

In September 2000, Shanghai became the first city in China to launch the experiment on the construction of the "Central-branch" library system, when the municipal government set the goal of building a super conglomerate of libraries incorporating both public libraries and academic libraries. This initiative was recognized by the Ministry of Culture as innovative and worth of a nationwide promotion, at a meeting titled "Workshop on Library Resource Building and Sharing of Some Provinces and Cities" in March 2003. And in August 2007, the "one-card-through" practice based on the Shanghai Central Library System was summarized by the State and CPC Central Committee in their jointly issued document "Opinions on Promoting the Construction of Public Cultural Service System", which was in explicit statement of "encouraging the qualified city libraries to take ac-tions to modernize their services, such as to achieve the system-scale circulation, to promote the extension of the public cultural services to communities and the rural areas. "

At the same time, the city of Shenzhen also worked out two development strategies in chronological order, i. e. the "2003 – 2005 Three Year Action Plan" and the "2006 – 2010 Three Year Action Plan" aiming to build Shenzhen into the "City of Libraries". In 2010, a research outcome based on the strategies was published under the title of "Research of the Index System of Construction of the 'City of Libraries' Project". Elsewhere in China, Beijing, Dongguan and Foshan of Guangdong Province, Hangzhou and Jiaxing of the Zhejiang Province, Suzhou of Jiangsu Province, Xiamen of Fujian Province, Qingdao of Shandong Province and Changchun of Jilin Province, were all groping their ways for appropriate adoption of the Central-branch library system.

After more than a decade of development, the Central-branch library system is now in a need of further innovation to make a breakthrough of what have long impeded the forming of the real-sense, citywide Central-branch library system based on the centralized management of human, financial and material resources. In fact, some Chinese cities, especially the economically-advanced coastal cities are now ready to go, but it still requires some courage and wisdom to take the first step forward. A two-step procedure might be practical for the megacities with a total population in excess of ten million and the super-large cities whose populations range between five and ten million. Step one, it is necessary to integrate and coordinate the human, financial and material resources of all district/county libraries and the smaller subordinated libraries; and step two, gradually expand such centralized coordination mechanism to cover libraries at the city, district/county and township/neighborhood level, and to establish a public library network serving both urban and rural residents in a more effective and sustainable manner. Meanwhile, the Library Board or Library Council as the governing body, which prevails in the global public library systems, should be introduced and put into trial practice in certain cities in preparation for the subsequent nationwide spread.

3. The balanced development highlighting regional cooperation

Balanced development focusing on regional cooperation and collaboration is essential in the development of the metropolitan library systems of the world. In its recent development strategy, the Department for Culture, Media & Sport (DCMS) of the United Kingdom planned to build up a comprehensive and modern network of community libraries across England by 2013, which provides citizens with on-site and online access to any materials they desire. In Toronto, the public library system extends library services at 100 locations, including the research and reference libraries, the regional libraries and the community libraries. Materials of the research and reference libraries are for reading only and are not circulated. The regional libraries are medium-size central libraries evenly distributed across the districts of the Toronto proper. The community libraries are smaller and most widely situated libraries.

This is the same picture of the Montreal Public Libraries Network, whose 67 branches, according to the figures at the end of 2012, spread evenly over the 19 municipalities across the Island of Montreal. Within the system 44 libraries are in the city of Montreal, 12 are in other municipalities on the Island of Montreal, and 9 additional libraries are privately-funded. Then look east to Singapore. In early 2013 the city-state has formed a library network with one national library, 3 regional libraries and 21 public libraries (including community libraries and the children's libraries), making it easier for the Singaporeans to use library at a closest location.

Over the years the Chinese librarianship has made tremendous progress, with new library buildings in huge size erected one after another. Yet the gap with its counterparts in the developed countries is formidable, if evaluated by the *IFLA and UNESCO Guidelines for Development of the Public Library Service* and considering the increasing demand for cultural products and services. The latest statistics published in August 2013 by the Academy of National Library of China in the 2012 *Basic Facts & Figures of the Public Libraries in China* showed an increase of the number of public libraries from 1,651 in 1,979 to 3076 in 2012, but on the other hand the service radius frustratingly averaged 32 km, and the average served population had risen to exceed 440,000. Although measures have been taken in recent years, thanks to the policy priority, to balance the development in the eastern and western regions, the disparity in funds, talents, buildings and available spaces remains spectacular and presents a bottleneck for the all-round and concerted development. The *Public Library Service Standards* that took effect in May 2012 provides flexible alternatives to help alleviate the staffing shortage, requiring just one staff for 10,000 to 25,000 people—an evidence of the regional gaps that the Chinese librarianship has to face.

With the success achieved by the public libraries in China, now it is high time to prioritize the strategy for balanced and coordinated development, not only from the geographical perspective of the eastern, western, central and southeastern China regions, but also in more dimensions such as the city agglomerates, the economic zones, and the administrative divisions across provinces, cities and counties. Regional difference is almost everywhere—even in China's better-off eastern provinces there are underdeveloped city/county and township libraries that require policy supports. While the eastern regions are keeping their pace of development, more efforts and resources should be invested in the western provinces so that they can catch up.

The indemnificatory apartments introduced to cope with housing difficulties that the financially challenged families are facing could become a solution for the library sector. A similar "indemnificatory library" policy at the state or provincial or municipal level might be effective in guaranteeing a minimum operation standard for libraries in short of employees and funds—as low as dozens of thousand yuan per year—and help gradually narrow the gaps between libraries in the eastern and western regions.

Wang Shiwei
Translator: Chen Xuyan

A Study of the Human Resources Development in International Metropolitan Libraries

As all library and information institutes, the development of metropolitan public libraries also relies on the following factors: a sound management system, rich collection of resources and facilities and excellent professional human resources. Human resources are closely related to the development of library service system. This research project studies the development of Metropolitan Library Service System, thus also necessarily involves the construction and management of human resources in the library, as well as librarians' career development, including their duties and core competencies, library and information science education, professional training and professional certification, and other aspects[①].

I. Duties and Core Competencies of Librarians
1. Basic Duties

Librarians are important public service professionals. IFLA published The Public Library Service: the IFLA/UNESCO Guidelines for Development (hereinafter referred to as Guidelines) in 2001, which indicates that regarding their respective positions, the main duties of professional librarians are:

- planning and formulating services to the public and participating in their delivery,

- analyzing the resource and information needs of the community, retrieving and presenting information,

- answering reference and information enquiries using appropriate material, assisting users in the use of library resources and information,

- developing acquisition policies and systems for library resources, cataloguing and classification of library materials,

- managing and administering library and information systems, including the development of related technologies,

- promoting library services, evaluating library services and systems and measuring their performance,

- budgeting.

U. S. Bureau of Labor Statistics publishes an annual *Occupational Outlook Handbook* (hereinafter referred to as Handbook) , which analyzes the development trends of various occupations in the United States and their personnel qualification requirements, describes the changes in the workplace, working conditions, personnel training, educational requirements, salaries and other aspects, and providing references for the preparation and

---

① Unless otherwise stated, the descriptions and data about the metropolitan libraries discussed in this paper are from the studied of each individual libraries in this project.

choice of jobs. According to the *Handbook*, "librarians conduct research and organize library materials by using the latest information technology. They help library patrons find the information they need. " "Librarians usually focus on a specific area, such as user services, technical services, or administrative services. User services involve working directly with readers, including circulation and reading, reference services and information literacy program and interlibrary loan. Technical services deal with the background professional support to user services, including acquisitions and cataloging, and the development and maintenance of information systems. Administrative services are related to library management and work planning, including staff management, budgeting, public relations and marketing. "

In addition to professional librarians, libraries also hire library assistants and professional and technical specialists. Library assistants usually work at desks or computer terminals inside libraries. They also work in the library stacks while cataloguing or shelving books. They also answer ordinary reference questions. Professional and technical personnel are engaged in specific tasks, such as computer systems management, administration, accounting, training and outreach, etc. Professional and technical specialists required for their respective positions with different professional backgrounds, and not necessarily have expertise in library science.

2. Core Competences

In the Guidelines, IFLA requires that public library professionals will require a range of skills and qualities, including interpersonal skills, social awareness, teamwork and leadership and competence in the practices and procedures of the organization. The fundamental qualities and skills required of public library professionals include the following major aspects:

- the ability to communicate positively with people , understand the needs of users,

- the ability to co-operate with individuals and groups in the community, knowledge and understanding of cultural diversity,

- knowledge of the material that forms the library's collection and how to access it,

- an understanding of and sympathy with the principles of public service, the ability to work with others in providing an effective library service,

- organizational skills, with the flexibility to identify and implement changes, imagination, vision and openness to new ideas and practice,

- knowledge of information and communications technology.

The American Library Association (ALA) issued the Core Competences of Librarianship in 2009, which requires all librarians with MLS must acquire and use the following basic knowledge:

- Foundations of the Profession,

- Information Resources,

- Organization of Recorded Knowledge and Information,

- Technological knowledge and skills,

- Reference and user services,

- Research,

- Continuing education and lifelong learning,

- Administration and management.

And it also requires that "librarians in other contexts will need to possess specialized knowledge beyond that specified here".

In 2013, the Chartered Institute of Library and Information Professionals (CILIP, formally British Library Association) issued the new Professional Knowledge and Skills Base (PKSB), which requires that all librarians should have the following knowledge:

- Organizing knowledge and information,

- Knowledge and information management,

- Using and exploiting knowledge and information,

- Research skills,

- Information governance and compliance,

- Records management and archiving,

- Collection management and development,

- Literacies and learning,

- Leadership and advocacy,

- Strategy, planning and management,

- Customer focus, service design and marketing,

- IT and communication.

PKSB can be the "map of the knowledge and skills in the library, information and knowledge professions. Use it as a self-assessment tool for professional development and to demonstrate your unique skill set to employers. It is also a framework for skills analysis, staff training and development plans."

II. The Education, Qualification and Certification of Librarians

1. Education and Accreditation

IFLA requires that librarians should complete undergraduate or graduate programs in the library and information school, and in order to ensure the development of the librarianship, librarians must also continuously improve their professional standards in formal or informal ways.

Each country has slightly different requirements for the certification of librarians.

(1) North America

As early as in 1970, ALA issued Library and Information Studies Education and Human Resource Utilization—A Statement of Policy, which was revised in 2003. The Statement describes the categories of positions in the library and gives detailed descriptions. However, the Statement is merely recommendatory advice, and there is no unified national certification system for librarians in the United Sates. A few states may have certified librarians or similar systems, but they are rarely put into practice. The only system truly recognized by all the libraries in the country is the ALA-accredited master's degree in library and information science (MLS). Having such a degree and being employed by a library, a person becomes a librarian. ALA is fully responsible for the accreditation of library and information program, which is recognized by the entire library community. Library and information science education is the important prerequisite for the development of professional information services of the library, and this is the consensus of the American library community. By 2013, there are altogether 58 ALA accredited MLS programs in the United States, Canada and Puerto Rico. In 2008, ALA issued Standards for Accreditation of Master's Programs in Library and Information Studies, evaluating six aspects, including Mission, Goals, and Objectives; Curriculum; Faculty; Students; Administration and Financial.

The Graduate School of Library and Information Science, University of Illinois at Urbana-Champaign has been among the best in recent years in the United Sates. The school is primarily responsible for postgraduate education, training graduate students in library and information science. For the enrollment into the graduate program, a bachelor degree in any discipline is accepted, in line with the fact that library information resources involve different disciplines and therefore require librarians to have knowledge in different subjects. Students can have a free choice of courses according to their own interests and their consideration for library jobs in the future. For instance, they can focus on reference and information services, design and evaluation of information systems, children and youth services, community information systems, data management, or special collection management.

Information Organization and Access is one of the two core courses. It deals with the creation of information systems: the operation of organizations that provide information services, and the information service needs of various user communities. The second core course is Libraries, Information, and Society. It "explores major issues in the library and information science professions as they involve their communities of users and sponsors. " It "analyzes specific situations that reflect the professional agenda of these fields, focusing in particular on the interrelationships among these issues. "

Library and information science education in Canada and in the United States are basically the same. There are seven schools or departments of library and information science in Canada, offering MLS courses. In addition, many departments of education at universities set up undergraduate program in library and information science, training school librarians or library staff.

(2) United Kingdom

There are 14 library and information schools certified by CILIP in UK, using PKSB as certification standards. PKSB certification is recognized throughout the world, and has mutual recognition with the professional certification in other countries, including North America, the British Commonwealth, the European Union and etc. There is also a Vocational Qualification given by the educational organization authorized by the government.

The graduate program in the Department of Information Studies, University of Wales at Aberystwyth is certified by CILIP. The Department of Information Studies has forty years teaching experience. The graduate program will teach students to "identify, organize, retrieve and make accessible information across paper, electronic and multimedia formats". Graduate admission requirements is to have an undergraduate degree and six weeks of library and information agency work experience (including the actual employment, volunteer or internship, etc.). When students have completed all courses and pass the exam, they receive diplomas, and those finishing writing a master's thesis can obtain a master's degree. The courses involve the main concepts and development of library and information science, information freedom, multiculturalism, development of information technology, and library information services and management (including cataloging and reference), web publishing and new technology. Students enrolled during the library must also be thorough practice in order to ensure that the final access to the most advanced theoretical knowledge, practical experience and interpersonal skills.

(3) Germany

In Germany, many universities have a department of library and information science, such as the University of Munich, Humboldt University and etc. The Humboldt University offers LIS undergraduate and postgraduate programs, and the undergraduate degree must be obtained with another undergraduate degree (double degrees), to ensure that graduates can have the knowledge of other disciplines. Graduate programs focus on training LIS researchers. Some LIS schools or departments even develop their curriculum according to the specific requirements of libraries, offering library traineeship and organizing certification exams.

(4) China

China now has more than 20 universities (including Peking University, Wuhan University and Nankai University) offering library, information and archives management programs, which are the first-grade disciplines approved by the Ministry of Education, providing undergraduate education. Some universities also offer master's and doctoral degree programs. The library and information science education aims at training hybrid library professional, so that they can have the basic and systematic knowledge of library and information science, the abilities to skillfully use modern technical means to collect, organize, develop and make use of information resources, and the capacities to work in libraries and information agencies of various enterprises and institutions, engaged in information services and management.

(5) Other Countries and Regions

Singapore's local universities did not offer LIS programs. Many college graduates were sent abroad to study library and information science once they were hired by the libraries. In recent years, the National Library Board of Singapore and Nanyang Technological University jointly opened a master's program in library science, and now most librarians can receive their professional training locally.

In Korea, the educational program for librarians is divided into qualified certification courses and professional training. The former is further divided into formal education curricula and short-term education courses. The formal curriculum is the core for training librarians, including information science undergraduate courses, master's and doctoral programs, and the master's program in graduate schools. In addition, there are library schools attached to universities that offer short-term training courses.

2. Qualification of Librarians
(1) North America

Most of the U. S. libraries require that anyone apply for the job of librarians must have an ALA accredited MLA degree. Public libraries focus on practical work experience and abilities when hiring and promoting librarians, and they generally do not have specific requirements for employees' academic research abilities.

Browsing the public library position openings published on the ALA website, it is possible to know about how public libraries hire and promote librarians. When public libraries recruit entry-level librarians, they usually only ask for the ALA accredited MLS degree, and there is no requirements for work experience. Libraries give detailed description of job vacancies and outline the specific abilities required of librarians. Candidates can consider whether the positions are in accordance with their knowledge and abilities, in terms of their own professional training received at the library and information school.

In the Central Library of the New York Public Library, people in charge of various divisions are called "manager"; heads of branch libraries are directors, and many are also called "manager". Job vacancies must be posted in advance. Recruitment postings outline in great details the qualifications and responsibilities of candidates. For example, the new Mariner's Harbor Library is located in Staten Island, serving a population of 30,000. It is recruiting a senior librarian and the responsibilities include providing reference services, instructing the use of library equipment and resources in a variety of formats, answering on-site, telephone and online questions, recommending book acquisitions, help weeding the collection, following the latest trends of library and information development. The qualifications are ALA accredited MLS, reader service skills, communication skills, teamwork, public service experience, preferably abilities to communicate with children and teenagers and proficiencies in Spanish.

The basic requirement of librarians in Canada is also an ALS accredited MLS. Librarians are professionals and they are senior staff. Employees with only a bachelor's degree are often referred to as library technicians, and their job is to assist librarians at work.

(2) United Kingdom

The threshold for librarians in the UK is more flexible than in North America. People interested in librarianship can enter the field through various channels, but many professionals have both work experience and CILIP certification. Students graduated with a master's degree from a CILIP certified library and information school automatically become a "Chartered Librarian". Students with an undergraduate degree in other disciplines can have a one-year internship in the library, take postgraduate courses in library and information science, and then apply for the certification. There is another way to acquire qualifications for Chartered Librarians, that is work in the library first and then apply for the certification. Applicants must:

- Obtain recognition of their work experience and abilities from the relevant library,

- Demonstrate professional knowledge and skills,

- Prove they have the abilities to use professional knowledge at work.

When submitting an application, the applicant must provide proof of work experience, future career development plan and proof of professional knowledge and skills (certificates for professional training, etc.).

(3) Germany

Public libraries in German have different requirements for professional librarians. The Bavarian State Library (in Munich) does not have strict requirements for entry-level librarians, but middle-level and senior librarians must receive theoretical and practical training at Bavarian Library Academy and the department of library and information science in another designated university, and pass the final examination. Some libraries also offer librarian traineeship. After receiving the librarian traineeship, people with undergraduate degrees will have a certain kind of library professional qualification. For example, Deputy Director of the Bavarian State Library has received a senior librarian traineeship; Dr. Rolf Griebel, Director of the Bavarian State Library studied history, German and sociology at the university and acquired a teacher certificate after graduation. He then studied for a Ph. D. in history, later received a librarian traineeship at a university, and finally became director of the library after working many years in the library.

(4) China

Since 2001, The China Society for Library Science has carried out a research on the professional accreditation of librarians, in August 2002, the Society submitted to the Ministry of Culture the "Report of the China Society for Library Science on the Professional Accreditation of Librarians". In March 2003, it drafted the three professional standards for "Collection Librarian" "Ancient Collection Librarian" and "Document Restoration Specialist". In July 2004, the Ministry of Labor and Social Security and the Ministry of Culture jointly issued the three national professional standards for "Collection Librarian" "Ancient Collection Librarian" and "Document Restoration Specialist". The "Public Library Regulations" (hereinafter referred to as Regulations) implemented in May 2012 stated that library "professionals" are library staff members with bachelor's or above degrees in library and information science. Other library employees must undergo a professional training of no less than 320 hours before they can become public library professionals.

However, in the current practice, the library in the country does not attach importance to the LIS professional background of their employees, and has not yet taken the necessary measures to make the qualification requirement for a professional position in the library directly linked with the graduates from library and information science. The majority of public libraries do not specify the requirements for the disciplinary background of library and information science, and university graduates from any discipline can apply for jobs in the library. After working one year in the library, they became assistant librarians, and after another five years, they can take a library professional examination or go through an assessment to acquire the title of "librarian". The qualification of a librarian is not directly related to whether he or she has received LIS education.

Hong Kong's professional librarians to implement civil service management system requiring such staff must hold a bachelor's degree, are familiar with library and information science, or other professional disciplines.

(5) Other Countries and Regions

Australian libraries follow the qualification requirements for librarians set by Australian Library and Information Association (ALIA) , and have strict rules of recruitment. Libraries also encourage employees to continue professional training and establish a career development plan. *Queensland public library standards and guidelines* stresses that librarians' main task is to meet user needs and requires librarians to have full knowledge of new library and information technologies and facilities, and are able to have normal communication with readers.

In South Korea, librarians are civil servants. The training of librarians is mainly through formal education in library and information at four-year universities or two-year junior colleges. Some receive their professional training through a one-year program at the library school attached to a university. After an undergraduate study in library and information science, a student will acquire the qualification for Level-2 librarian, which is the main way to train librarians. Those receive a master's degree or a Ph. D. in library and information science can acquire qualifications for Level-2 and Level-1 librarians respectively. Students with a master's degree or Ph. D in disciplines other than library and information science can acquire qualifications for Level-2 and Level-1 librarians respectively after a further training in library and information science.

III. On-the-Job Training

IFLA Guidelines points out that training is a vital element of the activities of a public library. There must be a planned and continuous program of training for staff at all levels, which should include both full-time and part-time staff, as well as specialist and support, so that they are aware of the functions and purpose of the public library and the context in which it operates. In large library services a post of training officer should be created to plan and implement the training program. The Guidelines also requires that to ensure funds are available for training a set percentage of the budget should be earmarked for this function.

1. United States

New York Public Library provides a wide range of training courses and career development opportunities.

In addition to library information professional knowledge, it also teaches interpersonal skills and leadership and management capacities. Senior management personnel, senior librarians and other professionals and scholars regularly give seminars, so that employees can catch with the times and follow the pace of development in the librarianship. There are remote online training courses, too.

Chicago Library's strategic development plan requires that all employees participate in annual staff development training programs, and training is related to public services, library policies, librarianship, computer skills and information retrieval. Chicago Public Library's training programs have different models oriented towards the features and the needs of communities in different branches. These flexible models allow libraries to fill the vacancies left by staff retirements, in order to better serve the readers and ensure the efficient operation of the library.

2. Germany

Public libraries in Germany attach great importance to on-the-job training. There are three ways to train staff members, including full-time, part-time and self studies. Librarians can participate in full-time training directly related to their professional positions, and the costs are sometimes covered by the library. There are approximately 800 workshops for librarians in Germany, rich in content.

In recent years, there are increasingly more web sites relate to library and information science, and there are more and more library employees taking remote self-study courses. With the help of "Schirmherrschaft des Kompetenznetzwerks für Bibliotheken" (Library Competitive Network), Hamburg University of Applied Sciences has also launched "Wissen-bringt-weiter" (Knowledge Taking You Further), the professional portal, providing a widely available online training program to librarians.

3. China

In order to improve the level of human resource development, in 2003, the Shanghai Library developed the "Continuing Education Handbook", beginning to record, manage and assess the continuing education of employees. In 2003, the average hours of continuing education per capita are 93.92, and in 2008, the figure reached 107.18. The Shanghai Library has also held many international conferences, inviting colleagues in the library communities at home and abroad to exchange experiences at the library. Library employees are encouraged to participate in the activities as volunteers, engaged in conference preparations, translation and receptions, so that they can improve their professional qualities and interpersonal skills.

Hong Kong Public Libraries conduct regular training and assessment of all employees, in order to improve its professional and ideological qualities, and develop a work team with initiative, enthusiasm, dedication, professional services and high efficiency.

4. Other Countries and Regions

The British Library provides staff with a full range of internal and external training courses, and for employees with the intention of learning, it offers a study leave and financial sponsorship. The library also offers internships to students.

The National Library of France closely links the professional growth of employees with the sustainable development of the library, proving staff members with favorable conditions for the improvement of their qualities, fair competition and promotion. In 2006, the library spent up to 1,018,876 Euros in training. In 2011, 71% of employees participated in training and completed altogether 9,838 days of training hours, which is 3.6 days per person. In 2009, 456 employees took courses in digital and network services.

Libraries in Australia, in cooperation with the Victoria University, Box Hill Institute and other educational institutions, provide employees with opportunities to take Technical and Further Education (TAFE) courses. The Brisbane Library offers all staff opportunities to take on-the-job training courses and seminars, as well as spaces for communication between colleagues. In accordance with the cultural diversity of the city residents, the courses train librarians that can provide services to readers of different languages, ages and cultural backgrounds. The library provides the necessary time and financial support to the training

IV. The Structure of Human Resources
1. Top Leadership

The highest governing body of metropolitan public libraries in many countries is the Board of Trustees or the Board of Directors. Depending on the size of the library, the number of board members varies. Chairman of the board and its members are usually appointed by the municipal government, and they come from all walks of life and work without remuneration. Director of the library is usually a member of the board of trustees. The board consists of several committees to oversee the formulation of public policy, management and planning, as well as the arrangement of administrative departments and the coordination of funds. Its primary responsibility is major decision making and supervising the administration, but does not directly conduct the actual operation of the library. Most trustees are not library and information professionals. Some libraries also have an advisory committee composed of scholars outside of the library community.

The New York Public Library is the largest public library in the United States, and the Board of Trustees is composed of more than 60 trustees, and they are all representatives from various sectors in the New York City. The Seattle Public Library is of a smaller scale, so there are only five members in its board of trustees. The highest governing body of the Chicago Public Library is known as the Board of Directors, consisting of nine members.

The Board of Director of the Dutch Royal Library consists of four directors, all appointed by the Dutch Minister for Education, Science and Culture. It is the top governing body of the Royal Library and is responsible for the overall development framework of the library.

The British Library is governed by the British Library Board, and its higher leadership is the Department for Culture, Media and Sport. The Board is an independent public body and comprises a Chairman, a Vice Chairman and Library Director, who is in charge of the daily work, and several board members, representing the Queen, university libraries and the British Museum, as well as experts related to the library. They must have expertise on library operations, finance, administration and other subjects related to the management of the library. The board meets once a month to develop library development policies and oversee their implementation and management. At the end of each year, the board submits a report to the Department for Culture, Media and

Sport, which is forwarded to the Parliament.

The Kenya National Library Service Board is the administrative agency of the public libraries in the country and a statutory body of the Kenya government, exercising all management rights of the library. The board consists of 19 members, including representatives of all provinces, the University of Nairobi, Kenya Library Association, the Nairobi City Council, the Ministry of Education, Ministry of National Heritage and Culture, Ministry of Finance and Ministry of National Planning and Development. The Chairman of the Board is a member with non-government background, serving a term of three years. The Director of the National Library is the Secretary-General of service board, in charge of overall technical, administrative and financial affairs.

Toronto Public Library Board is composed of 13 members. It is the library's policy-making and advisory body, with a chairman and a vice chairman. Board members are appointed by the City Council in accordance with the *Library Act* and other related standards. Five board members must be City Council members, including the mayor, and the other eight members are usually ordinary citizens with enthusiasms for the library development, and the background in library or other public services.

The National Library of Korea (NLK) is under the Korean Ministry of Culture, Sports and Tourism, and has the dual functions of the National Library and public library. There is a Library and Information Policy Committee established under the Presidential, which is an advisory body to the President. The Library and Information Policy Committee consists of 30 members, the chairman is recommended by the president, and the position of the vice-chairmen is held by the Minister of Culture and Tourism. In order to support the operation of the Library and Information Policy Committee, there is a Library Policy Planning Group under the Ministry of Culture, Sports and Tourism, which establishes and adjusts the basic direction of library policies and its comprehensive development plan, improves management systems, and supports regional libraries.

The Hong Kong Public Libraries Advisory Committee is appointed by the Secretary for Home Affairs. Its advisory areas include the strategies and measures for the development of library facilities and services. The Advisory Committee serves a term of two years, and its members are professionals, scholars, community members and government representatives.

The Alexandria Library Board is a little different from the board of other public libraries, which is usually composed of distinguished citizens of the city where the library is located, but since the building of the Alexandria Library is largely funded by the UNESCO, and now a large part of the library's operational fund is from international organizations and foundations, its board members are also from around the world. It is composed of Egyptian and international celebrities, with about 30 members. The first members of the Board are appointed by the Egyptian President, serving a term of two years, and thereafter a third of the members are replaced annually.

2. Administrative Personnel

The chief executive leader at the management level of the metropolitan libraries is the director of the library, usually appointed by the city government and the Library Board. There are generally several deputy directors and managers of main operational divisions under the director, in charge of foreign exchange, marketing, strategic planning, capital planning and construction, technical services, public services, digital and information technology, public activities and lifelong learning, finance and property management, staff management, corporate services, cooperation and exchanges and so on. The library director must have extensive knowledge background, rich experience and excellent management capabilities.

Many libraries require that their directors must have a professional background in library and information science, but extra-large internationalized public libraries like the New York Public Library and the Library of Alexandria cover a wide range of services, so when appointing directors, they pay more attention to the candidates' reputation and social skills, especially fundraising capabilities. Dr. Anthony W. Marx, President and CEO of the New York Public Library took office in July 2011, he has a Ph. D. in political science from the Princeton University, and was the former president of Amherst College. He is best at raising funds. The director of the Library of Alexandria is appointed by the Board for a term of five years, and must have an international background. The curator director Dr. Ismail Serageldin has a Ph. D. from Harvard University, and he worked for many years at the World Bank (1972 – 2000). He specializes in education, economic management and human resources management, and is proficient in Arabic, French and English.

Most U. S. public libraries require that their directors have a background in library and information science. Marcellus Turner, the director of the Seattle Public Library has a MLS from the University of Tennessee and many years of experience working in libraries. Brian Bannon, the current commissioner of the Chicago Public Library also has a MLS, specializing in digital strategy, information technology and online services.

Rolf Griebel, Director of the Bavarian State Library has a Ph. D. in history. He has received education and training in library and information science and has many years of experience in library management.

Lynne Brindley, former Chief Executive of the British Library was in office for 12 years, and she has a very extensive background in library and information science and rich experience working in the library. Roly Keating, the current CEO took office in September 2012. He was graduated from Oxford University, majoring in Classical Studies, and held various management positions at the BBC, including BBC Director of Archive Content. He now leads five departments of the British Library, including Collections, Audiences, Operations, Finance and Digital Services.

Shu-Hsien Tseng became Director of the Taipei Public Library in 1998. She has a Ph. D. in library and information science from the institute of Library and Information Science, Taiwan University. She is also an adjunct professor in the Department of Library and Information Science, Fu Jen Catholic University, and the Institute of Library and Information Science, Taiwan Normal University.

Dr. Wu Jianzhong, Director of the Shanghai Library is fluent in English and Japanese. He received a master's degree from the Department of Library Science, East China Normal University, and a Ph. D. from the Department of Information Studies, University of Wales at Aberystwyth. He has many years of experience in library management. Two deputy directors of the Shanghai Library also have a master's degree in library and information science from the East China Normal University, and many years of experience working in the library.

3. Professionals

IFLA "Guidelines" requires that there is one full-time equivalent member of staff for 2,500 population, and one-third of staff (excluding support staff) should be qualified librarians. In large libraries, there is distinct division of work among different positions, but in smaller libraries, one librarian can have several responsibilities.

According to Handbook, there are currently over 117,000 libraries in the United States. Librarians held about 156,100 jobs in 2010. 28 percent were employed by the public libraries. In addition, there are about 232,000 technicians and library assistants. Employment of librarians is expected to grow by 7 percent from 2010 to 2020, slower than the average for all occupations. But employment of technicians and library assistants is expected to grow by 10 percent, reaching the average.

Large libraries like New York Public Library and the Chicago Public Library have over 2,000 employees, and they also recruit many volunteers. The Seattle Public Library has relatively smaller number of employees in about 600. Libraries implement diversified human resources policies dedicated to creating and maintaining human resources, so that rich and varied library human resources can contribute to the development of librarianship. The department of human resources abides by the principle of equal employment and equal workplace treatment, supports and respects qualified employees with diversified abilities, and regularly evaluates the implementation of diversity policies.

In some countries, public librarians are civil servants. For instance, in most German metropolitan public libraries, the staff is divided into four levels in descending order: level 1, academic librarian; level 2, librarian with bachelor degrees or information manager with bachelor degrees; level 3, library technician or assistant librarian; level 4, library clerk engaged in the basic work. Public librarians in Germany are divided into two categories, namely civil servants and library staff. In all public service institutions, civil servants are of four different levels, including ordinary, intermediate, senior and upper levels. The designation of librarians' professional level is related to their educational background, vocational training and the nature of work, and their salary is also determined in accordance with these four levels.

The "Queensland Public Library Standards and Guidelines: Staffing Standard" revised in 2008 requires that there is one full-time equivalent staff member per 3,000 population, and for every 10,000 people or part thereof, one of the overall full-time equivalent staff should be a qualified librarian. The Brisbane City Library employs more than 280 people, of which over one third are library and information professionals, and there are almost three full-time qualified librarians for every 10,000 population, plus one specialist in other subjects.

The British Library employs 2,339 people, of which, 950 are at managerial and professional levels.

In 2011, there are 35 librarians in the Melbourne Library Service system, of which 32 hold university degrees, and 28 have received LIS professional training. In the Montreal Public Library system, there are 703 employees, including 140 librarians 140, accounting for 20% of all staff. In 2011, the Quebec National Library and Archives had a total of 400 full time employees, including 97 librarians, accounting for 24% of all staff.

In Korea, public library staff consists of librarians, administrative staff and other personnel. In 2010, there are 228 full time employees in the National Central Library, of which 120 librarians, accounting for 51% of all staff.

The professional librarians in the National Library of Singapore are divided into eight levels: levels 1 – 2 are directors; levels 3 – 4 are deputy directors; level 5 are assistant directors in charge of relevant departments; levels 6 – 7 are senior librarians; level 8 are employees newly graduated from the university. Other employees are supporting staff.

According to 2011 statistics, there were 558 employees in the Zagreb City Library. 51% received under-graduate degrees or above, and 78% of the staff acquired library-related professional qualification or certification, which is rather high.

In China, the "Public Library Service Regulations" requires there is one full-time equivalent staff member per 10,000 – 12,500 population, but in the central and western provinces, there are greater imbalances between population and library staff. For instance, in Tianjin, there is 0.9 full-time equivalent staff member per 10,000 population, 0.87 in Shanghai, and only 0.25 in Sichuan and Hebei provinces, which shows that there are rather big differences in library development between different regions. The Regulations also stress that "public libraries should be equipped with an appropriate number of professionals, and employees with relevant professional and technical backgrounds should account for more than 75% of the full time employees." In July 2009, there were a total of 791 employees in the Shanghai Library, of which 696 are professionals; 102 hold doctoral and master's degrees, 454 have university degree or above, accounting for 57.3% of the employees; 640 have 3-year college degree or above, accounting for 80.9% of total employees; 138 are research librarians, associate research librarians and other senior staff, accounting for 19.8% of the total number of professionals; 282 are librarians and other intermediate level professionals, accounting for 40.5% of the total number of professionals. Most employees in the Shanghai Library have 3-year college or above education, and professionals at intermediate or above levels account for more than 60%.

In 2012, the Hong Kong Public Libraries employed about 1,460 people, and there is about one full-time equivalent staff member per 4,900 population. Employees in the Hong Kong Public Libraries are divided into two categories, including civil service and non-civil service contract. Civil servants are mainly senior library directors, assistant directors and other personnel working in senior management. They are trained professional librarians with practical library experience. There are 335 employees responsible for the management and core professional services in the Hong Kong Public Libraries, accounting for about 20% of total employees, and the ratio of directors and librarians in other positions is approximately 1:3.

Judging by the above data, the percentage of library and information professionals in most libraries is more than 20%, but in the public libraries of certain countries, the percentage of professionals is rather small. For example, in 2011, there were 513 employees in the Prague Municipal Library, of which 32% have a university degree, but only 3.9% hold professional certifications, and 58.3% of employees received only secondary education.

Another special case is the Library of Alexandria. Its functions are rather different from ordinary public libraries, and it plays the role of an urban cultural landmark, so among its more than 2400 employees, only 550 are directly engaged in library and information services, and over 1850 are engaged in administration and cultural affairs.

V. Human Resources Input
1. Salaries

Metropolitan public libraries usually have a rather high percentage of yearly budgets in human resources, some exceeding 50%.

In the United States, the library development is rather slow in recent years and there are fewer job openings, but librarians' income has been increasing steadily. According to the 2010 Handbook, librarians' average income was $54,500 (49,000 in 2006), and the hourly pay was $26. The lowest 10 percent earned less than $33,590, and the top 10 percent earned more than $83,510(In 2006, The lowest 10 percent earned less than $30,000, and the top 10 percent earned more than $74,670). Usually administrative personnel (library directors and department managers) receive a higher pay. In 2010, the average income of library assistants was $26,330.

In 2008 – 2011, the New York Public Library Human Resources expenditure was more than 80% of the total funds each year, and employees' average annual salary was over $80,000. The President's compensation was up to 1 million U. S. dollars. In 2009 and 2011, the Seattle Public Library human resources expenditure was more than 76% and 78% of the total funding respectively. Due to the smaller size of the library, the Director's annual salary was $150,000, much less than that of the New York Public Library. In the Chicago Public Library, newly hired librarian's salary is about $46,500, which in principle, can be raised each year, and the difference is about $5,000. The library's expenditure in human resources is far below that of the New York Public Library and Seattle Public Library. In recent years, the percentage in the total funds was about 50%, and in 2011, the average annual salary of employees was 56,000 U. S. dollars.

The human resources expenditure of the Brisbane City Library, Australia is rising year by year, accounting for a high proportion of the total funds and remaining at about 50%.

In recent years, the expenditure of the Melbourne City Library on staff salaries and training account for about half of the total funds, much higher than the other expenditures. Like other public libraries in Canada, the Montreal Public Libraries have a rather high input in human resources, and in 2011, the proportion of human resources expenditure was around 91% of the total government funding.

In 2011, the human resources budget of the French National Library was 50.94% of the total budget, which was higher than the 47% in 2006.

The Library of Alexandria human resources expenditure accounts for more than half of the total annual expenditure, and in fiscal year 2011, it reached 64.7%.

The Kenya National Library spends more than half of the funding each year on employees' salaries and training in public libraries, and in 2007 – 2009, this percentage reached 60%.

In contrast, in Asian countries and regions, the percentage of human resources expenditure in the total funding in public libraries is rather low. In 2010, the human resources expenditure of the National Library of Korea was 27.4% of the total funding. In 2010, the human resources expenditure of the National Library of Singapore accounted for 33.17%, lower than the 35.16% in 2008.

In the Shanghai Library, the percentage of human resources expenditure in 2009 was 19.9%, more than the 18.4% in 2008, but continued to decline in the next few years. In 2010 it was 18.3%, in 2011, 17.3%, and in 2012, 15.6%. However, this figure does not take into account the income from fee-based services and other similar incomes, which are mostly used for paying salaries, benefits and other capital expenditures, as well as grants supporting individuals and their families.

2. Benefits

In addition to high salaries, many public libraries in the United States also offer generous health care and pension insurance and other welfare conditions to their employees. In the New York Public Library, every employee has at least 3 – 4 weeks paid vacation, the length of which increases with the work experience. The Library also provides employees' children and parents with economic and legal assistance, transportation and parking facilities, cultural and sports activities tickets, computers and other electronic products. The library has also set up special prizes as rewards for employees with outstanding performances.

The British Library takes various measures to ensure that employees focus on physical and mental health, including health and pension insurance, and fitness class subsidies. Employees and their spouses and children have free access to financial, legal and psychological assistance. They have free working time, and without affecting the normal services, employees can reduce their working hours, have a part-time job or share work loads, while receiving normal salaries and benefits. In addition, the library also provides transport subsidies, parking facilities, and ticket discounts for tourist attractions.

Librarians of the Brisbane Public Library can have a salary raise every year, generous pension, flexible working hours, yearly vacations, and opportunities to participate in research and career development activities.

The Shanghai Library also offers a variety of benefits to employees, including transportation subsidies, parking facilities, lunch subsidies, paid vacations and medicaid for severe diseases.

VI. Conclusion

Human resources are important conditions for the development of the public library. With the above review, we realize that metropolitan libraries in all countries attach great importance to the development of their human resources, and have large financial input in human resources, especially in Europe and the United States. Metropolitan libraries in many countries require their librarians to have educational background in library and information science, and the schools of library and information science in the United State and the United Kingdom subject to the unified accreditation of their library associations, which ensures the students also have a similar professional background, and librarians have basically the same disciplinary education qualifications. Other European countries also have strict requirements for librarians' professional training.

After taking different professional positions, librarians' career developments may be different, depending on the nature of the libraries and job requirements. While metropolitan public libraries in various countries have different threshholds for their librarians, in any case, the basic requirements for every library professional are awareness of library and information concepts, a good quality of public services, professional skills and knowledge necessary in actual work. These requirements also ensure the steady development of librarianship. In addition to strict professional requirements, metropolitan libraries in all countries also attach a very high value to in-service education and training, so that library employees can advance with the times and keep up with the pace of the development of librarianship, so that library services can meet the demands of users, and make contributions to the development of cities in culture, economy and other aspects.

Feng Jieyin

A Study of the Trends of Functional Integration in the Development of Service Spaces of International Metropolitan Libraries

British historian Arnold Toynbee in his famous book *A Study of History* dedicates a chapter to the "problem of organizing a comprehensive study of human affairs", and pointed out that in a world with unified time and space, if the study of human affairs is to be effective, it must start from a broad horizon. Similarly, a research on international metropolitan libraries should also be observed and interpreted with a more comprehensive vision and dimensions. Through studies of representative metropolitan libraries in the world, we have realized that metropolitan libraries are showing three trends of integration in the service space, namely, functional integration, cultural integration and smart integration. This integration trend has an in-depth development and continuous progress in the context of global urbanization, cultural diversity, social informatization and personalized services. It has enriched and expanded the service areas of metropolitan libraries services, promoted and enhanced their service qualities, and innovated and extended the service positioning of metropolitan libraries, and strengthened and enlarged the service influence of metropolitan libraries. This paper will make an analysis and discussion of the functional integration trend of service spaces in metropolitan libraries as city classrooms of liberal arts education.

I. City Classrooms of Liberal Arts Education

The trends of functional integration in the spatial development of services of metropolitan libraries are embodied in the development orientation and service pursuits of city classroom of liberal arts education. Liberal arts or liberal education is translated into different terms in Chinese in the mainland China, Taiwan and Hong Kong. "Liberal" contains several meanings, including enlightening, civilized, open, free and rich. Ancient Greece advocated for liberal arts education, in order to cultivate people with extensive knowledge and elegant temperament. Seven liberal arts are considered to be the core of Western liberal arts education is, but it is now difficult to trace the earliest source of this idea. While the concept of seven arts was formed in the late Roman period, the idea of liberal arts education can be traced back to Plato (427 BC – 347 BC) in ancient Greece. In his book *Republic*, Plato discusses eugenics, birth control, family disintegration, freedom of marriage, celibacy, dictatorship, property sharing, democracy, religion, morality, art, education and many other issues, which can be described as comprehensive knowledge. These issues discussed by Plato are a manifestation of liberal education. "Through the rational development, free education liberates people from the current and specific problems. It focuses attention on the basic and general problems, and it is concerned about the intrinsic value, instead of purely utilitarian values. " Seven liberal arts are fixed as "grammar, rhetoric, dialectic, algebra, geometry, astronomy and music. " Coincidentally, in the Zhou Dynasty in ancient China, children entered primary school at the age of eight, and then they received education in "six arts", including ritual, music, archery, riding, writing and arithmetic. Zhang Yi in the Three Kingdom period wrote *Guangya*, a book as an additional to *Erya*, dealing with such issues as language, ethics, architecture, physics, chemistry, music, astronomy, geography, plants, animals, and many other subjects. *Guangya* and *Erya* became the path to learning and the guidelines to encyclopedia knowledge, providing people with rich knowledge about nature and the human world. Later Guangya was renamed as Boya (meaning liberal arts), due to a coincidence in pronunciation with Emperor Yang Guang's name. Whether it is the Seven Arts of ancient Romans, the Six Arts of the Chinese Confucian schools, or the books involving extensive exegesis of language and literature, they all reflect the educational idea that intends to make people have healthy, complete and all-round development.

In 1936, Robert Hutchins, President of the University of Chicago published *The High Learning in America*. The third chapter discusses the issue of "General Education". Hutchins believes that the principle of universities lies in all the different faculties and different disciplines must have a common spiritual and cultural foundation, which requires that people in all the different faculties and different fields receive a common education at the university, namely a common education to all. In the 60s of the 20th century, Clark Kerr, President of the University of California, who wrote the immortal masterpiece *The Uses of the University*, suggested the educational idea of "multi-university", which allows the university to do researches on various subjects, covering almost all the things in the world. The city classroom of liberal arts education in metropolitan libraries we are discussing here is a manifestation of the function of general education from the ancient times to the present.

The liberal arts education in metropolitan libraries reflects the continuity and integrity of education in the general social environment, that is, in the longitudinal direction, the integration of the pre-school education, school education, adult education and education for the aged, and the provision of learning opportunities at all levels for each member of the general public from birth to old age, in order to make the library's educational activities to penetrate every age period throughout one's life. In the transverse direction, it emphasizes the educational integrity and the organic combination of the family education, school education and social education, and innovates education in various forms and methods. The liberal arts education in metropolitan libraries has broken through the disadvantages of traditional education and offers flexibilities and alternatives in learning time, learning space, learning content and learning methods, driving the education that aims at people's comprehensive development to the entire process of the whole society and the individual life, fully demonstrating the functions of metropolitan libraries as the city classroom of liberal arts education.

II. Integration of the Functions of Multiple Cultural Buildings

The functions of a city classroom of liberal arts education is first of all reflected in the integration of the functions of multiple buildings. Based on the original functions of library collection development and reading, some metropolitan libraries in the world have introduced into their building the service spaces of museums, concert halls, art galleries, science museums, archives and cultural centers. By integrating the service functions of these venues, metropolitan libraries have become a giant open classroom in the city where it is located. This integration is reflected in three dimensions. First, the liberal arts education of metropolitan libraries reflects the fusion of services, and such activities as lectures, exhibitions, theme libraries, music appreciation, classics reading and popular science education have become the service carriers of many libraries. Second, it embodies the fusion of service orientations. Some national libraries and central libraries located in large cities have integrated the functions of national libraries, university libraries and public libraries, and some have also added a children's reading service space, thus blurring and diminishing the original distinction of library services between different orientations and age segments in library functions. Third, it embodies the integration of the general social education systems, so that the city classrooms of libraries have become one body with school education and social education, providing the general public with places for continuous learning and lifelong education, and extending and enriching the liberal arts education of schools, especially universities. We can observe this cultural phenomenon from many cases in the libraries around the world.

For instance, the Library of Alexandria in Egypt was completed in 2002. Its design of the overall layout in space shows the new trend of libraries as city classrooms of liberal arts education, reflecting the new features of integrating diverse service spaces. Here you can find the library space, such as the main library, young adult library, children's library, library for the blind, as well as the reading space and collection space in the library space, providing readers with about 2,000 reading seats. At the same time, you can also find here spaces for museums, such as planetarium, science museum, script museum, Alexander archaeological museum and etc; there are also spaces for academic research and leisure, such as the Alexandrian Conference Center, multifunctional space and showrooms, art galleries, restaurants, bookstores, exterior plaza, pools and so on.

Another example is the Toronto Public Library in Canada. It has become an important venue for cultural information exchanges between many cultural buildings in the city. Here on display are a lot of free promotional materials about concerts, art exhibitions, theater performances, academic reports, and other cultural activities, and it is a cultural information center for the general public. Meanwhile, the 13 branches of the Toronto Public Library offers a free art exhibition spaces for the display of art works such as photographs, sculptures, multimedia resources, etc. to demonstrate the urban cultural diversity, and promote the city's diversified development. Members of the public are happy that public libraries and museums have established an entrance pass system. Residents who hold a Toronto Public Library card can acquire in any branch of the library a free Sun Life Financial Museum & Arts Pass (MAP), which usually meets the needs of one family for visiting one site. For example, one MAP allows two adults and five children to visit one in a week the Royal Ontario Museum. The other attractions available are Ontario Art Gallery, Toronto Historical Museum, Casa Loma, Ontario Science Centre, Toronto Zoo and etc.

In Paris, the Pompidou Center has two libraries, of which the Public Information Library was completed and opened on February 2, 1977, becoming an important part of the urban library service system in Paris, and assuming the cultural mission of "promoting public reading", as well as reflecting the development features of integrating the functions of multiple cultural buildings.

III. The Integration of Rich Services

The function of city classrooms for liberal arts education is reflected in the integration of rich services.

Global metropolitan libraries are constantly advancing with the times in the process of serving the readers, demonstrating to the readers the attraction of liberal arts education through various forms and carriers. Here readers can find the eternal charm of music and paintings, various forms of forums and lectures, vivid and lively recitations, content-rich art and photographic displays, tasteful drama, film and television performances, spectacular popular science education, classics reading in cultural heritage promotion, and etc. A new form of general education for the public is established, which allows everybody everywhere to read, teach, and receive training readily.

Enjoying music in metropolitan libraries around the world is a rather typical example of the colorful services of liberal arts education. The new building of the Shanghai Library completed in 1996 was designed with a space for the appreciation of music. This service space for art appreciation is not only well received such public libraries in mainland China as Hangzhou Library, Capital Library, Tianjin Library, Qingdao City Library and etc. , as an extension of service space layout and functions, but has acquired creative design and promotion in some metropolitan libraries in the world. In the National Library in Oslo, Norway, every Friday afternoon there is a concert, which provides a platform for Norway's most influential musical performance groups to give to the general public an education for music appreciation. In the National Central Library in Seoul, Korea, in the last Friday of each month, a professional symphony orchestra brings a free concert to the general in the beautiful Seocho Park. As Plato described in Republic, when we try to tell which is smart and which is not smart, the "musical" is of course "smart", and "not musical" is of course "not smart". "The final purpose of music education is to achieve the love of beauty".

The Hangzhou Library in Zhejiang Province, China, is committed to the free training of the public over the years. Since 2009, jointly with various organizations or institutions and professionals in various fields, the library has provided the general public with a wealth of free public training courses, including calligraphy, dance, yoga, opera, sewing, knitting, photography, Chinese massage, etc. In 2013, the number of such courses has reached 29, with 44 classes, and each course trains over a thousand people. They are well received by the public and migrant workers. Some readers even specifically come from Sichuan, Shanghai and other places to take the training courses. In May 2013, jointly with the Hangzhou Municipal Youth Committee and 12355 Youth Service Station, the Hangzhou Library launched the "Healing by Reading" service, and by means of reading, it tried to help people relieve negative emotional distress and achieve physical and mental balance.

The State Central Library in Berlin, Germany, provides the public with special educational services of art appreciation, through "Bilder leihen wie Bücher" (painting loan like book loan) service. In the circulation department of the library, there are over 1, 600 contemporary original works of art, such as oil paintings, prints, photos and sculptures for readers to choose from. The creators of these art works are mainly domestic and foreign artists living in Berlin. The slogan "Bilder leihen wie Bücher" is rather popular. Readers can search the records of the paintings, sculptures and other works of art in the library collection through the bibliographic retrieval system, and they can also browse the descriptions and images of these art works online. They can check out these art works and take them home just like borrowing books. With a valid library card, a reader can borrow 10 prints, 10 paintings and five sculptures for three months, and the loans can be renewed. Berlin State Central Library also hosts monthly readings, concerts, training and educational activities, film and other cultural activities. In order to enhance the public's information literacy, the library offers readers courses on software programming, databases, library catalogs, the Internet and other subjects, including courses offered to Internet users on different levels, from the beginning, intermediate to the advanced levels, courses on searching OPAC bibliographic retrieval system, and specialized courses for the visually impaired readers. In addition to providing video and DVD services, the library promotes the Filmfestival Tag für Tag (film festival everyday) service. Through this film watching service, the library provides readers with about 20, 000 titles of original art films, documentaries and visual materials in German and about 40 other languages, covering over 100 years of domestic and international film history, as well as about 3, 500 documentaries of opera, theater, dance, and song and dance performances. In the collection of its Children's Library, there are about 7, 000 movies, videos and DVDs, which is Germany's largest children's film collection.

The integration of rich services is also seen in the New York Public Library. The library organizes various seminars, training courses, readings, film screenings, performances and etc. , in order to enable readers to make better use of the library collections, understand and study the collections, as well as making library services to be closely related to people's demands. Such an activity as LIVE enlightens readers and spreads new ideas through dialogues, live debates, performances and other events. Through the cooperation between scholars and writers and among teachers, and through such activities as book discussions and book readings, or inviting everyone to do research, exchange ideas and organize forums through the use of collections. There are also activities aimed at promoting the professional development for teachers, providing an opportunity for them to strengthen their understanding of history and literature, and promoting the communication between teachers and student. The branch libraries also organize regular reading and discussion activities, and by cooperation with publishers and literary magazines, provide spaces for new writers to read their works, thus emphasizing the diversity of literary magazines and library collections. KidsLIVE and TeenLIVE, the library's activities targeting children and teenagers are intended to stimulate dialogues and debates of ideas, so that children and young people can have the opportunity to present speeches and performances with authors, artists, film actors and actresses, musicians and people in the fashion circles on the same stage.

Historical and cultural education has become an important feature of services in the French National Library. This library is not only one of the important cultural sites for "European Cultural Heritage Day" and the "Sleepless Nights" in Paris, but also independently offers free openings at weekends in summer, children's opening days, "Family Sunday", opening days for university students and other activities. For instance, one of the important activities of the 2010 "European Cultural Heritage Day" was of the exhibition of the treasured library collection on the theme "Feminist History". In the 2012 "Sleepless Night" activities on October 6, on-site visitors could climb to the top of the 18-story library tower, overlooking the night light flow in Paris. These events allow the French National Library integrate into the colorful history and culture of public life in Paris and play the role of liberal arts education.

As the main library of a metropolitan central library system, the Shanghai Library promotes the idea of "city classroom", and has spared no effort in liberal arts education. Through lectures, exhibitions, book club, speech contests, readings, workshops, theme forums, thematic exhibitions, new book promotions, Online contests, music appreciation, film and television appreciation, study tours, academic seminars, new information technology experiencing, popular science education, voluntary services and other forms of services and reader promotional activities, the library fully demonstrates the service functions and social benefits of city libraries as "city classrooms". The "Shanghai Library Lectures" was launched in 1978, and by the first half of 2013, the library had held more than 2,400 lectures, with more than 1.2 million on-site listeners. These onsite lectures have entered the new development stage and also been developed into videos, online programs, books, and CD-ROMS. Since 2005, the library holds an annual exhibition of its treasured collections, showing to the general public a variety of special collections, including rare books and rubbings, celebrities' manuscripts, original historical photos, celebrity archives, genealogies, Song editions, selected letters and other items. The catalog of the annual exhibition is also published simultaneously with the exhibition. In the historical documents service area of the Shanghai Library, there is a continuous daily "Rare Ancient Books Exhibition". In 2012, the Shanghai Library exhibition halls hosted more than 70 exhibitions, and gave over 50 national tour exhibitions. Various exhibitions have attracted thousands of readers from at home and abroad. With the idea of city libraries as public cultural spaces deeply rooted in people's mind, and following the rapid development of information technology, in May 2013, the Shanghai Library launched the "Creativity·New Space" theme reading room as a cultural creative industry information center in Shanghai. This reading room with "stimulating creativity and sharing knowledge" as the theme consists of five functional areas, including "Reading Area" "Patent and Standard Service Space" "Information Commons" "Creative Design Exhibition Space" and "all-media Exchange Experiencing Space". The areas complements each other and are interlinked without partitions, designed to provides readers with intelligent and all-media thematic information services, establish a knowledge platform for theme services and intelligent platform for experiencing art creativity for makers, geeks and design professionals, build another entirely new carrier for the city classroom.

IV. Integration of Service Orientations

The function of city classrooms for liberal arts education is reflected in the integration of different service orientations.

With the development of urbanization and global economic integration, metropolises in different countries of the world have formed in different degrees residents groups of different classes, different occupations, different immigrant groups and different ages. They need a common education to communicate with each other and achieve mutual integration and the formation of social consensus, in order to break through the barriers of the architectural partition and spiritual isolation in a big city. As a public cultural space, the metropolitan library should assume such a mission and obligations. "Book of Rites-Daxue" points out: "the purpose of knowledge is to demonstrate virtue, to communicate with people in order to promote virtue and achieve the utmost goodness". UNESCO also proposed that the 21st century education should focus on four dimensions of knowledge, including first, learning to know; second, learning to do; third, learning to live together, and through the integration of services spaces and the innovation of different services, liberal arts education in metropolitan Libraries has become a comprehensive education for the public, helping the public to fully develop and become the so-called "perfect persons", in pursuit of the lofty realm of education of "utmost goodness". The Chicago Public Library in the United States, the Berlin Public Library in Germany, the Toronto Public Library in Canada have made positive efforts in promoting public libraries to support all people in the enjoyment of reading. In the process of urbanization in China, China's city public libraries have also played a positive role in the realization of human urbanization.

In 1995, the Chicago Public Library developed a new mission statement and the first five-year strategic plan, putting forward the service policies that would make it possible for all city residents enjoy reading: "We welcome and support all people in their enjoyment of reading and pursuit of lifelong learning. Working together, we strive to provide equal access to information, ideas and knowledge books, programs and other resources. We believe in the freedom to read, to learn and to discover. "Richard M. Daley, who became Mayor of Chicago in 1989 was elected as the first Politician of the Year by Library Journal as he was committed to the development of libraries in the United States. Public libraries in Berlin have also established service policies oriented towards all ages: All public libraries are the "power stations" of job seekers. They provide library cards free of charge to all primary and secondary school students, and offer different services to children in kindergartens, elementary schools and middle schools, separated in morning and afternoon sub-groups. The libraries offer free assistance to homework, advice to parents about family education, computers for games, work and study, databases providing a comprehensive range of knowledge, and regular practical training for librarians and teachers engaged in education, training and reading assistance. Through cooperation in education with kindergartens and schools, public libraries in Berlin have also launched the childhood literacy intensive training program and Workshop Informationskompetenz of the Berlin State Central Library. The Toronto Public Library has also established its development vision of services oriented towards all the general public. People of different ages and from different backgrounds are encouraged to develop the spirit of exploration, enjoy the pleasure of reading and constantly pursue knowledge. As a link, libraries will strive to closely connect every person with the society and their hopes and dreams, provide everyone with opportunities to cherish the past and create the future by using the rich collection of resources, promote and enrich the democratic, cultural, educational and economic life in our continuously changing and diverse cities, and reflect the pursuit in public library services for equality, diversity and education.

In order to better reflect the services targeting different reader groups, Hong Kong Public Libraries attaches great importance to providing balanced and comprehensive collection, in order to develop the function of liberal arts education. According to 2011 – 2012 statistics, the Hong Kong Public Libraries system consists of 77 branches located in the 18 districts of Hong Kong, which are connected by the library computer system platform as a single entity. The library has a total collection of 11. 09 million books, and 1. 72 million items of multimedia materials. There are as many as 4. 01 million registered readers, and every year, the amount of annual circulation reaches 58. 3 million. It is one of the metropolitan libraries in the world that have the highest utilization rates. Hong Kong Public Libraries has an annual increase of one million items in all kinds of materials. The library collection development policy established the following indicators: the ratio of Chinese books and English books is 80: 20; the ratio of adult books and children's books is 70: 30; non-fiction books and fiction books is 75: 25. Reference books should account for 20% of the total amount of collection, and multimedia materials should account for 15% of the total collections. The library tries to meet the needs of different readers by acquiring various kinds of materials as much as possible. To meet the development of information technology, in the "Hong Kong Public Libraries 2009 – 2018 Strategic Plan", the Hong Kong Public Libraries proposes the library's mission and strategic priorities, including making good use of new technology and information technology to optimize the public library services, develop electronic services, and become a "library without walls" serving the community.

The "65 +" project is one of the cultural and social activities established by the Zagreb City Library in Croatia of people over 65 years old. Old people are both readers and the project planners. In the project, they are not only students for new information, but also play the role of teachers who share with other people their knowledge and experience. In the project, there are such services as delivering books home, delivering books to the home of old people and other people living in the city of Zagreb who find it difficult to go the library; Art Workshop, organizing free art workshops in the library to exhibit the lively and creative works of the old people; information literacy courses, free information literacy and computer literacy courses offered to the elderly in the library; face to face communication with the new generation, lectures, seminars and "chat rooms" specially designed for old people to share their knowledge, experience and wisdom with children. In the "65 +" exhibitions, all works are created by old people.

There are often groups of people with difficulties in the city. The National Library of France is striving to make it possible for the disadvantaged groups in these cities to learn more about the library and come to the library. The National Library of France takes the initiative to contact people who are involved with a variety of disadvantaged groups, such as volunteers, social workers, teachers, trainers, and etc. , and with their help, brings more disadvantaged groups into the library. The National Library of France signed up to the "Cultures du coeur Association", which is an international non-profit organization aimed at helping disadvantaged groups with sport and art activities. 2010 was EU's "Pro-poor and Anti-discrimination Year". By providing collection information services and workshops, the National Library of France helped the poor people living in the suburbs of Paris to participate in creating and completed a mural on the history of the community. This was also one of the thematic activities of the National Library of France for "Going out of the Library". The "Going out of the Library" campaign also includes the "Delivering Exhibitions out of the Library" project, allowing the treasures of the library to be on show for more people, so that the city's cultural life can benefit more from the National Library.

China now has 85. 2 million people with disabilities, with an annual increase of 2 million to 3 million. It is expected that by 2050, the disabled population will reach 169 million in China. How to provide services to the disabled is an important issue in the targeted services of metropolitan libraries. The "Sunshine Audio Books" electronic reader service is an innovative project that the Xuhui District Library in Shanghai provides to the blind readers. The Library for the Blind in the Xuhui District was founded in May 1999, where Braille "reading" was the main way of reading for the visually impaired readers for many years. Starting in May 2013, by means of the "Sunshine Audio Books" electronic readers, the library has made it possible for the visually impaired readers to "read" nearly 3,000 titles of Braille books and more than 8,000 electronic items in the library collection by way of "listening to books". The barrier film shows many cities in China Library has also been popularized.

Canadian scholar Doug Sanders wrote the book Arrival City, mainly referring to the enclaves built by rural immigrants in cities, namely the urban-rural space, which reflects a core area in urban changes. For these rural migrants to merge into cities, the social network that allows them to help each other is particularly important, and metropolitan libraries are part of this social network. The Chinese National Bureau of Statistics released in May 2013 a survey report on migrant workers nationwide in 2012, which shows that the total number of migrant workers reached 262. 61 million, an increase of 9. 83 million over the previous year. 163. 36 million migrant workers were from rural areas, with an increase of 4. 73 million and 3% over the previous year. A large number of migrant workers are the so-called "new generation migrant workers", which refers to those agricultural household population born in and after the 1980s, over 16 years old, and work in off-farm employment in places away from their original residence place. Migrant workers have become an integral part of cities in China. In such cities as Dongguan, Suzhou, Jiaxing and etc. , the immigrant population accounts for half or more. Migrant workers generally do not have a high level of education, and they have low income and high survival pressure, so as a group, they have the characteristics of weak cultural rights awareness, low cultural consumption abilities, poor cultural life and other. City libraries have the mission and responsibilities to provide services tor migrant workers and promote the urbanization of these people. In 2012, the Chongqing City Library helped migrant workers returning home with booking tickets online, and this is an example of building social networks of mutual assistance in the city. In the Liaoning Provincial Library in Shenyang, new residents of the city account for 47. 3% of the total readership, and migrant workers account for 31. 2% . One of the directors of the library said, "no matter who they are and where they come from, once entering the library, they can receive our library services".

Children and teenager services are an important part of the city library services. In the National Library of China, the Prague City Library in the Czech Republic, public libraries in Croatia and other libraries have acquired new experiences in this aspect. The National Library of China has opened functions for children services and designed a special space for children, which is rather exceptional for national libraries in the world. In 2012, the Children's Library of the National Library of China was named "Library of the Year" by the China Publishers Magazine, with the following comments: "In 2012, the Children's Library of the National Library began offering services of its closed stack to children, enriching children's choice of reading. The library's Wenjin Children's Forum and culture and popular science lectures focus on the common problems children encounter when growing up, a variety of traditional knowledge and points of interest, in order to help children grow up happily. The Children's Library of the National Library was established two years ago, and since then, relying on the resources of the National Library, its children's services have gradually opened up a new feature and formed its unique style. "401 In the Municipal Library of Prague in the Czech Republic, there is a children's "Additional Room". In order to attract more children and teenagers to study in the library, the library has made efforts to become a "city living room" and the children's "additional room". For example, when building a new branch, the library takes care to use variety of elements, provides wheelchair access, coffee vending machines and comfortable seats. In some branch libraries, there are also magic clubs, and special club rooms dedicated to the youngest readers and their parents, which are even equipped with games consoles installed with sports games, thus presenting a playful element.

The "Open Door Days" project of the libraries in Croatia originated during the war (1991 – 1995). Public libraries play a special role, and they are permanently open to readers and trying to get libraries and books to go to children. UNICEF has given support to the library's psychological project of "Gradual Recovery". This project later became a key project in treating children traumatized by war. Through poetry, paintings and stories, the project has become the voice of the children, expressing for them the fear and the future in their eyes. From 1993 to 1996, the project involved 22 libraries in 14 cities throughout Croatia, with a total of 2,732 children participating in the activities.

On the African continent, liberal arts education has unique content and methods for various reader groups. In Nairobi, the National Library that functions as public libraries is committed to such service goals as the eradication of illiteracy and poverty and the establishment of medical and health knowledge dissemination systems. The eradication of illiteracy and the development of people's reading habits is one of the founding purposes of the Kenya National Library. To achieve this purpose, the National Library and the regional library in Nairobi have carried out a variety of cultural activities, such as organizing the reading week and reading parades, encouraging students to write, and holding children's innovation festivals etc. There are two slums and a large number of poor people in Nairobi, and how to provide library services to the urban poor has always been a challenge to public library services in Nairobi. In 2009, UN-Habitat and the National Library in Nairobi signed an agreement for cooperation, planning to establish container libraries in the world's largest slum, Kibera slum in Nairobi. Using containers that are inexpensive, easily to obtain and easy to place, the library build multifunctional carriers that can accommodate books, computers, shelves, etc. , which can be used for book loans and can be engage in commercial activities, in order to eradicate poverty and improve employment. In addition, in regard of the low levels of health care and the rampant spread of AIDS, malaria and other diseases in Kenya, the Kenya National Library has also set up the AIDS information department in branch libraries at the provincial level, providing medical material loan services, organizing forums for reader education, spread AIDS prevention knowledge through dance, song, drama and other ways, playing a good role in the protection of the health of urban population and social security.

The Kenya National Library has also two established electronic corners in two branch libraries, providing medical information services to the general public, and plans to extend the project to more than 50 branches. With the help of international book aid organizations, some public librarians in Kenya have received training on searching online medical information with such keywords as breastfeeding, water sanitation, malaria, AIDS and others, and have access to the appropriate electronic resources and books. From the real needs of the people's livelihood, Kenya's public libraries have helped with the dissemination of health knowledge to the grassroots health workers and the general public by using the information platform of public libraries. Kenya's news media even has given reports with "librarians can help save your life" as the title to express their praise for such information service activities.

The functional integration in the service spaces of metropolitan libraries has logic in history, which began in the inception of metropolitan libraries, but in recent years this integration reflects a deeper and tighter integration in the new environment. The integration trend of city classroom of liberal arts education shows the chemical fusion of multiple cultural buildings without library losing its own characteristics, the existence and prosperity of cultural diversity in the background of a multi-polar world and the growing demands of readers for diversified and personalized services, and the new paradigms of development of three-dimensional library network of data, resources and people that is budding and emerging in the environment of economic globalization and information network. The present world is a world of fusion, interconnection and collaboration, in which the library is also in accord with the general trend in its own development trajectory, and naturally gravitated to integration. This integration will bring endless life and renewed vitality to the sustainable development of metropolitan libraries. It is not without benefits for libraries in their development along the unique road of Chinese characteristics to constantly recognize and grasp the new features of development in the service space of metropolitan libraries.

Wang Shiwei
Translator: Feng Jieyin

Building a Future-oriented Metropolitan Library Internet
—Reflections on the Innovation and Development of Metropolitan Libraries

The 79th IFLA General Conference held in Singapore in August 2013 issued a "IFLA Trend Report" on August 19, paying special attention to the challenges and impacts brought about by technical development to the library. One of the trends discussed in the report is "the global information economy will be transformed by new technologies". The report points out that "the proliferation of hyper-connected mobile devices, networked sensors in appliances and infrastructure, 3D printing and language-translation technologies are profoundly transforming the information economy. Existing business models are facing creative disruption, new innovations are being developed and the ways we work, communicate with each other, seek out information and discover new things have been changed forever."

This analysis and ciriticism has revealed that development trend of big data, cloud computing, Internet of things, mobile Internet, smart manufacturing and other new-generation information technologies are changing the way of society as a whole, and the library is no exception. For metropolitan libraries, this has brought new challenges and opportunities. The analysis and criticism has given us enlightenment: new technology will change the future development of metropolitan libraries, and metropolitan libraries are facing innovation and transformation. China is building a modern public library service system that will cover both urban and rural areas. How can we start a new development engine and form a new growth pole of city library culture? Building an Internet of metropolitan libraries is one of the important road maps, which we must make an in-depth examination, make plans according to the current trends, follow the tendency of the spatial development of the Internet, the tendency of smart city construction, the integration and common development trend of global libraries, build and continue to improve the Internet of metropolitan libraries that meets the tendency of social informatization in the world and build an upgraded version of the innovation and development of international metropolitan libraries.

I. About the Metropolitan Library Internet

The rapid development of the Internet is spreading and penetrating into various fields and industries, and is and has bringing and brought about the formation of the Internet of various fields and industries, such as the Internet of industry, Internet of energy, Internet of automobiles, and the Internet of finance. The Internet of metropolitan libraries is also ready to go. Judging by the existing practices, the Internet of metropolitan library can be viewed and analyzed from two dimensions. The first is to observe and analyze from the library itself, that is to promote the digital, networked, intelligent and interconnected library development based on the traditional physical space of the library, and to transform from the isolated state of service management to the interconnected community of service management, turning tradition into the miraculous. The second dimension is to observe and analyze from cyberspace, that is library on the Internet, which builds the space for metropolitan library services on the Internet, integrating the Internet of Things, cloud computing, big data, mobile Internet, smart manufacturing and other information technologies, and building and demonstrating a entirely new form of metropolitan library services in the cyberspace.

Frédéric Martel, a French sociologist has gained an insight into the Internet-based cultural transmission after field studies of 30 countries, 150 cities and 1,250 people in the cultural industry of the world, and he said, "The globalizations of the general public and the Internet are occurring together as two phenomena. In these two phenomena, the respective boundaries are disappearing, and the combination of these two phenomena constitutes the major news at the beginning of the 21st century. In the past centuries, the transportation and transmission of cultures were all conducted through roads, ports and airports, which required time, tariffs and retail business. Now, culture is spread through the information superhighway…everything is accelerating, and nothing is the same as in the past." The combination of Internet and mobile Internet with metropolitan libraries has resulted in the digital and networked infrastructure of metropolitan libraries, which is adapted to the intelligent and ubiquitous development trend, and reflects the concept of green growth and sustainable development. The integration of library buildings' physical service space, social interaction space and online virtual space has made it possible for the smart technology and mobile Internet technology penetrate and expand into various business processes and service details of the traditional library services area, reflecting the interconnected, efficient and convenient features of library service space, service data, service provider and receivers in the new environment of technological revolution and industrial revolution. This is what the Internet of metropolitan libraries is featuring. As the sociologist E. Gellner said: in the past, science was within the world, but at present, the world is within science. If the metropolitan library is the temple of civilization, then after taking in the important elements of rapidly evolving information technology, today's metropolitan library has the characteristics of the public space of science and civilization. The in-depth integration of culture and technology has brought about the generation and optimization of emerging service models and patterns in metropolitan libraries, leading to the improvement of services capabilities, service efficiency and service qualities of metropolitan libraries.

II. Emerging Service Models of Metropolitan Library Internet Spawned by the Technological Revolution

Looking at the latest developments in the global metropolitan library service system, we can find that new service models of metropolitan library Internet is emerging, and new information technologies such as Big Data in cloud environment have begun to show huge spaces for development.

1. Self-select Services

Traditional library services suffer the restrictions of time, space, form, personalities and etc., but the Internet and mobile Internet has brought about the convenience in the use of time in libraries, whether they are opening or closed, the convenience in the use of space in libraries, whether it is inside or outside the library, the convenience in the selection of information formats and the preservation of reading seats according to readers' preferences, the convenience in information retrieval and resource acquisitions, whether through onsite services or online services according to different requirements, the convenience in information gateways and acquisition methods in the cyberspace of multiple channels, and the convenience of diversified languages, numbers, carriers and etc. This reader-centered multiple conveniences and free options have brought readers convenient and efficient service experience, and the freedom, equality and interaction of self-selection by readers themselves, and have reflected the new models of library services and the deepening of the reader-oriented concept of library services.

Based on the overall perception, the Internet of things is an important technological foundation of the Internet of libraries. It has given the huge amount of library resources located in different places easily recognizable identities, creating a cluster of unified information platform for readers to borrow and return books from and to whatever libraries they prefer with the one-card-through services and the document supply service. For example, in the Hong Kong Public Libraries, Hong Kong residents holding smart identity cards can make the simple registration at any public library, and once the library card function is added to the smart identity card, it will enable the reader to enjoy the services provided by the public libraries. The launch of the 24-hour library service in the Shenzhen city has also provided readers with an innovative self-select service carrier, offering them a package solution to such issues as registration, book loan, information retrieval and etc. The development of various types of touch-screen technology have provide even more items for the self-select library services that can be promoted, such as self-service retrieval of library guides, self-service newspaper browsing, self-service disinfection of books and journals in the library circulation service and so on. With the development of the metropolitan library Internet, information and knowledge on the Internet has also become important cultural memories and heritage that the library pays attention to and strives to preserve. From 1999, the National Library of France began the test depositions of Internet resources, and on December 19, 2011, the government officially issued the decree on the Internet deposition. The National Library of France has been continuously making the development of robot software in harvesting and preserving dynamic online documents. This concept of cultural heritage accumulation has helped readers to access print resources, as well as retrieving on demand the preserved Web documents.

2. Three-dimensional Interactive Services

Among metropolitan libraries in the world, the Shanghai Library has made a successful experiment with Internet-based three-dimensional interactive services. In October 2010, the Shanghai Library opened a creative new reading space—"New Technology Demo Center", which provides a variety of e-reader field experience and lending services, while at the same time, organizes colorful reader training and reading activities. In May 2013, to meet the demands of time, the Shanghai Library again opened the "Creativity New Space" as an information center of Shanghai cultural and creative industry. This theme reading room covers an area of 780 m^2 with an open design, each functional area can be divided by a combination of equipment, lighting, themes and etc., which has realized a flexible transition. The "reading area" retains the traditional library service model, providing nearly 90 reading seats, where readers can browse 5,000 new books and 182 new journals in Chinese and foreign languages on the subject of creative design. The "patent and standard service space" provides various types of patent and standard search tools. The "IC space" is equiped with multimedia projection devices and provides nearly 50 seats, with the purpose to encourage the public to participate in cultural interaction through lectures. The "creative design exhibition space" highlights the works of various types of designer and creative products. The "all media communication and experience space" is installed with the latest digital new media, giving readers an innovative service experience. The Pompidou Center in Paris has a built-in library of public information (BPI), which has became the largest encyclopedic collection of multimedia resources in France. In addition to the collection of traditional print books, there are a large amount of audiovisual resources in the various important historical period in France, including documentaries, phonographic records and music, etc., as well as digital information data, forming a long-range, digital and informatized service model, and bringing readers a new three-dimensional interactive service experience. The service model of public information libraries has the catalytic function on the change of service models in many French public libraries.

3. Personalized Push Services

The metropolitan library Internet has also ushered in the development opportunitie of big data. Big Data in the cloud environment will give rise to a range of new services and management models, and data services will become the new darling of the metropolitan library services. With microblogging video, data sharing, download services, cloud services and etc. , and through massive data mining and analysis, people will find all kinds of service opportunities hidden in the data, which can be converted into the basis for metropolitan libraries seeking to improve the management qualities and the important ways to enhance their service competitiveness. For instance, a large data base system can be jointly built through the metropolitan library group. It can conduct mass data storage of all kinds of reader data generated and accumulated in the daily library services, the in-depth mining of various types of data, and intelligent analysis of video images. By means of the data sharing platform of the library Internet, based on the protection of personal information security, and through the massive user segmentation information, book loan information, Internet access information, interactive consultation information, view interest information, logistics information, location information and etc. , libraries can further respond to the needs of readers and optimize personalized push services, in order to continuously expand the readership.

III. Intelligent Interconnection Enables the Transformation and Upgrading of Metropolitan Libraries

Intelligent Interconnection is driving the transformation and upgrading of metropolitan libraries, which means to realize the development vision of smart libraries to be interconnected, efficient and convenient, and become an upgraded version of the digital library, namely, the intelligent and interconnected library. The most prominent feature of this upgraded library is the transformation from the previous virtual characteristics of the digital library to the interconnected characteristics of the smart library. This transformation is specifically shown in the following three aspects: First, it has broken through the space limit of network terminals of the digital library in the past and realized ubiquitous networking, providing numerous readers the possibilities to conduct interactive communication. Second, it has broken through the restrictions of static information in the process of knowledge exchange of the digital library in the past, achieving ubiquitous real-time communication and interaction. Third, it has broken through the visual restriction of network terminals of the digital library databases in the past, achieving the new forms of visualization of people and things in real-time live interaction and interactive participation. Intelligent and interconnected metropolitan libraries have developed their services from the initial level of reference service to the multiple levels of service preservation, e-reading, microblogging communication and reference interviews through the social network, etc. More and more services are moving from the big screen of the traditional Internet to the small screen of the mobile Internet. The upgraded version of the smart library is gradually forming the full three-dimensional perception and ongoing real time communication and interoperation of metropolitan libraries. Books and books, books and people, and people themselves in the library are having a comprehensive interconnection, and readers are receiving deeper, broader, ubiquitous, visualized, real-time and interactive services. This upgraded version of the library has and will continue to greatly improve the efficiency and effectiveness of services and management in the metropolitan library, reduce costs, and practice the concept of green development and sustainable development in the library.

The extensive application of library microblogging has become an important measure of innovation in the upgraded version of metropolitan libraries. The "reinforced concrete + Mouse" era of the traditional Internet is transforming into the "reinforced concrete + touch screen" era of the mobile Internet era. After many public libraries in Chinese cities opened microbloggings, in mid-May 2013, the National Library of China also followed the tendency and launched its officially certified microblogging on Sina Weibo, so that librarians of the National Library can discuss with "fans" about reading, collections, lectures and exhibitions, then, spread cultural information in various ways, promote books from the professional perspective, decorate cultural life with rich content and demonstrate the wonders of the book world, so that the temperature and power of knowledge and culture are at the tip of readers' fingertips. The library microblogging has created an amazing room for development in the service innovation of metropolitan libraries. In just one year or several years, the number of fans and listeners of certain libraries has increased dramatically to tens of thousands or even more, and has become the new platform and new path for city libraries in China's east and mid-west regions to promote services(See "Information on Libraries with Microblogging in Certain Provinces and Cities in Mainland China") .

Libraries with Microblogging in Certain Provinces and Cities in Mainland China

Name	Number of Fans/ listeners	Number of Follows/ Times of Listening	Number of Posts/ Broadcasts	Microblogging Site
Hubei Provincial Library	288,605	38	323	Tencent
Guizhou Provincial Library	231,627	89	1,226	Tencent
Shanghai Library	229,254	837	9,436	Sina
Shan'xi Provincial Library	148 107	152	1,430	Tencent
Xinjiang Uyghur Autonomous Regional Library	77,795	154	4,816	Tencent
Jinan Library	45,627	172	373	Tencent
Chengdu Library	43,649	103	4,212	Tencent
Heilongjiang Provincial Library	40,444	211	4,112	Sina
Shenzhen Library	37,139	336	2,005	Sina
Hangzhou Library	23,062	662	9,443	Sina
Chongqing Library	22,269	709	5,981	Sina
Capital Library	15,396	297	3,002	Sina
Xiamen Library	9,098	101	764	Sina
Foshan Library	8,221	926	5,442	Sina
Zhejiang Library	6,849	308	1,751	Sina
Chiledrens' Library of the National Library	6,741	220	1,639	Sina
Changsha Library	6,655	308	2 131	Sina

Note: The above data is from the online statistics on November 24, 2013

Smart phones have become a link and fast track between metropolitan libraries and the general public. Many portable phones, Ipad and upcoming widely popular wearable devices, such as eyewear, watches, clothing and other smart technology products have been and will become the extension of a variety of library services and hundreds and thousands of readers. They have set up a platform for rapid sensing and real-time interaction between librarians and readers, library collections and readers, and services and readers. The Beijing Capital Library was named by the Chinese magazine Publisher as "Library of the Year" in 2012, mainly because that the library launched such services as the "Pocket Library" and the online "Beijing Public Library e-Search", providing readers with an entirely new reading experience. Just as lectures and exhibitions were transformed from the previous marginal activities in city libraries to important activities, the new service model of the metropolitan library Internet are gradually emerging from the previous role as a supplement to library services to the present role as an important or even major library service model, especially for young people growing up in the mobile Internet and ubiquitous networked environment. With the popularity of smart phones and the widespread application of new social media, a small black and white two-dimensional code box has also entered some metropolitan libraries in the world, appearing in library reading rooms, on books and magazines, multi-touch screens, library brochures, public spaces and public transport vehicles. The development of two-dimensional code technology has enabled readers to realize ubiquitous reading through the mobile Internet platform, expanded the spatial domain and convenience of library services, and enlarged interaction and influence of metropolitan libraries. However, the sustainability and security of information of this black and white small box should also arouse the attention of library and information circles.

IV. Smart Integration Boosts the Community of Metropolitan Library Internet Services

The development of world cities has evolved from the centralized development stage to the stage of development that integrates metropolitan areas, cities and rural areas. The service community of resource sharing, collaboration and cooperation and interoperable networking in metropolitan libraries is the reflection of urban cultural development. If we say that information fragmentation calls for the integration and cluster of information, then each separate metropolitan library has joined to achieve a cultural consciousness in creating a community of library Internet services in the widely interconnected information environment. Metropolitan Library Internet has a considerable degree of critical mass, namely this metropolitan library and that metropolitan library, the metropolitan libraries in one country and the metropolitan libraries in another country have joined to realize a fully interactive environment. Meanwhile, since 2010, after launching the mobile Internet, it has ushered in a new trend in the development of cross-border integration with traditional industries, which shows that the mobile Internet is forming a new service model of flow capacity on the basis of accumulating quantities. This kind of service community has broken through the boundaries of the library profession itself and extended the tentacles of the service community to other industries. As the global city groups are having a constant development and networking groups continue to progress, metropolitan libraries in the world are moving into integrated resource-sharing service communities. There are many such examples.

In Asia, city libraries in South Korea have formed a metropolitan library service community by establishing an interlibrary loan "network of books". "Network of Books" is an important component of the library cooperative revitalization plan in Korea. Currently, members of the Network of Books include the National Central Library, 493 public libraries and 123 university libraries. The Network of Books accepts applications 24 hours a day and 365 days a year from individual users and institutional users for interlibrary loan services. After a successful application, the requested materials will be delivered to the borrowing library in 3 – 4 working days. In Shanghai, the Shanghai Shanda Networking Development Co. , Ltd. , one of the top 30 cultural enterprises in the country is cooperating with the Shanghai Library to provide readers a ubiquitous reading program with rich content in literature. In May 2012, Shanda Literature Cloud Bookstore and the Shanghai Library jointly announced the official opening of the "Public Digital Reading Network", a Shanghai public digital reading campaign website. This cooperation marks the formal entrance of born digital content into the circulation of library collections, which is an important milestone of the Shanghai Library in adapting to digital reading trend and implementing the urban innovation, restructuring and development strategy.

In the Hong Kong region, China, there are over 1,700 computer terminals connecting public libraries in the entire region. The Hong Kong Central Library alone provides more than 480 computer workstations for viewing the electronic resources of the Hong Kong Public Libraries and on the Internet, so that people can browse all kinds of databases and appreciate real-time video programs. The 67 public libraries in Hong Kong also provide government fixed Wi-Fi wireless Internet access and 24-hour online library services. In 2011 – 2012, the Hong Kong Public Libraries had over 152.6 million website visits, becoming one of the metropolitan libraries in the world with the largest number of online library visits.

In Europe, the Dutch Royal Library has teamed up with the National Central Library in Florence, Italy, the Royal Danish Library and the Wellcome Library in London to promote the "European early reading" organization project. This project aims to organize print materials from the 15th to 17th century, actively develop the cooperative research relations with global research scholars and bibliographers, and make it possible for the general public to become familiar with the early publications in Europe and the representative writings of these early publications, while providing scholars a wealth of resources and research platform for their studies of early modern European print materials.

Just as library cooperation between countries, libraries within a country and libraries within a city have also joined efforts to deliver services. For instance, all readers from the 12 districts of the city can borrow books and other materials from the Berlin State Central Library with records that can be found on the bibliographic retrieval system of the Berlin Public Library Network (VÖBB, Verbund der Öffentlichen Bibliotheken Berlins). Readers can submit requests online via the Internet, and the library will mail the books and other materials through the post office. When returning the books, readers can also send them to the library via the post office. In 2009, the Municipal Library of Prague in the Czech Republic launched the "off-site book returning" service. To make the service more efficient, in 2010, the library began to try to deal with the issue by way of "roaming", namely when a book is returned to a branch library, it will remain in that branch, instead of returning to the library where it was previously checked out. In the Dutch Royal Library in Hague, one of its key projects in the 2010 – 2013 strategic planning is to allow everyone to acquire through the library all the books and materials published in or about the Netherlands. This strategic plan is proposed on the basis of establishing a library Internet covering the entire Netherlands.

V. Interactive Development of the Metropolitan Library Internet and the City
1. Metropolitan Library Internet Boosts the Development of Intelligent Cities

Through the construction of a book network with data connection, ubiquitous interactive touch screen control and integrated cluster cloud platform, the "Library Internet" has become the driving force to boost the development of intelligent cities. With the in-depth integration with advanced computing, analysis, sensor technology and Internet, the establishment of comprehensive intelligent metropolitan libraries is gradually reconstructing the service models of libraries worldwide, stimulating their services efficiency, and allowing the formation of library services into global and regional communities, so that the library management is faster, safer, greener and smarter. Whether it is the "one-card-through" service that allows offsite borrowing and returning of books in a city library or the 24-hour self-service library in the urban neighborhoods, whether it is mobile library services or library microblogging services, whether it is interconnected cloud or in-depth big data mining, whether it is the onsite demonstration of intelligent technology or the field experience of all kinds of information terminals, a variety of service technologies on the metropolitan library Internet are becoming city classrooms for fostering and improving urban public information literacy, as well as an indispensable important part in the construction of intelligent and smart cities.

Meanwhile, the city government's information policy will also further promote the development of the metropolitan library Internet. For instance, the Australian Government Information Management Office issued the "Public Service Big Data Strategy" in August 2013. The strategy is based on six "big data principles". These six principles are: data is a national asset; privacy by design; data integrity and the transparency of processes; skills, resources and capabilities will be shared; collaboration with industry and academia; and enhancing open data. This strategy will develop a specific action arrangements to implement the six principles. Obviously, as urban cultural service facilities, metropolitan public libraries will also be improved and optimized through the development policies of big data.

2. The Integration of the Cultural Genes of Metropolitan Library Internet into the Urban Life

At the 2010 Shanghai World Expo, there was a theme pavilion called "City Being", which interprets the theme as "the city is like a living being, and the health of urban life needs human beings' kindness and protection". The "City Being" pavilion presents the following visions for the future of urban development: "The relationship between people and their cities is one of mutual benefit and dependence, and it gives rise to a living being in a brand new sense". The exhibition included a "Dynamic Station", LCD information cards, circular pipes, city squares, neighborhoods and other elements that embody the urban life. This gives us a good insight into the construction of the metropolitan library Internet. In the process of building the metropolitan library Internet, it is also necessary to integrate the cultural genes of metropolitan library Internet into the living being of cities through intelligent technology and smart management. Building the metropolitan library Internet and smart libraries has given cities where the libraries are located new vitalities and made them into cities with full perception, three-dimensional interconnection, resource sharing and collaboration. They have become energy-efficient and low-carbon cities, sensitive and convenient cities, integrated and clustered cities, ubiquitous wireless cities, integrated cities, personalized and interactive cities, so that these cities have acquired a new structure of life and soul, allowing the constant and active adjustment of the communications between people and cities, people and the environment, and between people themselves, in order to heal and prevent the worsening of various types of urban diseases.

In August 2013, in correspondence to the opening of the Shanghai Book Fair, the Second Shanghai Subway Operation Company joined with the Aizhi Bookstore and hujiang. com to launch the first subway book loan and reading service in China. At the 16 No. 2 subway stations and certain stations of other subway lines, as long as there are an Aizhi bookstore or self-service book loan stand, passengers can borrow books and magazines, paying one yuan for a book, which can be returned to the other stations. There is no threshold, no identity registration and deposits required, and throwing in one yuan, passengers can easily borrow books to read, and experience the new fashion of reading on the subway. By scanning the two-dimensional bar code, passengers can receive more information.

As early as in 2005, the Putuo district in Shanghai proposed the concept of "bookcrossing, resource sharing", and currently, there are 68 "bookcrossing points" in the communities, commercial buildings, business service windows and other public places, crossing over 600, 000 books. With their ID cards, student cards or social security cards, people can obtain books, and each book crossing period is 30 days. These are precisely the active exploration and tests by libraries to integrate the cultural genes of metropolitan library Internet into the living being of cities.

3. Two Issues Necessary to Notice in the Construction and Development of the Metropolitan Library Internet

There are two issues necessary to notice in the development of the metropolitan library Internet. One is the importance of overcoming the digital divide, and the other is the importance of integrating the traditional and the modern. At the Geneva World Summit on the Information Society (WSIS) held in May 2013, people discussed many important issues, including the creation of technologies to meet the demands of next 3 billion users. The latest data from the International Telecommunication Union show that of the six continents in the world, four continents have more than 100% of mobile penetration rate, and mobile cellular subscribers have reached nearly 7 billion, and will exceed the world's population at the end of 2013. By that time, 2. 7 billion people (39% of the world's population) will use the Internet. According to ITU forecasts, by the end of 2013, 77% of the population in developed countries will have online access, while it's only 31% in developing countries. Yet the total number of people that do not have Internet access is as much as 4. 5 billion, accounting for two-thirds of the world's total population. So to bridge the digital divide, there is still a long way to go. This has also given us the insight that whether it is the development in other regions of the world, or the development in the mainland China, while developing the metropolitan library Internet, we have to take into consideration the balanced and coordinated regional development and the mutual development of urban and rural areas. Meanwhile, the development of metropolitan Internet service community should focus on the fusion of tradition and modernity. Yin Sheng, Forbes Chinese deputy editor in chief once wrote an article with the title "Self-media + Traditional Media = Stores in Front and Factories Behind", analyzing the convergence of information technology and traditional services. The so-called self-media means the method of instant communication across time and space for the public or institutions to disseminate knowledge and information with modern network technology, such as microblogging and Wechat. He believes that when self-media and traditional media work together and form the operating model of "stores in front and factories behind" that were rather popular in Shenzhen earlier, it is possible to form a new pattern. While self-media fight in the front as missiles and air forces, and use social networking to expand its influence at low cost, the traditional media are forming strong logistical forces and ground forces at the back, committed to the reader operation so as to maximize business benefits, and allow each only to do what they can the best. Yin Sheng's view has a certain significance on the emerging service model of metropolitan libraries.

The development of international metropolitan library Internet has the logic of history. In the context of economic globalization and the informatization of the society, the Internet of things with physical objects associated to each other will naturally lead to the Internet of books with books associated to each other, and the big data and cloud environments have given a new boost to the library Internet. The contemporary world is an interconnected world, and since the library is inside this world, it has to follow the general trend in its own development trajectory, and will naturally progress towards integration. This integration will bring an endless life and infinite vitality of innovation for the sustainable development of metropolitan libraries.

Wang Shiwei

Translator: Feng Jieyin

附录二　课题组成员

王世伟,课题组组长,上海社会科学院信息研究所研究员。

冯洁音,课题组成员,上海图书馆副研究馆员。

张　涛,课题组成员,上海社会科学院信息研究所助理研究员。

金晓明,课题组成员,上海图书馆研究馆员。

周玉红,课题组成员,上海图书馆副研究馆员。

王兴全,课题组成员,上海社会科学院信息研究所副研究员。

陆宏弟,课题组成员,上海交通大学图书馆副研究馆员。

蔡　莉,课题组成员,上海图书馆副研究馆员。

金家琴,课题组成员,上海图书馆助理研究馆员。

石宏如,课题组成员,上海图书馆副研究馆员。

殷皓洁,课题组秘书,上海社会科学院信息研究所副研究馆员。

说明:郑晓乐、张红霞在课题开题第一年曾作为课题组成员,后因故退出课题组,增加了张涛、周玉红、金家琴为课题组成员。

附录三 课题在研期间发表的部分相关著作论文目录

[1] 王世伟,张涛.《公共图书馆服务规范》应用指南[M].北京:国家图书馆出版社,2013.

[2] 王世伟,等.国际大都市图书馆服务体系述略[M].上海:上海人民出版社,2013.

[3] 王世伟.关于《公共图书馆服务规范》编制的若干问题[J].中国图书馆学报,2011(3).

[4] 王世伟.公共图书馆服务法规、标准的制定及研究[J].中国图书馆学报,2011(4).

[5] 王世伟.未来图书馆的新模式——智慧图书馆[J].图书馆建设,2011(12).

[6] 王世伟.论智慧图书馆的三大特点[J].中国图书馆学报,2012(6).

[7] 王世伟.再论智慧图书馆[J].图书馆杂志,2012(11).

[8] 王世伟.中国公共图书馆中的"大馆"与"小馆"[G]//褚树青.城市图书馆研究(第一卷第一辑).北京:国家图书馆出版社,2012.

[9] 王世伟.《公共图书馆服务规范》的编制及其特点论略[J].国家图书馆学刊,2012(2).

[10] 王世伟.数字网络环境下建大型公共图书馆的必要性——以上海图书馆二期工程建设为例[J].图书馆杂志,2012(5).

[11] 王世伟.上海城市图书馆发展的过去、现在与未来[N].东方早报(上海经济评论),2012 - 11 - 13(10/11).

[12] 王世伟.亚洲智慧图书馆的发展与共享合作(The Resoure Sharing and Cooperative Development of Smart Libraries in Asia),2012 中国—东盟文化论坛——亚洲图书馆的资源共享与合作发展[J].图书与资讯学刊,2013(5).

[13] 王世伟.上海城市图书馆服务体系多维度研究[J].图书与情报,2013(3).

[14] 冯洁音.美国大都市图书馆服务体系述略——以纽约、芝加哥和西雅图公共图书馆为例[J].图书与情报,2013(3).

[15] 张涛.墨尔本城市公共图书馆服务体系环保建设初探[J].图书与情报,2013(3).

[16] 王世伟.台北市公共图书馆服务体系述略[J].山东图书馆学刊,2013(6).

[17] 张涛.澳大利亚公共图书馆多元文化服务述略[J].山东图书馆学刊,2013(6).

[18] 张涛.墨尔本图书馆与城市环保的互动之道[N].东方早报,2013 - 10 - 08.

[19] 王世伟.全球大都市图书馆服务体系层级架构不同模式研究[J].图书馆杂志,2013(12).

[20] 王世伟.国际大都市图书馆服务空间发展的功能融合趋势论略[J].国家图书馆学刊,2013(6).

[21] 王世伟.中国特色公共图书馆发展道路初探(上)[J].图书馆杂志,2013(5).

[22] 王世伟.中国特色公共图书馆发展道路初探(下)[J].图书馆杂志,2013(6).

[23] 王世伟.基于数据信息的公共图书馆发展分析与展望[J].图书情报工作,2013(5).

[24] 王世伟.论数字阅读[J].图书馆杂志,2014(4).

[25] 王世伟.构建面向未来的国际大都市图书馆互联网——关于大都市图书馆创新发展的思考[J].图书情报工作,2014(1).

[26] 王世伟.公共图书馆"十三五"规划编制的多维度思考[J].图书馆杂志,2014(8).

[27] 王世伟.全球大都市图书馆服务的新环境、新理念、新模式、新形态论略[J].图书馆论坛,2014(12).

［28］王世伟.新环境下图书馆权利再认识［J］.图书馆建设,2015(1).

［29］王世伟.略论网络文化的六重融合趋势及应对策略［J］.中国信息安全,2015(4).

［30］王世伟.图书馆标准化工作的三个着力点［J］.国家图书馆学刊,2015(5).

［31］王世伟.数据驱动的时代特征与图情教育的创新转型［J］.图书情报知识,2016(1).

［32］王世伟.乌镇世界互联网大会给图书馆创新发展的启示［J］.图书馆杂志,2016(1).

［33］王世伟.融合图书馆初探［J］.图书与情报,2016(1).

［34］王世伟.科技革命和产业变革下的融合发展趋势及对图情工作的启示［J］.图书情报工作,2016(11).

［35］王世伟.当代中国公共图书馆建设应从点的突破迈向系统创新［J］.图书馆研究与工作,2016(2).

［36］王世伟.新一轮中国城市图书馆创新发展论略［J］.图书馆建设,2017(1).

［37］王世伟.图书馆应当弘扬"智慧工匠精神"［J］.图书馆论坛,2017(3).

［38］王世伟.略论智慧图书馆的五大关系,图书馆杂志,2017(4).

［39］王世伟.信息文明与图书馆发展趋势研究［J］.中国图书馆学报,2017(5).

［40］王世伟.智慧社会是智慧图书馆建设的新境界［J］.图书馆杂志,2017(12).

［41］王世伟.人工智能对图书馆服务的重塑［J］.图书与情报,2018(1).